La route de la soie
ou les empires du mirage

DES MÊMES AUTEURS

Les Coureurs d'épices, Lattès, 1995 ; Payot, « PBP/Voyageurs », 1996, 2002.

Images du monde. Les mille et une façons de représenter l'univers avant Galilée, Lattès, 1999.

Histoire des secrets, de la guerre du feu à l'Internet, Hazan, 2000.

Les Routes du tapis, Gallimard, « Découvertes », 2004.

Édith et François-Bernard
Huyghe

La route de la soie

ou les empires du mirage

Petite Bibliothèque Payot/Voyageurs

Retrouvez l'ensemble des parutions
des Éditions Payot & Rivages sur

www.payot-rivages.fr

Projet associé au projet
Routes de la soie/Routes de dialogues de l'UNESCO

UNESCO

Ce livre a paru en 1993 aux Éditions Robert Laffont sous le titre : *Les Empires du mirage. Hommes, dieux et mythes sur la route de la soie*.

Carte : E & C, Lille.

PRÉFACE À LA PRÉSENTE ÉDITION

Du Ier siècle avant Jésus-Christ au XVe siècle, les routes de la soie n'étaient ni un nom ni une idée. Les caravaniers qui transportaient les ballots d'une étape à l'autre à travers l'Asie et vers l'Europe n'avaient qu'une notion vague de l'origine ou de la destination de ces marchandises. En même temps, ils véhiculaient sans en avoir trop conscience des religions, des connaissances, des idées, des rumeurs fausses, des informations vraies ; ils communiquaient, donc, mais ne le savaient pas. Il n'y avait pas une route de la soie mais un réseau commercial aux tracés variables reliant l'Est à l'Ouest pour le transport de multiples marchandises, dont la soie.

Die Seidenstrasse, la route de la soie : le terme lui-même est inventé en 1877 par le géographe Ferdinand von Richthofen, mais peu ou pas repris pas ses contemporains et successeurs immédiats. Il faut attendre les années 1960 pour que cette métonymie soit presque réinventée par quelques spécialistes, historiens et archéologues. À la fin des années 1980, le projet interculturel de l'Unesco exalte ces « routes du dialogue » entre les civilisations et met en valeur le terme « routes de la soie » dont l'usage médiatique se banalise. Parallèlement, la notion s'étend : tous les pays baignés par la mer de Chine, l'océan Indien et l'Atlantique sont concernés. D'autant qu'il existe aussi des routes maritimes de la soie.

Aujourd'hui, les routes de la soie sont menacées par leur succès et deviennent dans la pratique un équivalent vague de « relations avec l'Orient » ou une façon romantique de désigner tout ce qui a un rapport avec l'Asie centrale. L'expression est employée en littérature comme dans le tourisme, culturel voire sportif. Qui ne parcourt les routes de la soie d'Istanbul à Pékin ou de Tachkent à Samarcande, à pied, à cheval, à bicyclette ?

Parallèlement, historiens, orientalistes, archéologues, étude après étude, fouille après fouille, continuent à étayer des hypothèses sur l'histoire des routes de la soie. Chaque année, en Asie centrale, en Mongolie ou dans le Xinjiang, apporte son lot de découvertes qui montrent encore davantage l'importance des échanges intracontinentaux et les font remonter bien avant le Ier siècle. Aujourd'hui, la Chine propose d'inscrire ce parcours mythique sur la liste du Patrimoine mondial de l'Unesco.

Dans le même temps, des projets impliquant les technologies les plus modernes s'emparent du nom : l'Otan baptise ainsi son projet de connexions Internet par satellite qui permettent de relier les milieux universitaires de huit pays d'Asie centrale et du Sud Caucase. C'est un beau symbole.

Au-delà de l'effet de mode, cette prise de conscience du fait que, depuis l'Antiquité, les peuples d'Eurasie étaient reliés par une circulation de choses, de gens et de signes répond à des soucis plus modernes. Les réseaux sont devenus des champs d'études théoriques et de réalisations pratiques. Voies ferrées, routes, mais aussi pipelines, lignes électriques et aujourd'hui réseaux numériques traversent des territoires lointains, quasi ignorés du grand public. Marchandises (à commencer par le pétrole), hommes et données : tout doit circuler partout. Comme pour répondre à un programme des sociétés que l'on dit « de l'information » ou « en réseaux ».

Richthofen a fait bien plus qu'inventer une belle expression. Dans le dixième chapitre de son ouvrage sur la Chine intitulé *Entwicklung des Verkehrs zwischen China und den Völkern im Süden und Westen von Central-Asien (Développement des liens entre la Chine et les peuples dans le Sud et l'Ouest de l'Asie centrale)*, il étudie des origines légendaires jusqu'au XIXe siècle l'histoire et la géographie des territoires, mais aussi celles des informations qui circulaient. Il pense déjà en termes de réseaux. Il suggère des thèmes très modernes : le secret (le secret de la soie, conservé plusieurs siècles par la Chine, est le modèle de tous les secrets industriels), la conservation de la mémoire (les archives perdues et retrouvées sur les routes), la connaissance de l'Autre (à travers le grand succès de certains récits, les plus légendaires l'emportant souvent sur les plus authentiques), les différentes vitesses de circulation des gens, des marchandises et des idées, l'inégale répartition de l'information, etc.

L'époque de Richthofen s'y prêtait. Des voyageurs découvraient les Turkestan, ce cœur de l'Eurasie où pratiquement aucun Européen n'avait mis les pieds depuis la grande époque des routes de la soie. La deuxième moitié du XIXe siècle fut celle de la découverte des *terrae incognitae* de l'Asie centrale ou de l'Iran : les cartes de cette époque montrent l'étendue des territoires oubliés. L'Empire russe s'y imposait difficilement. L'Empire britannique, à partir de l'Inde, tentait de s'y étendre et les Européens y rivalisaient d'influence tandis que l'Empire mandchou en détenait la porte orientale.

Durant cette deuxième moitié du XIXe siècle, une géographie politique nouvelle s'établit dans toute la région. Mais c'est aussi l'époque où naissent de nouveaux réseaux de communications très concrets : les voies ferrées (Transsibérien, Transcaspien, Grand Central asiatique). Elles changent les temps de déplacement, imposent des axes fixes qui contrastent avec la variété des pistes caravanières. C'est aussi le début du transport individuel sur ces itinéraires : il devient infiniment plus facile pour le voyageur de se déplacer seul en train.

Sans ces réseaux ferrés, symboles de l'occidentalisation du monde, Richthofen et les découvreurs ne se seraient peut-être pas intéressés à l'antique circulation de la soie d'Orient. Ils n'auraient pas inventé une géographie historique et politique de l'information et de la communication.

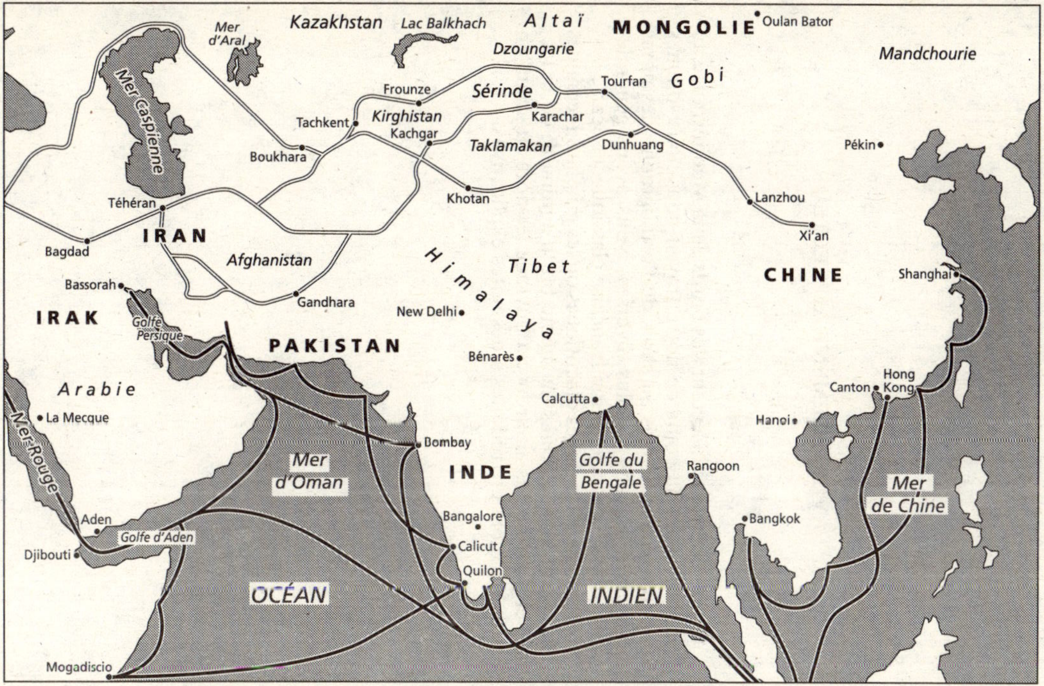
Kazakhstan
Mer d'Aral
Lac Balkhach
Altaï
Dzoungarie
MONGOLIE
Oulan Bator
Mandchourie
Gobi
Mer Caspienne
Frounze
Sérinde
Tourfan
Kirghistan
Karachar
Tachkent
Kachgar
Taklamakan
Dunhuang
Boukhara
Pékin
Khotan
Téhéran
Lanzhou
IRAN
Xi'an
Bagdad
Afghanistan
Himalaya
Tibet
CHINE
Bassorah
Shanghai
Gandhara
IRAK
New Delhi
Golfe Persique
PAKISTAN
Bénarès
Arabie
Hong Kong
Canton
La Mecque
Calcutta
Hanoi
Mer Rouge
Bombay
Mer d'Oman
INDE
Golfe du Bengale
Rangoon
Mer de Chine
Aden
Bangalore
Bangkok
Golfe d'Aden
Calicut
Djibouti
Quilon
OCÉAN
INDIEN
Mogadiscio

AVERTISSEMENT AU LECTEUR

Ce livre entraîne le lecteur des bords de la Méditerranée au Pacifique. Tout au cours de notre travail nous nous sommes donc trouvés confrontés au choix de l'orthographe des noms étrangers d'origines les plus diverses. Nous avons généralement adopté la transcription française classique, et écarté systématiquement les signes diacritiques ou les graphies inconnues dans notre langue. Dans un même but d'agrément de la lecture et pour ne pas alourdir cet ouvrage les notes figurant en bas de page ont été réduites à des notes explicatives.

INTRODUCTION

« Il était une fois », « En ce temps-là, régnait l'Empereur jaune… », « Écoute, ô calife… », « Seigneurs empereurs et rois, ducs et marquis, comtes, chevaliers et bourgeois et toutes gens qui voulez connaître les diverses races des hommes et diverses régions du monde, prenez ce livre… »

Depuis plus de deux millénaires, elles se racontent en toutes langues, du grec au sogdien, de l'ouïgour au mandarin. Elles s'écrivent dans la pierre, sur des rouleaux de soie et du parchemin, engendrant sagas et chroniques, graves traités de cosmogonie, manuels de l'aventurier ou encore ces livres qui s'intitulent eux-mêmes des « Merveilles ».

Il est vrai que l'histoire des routes de la soie contient de quoi satisfaire les plus exigeants.

Rien n'y manque : pas un dragon, pas une princesse, pas une ville d'or, pas un pirate. Décors et personnages, tout baigne dans un insurpassable romanesque que renforcent toutes les évocations de luxe et de volupté suggérées par la soie.

Il y a Samarcande et Venise, Boukhara et Canton, Palmyre et Alexandrie, l'Inde et la Chine, les déserts où se perdent les caravanes comme les jardins des harems. Quant aux héros de cette histoire, les Alexandre et les Ming, Gengis Khan ou Tamerlan, Sindbad ou Marco Polo, peu d'hommes ont autant inspiré l'épopée, nourri la littérature de l'exotisme et du féerique.

Une telle aura légendaire traduit l'importance économique, mais aussi politique, culturelle et religieuse des routes de la soie. Elles n'ont pas seulement relié les extrémités de l'Eurasie, elles en ont déterminé l'histoire.

Tant et si bien que l'on en vient à oublier que les routes de la soie étaient aussi parfois de méchants chemins à flanc de montagne, des pistes indécises, des itinéraires que dessinait la configuration du terrain ou encore de vagues directions que l'on suivait empiriquement en fonction des vents dominants.

Chemins infinis

S'il est peu d'expressions à la fois aussi porteuses de rêves et aussi ambiguës que « routes de la soie », c'est aussi parce que le sens des mots n'a cessé de s'élargir, à mesure que les chercheurs comprenaient mieux le rôle de ces chemins.

Lorsque le géographe allemand von Richthofen parle le premier de routes de la soie à la fin du XIXe siècle, il désigne le réseau de chemins, oasis et cités marchandes par où transitaient les caravanes chargées de marchandises précieuses. Il ne s'agit d'abord que des itinéraires qui relient sommairement la Chine et la Perse. Au début de notre siècle, cette région sera l'Eldorado des archéologues qui nous révéleront quels foyers de culture et de civilisation fut l'Asie centrale.

L'expression prend un sens plus large, désignant bientôt toutes les voies qui joignent les deux extrémités du réseau et par où circulent les richesses de la Méditerranée à la Chine. La fameuse route maritime, dite aussi des épices, par la mer Arabe, l'océan Indien et la mer de Chine y est assimilée. Il est vrai qu'après la découverte au Ier siècle du « vent Hippale », c'est-à-dire de l'art de voyager en fonction de la mousson, s'est établi, par l'intermédiaire des marins romains, indiens, arabes, perses, chinois, etc., un second réseau qui double le premier et s'y substitue parfois. Par lui, les produits de luxe finissent toujours par atteindre les points les plus extrêmes du Vieux Monde.

Mais c'est aussi le concept qui s'élargit. Il n'est pas seulement question de la soie, mais des épices, des porcelaines, des pierres précieuses, des fourrures, de l'or, du thé, des verreries, des esclaves et concubines, de tout ce qui s'échange par les mêmes voies. Et avec les marchandises, le pouvoir, la guerre, les savoirs et la peste... mais aussi une multitude d'apports culturels et religieux. Les routes de la soie deviennent le symbole des rencontres entre les peuples de l'Eurasie. C'est un sujet qui concerne toutes sortes de disciplines : archéologie, économie, histoire, musicologie, histoire des religions, mythologie comparée, etc.

Le champ d'une telle étude devient inépuisable. L'expression « routes de la soie » résume alors les échanges de toute nature entre Orient et Occident. Cela devient une preuve de l'interfécondité des cultures, le symbole d'un dialogue du passé dont pourrait s'inspirer le monde moderne. C'est presque une science autonome : une histoire des contacts, mouvements et suggestions dont l'histoire du commerce n'est plus que la base matérielle, le prétexte. Les limites de cette recherche interdisciplinaire sont fort larges. Où en fixer les frontières ?

Labyrinthes de la soie

Et d'abord la frontière dans le temps. Alexandre le Grand apparaît comme un prédécesseur des routes de la soie, le premier grand conquérant civilisateur à unir l'Est et l'Ouest. Mais il faut peut-être remonter bien plus loin pour comprendre le fonctionnement de ces voies. Avant la soie, il y eut le lapis-lazuli, le cuivre, l'encens... Déjà des réseaux commerciaux maillaient le continent. Les rapports entre Oman et Mohenjo-Daro au Pakistan, entre civilisations du IIIe millénaire avant notre ère, en sont peut-être un balbutiement. Et, même si, pour l'histoire traditionnelle, la Chine ne s'ouvre au monde extérieur qu'au IIe siècle av. J.-C., justement à cause de la soie, l'empire du Milieu n'a jamais été totalement une autre planète : la tradition chinoise raconte la visite de l'empereur Mu à la reine de Saba au Xe siècle av. J.-C. Cette légende nous est rapportée dans le plus ancien roman chinois : la *Chronique du Fils du Ciel Mu*. C'est la preuve que, très tôt, les routes de la soie ont rempli une autre de leurs fonctions : faire se rencontrer les mythes du monde entier et créer les plus surprenants mélanges.

L'extension géographique du domaine à explorer est évidente : les connexions de la route maritime et des routes terrestres sont incessantes. À preuve, les liens des ports égyptiens avec le réseau des caravansérails, ou ceux des royaumes anciens de Corée avec les civilisations des steppes, pour ne prendre que deux exemples. Ajoutons qu'il faudrait sans doute prolonger la route maritime le long de la côte est de l'Afrique où parvenaient marins arabes et chinois et plus loin encore puisque les produits chinois arrivent très tôt au Zimbabwe. Vers l'est, le réseau se prolongera jusqu'aux Amériques par la « route des galions » qui, *via* les Philippines, reliera la Chine à Acapulco.

Pour pousser le paradoxe jusqu'au bout, on pourrait dire que la découverte de l'Amérique n'est qu'une conséquence des routes de la soie. Le but de Christophe Colomb est de découvrir Cipango, le Japon fabuleux de Marco Polo. Comme le dit un mot célèbre : « De son vivant, Marco Polo a découvert la Chine, après sa mort l'Amérique. » Bref, si l'on voulait être exhaustif, il n'y a guère que l'Australie et les pôles qui échapperaient aux routes de la soie !

Pour reconstituer toute l'histoire, il faudrait aussi convoquer les témoins : ils sont nombreux. Par terre et par mer, marchands et moines, ambassadeurs et aventuriers, soldats et explorateurs ont parcouru le Chemin. Parmi eux se recrutent nos chroniqueurs rares et imparfaits.

Pendant des siècles, des milliers d'hommes ont parcouru une fraction de ce réseau, ils se sont transmis de main en main les richesses qui transitaient d'un bout à l'autre du continent. À chaque passage de relais se perdait un peu de vérité ou se déformait un peu d'information. Bien que le trafic des marchandises ne se soit jamais réellement interrompu, même dans les siècles obscurs, bien que les contacts culturels aient été infiniment plus constants qu'on ne l'imagine, les routes de la soie ont rempli leur rôle de grand médium, comme secrètement. On ne savait jamais qui était le premier producteur ou le dernier acheteur. Toute richesse se devait de garder son mystère.

Chines improbables, Europe inaccessible

L'exemple le plus frappant est celui des rapports de l'Europe et de la Chine qui, à cause de la soie, ont commercé dès le Ier siècle avant notre ère, mais sont restés plusieurs centaines d'années sans contacts directs, s'ignorant et se rêvant mutuellement.

Les hommes qui ont traversé l'énorme continent eurasiatique de bout en bout sont peu nombreux. Ce n'est qu'en 98 ap. J.-C. que part l'ambassade du Chinois Gan Ying au pays Ta-ts'in, c'est-à-dire Rome : il n'y arrivera jamais… Vers la fin du Ier siècle un marchand que l'on dit macédonien tente de faire un relevé systématique du chemin de la Méditerranée au pays des Sères, la Chine : il n'en reste guère de traces. En 166, parvient en Chine l'ambassade dite d'Antonin, soi-disant envoyée par l'Empereur : en fait, c'est un marchand aventureux et non une mission officielle. À part quelques vagues allusions de-ci de-là à des voyageurs venus du bout du monde, c'est à peu près tout pour treize siècles.

Malgré le prodigieux relais que fut la civilisation de l'Islam, malgré l'omniprésence dès le VIIe siècle de commerçants musulmans, il faut attendre le XIIIe siècle, le temps des dernières grandes croisades et de la conquête mongole, pour que des Européens reprennent le chemin de l'Orient le plus lointain. L'ordre instauré par Gengis Khan et ses successeurs, la *pax mongolica*, est un nouvel et immense rendez-vous manqué. Au Moyen Âge, les premiers explorateurs se lancent dans l'aventure, le plus souvent par voie de terre mais aussi par mer ; ainsi, un

Plan Carpin et un Guillaume de Rubrouck, respectivement envoyés par le pape et par saint Louis, racontent leurs ambassades chez les Mongols. Si Marco Polo s'est arrogé un quasi-monopole des rêves exotiques des Européens, il a eu de nombreux prédécesseurs et concurrents. Son voyage n'est rien comparé à celui de son manuscrit qui bouleversera l'Occident ; ici, l'aventure humaine est surpassée par l'aventure littéraire.

Il y a bien d'autres explorateurs, mais l'Orient reste inconnu et les légendes se multiplient. Au XVe siècle, les empereurs Ming succèdent à la dynastie mongole, ils ferment totalement la Chine.

Il faudra attendre les jésuites du XVIe siècle pour qu'ait enfin lieu une rencontre qui a pris dix-sept siècles de retard, c'est-à-dire pour que l'Europe commence à avoir une véritable connaissance de la Chine ; elle en rêvait pourtant depuis que les patriciennes romaines se revêtaient de voiles transparents. Ainsi, vers 1600, les Européens acquièrent enfin une notion géographique acceptable de la Chine. Ils savent avec certitude que Chine du Nord et Chine du Sud sont sur un même continent. De ce fait, la Chine n'a été vraiment connue qu'après l'Amérique.

Deux mondes s'ignorent, et pourtant, pendant tout ce temps, on n'a cessé de commercer d'un bout à l'autre du continent.

De la relation purement utilitaire, tels le marchandage et le choix de valeurs de paiement communes, jusqu'à la circulation des idées et croyances, le « dialogue » qui s'est établi sur les routes de la soie a pris les formes les plus diverses. On peut, certes, le constater, s'étonner de l'ancienneté des échanges matériels et spirituels entre les peuples les plus éloignés. Mais le romanesque, le légendaire, toutes ces merveilleuses histoires sur les îles bienheureuses, la Montagne magnétique, les hommes à un seul pied ou les cyclopes, les richesses fabuleuses et les murailles de pierres précieuses ne sont pas un produit secondaire des routes de la soie. Ce n'est pas un exemple amusant des aberrations de l'esprit humain, il faut y voir davantage que les traces honteuses d'une mentalité préscientifique. Impossible de séparer le matériel et le légendaire : les mythes sont créateurs. Ils lancent les conquérants et les explorateurs. L'histoire des rêves explique l'histoire réelle.

Imaginaire des routes

Car il y a les routes imaginaires, celles des mythes et des récits fabuleux qu'aventuriers et pèlerins ont colportés à des milliers de kilomètres. Tel est le paradoxe : la vérité ne voyage pas dans les ballots des marchands, l'histoire des routes est aussi celle d'une prodigieuse ignorance ou plutôt d'un imaginaire inépuisable.

Tout est possible. Des légendes bouleversent l'Europe médiévale : le Prêtre Jean viendra du bout du monde écraser les Sarrasins, Gog et Magog, les géants du Livre d'Ézéchiel, vivent au-delà de la Grande Muraille. Pendant des siècles, des ambassadeurs cherchent les chevaux célestes issus de la jument et du dragon, des arbres à soie, un homme volant nommé Bouddha ou le paradis qui figure sur les cartes. Cités utopiques, hommes à tête de chien, trésors, tout est crédible. Racontars de caravansérails, ou mythes sublimes, créations littéraires majeures ou mensonges d'escrocs, utopies ou grandes peurs se renforcent : tous les songes vivent sur la route. Depuis l'Antiquité, cet imaginaire a même produit son propre genre littéraire, celui des *Livres des merveilles*, les *mirabilia*. On le retrouve en Grèce comme à Rome, en Chine comme dans l'Europe médiévale, et la littérature islamique n'est pas la dernière à le pratiquer.

Les contacts avec les peuples lointains et les phénomènes et choses étranges, les récits des voyageurs revenus de contrées inaccessibles, tout cela suscite une floraison de légendes. Mais l'imaginaire est plus que le légendaire. Ce que transportent les routes que nous avons baptisées imaginaires, double mental des routes réelles, c'est de la croyance, et des supports de la croyance : manuscrits, cartes, œuvres d'art, objets de luxe, etc. Que l'objet de la croyance soit religieux, historique, géographique, qu'il s'agisse de Bouddha, d'Alexandre, ou du pays des Sères, toute croyance a un trajet et une histoire : on la voit naître en un point, réapparaître en un autre des milliers de kilomètres et des siècles plus tard. Il y a visiblement des mythes qui voyagent sur les chemins du commerce, qui se transmettent d'une culture à une autre.

Ces cultures, éloignées dans le temps ou l'espace, adoptent, en les déformant, les mêmes dieux, les mêmes représentations du monde ou les mêmes mythes. L'explication de ces phénomènes relève de la psychologie des peuples et de l'histoire des civilisations. Mais le comment, le mécanisme de cette transmission des images mentales, est tout aussi fascinant.

Un peu comme l'archéologue cherche l'alphabet de l'histoire dans les poteries et d'un tesson déduit le trajet d'un objet et le contact de deux cultures, nous pouvons repérer des thèmes légendaires et comprendre comment ils sont arrivés là et ce qu'ils sont devenus dans l'esprit d'un autre peuple.

Le mécanisme est d'autant plus complexe que la transmission s'établit en trois phases. Il y a d'abord les rapports fondamentaux entre deux civilisations, ceux qui expliquent par exemple que l'Islam, reprenant l'héritage grec, diffuse des idées et des légendes helléniques partout où vont les marchands musulmans.

Dans un deuxième temps, il y a l'action, infiniment plus efficace qu'on ne l'imaginerait, de la culture majeure : la circulation intense de l'écrit, le fait que les explorateurs du monde soient de grands lecteurs et qu'il y ait toujours eu une République internationale des lettres. Ainsi tel détail apparu au IIIe siècle, dans un roman sur Alexandre, est cité par Marco Polo au XIIIe, puis représenté sur un planisphère qui inspire les entreprises de Christophe Colomb au XVe siècle.

Enfin, intervient un troisième facteur presque mécanique qui explique aussi la propagation des rumeurs : c'est le jeu du hasard, de l'attente et de l'interprétation. Un mot est mal compris, mal prononcé, mal transcrit et « Mongol » devient « Magog », « Ong-Khan » « Prêtre Jean ». On s'imagine que les Tartares viennent du Tartare, fleuve des Enfers, ou que les khans mongols tiennent leur nom de Cham, fils de Noé, et que la Bible explique leur arbre généalogique. Au XVe siècle, lorsque Christophe Colomb, aux Caraïbes, entend parler des *canniba* (d'où nos cannibales), il est persuadé d'être près du Grand Khan, *il gran Can*, de Marco Polo, un de ses auteurs favoris. Le détail d'une description géographique antique, une tour de pierre ou une grande muraille, est reconnu par un voyageur, des siècles plus tard.

Ces trois éléments, les contacts des civilisations, la littérature du lointain et le mécanisme de la rumeur, se combinent pour engendrer des pays rêvés, des royaumes fabuleux : ce sont les Empires du mirage.

Le pouvoir des choses

On rêve les habitants de l'autre bout du monde à travers des objets exotiques et c'est ainsi qu'au réseau des relations tangibles s'en superpose un autre qui nous importe bien davantage : celui de la circulation des symboles et des signes. La soie sensuelle, luxueuse, mais aussi immorale et dangereuse, la soie qui sert à payer les tributs impériaux ou à faire des cadeaux aux rois, la soie que certains capitalisent parce qu'elle peut valoir son poids en or, la soie qui a parfois une fonction somptuaire supérieure à celle des bijoux, la soie dont la première caractéristique est de provenir du bout du monde est la preuve qu'une marchandise vaut ce qu'on la rêve. Les rapports politiques qui se mêlent aux relations commerciales font également une large place aux symboles. Dans la Chine ancienne, on ne négocie pas la soie avec des étrangers : on reçoit des ambassadeurs qui reconnaissent la suzeraineté du Fils du Ciel et lui offrent des présents ; en retour, celui-ci consent à ses vassaux des dons de valeur sensiblement équivalente, notamment des rouleaux de soie. Tel est le système dit des « tributs » dont les Européens mirent parfois longtemps à pénétrer les subtilités.

Les objets ont leurs mystères, leurs secrets techniques

de fabrication. Ceux-ci inspirent des aventures dignes de romans d'espionnage et engendrent des rêves sans fin. Le secret de la soie fut certainement l'un des mieux gardés de l'humanité. Entre les premiers élevages dans la Chine des empereurs mythiques du IIIe millénaire av. J.-C. et ceux créés en Occident, il s'écoulera près de quatre mille ans. Inversement, les Chinois ont rêvé sur les verres de couleur importés d'Europe et de Perse : ils en ignoraient la technique. Elle leur parviendra par des marchands d'Asie centrale ; presque au moment où les Chinois laissaient fuir le fatal cocon. Le « secret industriel » n'est pas un phénomène moderne, et chaque fois que l'un d'eux est découvert, c'est un bouleversement : ainsi en fut-il pour le kaolin qui est le secret de la porcelaine, comme pour le papier, indirectement issu de la soie. Mais l'espionnage peut porter sur des connaissances plus abstraites.

À l'imaginaire des choses s'ajoute celui des lieux. Pays utopiques ou terrifiants, îles des Bienheureux, Paradis, Pays des démons…

Le plus prodigieux mythe géographique des routes de la soie est celui du Prêtre Jean : il naît de vagues rumeurs et du plus grand faux de l'histoire — une lettre aux puissants, peut-être écrite par un chanoine farceur en 1165. Ce présumé canular va bouleverser l'Europe, servir de réceptacle à ses peurs face au péril sarrasin et mongol, d'incarnation aux espoirs de la chrétienté.

On cherchera le Prêtre Jean sur les routes de la soie, et plusieurs personnages réels, dont Gengis Khan, lui serviront un moment d'avatar, avant que le mythe n'émigre en Afrique, déclenchant un autre mouvement d'exploration. Le plus fascinant est la façon dont les mythes se « contaminent » : les légendes sur Gog et Magog, les Tartares, la grande muraille, les voyages d'Alexandre se croisent… et se confirment mutuellement.

Une autre dialectique s'établit, entre hommes de science et hommes de voyage, les premiers interprétant les récits des seconds, et ceux-ci reconnaissant ce qu'ils ont lu et croient devoir trouver. L'Inde « fabuleuse » et la Chine « merveilleuse » font partie de l'imaginaire collectif occidental. Ce qui s'en dit ne peut être comparé qu'à ce que croient les Chinois à propos du « Ta-ts'in », l'Empire romain. Lorsque la soie arrive à Rome, tout ce que l'on en sait est qu'elle provient du pays des Sères, contrée fabuleuse s'il en est puisque, nous rapporte Lucien, on y vit trois cents ans. Les légendes courent à propos des hommes comme du tissu. L'ordre, la vertu et la salubrité de la Chine apparaissant au fond comme modèle amélioré de l'Occident, tel est le thème qui se propage, pratiquement de l'Antiquité jusqu'aux Lumières qui diffuseront une vision utopique et idéalisée de l'empire du Milieu (l'Inde, pourtant infiniment mieux connue, jouant avec la même constance le rôle du pays des animaux étranges, des curiosités de la nature, et de la démesure en général). Pour les Chinois, Rome était tout aussi étrange et inconnue : ne disait-on pas que ces fameux Romains « étaient analogues aux habitants du Royaume du Milieu ». C'est pourquoi on appelle ce pays « Grand Ta-ts'in », littéralement Grande Chine. Quant aux Mongols, leurs conquêtes déclenchent une des plus grandes hystéries collectives de l'histoire, ils nourrissent des mythes rigoureusement contradictoires et ils incarnent tantôt une puissance démoniaque, tantôt une espérance ou une utopie. Et cela en une période très brève.

Tous les monstres, toutes les chimères

Tout cela s'accompagne d'un bestiaire fantastique dont la légende se dit et se redit, n'importe quel bruit en confirme l'existence. À pays féeriques, bêtes fabuleuses.

Griffons et chimères, monstres marins et terrestres, chaque animal réel ou imaginaire engendre des légendes voyageuses.

C'est du reste à cause d'un animal que s'ouvre vraiment la route de la soie, c'est-à-dire que commence le processus de diastole et de systole, d'expansions et de replis craintifs de la Chine au cours des siècles. Au IIe siècle av. J.-C., l'empereur Wou envoie une mission au Ferghana : là vivent, croit-il, les chevaux célestes, issus d'un dragon et d'une jument, qui lui assureront l'immortalité et le porteront jusqu'au séjour céleste. Ses ambassadeurs reviendront avec d'autres chevaux merveilleux : des coursiers qui suent le sang. Mais ce sont surtout des animaux résistants, capables de fournir à l'armée impériale une cavalerie en mesure de rivaliser avec celle des barbares. Il faudra importer ces chevaux, donc commercer, donc exporter de la soie, l'unité monétaire de l'époque. Ainsi est inaugurée la grande voie commerciale.

Mais les chevaux célestes ouvrent seulement le cortège des animaux extraordinaires que l'on rencontre au long des routes. Leur catalogue dépasse nos espérances par sa variété et sa fantaisie.

Là encore, il faut prendre au sérieux ce qui semble le plus fou. Derrière cette accumulation de caractères incroyables et monstrueux, il y a de secrètes correspondances. Culturelles d'abord : la description des baleines « que l'on prend pour des îles » et que rencontra réellement Néarque, amiral d'Alexandre, resurgit au IXe siècle à Bagdad dans les récits du marchand Soleiman, comme en Irlande dans la légende de saint Brendan. Les curiosités zoologiques dont se délectait Pline, le griffon ou les fourmis géantes, réapparaissent dans *Les Mille et Une Nuits*. Un oiseau énorme, le rokh, inspiré par le griffon des Grecs, peuple les contes arabes dès le VIIIe siècle, et figure dans une légende germanique du XIIe siècle. Comme toujours, des témoins de bonne foi confirment : Marco Polo commence à croire à l'existence du rokh lorsqu'il en voit une prétendue plume à la cour du khan Koubilaï ; Ibn Batouta, au début du XIVe siècle, entrevoit la silhouette du monstre sur la mer. La connaissance qu'avaient les Arabes de la culture antique, les contacts qui eurent lieu au moment des croisades peuvent expliquer le déplacement de telle figure au cours des siècles ou telle curieuse similitude entre *Les Mille et Une Nuits* et les *Nibelungen*. Parfois l'explication est plus prosaïque : une mauvaise interprétation de la morphologie du rhinocéros engendre la licorne, une mauvaise traduction d'hippopotame (cheval du fleuve) fait naître des chevaux marins, une simple exagération d'un fait vrai et l'on bascule dans la fantasmagorie. Sans compter que les auteurs se lisent les uns les autres, quand ils n'affabulent pas sciemment, ainsi le faussaire Jean de Mandeville dont le *Livre des merveilles* eut un succès qui dépassa celui de Marco Polo. À moins qu'au-delà de la puissance du livre ou des mécanismes de la rumeur, il ne faille chercher un symbolisme inconscient qui relève de la psychanalyse.

Routes des dieux

Toute une mythologie pleine de songes d'empereurs et d'animaux porteurs de messages divins raconte comment voyage la foi. Mais la réalité, le réseau invisible par lequel les religions parcourent les routes de la soie est aussi fabuleuse. Juifs de Chine (pensons à la légende des dix tribus perdues, ou à la communauté juive chinoise redécouverte par les Européens), manichéens ou nestoriens d'Orient, bouddhistes originels, chrétiens de l'extrémité de la terre, musulmans dispersés… Les dieux voyagent, les hommes les cherchent.

D'Inde ou de Ceylan partent les moines qui diffuseront le bouddhisme ; les pèlerins chinois vont en quête de soutras en Inde. La doctrine de l'Éveil est liée à un formidable mouvement de découverte et d'exploration ; il illustre l'ambiguïté des rapports du pèlerin, du prédicateur et du marchand. Pourtant, l'Europe fera preuve d'une incroyable cécité, et malgré des siècles de contacts, restera longtemps incapable de comprendre la nature de la doctrine bouddhique.

Des disciples directs de Mahomet parviennent jusqu'en Chine, et, quand le quasi-contemporain de Marco Polo, Ibn Batouta, visite la communauté musulmane dispersée à travers le monde, commence un bien plus vaste et spectaculaire périple que celui du hâbleur vénitien. L'islam est le grand facteur d'unité sur les routes de la soie, la religion nomade par excellence.

Le christianisme a également ses mythes voyageurs. La tombe de saint Thomas en Inde en est un exemple et une tradition veut que l'apôtre ait été prêcher jusqu'en

Chine. On s'imagine que l'arche de Noé est échouée au sommet du mont Mossoul en Grande-Arménie. En Perse, Marco Polo croit trouver une trace du passage des Rois mages : un puits où brûle une flamme perpétuelle.

Si la diffusion du bouddhisme, du catholicisme et de l'islam s'accompagne partout d'aventures épiques ou d'épisodes étranges, que dire des hérésies et religions perdues ? Le zoroastrisme, toujours vivant, a marqué le centre du continent eurasiatique pendant des millénaires et resurgit sous des formes déguisées ou supposées.

Le manichéisme, religion syncrétique, naît dans la Perse sassanide du IIIe siècle d'un essai de synthèse entre zoroastrisme et christianisme. Il migre jusqu'en Chine à travers l'Asie centrale, il assimile des notions du bouddhisme et du taoïsme. À son apogée, il devient religion officielle des Turcs ouïgours à la frontière de la Chine et de la Mongolie avant que d'être persécuté.

Le nestorianisme, une hérésie condamnée par le concile d'Éphèse en 431, est éliminé en Occident, mais connaît une fortune surprenante à l'Est. Les voyageurs médiévaux, allant à la rencontre des Tartares, sont très surpris de trouver une puissante Église nestorienne implantée chez des peuples si sauvages que l'on doutait qu'ils fussent humains.

Hommes de voyage, hommes de légendes

Marchands, faussaires, ambassadeurs, mystiques, conquérants, ils partent sur les routes pour le plus risqué des périples. Ils reviennent, saints ou souverains, toujours autres. Chacun avec son récit, chacun jusqu'au bout de sa route imaginaire. Le voyage physique n'est qu'un indice du voyage intérieur.

Pourquoi s'est-on toujours risqué vers le plus lointain ? Il y a, bien sûr, la quête du pouvoir, et l'on sait quelle place tiennent un Alexandre, un Gengis Khan ou un Tamerlan dans l'histoire des routes de la soie.

On part aussi pour faire fortune. Marco Polo ou Sindbad le Marin ne sont que les plus connus des négociants intrépides qui se firent les principaux propagateurs de l'imaginaire.

Qui est marchand, qui est aventurier, qui est ambassadeur ? Certains encore obéissent à des desseins plus obscurs où se mêlent profit et politique. D'autres sont de francs escrocs qui pénètrent dans les cours porteurs de promesses mirobolantes faites par des empereurs du bout du monde. Enfin, il y a ceux qui partent prêcher leur foi, trouver la juste doctrine ou rapporter une relique.

Tous sont devenus des hommes-mémoires. Les uns nous ont laissé des récits qui reflètent le poids de leur propre culture. Les autres négligent de noter leurs aventures et n'apparaissent qu'au hasard d'une chronique. Ceux que nous connaissons ne sont pourtant qu'un très faible pourcentage des innombrables audacieux qui consacraient plusieurs années de leur vie au voyage. Souvent, nous vivons dans l'illusion très européocentriste que les voyages lointains ont commencé avec les grandes découvertes, au XVe siècle. Rien de plus faux : l'histoire des routes de la soie est pleine de villes cosmopolites, de colonies étrangères, de voyageurs professionnels, d'autels transportés au bout du monde, avec en arrière-plan une incroyable interfécondation des cultures et des religions, une incessante circulation des idées et des gens. Tout cela forme un gigantesque système à faire connaître le monde et à faire voyager les mythes.

Le vrai, le faux, des affabulations répétées pendant des siècles, ou des nouvelles trop surprenantes pour être comprises : voilà ce que répandent pêle-mêle les voyageurs. C'est un paradoxe de la communication ou plutôt de son inégale circulation. D'une part des systèmes efficaces, des relais multiples et surprenants, une accumulation de connaissances pratiques. D'autre part, des « pertes d'information ». Et surtout la mauvaise information qui chasse la bonne.

La saga des routes de la soie, l'épopée des Empires du mirage méritent de nouvelles recherches. Elles se proposent de faire l'histoire des médiations le long des routes de la soie. Elles entendent y saisir le lien entre la circulation des choses et celle des images mentales, le rapport du visible et de l'invisible, de l'utile et du chimérique. Elles cherchent l'effet du fractionnement des relais : passage des objets de main en main ou des connaissances de bouche à oreille. Elles étudient le problème du temps de transmission, les conséquences de la durée des déplacements, ce qui poussait marchands, explorateurs ou pèlerins à consacrer une bonne part de leur vie à un seul voyage, ce qu'ils retenaient, ce qu'ils rapportaient, qui les écoutait, comment étaient accueillies des nouvelles datant de plusieurs années, et avec quels effets.

Ces travaux tentent de déterminer qui avait accès à quelles informations sur les contrées lointaines et la crédibilité comparée des sources. Ils s'interrogent sur les outils et moyens de diffusion des idées : ainsi, les rapports des prédicateurs et des marchands ou la circulation et l'efficacité des supports de la foi, textes ou reliques, destinés à convaincre. Ils s'efforcent de pénétrer le secret de mentalités que n'ont façonnées ni l'imprimé ni l'audiovisuel, ce qu'un mode de circulation radicalement différent des hommes et des idées faisait des hommes et des idées… Il s'agit de comprendre comment naissent les Empires du mirage.

Voilà où nous mènent nos histoires de dragons et de princesses, de caravanes et d'aventuriers, de monstres et de pays imaginaires.

C'est ainsi peut-être, par cette utopique entreprise, que se révèle la modernité des routes de la soie : par elles, nous apprenons surtout sur notre temps.

ENTRACTE I
L'ouverture

Pour certains, les prémices des routes de la soie sont les tout premiers mouvements des peuples à travers le continent eurasiatique. Pour d'autres, il faut attendre quelques millénaires lorsque les premiers réseaux marchands s'établissent et esquissent les axes par où circuleront la soie et autres produits de luxe. Ce serait sans doute vers 2500 avant notre ère, alors que se créent les liens commerciaux entre Mohenjo-Daro, centre de la civilisation de l'Indus, la Mésopotamie et l'actuel Sohar sur la côte d'Oman[1]*. Un commerce international régulier naît, et avec lui les civilisations se rencontrent.*

Si le critère est l'apparition de soie tissée hors de Chine, l'archéologie impose une datation plus récente : VIe ou Ve siècle av. J.-C. La soie franchit alors la boucle du fleuve Jaune. Transmise aux tribus nomades, Hiong-nou (les futurs Huns), Yue-tche (Indo-Scythes), elle parvient exceptionnellement en Europe. On retrouve quelques morceaux de soie dans la sépulture d'un prince altaïque au Ve siècle av. J.-C., dans le Bade-Wurtemberg et au Luxembourg, dans des sépultures des Ve et VIe siècles av. J.-C. En Inde, des textes mentionnent la soie chinoise dès le IVe siècle av. J.-C., et les Grecs possèdent très tôt un mot pour la désigner. Pourtant, le négoce de la soie est encore loin de représenter un phénomène historique d'importance.

1. D'après des documents récents, la soie apparaît en Égypte dès le Xe siècle av. notre ère.

Un consensus quasi général fait de l'expédition d'Alexandre (334-323 av. J.-C.) le préambule de l'ouverture des routes de la soie. C'est vrai si l'on ajoute aussitôt que le Macédonien reprend l'œuvre de Darius le Grand. Déjà, l'Empire perse achéménide reliait par un impressionnant réseau routier la côte méditerranéenne, Persépolis et des étapes importantes de la route de la soie en Asie centrale, dont les futures Bactres et Samarcande. Alexandre, lui, noue des liens durables entre le monde méditerranéen, l'Asie centrale et l'Inde. Après l'épopée de ce brasseur de peuples et de cultures, la circulation des idées, des influences artistiques ou religieuses, comme celle des marchandises, atteint un développement auparavant impensable. Nous verrons par quels surprenants relais égyptiens, bouddhiques, afghans, le souvenir hellénistique perdure plusieurs siècles tout au long des routes de la soie. Ce n'est que peu de temps après le premier acte symbolique d'ouverture de la Chine vers l'ouest que les derniers souverains grecs d'Asie centrale disparaissent. Quant aux idées et aux modèles artistiques nés de l'hellénisme, ils circuleront bien plus loin et pour des siècles sur ces mêmes routes.

Sans Alexandre, les routes de l'Eurasie n'auraient pu s'ouvrir ; en retour, ce réseau diffusera le mythe du conquérant macédonien de l'Atlantique au Pacifique.

I

Alexandre : l'initiateur

Ils t'interrogent au sujet de Dhou-el-Karnaïn.
Dis :
« Je vais vous raconter une histoire qui le concerne. »
Nous avions affermi sa puissance sur la Terre et
nous l'avions comblé de toutes sortes de biens.
Il suivait un chemin
et quand il eut atteint le couchant du soleil
il vit que le soleil se couchait
dans une source bouillante.

Sourate de la caverne (XVIII, 83-86)

Premier mythe universel

Parfois, quand, au musée de l'Acropole, le soleil redonne un instant de vie au visage de pierre d'Alexandre, fils de Philippe, le voyageur peut entendre l'épopée du Macédonien, mythique père fondateur des routes de la soie. Alexandre, Sikander, Iskandar, al-Khidr, le Dhou-el-Karnaïn du Coran.

Bien avant lui, les rives du Tigre et de l'Euphrate grouillaient de commerçants. Bien avant lui encore, venant de l'Est et du Nord lointains, peut-être, des peuples avaient mêlé leurs civilisations nomades à celles des sédentaires. Il y avait bien longtemps, un empereur aurait voyagé de Chine jusqu'au royaume de la reine de Saba, l'épouse de

Salomon. Et puis les empires se sont dessinés, les dieux eux-mêmes ont changé, les Barbares se sont approchés.

Et pourtant, il faut attendre Alexandre pour ouvrir aux Occidentaux la route orientale ; il en fixe symboliquement les limites, en construisant les portes de fer aux frontières de la Borée. Au-delà commence le pays des démons, Gog et Magog, les terres inaccessibles.

Alexandre est le pionnier des routes de la soie à double titre : il est le conquérant civilisateur par qui se rencontrent les dieux, les peuples et les cultures, mais il est aussi lui-même un mythe, peut-être l'unique mythe vraiment universel, en tout cas le seul qui ait circulé partout et constamment au long des routes de la soie.

Les historiens sont tous à peu près d'accord : l'épopée alexandrine est le prologue politique, militaire et culturel nécessaire à un grand réseau de circulation des hommes et des choses à travers l'Eurasie. Mais cette vérité historique en fait peut-être oublier une autre : par les réseaux invisibles qui transmettent les idées et les croyances, le mythe d'Alexandre a voyagé plus loin encore que le Macédonien. Ni la diversité des cultures ni celle des religions n'ont fait obstacle à cette invraisemblable errance : Alexandre surgit là où on l'attend le moins.

Souvenez-vous de la nouvelle de Kipling : *L'homme qui voulut être roi*. Le héros, un sergent de l'armée des Indes, part en quête d'un royaume à conquérir, il rencontre les féroces tribus du Kafiristan, ces païens des montagnes himalayennes. Ceux-ci veulent vérifier s'il est un homme ou un immortel et lui tirent une flèche au cœur. Un médaillon dévie le trait. L'Anglais reste impassible. Aussitôt, les guerriers hurlent : « Sikander, Sikander ! » Et la nouvelle de se répandre : leur roi est de retour, Alexandre est revenu. Le fond historique évoqué par la nouvelle de Kipling, les conquêtes du Macédonien qui l'ont mené jusqu'en Afghanistan (et bien au-delà), est notoire. Le fond mythique n'est pas invraisemblable. Des tribus du Kafiristan, au XIXe siècle, auraient parfaitement pu continuer à rendre un culte à la mémoire d'Alexandre. Plus d'un chef de ces régions s'est honoré d'avoir dans les veines du sang du conquérant. Marco

Polo, bien avant Kipling, parlait de ces tribus du Haut-Afghanistan, Badakhchan, Nouristan, et de cette filiation légendaire à laquelle prétendaient leurs chefs.

À la fin du XIXe siècle, un diplomate américain en mission en Asie centrale, Eugène Schuyler, note les légendes sur Alexandre qui courent à Samarcande, à Boukhara et dans la région : « Les exploits d'Alexandre ou d'Iskandar Dû-l-Qarnaïm [l'homme à deux cornes] nous ont été transmis dans cette région par la légende et sont connus de tous les habitants. Beaucoup de petits princes des régions montagneuses du haut Oxus se prétendent descendants d'Alexandre. » Et Schuyler, décidément curieux et érudit, note que, sur les territoires des anciens royaumes grecs de Sogdiane et de Bactriane, ne se trouvent guère d'autres traces de la culture grecque que ces légendes, sauf les monnaies hellénistiques portant les effigies d'un Démétrios ou d'un Antimaque.

Mieux : si vous passez aujourd'hui au Pakistan, il y a de fortes chances que vous entendiez parler des Kalachs, la tribu perdue, au Nouristan, à la frontière afghane, une province qui fut aussi connue comme le « pays des Infidèles ». Pratiquement, isolés du reste du monde jusqu'à ce que l'hélicoptère permette aux ethnologues et aux touristes d'envahir leur territoire, les Kalachs sont païens, ils pratiquent des cultes solaires. Physiquement, ils sont nettement de type européen. Leur légende est née : ce seraient des descendants des vétérans d'Alexandre, une petite communauté doublement oubliée de l'histoire. À l'abri d'un des paysages les plus sauvages du monde, elle aurait préservé le sang et le culte des soldats du IVe siècle avant notre ère. Deux chercheurs français devenus eux-mêmes Kalachs d'adoption nous racontent le mythe mais nous ramènent à la réalité : les Kalachs sont bien d'origine indo-européenne, mais ne sont pas petits-fils des Macédoniens.

Aux quatre coins de la terre, on rencontre de tels « descendants ». Ainsi, lorsqu'un prince indien débarque à Malacca au début du XVe siècle et y fonde ce qui deviendra un des grands royaumes maritimes et marchands des routes de la soie, il se réclame de cette même prestigieuse mais très douteuse ascendance.

Le tombeau même du héros donne lieu à diverses localisations. Il reposerait, selon une description du IVe siècle ap. J.-C., dans un cercueil d'or et de cristal, « vêtu de son armure d'apparat, son épée à pommeau d'or à ses côtés ». Ce serait sous le tumulus de Kom el-Chougafa à Alexandrie. À moins que ce ne soit en Kirghizie où l'on a longtemps vénéré sa tombe. Il existe aussi en Chine des bourgades dont la fondation est attribuée à Alexandre.

Si Alexandre n'a jamais pénétré au-delà de l'Indus ou du Syr-Daria, ces marques imaginaires couvrent tout le Vieux Monde. À Ceylan, les traces d'Alexandre côtoient celles d'Adam ou du Bouddha. Il est le compagnon des initiateurs de mythes.

Les bornes de la conquête

Superstitions populaires ? Les lettrés racontent plus extraordinaire encore. Un des premiers grands traités scientifiques de géographie, celui d'Ammien Marcellin, vers 350 ap. J.-C., donne la « preuve » de la présence du conquérant en Chine : de source sûre, l'auteur sait que le roi de Macédoine y a érigé une colonne avec une inscription à son nom. Palladius, un moine du IVe siècle, auteur d'un guide de voyage, évoque un autre témoignage : Musée, évêque d'Adoulis en Égypte, a visité le pays des Sères[1] et il atteste de l'existence d'un monument élevé par le conquérant. Des textes arabes attribuent au Macédonien la construction de la capitale impériale Tch'ang-an. Mieux : le grand savant et géographe arabe du Xe siècle, Masoudi, prête à Alexandre la construction de la Muraille de Chine, une légende durable. Pour lui, le monde se divise en grandes zones, et « celle de l'Orient comprend la Chine et Silla [la Corée]. Elle est limitée par la Grande

1. Le « pays des Sères » peut désigner à cette époque un pays où l'on vend de la soie ; on ne peut être absolument certain qu'il s'agisse de la Chine.

Muraille construite par le roi Alexandre pour protéger les hommes de l'assaut des races de Gog et Magog ».

Cette barrière, on la découvrira ainsi sur la « carte du Psautier » du XIIIe siècle à la British Library, comme sur une carte indienne du XVIIIe siècle ! Mais c'est chez Marco Polo que figure la mention la plus connue de cette légende : quand il voit le mur sans fin, le Vénitien est certain de contempler l'ouvrage d'Alexandre.

Le légendaire marchand italien, la Chine, un mythe grec, une prophétie biblique, le Coran, comment une telle rencontre est-elle possible ? C'est ce que nous pourrions appeler la « loi de contamination maximale » : quand deux mythes se croisent, ils ont tendance, s'ils ont le moindre élément de similitude, à se combiner et à se confirmer mutuellement. Dût la logique en souffrir au passage.

La preuve : voici la Porte de Fer en Géorgie. Marco Polo la décrit dans *Le Devisement du monde* : « La voie est très étroite entre montagne et mer ; elle s'étend sur plus de quatre lieues, si bien qu'une poignée d'hommes y peut arrêter toute une multitude. C'est pourquoi Alexandre n'y put pénétrer. Et je vous dis qu'il y fit dresser une tour et une forteresse afin que ces gens ne puissent parvenir jusqu'à lui. On la nomma la Porte de Fer. » Ces gens ? Ce seraient des Tartares, selon certains. Non, c'étaient des Comans, une autre tribu d'Asie centrale, car il n'y avait pas de Tartares en ce temps-là, nous dit Marco Polo ! Nous voilà éclairés : notre Vénitien vient de se tromper de plus d'un millénaire ! Les Comans n'étaient pas plus contemporains d'Alexandre que les Tartares. Mais ces portes, de fer, de bronze, d'airain, ou d'amiante, situées en Géorgie, au pied de l'Hindou Kouch, à proximité de Téhéran ou encore ailleurs, avec mille variations et déformations, nous en rencontrerons bien d'autres versions. Les archéologues les cherchent toujours.

Pour faire bonne mesure, Marco Polo retrouve au Khorassan l'arbre sec près duquel eut lieu la bataille d'Alexandre et de Darius : c'est une sorte de borne frontière du monde connu. À toute limite qu'atteint un homme, il faut qu'il ait été précédé par Alexandre. Et personne n'ira plus avant que lui.

L'homme-frontière

Au-delà, le territoire des démons ou au moins les terres inconnues où nul voyageur n'a pénétré. Ainsi, dans le premier ouvrage grec qui fasse mention des Chinois, on ne donne qu'une seule information sur ce pays extraordinaire : ils habitent à l'est des territoires conquis par Alexandre.

Toujours, dans la légende, revient l'idée d'une frontière, d'une borne : celle que le héros pose entre le territoire des hommes et celui des monstres ou des parfaits. Ou encore celle que le conquérant, averti par les puissances supérieures ou instruit par les sages, s'impose à lui-même. Au-delà, il entrerait dans la folie. Même le demi-dieu doit reconnaître qu'il est une limite à ne pas dépasser, sauf à offenser les dieux ou l'ordre de l'Univers. Le retour d'Alexandre renonçant à une conquête impossible, inutile ou dangereuse, est une constante de sa légende.

Ainsi, dans le *Livre des ruses*[1] intervient un singulier messager. C'était au temps où les armées du conquérant marchaient vers l'est. Un soir, lors du siège d'une ville chinoise, Alexandre veille sous sa tente quand se présente un émissaire. L'ambassadeur demande à être reçu en tête à tête ; on le fouille et on y consent. Seul avec le Macédonien, l'inconnu révèle son identité : il est le roi de Chine. Il est venu négocier la paix avec les Grecs, moyennant tribut, bien sûr. Longtemps on discute de la somme que les Sères devront payer en gage de vassalité. Au début, Alexandre, plein d'orgueil, exige énormément ;

1. Le personnage d'Alexandre intervient à plusieurs reprises dans ce traité anonyme arabe rédigé à la fin du XIIIe siècle. Sorte d'anthologie de contes, chacun d'eux portant en lui une leçon de sagesse politique.

mais son interlocuteur, habile et patient, l'amène chaque fois à rabattre ses prétentions : si Alexandre demande trop d'or, il y aura des désordres, des émeutes... Finalement, le Macédonien, vaincu par l'art diplomatique du Chinois, se contente d'une somme presque symbolique. Ils se séparent. Le lendemain, le roi de Chine apparaît à la tête d'une immense armée et encercle les Grecs. Alexandre se croit trahi et s'apprête au combat. Mais le roi de Chine s'approche et le rassure : cette démonstration de force prouve que ce n'est pas par faiblesse qu'il consent à ses prétentions, mais seulement parce que le Ciel en avait voulu ainsi. Et les armées s'en retournent...

Qu'il rencontre les créatures de l'enfer ou simplement un sage politique, Alexandre touche une frontière : là commence l'interdit, et là il rebrousse chemin.

Chemin d'un conquérant

Pour ceux qui douteraient que toutes ces histoires de sergent anglais, de prince malais et de conteurs arabes puissent nous apprendre quoi que ce soit de sérieux, renvoyons-les aux historiens et aux archéologues. Eux aussi conviendront qu'Alexandre est bien le pionnier des routes de la soie.

Regardons la carte : jamais, avant lui, on n'avait été si loin d'ouest en est. Ni si vite. En 335 av. J.-C., à vingt et un ans, il est déjà maître de la Grèce. L'année suivante, il franchit l'Hellespont, nos Dardanelles, occupe l'Asie Mineure, la Phénicie et la Syrie. Il poursuit jusqu'en Égypte et s'en empare ; il trouve même le temps d'y fonder sur les rives du Nil la plus célèbre des nombreuses Alexandrie : tout cela n'a pas pris deux ans. Après cette poussée vers le sud, il se tourne vers l'Orient, franchit l'Euphrate, puis le Tigre près de Ninive[1], et attaque le cœur de l'Empire achéménide.

Darius est écrasé à Gaugamèles : les Grecs prennent

1. Non loin de l'actuelle Mossoul en Irak.

Babylone, Suse, Persépolis. L'armée repart vers la Médie et atteint la mer Caspienne. À partir de là, Alexandre s'engage en Asie centrale au cœur du réseau des routes de la soie — territoires ouzbeks, tadjiks, turkmènes, kazakhs, kirghizes et afghans. Ces régions seront connues sous les noms de Parthie, Sogdiane, Bactriane. Cette poussée au nord-est le mène jusqu'à l'actuelle Khodjent (ex-Leninabad). Là, il fonde Alexandrie-Extrême reliée à tout un réseau urbain : comptoirs, villes-garnisons. Dans cette cité du bout du monde parviennent du pays des Sères maints produits que transportent les Scythes. Il y a aussi une Alexandrie près de Kaboul et qui reçoit l'étrange nom d'Alexandrie du Caucase : les Macédoniens ont apparemment confondu l'Hindou Kouch, ce prolongement montagneux de l'Himalaya au nord de l'Afghanistan, avec le Caucase, ils sont persuadés que leur chef a égalé Dionysos qui, dit la légende, pénétra en Inde par le Caucase.

Alexandre hésite à progresser au-delà du Syr-Daria (ou, suivant son nom ancien, l'Iaxarte) en pays scythe, lorsqu'il doit revenir mater les tribus des montagnards afghans. Il redescend par la passe de Khyber en direction du Pakistan. « Quiconque a jamais été quelqu'un est passé par là », dit une inscription à l'entrée de la fameuse passe. C'est la traversée de ce défilé étroit, rêve de tous les conquérants, qui donne à une aventure guerrière une dimension de légende et fait basculer l'histoire dans le rêve.

Le héros aura traversé tous les lieux au nom magique, Tribactra, Maracanda, Oxus, Iaxarte — nous disons aujourd'hui Boukhara, Samarcande, Amou-Daria, Syr-Daria.

Commence alors la vraie marche vers l'Inde. Alexandre franchit l'Indus. Là, les savants qui l'accompagnent découvrent pêle-mêle le riz, la canne à sucre et la banane. En 326, malgré une furieuse bataille où les phalanges macédoniennes doivent affronter la charge des éléphants saoulés à l'alcool de riz, le roi indien Poros est vaincu et la route est libre pour le conquérant du monde. Dans la vallée de l'Indus aussi, il y aura une Alexandrie pour glorifier le héros, une Bucéphale pour célébrer son cheval et une Nicée pour rappeler la victoire[1].

Alexandre n'ira pas plus avant sur les routes terrestres de la soie : le temps est passé, les Macédoniens sont las de la gloire, fatigués de quêter l'impossible, blasés de leur sublime routine. Alexandre a le projet d'atteindre la limite de toute terre. Arrien, l'historien romain, lui prête ce discours à ses soldats, où l'imaginaire géographique du temps nourrit la volonté de puissance : « Si quelqu'un d'entre vous voulait qu'on mît un terme à nos entreprises, qu'il sache que nous n'avons pas loin d'ici au Gange et à la mer Orientale, puis au Grand Océan. Nous naviguerons jusqu'aux colonnes d'Héraclès et, soumettant l'Afrique après avoir soumis l'Asie, nous n'aurons d'autre borne à notre empire que celui du monde. » Mais l'armée répond d'une seule voix que c'est assez bataillé et conquis. Les soldats de tous les triomphes renoncent à la victoire suprême pour s'en retourner vers la Macédoine.

Alexandre revient vers Babylone où il doit mourir. Au cours de sa seule retraite, il porte comme un trophée le grand rêve indien.

La course d'Alexandre : dix-huit mille kilomètres. En un temps incroyablement court, si l'on tient compte qu'il lui faut s'arrêter, prendre des villes ou en bâtir, vaincre des royaumes et en créer, Alexandre a mené son armée à Memphis, à Samarcande, à Lahore et à Karachi. Sur la plus longue partie du trajet, il a suivi les grandes routes de l'Empire achéménide qui étendait un pouvoir unifié sur trois millions de kilomètres carrés. La logique de ce voyage est celle des grandes routes caravanières identiques à celles des conquêtes : de Gengis Khan à l'armée anglaise, tout le monde empruntera le même chemin.

Sur la voie du retour, Alexandre trouve encore le temps d'ébaucher la route maritime de la soie, en envoyant son amiral Néarque naviguer de l'Indus à l'Euphrate. La flotte se déplace parallèlement à la grande retraite de

1. Bucéphale, le cheval d'Alexandre, le porta dans toutes ses campagnes. Animal extraordinaire que seul Alexandre put dompter, il est devenu un animal de légende. Nicée en grec signifie victoire.

l'infanterie, par la mer d'Oman et le golfe Persique. Néarque, lui aussi, rapporte son lot d'histoires : l'océan Indien, les périls, les vents puissants, les poissons grands comme des îles qui s'approchent des navires[1]. En Gerdosie, il voit des ichtyophages (« mangeurs de poisson »), une tribu sauvage qui figurera longtemps au nombre des peuples légendaires de l'Inde ; mais Néarque se croit en Éthiopie. Ailleurs il faut lutter contre des sauvages velus qui possèdent des griffes semblables à celles des ours. Sur la côte Calama, Néarque parle aux indigènes ; ceux-ci racontent qu'il y a à proximité une île dont nul n'est revenu vivant. Un navire qui voulut y aborder fut transformé en pierre. Néarque ne croit rien de ces coquecigrues et va vérifier sur place. Le bateau de pierre est un rocher qui évoque vaguement la forme d'une galère. Quant à l'île même, elle est littéralement couverte de tortues dont les carapaces s'entrechoquent à grand bruit. Ces reptiles sont une véritable richesse. Les habitants, qui en font sans doute un très profitable négoce, protègent ce trésor en répandant des fables propres à décourager la concurrence : une technique de désinformation que nous retrouverons souvent.

Au-delà de l'aspect légendaire, il y a derrière l'expédition de Néarque tout un arrière-plan économique. On prête à Alexandre le dessein de concurrencer les marins arabes qui naviguent déjà entre le Golfe et l'Inde, de refaire de Babylone un grand port en désensablant l'Euphrate, d'éliminer les pirates de la mer Rouge, d'établir un puissant réseau commercial grec.

L'époque est aux découvertes : ainsi, Pythéas de Marseille serait allé jusqu'à Thulé, au Groenland, et en aurait rapporté des notes sur le mouvement des marées et de la Lune, comme des observations sur la lumière. Strabon[2]

1. Les vents en question sont les moussons, et les poissons gigantesques, des baleines que les marins grecs éloignent de leurs navires en faisant assez de bruit pour leur faire peur, détails que l'on trouve cités dans des traités arabes de navigation treize siècles plus tard.

2. Strabon, 58 av. J.-C.-21 ap. J.-C. : sa *Géographie*, qui décrit

raconte comment Onésicrite d'Astypelaeia, philosophe cynique disciple de Diogène, accompagne l'expédition d'Alexandre et recueille des détails sur une île au sud de l'Inde. Elle mesure cinq mille stades et est à vingt jours du continent en naviguant sur les mauvais navires locaux. Autour de cette île vivent des créatures amphibies fort semblables aux animaux terrestres; c'est la Taprobane des Gréco-Romains, un des grands pôles des routes de la soie. Nous la connaissons aujourd'hui sous le nom de Ceylan ou de Sri Lanka. Cette île scintillante est un autre des points magiques dont la légende naît avec celle d'Alexandre. Ajoutons cependant que Strabon considère Onésicrite et Néarque comme de « fieffés menteurs » : « Tous ceux qui ont accompagné Alexandre ont préféré rapporter le merveilleux plus que la vérité, mais il [Onésicrite] les dépasse en hâblerie. Cependant, il dit parfois des choses plus vraisemblables et dignes de mention, que même ceux qui lui dénient tout crédit ne doivent pas omettre. »

Fils de tous les dieux

Le Barbare macédonien, l'élève d'Aristote, a voulu se fondre dans les civilisations matricielles de l'Orient. Vainqueur des Achéménides, il reprend les emblèmes des potentats orientaux et en adopte certains usages. Les Grecs s'en indignent. Ainsi, la prosternation qui répugne à leur fierté et contredit leurs coutumes manque de déclencher une révolte des compagnons d'Alexandre. L'image du Conquérant couvert des vêtements et attributs de Cyrus, vivant dans ses palais, adoptant les coutumes des Achéménides, épousant Roxane, princesse de Bactriane, puis la fille de Cyrus, incitant ses compagnons à mêler leur sang à celui des vaincus, tout cela marque spectaculairement le caractère universel de l'Empire.

Déjà, lors de la conquête de l'Égypte, légitimé par

---

toutes les contrées connues à son époque, accorde une large place à l'expédition d'Alexandre.

l'oracle du dieu Amon, Alexandre avait fondé son droit au trône en se déclarant fils de Râ. Pour les Grecs, leur roi a pour ancêtre Héraclès, donc Zeus. Cette ascendance confirme ses liens avec le dieu solaire égyptien puisque la tradition syncrétique identifie Zeus à Amon-Râ. La croyance en l'origine divine d'Alexandre ne fait que se renforcer après sa mort. Dans l'iconographie, il est vite doté des cornes du bélier dont les soldats grecs couronnaient les statues de Zeus-Amon. Ce détail prendra à travers l'Islam une singulière importance.

Parmi les filiations mythiques d'Alexandre, mais cette fois du côté maternel, figure aussi Achille : lorsqu'il débarque en Asie Mineure, le premier soin du Macédonien est d'honorer la tombe supposée de Patrocle. Alexandre est par ailleurs un grand diffuseur de l'*Iliade* et de l'*Odyssée* dont les thèmes se retrouveront plus tard dans les contes arabes ; il s'identifie aux héros d'Homère. Avec le temps, la légende dorée lui attribuera d'autres origines fabuleuses dont un roi de Perse ou un prophète juif. Dans le *Roman d'Alexandre*[1], Nectanebo, le dernier pharaon, renversé par les Perses, se réfugie à la cour de Philippe de Macédoine. À l'aide de pratiques magiques, il se glisse dans la couche de la reine Olympias en se faisant passer pour le dieu Amon et engendre le Conquérant. Quant aux Perses, ils justifient la légitimité du successeur des Achéménides en faisant d'Alexandre le descendant de Darius, conquérant de l'Inde.

Lorsque Alexandre s'empare d'un royaume, il se fait adopter par ses dieux et ses rois, il s'enracine dans la terre conquise. Mieux : les vaincus l'acclament et lui offrent une place dans leur panthéon.

Fils de tous les dieux, Alexandre est aussi un héritier. Il reprend le legs de l'Empire achéménide unificateur. Déjà un réseau de chemins reliait les étapes des routes de la soie : Bactres, capitale de la Bactriane, Samarcande et Taxila à Persépolis, et par là dessinait le grand axe est-ouest. Alexandre stimule et accélère le processus de ren-

1. Voir chapitre suivant.

contre des idées. Représentant de la culture grecque, il voyage entouré de savants et, en toute occasion, manifeste combien il est imprégné d'Homère et d'Aristote. Mais Alexandre est également ouvert aux autres cultures, capable de s'accorder à d'autres spiritualités, respectueux et souvent curieux des croyances différentes.

Rencontres avec les sages

Peut-être faut-il interpréter en ce sens les récits qui lui attribuent des entretiens philosophiques avec les « sages indiens[1] ». Une tradition ancienne veut même qu'Alexandre, avant de s'engager dans ses campagnes d'Orient, ait demandé à son maître Aristote quel « souvenir » il désirait. Celui-ci aurait répondu : « Un sage indien. » On connaît plusieurs histoires de « rencontres » d'Alexandre avec les brahmanes. Dans certaines versions, ceux-ci lui prédisent l'avenir, lui annoncent le temps de sa mort et le persuadent de la vanité de toute chose. D'autres épisodes, plus vraisemblables, nous montrent Alexandre écrasant une révolte des brahmanes et faisant même crucifier leurs chefs. Mais l'histoire la plus significative est celle de la rencontre des gymnosophistes dits aussi les Justes-Nus, des sages brahmanes.

Le premier échange philosophique entre l'Est et l'Ouest serait-il son œuvre ? La rencontre se serait-elle déroulée à Taxila, au nord-ouest de Pechawar, au Pakistan ? En tout cas, Strabon nous décrit la délégation grecque, conduite par Onésicrite : elle est très surprise par le détachement des brahmanes, par leur dépouillement et par leur nudité. Ceux que les Grecs appellent les Justes-Nus opposent un mépris à peine déguisé aux brillants Hellènes qui tentent de leur expliquer Pythagore, Socrate et Platon. Les sages indiens refusent une invitation à la table d'Alexandre. L'un d'eux accepte pourtant de suivre l'armée sur la voie du retour (est-ce le

1. L'histoire est racontée par Arrien, on la retrouve chez Strabon et Plutarque.

cadeau d'Aristote ?). Il reçoit le sobriquet de Kalianos parce qu'il a l'habitude de saluer d'un « Bonne chance » (*kaliana*) plutôt que d'un bonjour. Après quelque temps, il fait dresser un bûcher gigantesque et s'immole en grand apparat devant tous les soldats assemblés.

La même histoire se reproduira, dit-on, sous Auguste : des ambassadeurs d'Inde lui rendent visite ; ils sont porteurs de présents magnifiques et sont accompagnés d'animaux inconnus. Avec eux voyage un philosophe indien : il suit Auguste et sa cour à Athènes et se fait initier aux mystères de Cérès. Après quoi, il décide à son tour de se brûler vif parce que, dit-il, il a connu un tel bonheur que la vie désormais ne pourrait rien lui apporter de mieux.

Avec l'épopée d'Alexandre, l'Occident acquiert une première notion des doctrines de l'hindouisme et du brahmanisme, une religion que les philosophes chrétiens connaîtront et s'efforceront de réfuter. Strabon décrit des *asanas*, les postures de yoga. Ce texte serait la plus ancienne preuve écrite de la pratique du yoga dans l'Inde aryenne[1]. L'histoire des Justes-Nus, qui adoptent de si étranges postures et ont coutume de se tenir sur un seul pied, rentre dans la saga des routes de la soie : c'est un thème qui réapparaîtra. Il aura de singuliers avatars, dont celui des sciapodes, ces personnages au pied unique et disproportionné dont on rêvera jusqu'à… Flaubert[2] !

Jamais peut-être autant que sous Alexandre, monarque universel, n'a été encouragé le syncrétisme des idées. Jamais l'apparition d'une culture, l'hellénisme, n'a été autant liée à l'aventure d'un conquérant.

1. C'est ce que soutient Joseph Campbell dans *The Masks of God-Oriental Mythology*, Londres, 1971.

2. Voir *La Tentation de saint Antoine* où apparaissent de multiples « monstres » médiévaux qui sont autant de créatures des routes de la soie : nisnas, blemmyes, astomi, sciapodes, etc., à côté d'animaux mythologiques plus connus comme le sphinx ou la chimère.

Alexandre ne crée pas seulement un empire, il fonde littéralement une civilisation. Après lui, et jusqu'à l'avènement du christianisme, la culture hellénistique recueillie par Rome opère la rencontre de l'Orient et de l'Occident. Le platonisme et l'aristotélisme se confrontent aux croyances et pratiques des devins d'Égypte et de Mésopotamie, comme à d'autres sagesses. Autre produit de cette synthèse, l'astrologie, où des éléments mésopotamiens et égyptiens se mêlent à l'astronomie grecque. Cet art suit les routes alexandrines, gagnant l'Inde entre le Ier et le IIIe siècle ap. J.-C., puis la Perse et, plus tard encore, le monde musulman. Jusqu'à la Renaissance et même souvent au-delà, l'astrologie est considérée comme une science véritable, digne d'occuper les plus grands esprits. L'hellénisme contribue largement à l'expansion de ces pseudo-sciences, à tout ce qui relève de l'ésotérisme, magie, alchimie, hermétisme.

Si l'on se réfère à des disciplines plus rigoureuses, il n'est de meilleur exemple de ce grand mouvement d'interfécondation des cultures que la bibliothèque d'Alexandrie, le plus fabuleux conservatoire de mémoire. La bibliothèque (avec son monument frère, le Museion, le centre de recherche) est fondée en 295 av. J.-C. par Ptolémée Ier, premier successeur d'Alexandre, et confiée à l'aristotélicien Démétrios de Phalère.

Arrêtons-nous un court instant sur la bibliothèque ; elle va faire partie du décor de notre saga, de ses coulisses aussi. La marchandise invisible dont nous cherchons la trace, l'information, s'y échange sous toutes ses formes. À commencer par l'œuvre d'Homère. Si l'*Iliade* et l'*Odyssée*, dont la transmission avait été essentiellement orale depuis le IXe siècle av. J.-C., n'avaient pas fait l'objet de transcriptions, compilations, versions critiques et concurrentes à Alexandrie, en retrouverions-nous des traces dans le récit de Sindbad le Marin, dans la Bagdad abbasside du IXe siècle ? Le but de la bibliothèque est de rassembler « tous les livres du monde », comme le voulait

Ptolémée, « les écrits de toutes les nations ». La tradition veut que la dynastie des Ptolémée se soit fixé pour objectif d'atteindre le demi-million de volumes (peut-être y en eut-il jusqu'à sept cent mille). Les monarques d'Alexandrie auraient employé tous les moyens : saisies de manuscrits, copies illicites, etc. La part des livres non grecs était, dit-on, des plus considérables. Le rôle de la bibliothèque dans la conservation des livres sacrés, des doctrines zoroastriennes, du Pentateuque, de la Bible et de textes hébraïques est énorme. Outre son rôle de mémoire, la bibliothèque est un foyer de recherche : on pense au géomètre Euclide, au géographe Ératosthène. C'est à la bibliothèque d'Alexandrie également que progressent les observations astronomiques qui détermineront la cartographie antique, et son aboutissement, le système de Claude Ptolémée.

Le mythe de la bibliothèque se double d'un autre, celui de sa destruction : l'Occident est nourri d'une vision reprise par Victor Hugo et selon laquelle la bibliothèque aurait été détruite par les musulmans, et leur chef Omar aurait chauffé les hammams de la ville pendant plusieurs mois avec son contenu. Pour les musulmans, ce sont au contraire les chrétiens des premiers siècles qui ont anéanti la bibliothèque, à moins que ce ne soient des Romains[1] en 48 av. J.-C. puis à nouveau en 391. En fait, le Barbare, celui qui est capable de détruire le conservatoire du savoir, c'est toujours l'autre.

Les royaumes extrêmes

L'empire universaliste d'Alexandre se défait après sa mort : il se divise en royaumes dont certains dureront jusqu'au relais de la toute-puissance romaine, jusqu'à Auguste. Mais le grand mouvement de rencontre se

1. La bibliothèque a-t-elle été détruite par l'incendie de 48 av. J.-C., lors de la prise de la ville par César, en 391 de notre ère, sous Théodose, ou en 642 par les Arabes ? La question se discute depuis deux siècles.

poursuit au-delà de l'aventure politique. Si l'on voulait rappeler combien la civilisation hellénistique fut féconde et cosmopolite, il suffirait d'un exemple, celui des rapports surprenants entre bouddhisme et hellénisme. L'art dit gréco-bouddhique, ou art du Gandhara, est le symbole par excellence des rencontres culturelles *via* les routes de la soie.

À l'origine de cette surprenante synthèse religieuse et artistique, les épisodes qui ont marqué l'éclatement de l'empire d'Alexandre. Séleucos Nicator, un des diadoques[1], rêve de rebâtir l'œuvre du roi macédonien. Il échoue dans sa marche vers l'ouest, mais fonde l'Empire séleucide qui occupe les territoires de la Mésopotamie, l'Asie Mineure, la Bactriane, la Sogdiane et la Parthie. Rapidement l'Empire séleucide perd territoire après territoire jusqu'à se réduire aux frontières de l'actuelle Syrie[2].

D'Antioche, Séleucos Nicator tente de rééditer l'expédition d'Alexandre vers l'orient. Il rencontre Chandragoupta, fondateur de la dynastie indienne des Maurya, et conclut une alliance commandée par le rapport de force. L'armée indienne comptait, dit-on, cinq cent mille hommes et neuf mille éléphants de guerre. Par ce traité, Séleucos reçoit cinq cents de ces animaux : les armées grecques utilisent désormais des pachydermes. Ils sont un atout militaire dans les guerres fratricides entre diadoques, une richesse qu'il faut rechercher en Inde ou en Afrique, bientôt la cause d'un intense trafic[3]. Autre

1. Les diadoques (les successeurs) : le titre est toujours utilisé pour désigner le prince héritier grec. Ici il s'agit des généraux d'Alexandre qui se partagèrent l'Empire.

2. La dynastie ne disparaîtra qu'avec l'arrivée des Romains en Syrie en 64 av. J.-C.

3. On pourrait très sérieusement parler d'une « route des éléphants », comme on parle d'une route de la soie. En effet, les Séleucides entrent en conflit avec les Lagides, les descendants de Ptolémée, qui régneront en Égypte jusqu'à Cléopâtre. Du coup, les Lagides, privés de la possibilité de s'approvisionner en éléphants d'Inde, recherchent ceux d'Afrique. Pour cela, ils envoient leurs navires sur les côtes africaines de la mer Rouge et de l'océan Indien et des caravanes par voie de terre. Cette quête des éléphants est à l'origine de la

contrepartie du traité helléno-indien : la fille de Séleucos épouse Chandragoupta. Les Maurya auront du sang grec.

Les souverains, le Grec et l'Indien, dessinent donc quelque part sur le territoire afghan une frontière qui délimite deux zones d'influence. Ce sera une frontière culturelle majeure. Les liens entre les deux mondes se développent. La curiosité aussi : le traité sur l'Inde de Mégasthène, ambassadeur permanent de Séleucos, est peut-être le premier ouvrage occidental qui décrive ce royaume. Ce manuscrit perdu est une des sources où puiseront les auteurs de l'Antiquité. Mégasthène nourrit ainsi la légende de l'Inde des Merveilles, une des sources d'inspiration les plus constantes de tout l'imaginaire antique et médiéval du voyage.

Alexandre et Bouddha

La rencontre des cultures grecque et indienne donnera d'autres fruits : elle trouve sa plus haute expression sous le règne du petit-fils de Chandragoupta : Açoka. Açoka « au regard propice », incarnation du roi juste et pacifique, est un monarque idéal qui inspire toute une tradition orientale ; il est surtout le grand propagateur du bouddhisme. Après avoir remporté en 260 av. J.-C. une victoire particulièrement sanglante sur ses ennemis à Kalinga, après avoir fait peut-être cent mille morts, et aussi commis quelques crimes, dont, probablement, un fratricide, Açoka est touché par le remords. Il se convertit à la doctrine de la délivrance et tente d'instaurer sur terre un ordre conforme à l'ordre cosmique. Animé par l'esprit d'une sorte d'utopisme bouddhiste, voulant le bonheur de ses sujets, il tente de les convaincre d'adopter la non-violence, le végétarisme et la tolérance. « Le roi, ami des dieux au regard amical, honore toutes les sectes », proclame un de ses édits gravés dans la pierre.

---

construction d'*hydreumata* (l'ancêtre hellénique des caravansérails) le long des pistes, de l'installation de comptoirs pour la chasse à l'éléphant en Somalie et à Djibouti, etc.

Partout il envoie des missionnaires, dont ses propres enfants, pour prêcher la doctrine de la libération. Açoka est aussi un des individus-relais de la route de la soie, qui disséminent les idées et les modèles. S'il est le grand souverain idéal de l'Inde, s'il est l'individu, en dehors du Gautama Bouddha lui-même, auquel la diffusion du bouddhisme doit le plus, il est aussi un propagateur de l'idée grecque.

Comme petit-fils de Chandragoupta et de la fille de Séleucos, Açoka a donc du sang macédonien ; il est imprégné de culture hellénistique. Les lois qu'il promulgue sont gravées en araméen, langue de chancellerie, et en grec. Sous son impulsion, les traditions artistiques se combinent. Les spécialistes vont jusqu'à distinguer dans un contexte bouddhiste une combinaison d'éléments égypto-assyro-persans, indo-aryens, dravidiens et grecs. La bizarre alchimie qui va faire plusieurs siècles plus tard que l'art bouddhique chinois présentera des similitudes avec celui de la Grèce commence sous Açoka.

La rencontre gréco-bouddhique ne se termine pas avec lui. Les missionnaires qu'il envoie en Asie centrale ont une influence durable. Le grand mouvement d'expansion qui diffuse le bouddhisme à travers l'actuel Afghanistan sur la route terrestre de la soie, en direction de la Chine, va produire d'autres synthèses surprenantes.

Les souverains du royaume gréco-bactrien émancipé du pouvoir séleucide sont à la croisée des cultures. Leur pouvoir s'étend sur l'Indus sous Démétrios en 197 av. J.-C. Son plus grand successeur, le roi Ménandre (163-150 av. J.-C.), le Milinda des Indiens, est peut-être de père grec et de mère indienne. La tradition lui attribue des entretiens philosophiques avec un grand moine bouddhiste, le *bhikshu* Nagasena. Dans le texte en pali qui raconte ces entretiens, *Les Questions de Ménandre*[1], celui-ci apparaît comme un souverain puissant, riche et juste, mais aussi comme un redoutable dialecticien.

---

1. Il s'agit d'un texte du IIIe siècle en pali, *Milinda-panha*, dont il existe diverses versions. Il est traduit en français : *Les Questions de Milinda*, Gallimard, 1992.

C'était un « beau parleur qui était friand d'entretiens avec les casuistes », expert en dix-neuf sciences, un « disputeur incomparable ». Par l'acuité de son esprit et sa très efficace dialectique, il est bien digne de la réputation de ses ancêtres hellènes. Nul bouddhiste indien, nul fidèle de la Voie du Milieu ne parvient à rivaliser avec le roi. Or celui-ci est en proie au scepticisme, aux « doutes du renard ».

Les *arhats*, les saints qui résident sur les sommets de l'Himalaya, demandent une aide divine. Il ne faut rien de moins qu'une intervention surnaturelle pour que surgisse sous une apparence humaine celui qui sera capable de l'emporter sur la dialectique grecque. Ce messager s'incarne en tant que moine Nagasena. Lui sait répondre aux deux cent soixante-deux questions astucieuses, profondes ou retorses du roi Ménandre. Vaincu par les armes de l'intelligence et de la parole, guéri des errances de l'esprit qui toujours doute, dépris de l'hérésie, Ménandre adopte la voie juste et se convertit au bouddhisme. Les dieux s'en réjouissent en répandant sur terre une pluie de fleurs. Le peuple salue la victoire de la juste doctrine, d'autant plus glorieuse que la *samgha*, la communauté, vient de faire une recrue de choix.

L'histoire est purement symbolique (en fait, rien ne prouve que le roi Ménandre ait été bouddhiste), elle est surtout significative : la supériorité de la Voie du Milieu s'impose au Grec intellectualiste et angoissé. *Les Questions de Ménandre* reflète la progression de la nouvelle religion dans l'incroyable creuset de cultures que fut l'Asie centrale. Les derniers souverains d'origine macédonienne, incapables de résister à la pression des envahisseurs nomades, vont devoir passer le relais.

Après la chute du dernier roi gréco-bactrien[1], la région de la vallée de l'Oxus (Sogdiane et Bactriane) est envahie par les tribus nomades. Ce sont des peuples indoscythes, eux-mêmes fuyant une peuplade redoutable : les

1. Probablement vers 130 av. J.-C., c'est-à-dire très peu de temps avant que Tchang K'ien, le pionnier chinois des routes de la soie, ne parvienne dans la région. Voir chapitre III.

Hiong-nou. Il semble que se succèdent Saces et Yue-tche (les Tokharoi des Grecs). De ces peuples naît la dynastie la plus brillante d'Asie centrale, la dynastie des Kouchan, une tribu yue-tche. Elle fonde un empire et, du début de l'ère chrétienne au Ve siècle, elle crée une civilisation originale. Au tournant du Ier et du IIe siècle, sous le règne de Kanishka, le plus grand de ses monarques, elle domine une région qui, englobant la Bactriane, s'étend jusqu'au nord de l'Inde. Son territoire comprend donc à peu près les actuels Pakistan et Afghanistan. C'est sous la dynastie des Kouchan que se développe dès la fin du Ier siècle le style du Gandhara, une des trois grandes écoles du premier art bouddhique[1].

Un général macédonien, un empereur indien, un roi gréco-bactrien féru de rhétorique, un conquérant yue-tche, des moines pèlerins, voilà quelques personnages-relais du long voyage qui fait que jusqu'en Chine tel trait physique d'un bouddha de pierre, tel détail de la technique du sculpteur rappellent… le musée de l'Acropole. Et la tête sculptée d'Alexandre l'initiateur.

Le découvreur absolu

Que lui manque-t-il pour être le découvreur absolu ? Il faudrait qu'il ait été le premier Européen à toucher physiquement la soie chinoise. À Aigai, près de Pella en Macédoine, Alexandre a fait construire le tombeau de son père. Les ossements de Philippe de Macédoine sont déposés dans une soie brodée d'or, le plus ancien tissu de cette matière trouvé en Grèce. Pour certains, ce pourrait être une soie chinoise.

Ce serait trop beau : imaginons Alexandre découvrant le tissu merveilleux des Sères dans les trésors de Cyrus ou s'en faisant rapporter d'Inde, le déposant dans la tombe paternelle, ouvrant ainsi symboliquement la voie qui va relier l'Empire de l'Est au monde méditerranéen.

1. Les deux autres écoles sont celles de Mathoura au sud de New Delhi et d'Amaravati, au sud-est de l'Inde, dans le Dekkan.

Voilà qui comblerait les passionnés des routes de la soie. Mais il existe bien loin de là, plus au nord, dans le tombeau d'un prince du VIe siècle av. J.-C., dans le Bade-Wurtemberg, des morceaux de soie de Chine. Voilà au moins un domaine où Alexandre n'est pas le pionnier.

Ses rapports avec les routes de la soie pourraient s'arrêter là si n'intervenait une des grandes puissances qui régissent les imaginaires : l'écrit. Un de ces manuscrits magiques dont le pouvoir se manifeste à des siècles et des milliers de kilomètres de distance. Un livre dont l'histoire folle va surpasser celle de son héros. Ce manuscrit que ni le sergent anglais de Kipling, ni le prince malais, ni le conteur arabe ne connaissent directement mais qui intervient dans leur destin, c'est le *Roman d'Alexandre*.

II

Alexandre : le *Roman*

Alexandre pilier de l'Islam. Alexandre aux côtés du Bouddha. Alexandre saint chrétien. Alexandre descendant d'Abraham. Alexandre fils de pharaon, fils de Darius. Alexandre au fond des mers. Alexandre dans les airs. Alexandre franc, goth, russe, saxon, éthiopien, serbe…

Pas de variation du mythe qui n'apparaisse pourvu qu'elle défie la vraisemblance. Du vieux-slovène au thaï, la légende se récite dans toutes les langues. Toujours, le Macédonien est enrôlé par toutes les religions, toutes les nations, toutes les causes. Pas d'exploit qu'on ne lui prête : il repousse sans cesse les limites du possible et du crédible ; il marque les bornes du pouvoir humain. Il est le héros positif universel[1]. Jamais conquérant n'a provoqué si folle pulsion d'amour, ni telle floraison de contes.

1. Sauf la très notable exception de la tradition zoroastrienne qui voit en lui le destructeur des *Avestas*, le livre sacré. Les *Avestas*, vingt livres de cent mille vers chacun écrits sur douze mille peaux de vache, auraient été détruits lors de l'incendie de Persépolis. La tradition rapporte que le Macédonien, peut-être poussé par des compagnons de beuverie, peut-être pour se venger des mutilations infligées à des Grecs qu'on avait découverts esclaves à Persépolis, peut-être en souvenir d'Athènes brûlée par Xerxès, se livra, pour la seule fois de sa vie, à un acte de vandalisme gratuit. Il réduisit en cendres l'immense palais de Persépolis et livra la ville à sa soldatesque.

Naissance d'un livre

Derrière tout cela, il y a l'action invisible d'un livre, ou plutôt d'une nébuleuse littéraire : les versions, variantes et déformations de l'histoire d'Alexandre, les multiples ouvrages qui s'en inspirent ou en reprennent des éléments, la réinventent. Une légende dorée qui se transmet et se transmue, ce que nous nommerons par commodité le mythe littéraire d'Alexandre. La première manifestation de ce phénomène est un texte attribué au Pseudo-Callisthène, c'est le manuscrit mère, la première forme du *Roman*.

Il apparaît à Alexandrie au IIIe siècle de notre ère ; la légende l'attribue à Callisthène, neveu d'Aristote, compagnon et hagiographe du Macédonien. Première impossibilité manifeste : l'ouvrage raconte les derniers jours d'Alexandre alors que le vrai Callisthène est mort quatre ans avant son maître, exécuté sur son ordre pour avoir refusé de s'agenouiller devant lui. Ce n'est pas la seule invraisemblance, loin s'en faut.

Dans le Pseudo-Callisthène se trouvent déjà rassemblées des histoires plus fabuleuses les unes que les autres. Certaines s'inspirent des grands historiens qui ont décrit la vie d'Alexandre : Strabon, Arrien, etc. D'autres d'œuvres plus tardives et déjà embellies. S'y ajoutent de fausses correspondances : lettres[1] d'Alexandre à Aristote ou à la reine Olympias, sa mère. Le *Roman* puise aussi aux sources égyptiennes, persanes, orientales, tels les récits légendaires sur Sémiramis[2].

L'auteur invente peu et recopie beaucoup. La compilation d'histoires merveilleuses ou de curiosités est un genre littéraire apprécié dès l'Antiquité[3]. À la fin du

---

1. On rédigeait de fausses lettres de Philippe de Macédoine à Hannibal ; cet exercice se perpétua jusqu'au XIXe siècle.

2. Sémiramis des jardins de Babylone, reine assyrienne de légende, a suscité une importante littérature où elle apparaît comme une dévoreuse d'hommes.

3. Aux alentours de l'an 200 av. J.-C., Antigone de Caristos s'illustra particulièrement dans ce genre.

Ve siècle av. J.-C., Ctésias, médecin d'Artaxerxès II et auteur d'une *Persica* et d'une *Indica*, avait déjà recueilli nombre de légendes. Il avait placé en Inde la fontaine d'or, les hommes à tête de chien, les pygmées, le rhinocéros, et les tigres à face humaine. À Ctésias également remonte la tradition qui peuple de géants le Nord de l'Inde : il leur accorde treize coudées (environs six mètres). Il mentionne aussi des ânes sauvages indiens, un des ancêtres supposés des licornes.

Le *Roman* a également puisé dans la tradition littéraire grecque, on reconnaît entre autres le Cyclope de l'*Odyssée* ou les Lestrygons[1], leurs voisins géants anthropophages. Hérodote (484-420) a fourni son contingent d'animaux extraordinaires : les fourmis géantes, les griffons gardiens de l'or et les anthropophages indiens. Bref, le *Roman* n'invente rien, mais il mêle tout, fait voyager tous ces monstres aux confins de l'univers, recueille toutes les descriptions de pays fabuleux. Centaures, oiseaux géants chasseurs de diamants, filles-fleurs, Bienheureux, sciapodes, caisson de verre pour explorer le fond des mers, cimetière des éléphants, etc., il n'est pratiquement pas une de ces merveilles ou monstruosités que nous ne rencontrerons dans un récit d'explorateur médiéval, dans un manuscrit arabe, au tympan d'une cathédrale, au pays des Sères… Avec le *Roman*, l'imaginaire des routes de la soie dresse son propre catalogue qu'il ne fera plus que balbutier.

Source universelle de l'imaginaire

Si le texte est d'une fantaisie débridée et accumule monts et merveilles, rien ne semble le prédisposer à devenir une source de l'imaginaire collectif comparable à l'*Iliade*.

L'ouvrage est traduit en latin, par le diacre Julius

1. Cyclopes et Lestrygons : la localisation des peuples fabuleux décrits par Homère et la reconstitution de l'itinéraire d'Ulysse ont donné lieu à une abondante littérature, depuis toujours.

Valerius, au IIIe ou IVe siècle, d'abord en version intégrale puis en version abrégée, toujours en une langue facile, presque populaire et accessible à tous. À partir de là, les traductions se multiplient ; ce qui était un notable succès littéraire à Alexandrie, un roman à la mode, devient un phénomène international. Il y aura même plus tard des versions éthiopiennes, rabbiniques, sogdiennes ou arméniennes… Comment expliquer une telle fortune littéraire ?

Il y a la personnalité d'Alexandre et les aventures auxquelles la fausse signature de Callisthène donne un cachet d'authenticité. Mais le *Roman* possède d'autres atouts qui lui assurent un succès exceptionnel. Certains tiennent à son caractère d'anthologie des pays merveilleux.

Au premier rang, l'Inde. L'Inde fabuleuse qu'habitent les races humaines et animales les plus extraordinaires fait partie de la culture antique. « Ce sont surtout les contrées de l'Inde et de l'Éthiopie qui fourmillent de merveilles », dit ce grand compilateur de Pline ; ce n'est pas le *Roman d'Alexandre* qui contredira cette tradition fort ancienne.

Nombre des légendes recueillies dans le *Roman* sont connues avant l'aventure du véritable Alexandre. Celui-ci partait certainement pour l'Inde nourri de récits fantastiques sur cette contrée extraordinaire. Ainsi, un siècle avant le roi de Macédoine, Hérodote considérait qu'en Inde, dans les régions les plus proches de la limite de l'*oikouméné* (le monde habité), tout devait être exceptionnel : « En effet, à l'est du monde habité se situe l'Inde. Là tout ce qui est animé, bêtes et oiseaux, est bien plus grand qu'ailleurs. Dans ce même pays, l'or coule abondamment et les arbres sauvages portent des fruits. Les Indiens eux-mêmes utilisent les feuilles de ces arbres pour se confectionner des vêtements. » La race de l'âge d'or aurait donc pu trouver refuge aux Indes, à la limite des terres des hommes et du grand Océan qui entoure tous les continents.

Les armées macédoniennes traversant les satrapies

achéménides les plus orientales, et se dirigeant vers l'Indus, à travers le pays parthe, la Bactriane, la Sogdiane, le Gandhara, découvraient des contrées où, certes, des Grecs au service des Perses avaient déjà pénétré, mais qui étaient néanmoins réputées sauvages et dangereuses. On comprend comment le Pseudo-Callisthène a pu donner toute la mesure de son imagination en décrivant des régions sur lesquelles couraient déjà tant de légendes. Leur situation au « bout du monde » selon les géographes antiques les prédisposait à être le lieu de tous les phénomènes extrêmes. Là sont les derniers habitants de la terre, là sont les premiers Bienheureux, déjà des demi-dieux. Là sont les ténèbres extérieures, là est le fleuve qui entoure toute terre. Là est aussi le point ultime du périple d'Alexandre ; celui où toutes les variantes de la légende lui prêtent une rencontre décisive avec la vérité, une découverte de la sagesse, une révélation de la vanité de toute chose.

Vaine conquête

Dans la plupart des versions de la légende, les Bienheureux habitent une île du grand Océan extérieur. Pour y parvenir, il faut aller à l'Orient extrême, aux rivages de l'Inde ; plus on s'en approche, plus on rencontre monstres et peuplades étranges, plus gagne l'obscurité, plus se multiplient présages et merveilles. Ainsi, la Fontaine de jouvence ou les arbres qui parlent (en grec, est-il précisé) doivent se situer dans ces contrées. Mais le pays des Bienheureux est, lui, hors de ce monde. Il est sous terre, dans la partie heureuse des Enfers, ou au-delà du cercle polaire selon la tradition légendaire grecque. Le *Roman d'Alexandre* préfère le voir dans une île magique de l'Océan. L'échec d'Alexandre, ou plutôt son abandon lorsqu'il reçoit quelque avertissement divin, est le prélude à son retour. Dans une lettre apocryphe à sa mère, le roi de Macédoine raconte : « Je vis aussi voler deux oiseaux n'ayant d'humain que les regards mais croassant en grec : "Pourquoi, Alexandre, foules-tu un pays qui n'appartient qu'à la divinité ? Retourne-t'en, malheureux, retourne-t'en ! tu ne pourras fouler les îles des Bienheureux, retourne-t'en, homme, foule la terre qui t'a été donnée et ne viens pas t'attirer des coups." Tout tremblant, j'obéis admirablement à l'ordre qui m'avait été donné par les oiseaux. Alors l'un des oiseaux me dit à nouveau en grec : "C'est le Levant qui t'appelle au combat, et le royaume de Poros après ta victoire te fera sa soumission." Et sur ces mots l'oiseau prit son vol. »

L'Inde est donc l'habitat naturel de toutes les espèces mythologiques que les récits des routes de la soie rediront au cours des âges. N'importe quelle « merveille de l'Inde » décrite dans le Pseudo-Callisthène a toutes les chances de réapparaître quelques siècles plus tard. Ce peut être dans *Les Mille et Une Nuits* ou dans un conte arabe de la même époque, ce peut être dans un des recueils de *mirabilia*. Le livre de Marco Polo fait de fréquentes allusions au *Roman d'Alexandre*. Grand concurrent littéraire du Vénitien, le *Livre des Merveilles* de Jean de Mandeville, œuvre purement imaginaire, puise encore plus largement chez le Pseudo-Callisthène ou ses avatars médiévaux.

Ainsi en est-il des mélophages, ces mangeurs de troupeaux à la taille gigantesque et tout couverts de poils. Ils ne parlent pas mais leur cri rappelle le jappement du chien. Ils sont bien sûr anthropophages. Dans le *Roman*, Alexandre, écrivant à sa mère, raconte les curieuses expériences auxquelles il se livre avec un des mélophages capturés : « Tombé entre nos mains, il nous dévisage farouchement. J'ordonne alors qu'on lui présente une femme nue. Mais il s'en empare et se met à la dévorer. Comme les soldats s'élancent pour la lui arracher, il se prend à jacasser dans son langage, et, en l'entendant, ses autres congénères sortent de leur marais pour nous attaquer, au nombre d'environ dix mille guerriers. » Dans d'autres versions du *Roman*, le caractère sexuel de l'expérience que mène Alexandre en confrontant la Belle et la Bête est encore plus explicite. Ces géants velus et dévoreurs se rencontrent à tous les carrefours des routes de la soie, des territoires d'Alexandre à ceux du yéti. Il va de soi que pareilles curiosités doivent figurer parmi les nombreux monstres qu'affronte Sindbad le Marin. Cet autre grand classique des routes emprunte considérablement au bestiaire légendaire grec. Et, au premier rang, à celui du *Roman*.

Voyages et initiations

À la frontière du pays des Bienheureux, à la veille de rencontrer le roi de l'Inde Poros, Alexandre découvre des oiseaux gigantesques, si grands même qu'ils peuvent emporter un homme à leur cou. C'est là un des thèmes les plus universels de l'humanité et il apparaît bien avant les Grecs, notamment dans la mythologie babylonienne. Les Arabes, à travers la légende de l'oiseau rokh, seront familiers de cet animal fabuleux qui intervient en de multiples occasions[1]. Une version du *Roman* rappelle les conceptions cosmologiques grecques, mais annonce aussi… Cyrano de Bergerac ou le baron de Münchhausen et leurs étranges machines volantes.

Voici l'histoire telle que la raconte le *Roman* : Alexandre, qui incarne toujours l'audace et l'esprit d'exploration, décide d'utiliser la puissance de ces volatiles et tente la conquête de l'air. Il fait fabriquer un joug et atteler un couple de ces oiseaux. Il a eu soin de les priver de nourriture pendant quelques jours. Puis il fait suspendre une nacelle à cet étrange appareillage et tient à la main une lance à la pointe de laquelle est fiché un foie de cheval. Les oiseaux monstrueux s'élèvent donc dans les airs pour s'emparer de la nourriture qu'ils ne peuvent jamais atteindre et transportent ainsi Alexandre aussi haut qu'il le désire[2]. Un être ailé de forme humaine

1. Sous les variantes du garouda hindouiste, du simurgh perse, du griffon, etc. L'oiseau gigantesque pullule dans les contes de tous les pays.

2. Cette idée ne s'est pas perdue ; en 1865, un Américain a envoyé à la revue *Scientific American* un projet de machine volante emportée par dix aigles !

s'approche de l'étrange machine et s'adresse au conquérant : « Ô Alexandre, toi qui n'as pas achevé tes conquêtes terrestres, tu te mets en quête des domaines célestes. Retourne donc au plus vite sur la terre, de peur de servir de pâture à ces oiseaux. » Alexandre baisse les yeux et découvre un grand serpent lové autour d'un cercle. « Tourne maintenant ta lance vers le cercle, qui est le monde. Car le serpent est la mer qui encercle la terre. » Cette conception d'une masse de terre habitée, encerclée par le grand Océan extérieur, le tout sur une terre que l'on savait déjà sphérique, voilà qui correspond parfaitement aux connaissances scientifiques de l'époque. Alexandre redescend, il se jure de ne plus jamais s'attaquer à l'impossible. Pareille ascension est un thème qui circule dans toute l'Europe médiévale, il donne lieu à maintes représentations, ainsi ce pilastre de la cathédrale romane de Bâle où le monarque est emporté par deux griffons. À cette montée aux cieux répond un autre des motifs les plus populaires de la légende dorée : la descente au fond des mers. On connaît toutes sortes de variantes de cette histoire. Dans la plupart, Alexandre fait construire une sorte de bathyscaphe, en utilisant le principe de la cloche sous vide connue parfaitement dès l'Antiquité.

La vallée des gemmes

Voici un autre exemple de la façon dont fonctionne la voie invisible, trajet mystérieux emprunté par un thème mythique qui resurgit dans un texte, puis dans un autre que séparent des siècles et des pays. Un des épisodes les plus célèbres du *Roman d'Alexandre* est celui de la vallée des Serpents. Des reptiles de taille extraordinaire y gardent des gemmes de taille non moins exceptionnelle : des émeraudes attachées au cou des bêtes monstrueuses. Leur regard peut tuer celui qui le croise. Alexandre, ingénieux, ordonne donc à ses hommes d'utiliser leurs boucliers polis comme des miroirs et de retourner ainsi contre les serpents le pouvoir terrifiant de leurs yeux ; ce stratagème lui permet de s'emparer des pierres précieuses. C'est ainsi que procède Iskandar, l'Alexandre islamique, dans la version de Kaswimi, auteur du plus célèbre *Livre des merveilles* arabe. Dans un autre épisode du conte, Alexandre fait jeter des carcasses d'animaux dans une vallée où les diamants sont aussi nombreux que les cailloux mais où ils sont protégés par les invincibles reptiles. Les gemmes se mêlent aux chairs mortes, si bien que, lorsque des aigles s'approchent pour s'emparer des charognes, ils emportent aussi chaque fois leur chargement de pierres. Il suffit de chasser les oiseaux ou de leur faire lâcher prise pour récupérer les richesses qu'ils ont arrachées à la vallée interdite. Cette vallée (vallée des Émeraudes ou des Diamants, peu importe) est bien sûr un des fleurons des Indes fabuleuses, bien que dans certaines variantes du *Roman*, elle se confonde avec... la vallée du Jourdain.

La fortune littéraire de la vallée des Gemmes est étonnante. Nous la retrouvons dans la légende de Sindbad le Marin[1], décidément très nourrie de sources helléniques. Au cours de son deuxième voyage, Sindbad rencontre le fameux oiseau rokh et s'accroche à ses pattes par son turban. Lorsque Sindbad touche le sol et se sépare du rokh, il se trouve dans une vallée où abondent les diamants mais aussi les serpents « dont certains avaient la longueur d'un tronc de palmier et un embonpoint digne de rivaliser avec celui d'un éléphant », dit le conteur arabe.

Sindbad, qui se croit perdu, voit soudain tomber du ciel des quartiers de viande. Ils sont lancés par d'ingénieux marchands qui les utilisent pour prendre les éclats de diamant incrustés dans les charognes que les aigles récupèrent. Il suffit à Sindbad de s'agripper à un quartier de viande pour être enlevé par un aigle gigantesque qui le dépose dans son nid. À ce moment surgissent les « chasseurs de diamants » qui font fuir le rapace et découvrent Sindbad.

---

1. Sindbad le Marin, comme on le verra dans le chapitre qui lui est consacré, mêle des événements tirés de récits de voyages réels à des légendes qui remontent à l'Antiquité.

Autre variante quelques siècles plus tard, Marco Polo rapporte comment, à Mutfili, au nord de Malabar, on « chasse » les diamants à l'aigle. L'histoire est presque la même. Quand les habitants ne peuvent pénétrer dans les cavernes bourrées de gemmes mais infestées de serpents, ils y jettent des morceaux de viande qui se mêlent aux pierres précieuses, et ainsi de suite… Le profit est énorme, car « sachez que, dans le monde entier, on ne trouve de diamants qu'en ce pays », conclut Marco Polo.

La chasse aux diamants a même une curieuse suite chinoise au VIIIe siècle ap. J.-C. Un prince aurait raconté à l'Empereur, au début du VIe siècle, que, dans une île où poussent les « arbres à gemmes », il y aurait un ravin de mille pieds de profondeur où l'on a coutume de jeter des morceaux de viande. Quand des rapaces s'en emparent, il en tombe d'énormes pierres précieuses qui proviennent du trésor du « roi des Démons ». Tout cela pourrait encore avoir la même source. Le *Roman d'Alexandre*, lu dans tout le monde méditerranéen, puis colporté en Asie centrale de marché en caravane, aurait pu entrer dans le répertoire des marchands sogdiens de Samarcande. Ces négociants, les plus actifs et les plus audacieux, se rendaient fréquemment en Chine. Ils auraient pu y raconter à leur tour la belle histoire.

Les pays imaginaires

Un autre pôle des voyages mythiques d'Alexandre est la Chine : nous l'avons vu dans un conte arabe renoncer à conquérir l'empire du Milieu. Dans cet immense canevas légendaire, le Grec peut aussi affronter le traditionnel dragon chinois aux côtés de héros aux yeux bridés.

Dans la version du Pseudo-Callisthène qui circule à Alexandrie, il n'y a que deux allusions à la Chine, brèves mais significatives. Une première fois, Alexandre traverse la Bactriane pour se rendre au pays des Sères « mystérieux ». Ils cueillent une sorte de laine aux arbres et la tissent. C'est à l'époque la légende la plus répandue sur l'origine de la soie : pendant plusieurs siècles le précieux tissu passe pour un produit végétal.

Le *Roman* décrit « le pays des Sères qui ont la réputation d'être le plus juste de tous les peuples : on rapporte qu'il ne s'y commet ni meurtre, ni adultère, ni parjure, ni saoulerie. Ils ne se nourrissent que de pain, de légumes ou d'eau. Ils nous reçoivent avec les meilleures victuailles et c'est en nous guidant au plus droit, par les portes Caspiennes, qu'ils nous ramenaient jusqu'au roi Poros à Fasiacé[1] ».

Le tissu d'origine inconnue, un pays si inaccessible que l'on n'ose imaginer à son propos le centième de ce qui se raconte sur l'Inde et enfin la vertu des Chinois qui tiennent leur nom de la soie : c'est peu, c'est pourtant l'essentiel. Pendant plusieurs siècles, l'Occident ne fera que répéter ces thèmes auxquels se borne toute sa connaissance et tout son rêve sur le pays de la soie.

Parmi les autres royaumes légendaires où voyage Alexandre : l'Éthiopie. Ce pays n'a rien à voir avec la route réelle de la soie, mais beaucoup avec la route imaginaire, puisqu'on s'obstina durant quelques siècles à le situer aux Indes[2]. Ainsi Hérodote place bien des Éthiopiens au sud du Nil, occupant un pays gigantesque qui s'étend à l'est jusqu'au golfe Persique. Mais il leur donne pour contrepartie les « Éthiopiens de l'Est » qui, eux, habitent à l'extrême-orient du monde connu, et dont la contrée est traversée par l'Indus ! Pour ajouter à la confusion, le mot « Éthiopiens » signifie hommes noirs, littéralement, pour les Grecs, « visages brûlés ». Au cours des temps, bien des chroniqueurs s'imagineront voir des Éthiopiens partout où l'on signale des hommes à peau très sombre.

1. La modération et les goûts végétariens des Chinois sont parmi les constantes des récits sur ce pays depuis l'Antiquité ; la vertu sied aux Sères.

2. Sans compter la légende du Prêtre Jean à laquelle nous consacrerons un chapitre : elle mêle dans le plus grand désordre l'Éthiopie réelle ou imaginaire, divers royaumes d'Asie centrale, et le contenu du *Roman d'Alexandre*, le tout sur fond de confusion historique, de terreurs millénaristes et de galéjades ou escroqueries.

Un épisode du *Roman* nous montre les Grecs contemplant les promontoires de l'Éthiopie aux bords de l'Océan, une Éthiopie du bout du monde, voisine de l'Inde, conformément à la tradition. Alexandre rencontre la reine Candace, qui règne sur les vertueux Éthiopiens, de sa capitale Béroé[1], proche du royaume des Amazones ! Cette rencontre gréco-éthiopienne n'est pourtant pas si absurde. Si le vrai Alexandre ne remonte pas le Nil au-delà de Memphis, à partir de Ptolémée II (284-246 av. J.-C.), les souverains helléniques établissent, *via* le Nil, des rapports durables avec le royaume éthiopien de Méroé. Un souverain de cette région, Ergamène, reçoit même une éducation grecque. Les relations culturelles et commerciales entre Alexandrie et Méroé expliquent sans doute que l'Éthiopie fasse partie des principaux pays légendaires.

Alexandre rencontre la reine mythique d'Éthiopie, Candace. On lui prête une aventure où il se déguise et pénètre à la cour de la souveraine en se faisant passer pour son propre ambassadeur. Mais il est reconnu grâce à un portrait que s'est procuré la reine. Ce thème du monarque déguisé et du portrait révélateur sera souvent repris. Ainsi, un historien persan attribue une histoire similaire au roi perse sassanide Chapour II (309-379). Celui-ci s'infiltre incognito jusque dans la salle de banquet de son ennemi, l'empereur de Constantinople, mais il est reconnu à cause de sa représentation sur un vase. La confusion avec la légende alexandrine fait à l'évidence partie de la mythification du souverain sassanide, devenu un héros pour les Perses.

Reprenant le *Roman d'Alexandre*, les *mirabilia* médiévaux font souvent allusion à l'Éthiopie. L'un des plus connus, celui de Gervais de Tilbury, évoque ce pays tout à fait dans la tradition du *Roman* et lui emprunte moult détails, avec une imprécision géographique que compense la surabondance du fabuleux.

Aux « marches océaniques », non loin des fleuves d'où

1. C'est une déformation de l'authentique Méroé, capitale du royaume éthiopien de Nubie.

l'on tire les pierres précieuses et où vivent les *soraces*, devins qui ont réponse à toutes les questions, « les gens du pays portent le nom d'Éthiopiens… Il y a, vers la même région, deux palais, l'un du Soleil et l'autre de la Lune ; celui du Soleil est tiède le jour et brûlant la nuit. Là naissent des hommes qui ont seize pieds de long et sept de large, une grosse tête, des oreilles comme des ailes… » Gervais de Tilbury[1] précise que l'Éthiopie n'est pas loin de l'île du Soleil Héliopolis, et il attribue à Moïse devenu pharaon d'Égypte un court mariage avec la fille du roi des Éthiopiens. Elle lui livra la ville de Méroé, autrefois Saba. Les légendes se confirment, se contaminent, se croisent et se recroisent : l'Éthiopie mystérieuse est un des carrefours privilégiés de pareilles rencontres.

Dans le *Roman d'Alexandre*, il ne manque aucun des pays fabuleux de la tradition, pas un monstre sans tête, pas un hippocentaure, ni un arbre du Soleil, ni un être disproportionné, ni un enchantement, rien, absolument rien du répertoire antique des merveilles dont se nourrira notre Moyen Âge.

Le Roman *et la quête*

Ce serait déjà assez étonnant, si le mythe d'Alexandre n'allait plus loin encore. Au fantastique géographique s'ajoute le merveilleux mystique. Le *Roman* original lui-même pouvait être lu comme un récit initiatique. En témoignent les multiples rencontres d'Alexandre avec des sages, des signes du destin, des envoyés de la divinité, sa pérégrination jusqu'aux limites des terres et de l'humain, ses rencontres avec des êtres supérieurs. La conclusion est souvent le renoncement à des conquêtes au-delà des bornes que peut dépasser l'homme. L'orgueil, l'audace, la volonté, le renoncement, l'initiation, et surtout Moira, la Destinée à qui devra se soumettre le fils

1. L'Anglais Gervais de Tilbury compose pour l'empereur Otton IV de Brunswick, entre 1209 et 1214, des *Otia imperialia*, recueils de curiosités géographiques destinés à distraire l'Empereur.

chéri des dieux… la vie magique d'Alexandre symbolise toute existence et porte leçon de sagesse. Ajoutez la profusion de symboles dont s'entoure cette philosophie un peu vague, et vous avez tous les éléments nécessaires à un détournement du *Roman*, à un piratage mystique.

Les religions vont désormais se disputer Alexandre. On connaît une très anachronique rencontre d'Alexandre et du prophète Jérémie : ce dernier promet au Macédonien qu'il vaincra et qu'avec l'aide du Tout-Puissant il s'emparera de la Perse, de l'Égypte et de l'Inde. Les versions édifiantes où Alexandre se convertit au christianisme sont nombreuses. Celles, tardives et médiévales, où il incarne vertus de piété et d'honneur chevaleresque et combat les ennemis de la Foi sont également très populaires.

Mais le phénomène le plus important reste sa rencontre avec l'Islam. Par les Perses et les Arabes, par les peuples de marins, de marchands et de conquérants, par les pèlerins d'Allah et surtout par le Livre unique que répètent des millions d'hommes, Alexandre va partout sur les routes de l'Islam. Le voilà héros musulman, en route vers La Mecque, prophète ou initiateur du prophète Moïse. Et cela à cause d'un des textes les plus mystérieux du Coran : la sourate XVIII dite « de la Caverne ». Le roi de Macédoine y est Dhou-el-Karnaïn, littéralement « celui qui a deux cornes ».

Au VIIe siècle, au temps de Mahomet, Alexandre porte les fameuses cornes d'Amon, comme sur les monnaies à son effigie qui ont longtemps circulé. Il est donc littéralement le Bi-cornu. Ce surnom pourrait aussi signifier « l'homme des deux époques », c'est-à-dire celui dont la destinée annonçait eschatologiquement le temps de l'Islam. Et comme si tout cela n'était pas assez complexe, il faut rapprocher Alexandre d'un autre personnage auquel la tradition juive et chrétienne prête deux cornes : Moïse.

Au moment de la rédaction du Coran, le personnage d'Alexandre figure dans les écrits juifs et chrétiens. Parallèlement à la version islamique, des versions hébraïques, coptes répandent sa légende auprès de tous les gens du

Livre. Parmi ces multiples textes, le plus curieux est une homélie de l'évêque jacobite Jacques de Saroudj mort en 521. Il est l'auteur d'une parabole qui annonce celle du Coran[1].

L'apologue commence par l'histoire des Sept Dormants, sept jeunes chrétiens poursuivis par les ennemis de la foi et qui se réfugient dans une caverne. Dieu les fait dormir plusieurs années et ne les réveille que lorsque tout péril est effacé[2]. Puis l'évêque nous décrit Alexandre explorant les confins de la terre, allant vers la mer Ténébreuse et le pays des Bienheureux. Le Conquérant rencontre des sages de l'Inde ; il se fait accompagner de l'un d'eux et part en quête de la source de Vie, celle qui donne l'immortalité. Plus loin un autre épisode, tout aussi inspiré du *Roman*, raconte l'histoire du poisson et du cuisinier. Alexandre visite le pays fabuleux où naissent de multiples sources ; il ignore laquelle est celle qu'il recherche, il charge son cuisinier d'éprouver le pouvoir de chaque cours d'eau en y immergeant un poisson salé. Là où il reprendra vie, là sera la source magique. Lorsque le cuisinier atteint la bonne source, maladroit, il laisse échapper le poisson. Celui-ci ressuscite bien entendu et remonte le courant ; l'homme plonge pour rattraper l'animal. En vain. Par contre, le cuisinier qui s'est baigné dans cette source a acquis l'immortalité sans le vouloir. Il revient vers son maître mais doit s'avouer incapable de retourner à la source de Vie. Dans son émotion, il a négligé de prendre des repères, et on ignorera toujours où est la source. Alexandre a presque touché au but de sa quête, pour le perdre aussitôt. Il veut châtier le maladroit. Mais

1. Nous empruntons tout ce qui concerne ce texte à *Mahomet* de Maurice Gaudefroy-Demombynes, Albin Michel, 1969.

2. Il s'agit de la légende des Sept Dormants, qui s'éveillent plusieurs années (ou plusieurs siècles selon les versions) après que Dieu les a plongés dans le sommeil. Ils ont le sentiment de s'être assoupis quelques heures à peine, et pourtant le monde a changé pendant ce temps. Cette histoire, reprise par le Coran (toujours sourate XVIII), est très populaire dans le monde islamique et a donné lieu à de nombreuses légendes. Près d'Éphèse, en Turquie, on montre la grotte des Dormants.

comment mettre à mort celui qui s'est baigné dans l'eau légendaire et est ainsi devenu immortel ? On précipite le malheureux au fond des mers, enfermé dans une caisse de bronze. Là, il se transforme en génie des eaux. Telle est la conclusion de l'évêque. Ce surprenant sermon est moins étonnant encore que la sourate de la Caverne qui lui ressemble singulièrement[1].

Alexandre de l'Islam

Comme le sermon, la sourate XVIII s'ouvre sur la légende des Sept Dormants, parabole classique de la résurrection. Puis apparaît Moïse qui cherche pour des raisons mal connues le confluent des deux mers[2]. Lorsqu'il y parvient, le poisson qu'il se préparait à manger reprend vie, il s'échappe et « remonte à la mer ». Peut-être est-ce Satan qui fait perdre sa trace…

Moïse rencontre un autre pèlerin, connu comme l'« Homme vert », un serviteur de Dieu à qui Allah a donné une science mystérieuse… Puis Moïse s'embarque avec El Khidr[3] qui apparaît ici comme un sage supérieur encore au prophète de la Bible. En effet, il démontre à Moïse, qui s'est vanté de sa sagesse, que les actions qu'il croit mauvaises ou absurdes obéissent à une finalité cachée et à un dessein de Dieu. L'Homme vert semble se conduire de la façon la plus perverse : il coule le bateau de pauvres gens, tue un garçon, fait s'écrouler un mur. Quand Moïse s'en indigne, El Khidr lui révèle la raison secrète de ses actions : le bateau allait être saisi par un mauvais roi, le garçon était en réalité un propagateur de l'impiété, l'écroulement du mur a protégé un trésor que des hommes malhonnêtes auraient découvert[4].

---

1. Il existe également une version talmudique de la même histoire.
2. Peut-être à la jonction des golfes d'Akaba et de Suez ?
3. Alexandre lui-même selon certaines interprétations.
4. Cette parabole où un personnage qui semble mal se conduire fait en réalité le Bien sera reprise des siècles plus tard puisqu'on la retrouve dans le *Zadig* de Voltaire.

Intervient alors, sans plus de transition, Alexandre conquérant de l'Univers. Le Bi-cornu protège les peuples du bout du monde, des malheureux primitifs qui peuvent à peine s'exprimer et sont menacés par les hordes de Gog et Magog. Cet épisode est destiné à une fortune exceptionnelle. Il raconte comment Alexandre bâtit, dans un étroit défilé, la muraille de fer et d'airain qui protégera les hommes contre les assauts de Ya'djûdj et Ma'djûdj : Gog et Magog.

Ils disent : « Ô Dhou-el-Karnaïn,
Voici, Gog et Magog
ravagent la terre.
Te paierons-nous un tribut
pour que tu mettes entre nous un rempart ? »
Il dit : « Ce que mon Rabb
m'a donné est meilleur.
Aidez-moi fort
et je mettrai un rempart entre vous.
Donnez-moi des blocs de fer,
pour combler l'espace entre les deux remparts. »
Il dit : « Soufflez, jusqu'à y mettre le feu. »
Il dit : « Donnez-moi de l'airain
pour le déverser dessus. »
Dès lors, ils ne purent plus le franchir
ni en l'escaladant, ni en le perçant.

La curieuse rencontre, dans le Coran, du thème biblique tiré du livre d'Ézéchiel et du personnage historique du Macédonien a un équivalent chrétien : les *Révélations de saint Méthode*, à la fin du VIIe siècle, un recueil de prophéties très populaire dans l'Empire byzantin, mais aussi à l'ouest dans sa traduction latine. On croit l'œuvre due à l'évêque Méthode, martyrisé aux environs de l'an 300. Il s'agit d'un faux : un Pseudo-Méthode qui pille le Pseudo-Callisthène et rivalise avec lui en fantaisie imaginative et ingéniosité pour mêler et brouiller des sources légendaires. Le Pseudo-Méthode raconte comment Alexandre voulut enfermer les peuples impurs et joignit par une muraille de bronze deux montagnes inaccessibles. Il fit « en sorte qu'il leur soit impossible ni par le feu, ni par le fer, ni par quelque autre entreprise, de forcer les portes qu'il avait édifiées, ni de s'enfuir. Mais [ces peuples impies le feront] dans les derniers temps, selon la prophétie d'Ézéchiel qui dit qu'aux derniers jours de l'accomplissement du monde, Gog et Magog sortiront envahir la terre d'Israël : ce ne sont autres que ces peuples et ces rois qu'Alexandre a enfermés dans la limite de Borée ».

La prophétie du Pseudo-Méthode ajoute que, le jour de l'Apocalypse, les barrières érigées par Alexandre céderont et que notre monde sera envahi. L'attente de cet événement terrifiant marquera les esprits pour longtemps ; six siècles plus tard, des rumeurs à propos des invasions mongoles réactiveront ces terreurs latentes, et sembleront confirmer la prophétie. Un élément de plus vient de se mettre en place dans la construction de l'histoire sans fin.

Ajoutons que cette invraisemblable histoire judéo-hellénico-arabo-chrétienne a peut-être des sources plus anciennes : des récits de Pline sur les portes caucasiennes (un phénomène naturel), des écrits de Flavius Josèphe qui, dans sa *Guerre des Juifs*, attribuait à Alexandre la fermeture par des « poutres de fer » d'une passe séparant la Médie du pays des Scythes (les tribus d'Alains en l'occurrence)… Un fait authentique a pu aussi contribuer à la genèse de la légende : le roi perse sassanide Chosroès Ier (531-579) avait fermé par des fortifications le col de Derbend dans le Caucase.

Nous avons déjà signalé la confusion entre la Grande Muraille et celle d'Alexandre, nous verrons le mythe d'Alexandre ennemi de Gog littéralement « revivre » quand, au XIIe siècle, un autre faux littéraire écrit par un grand lecteur du *Roman*, la *Lettre du Prêtre Jean*, attribuera à un souverain chrétien du bout du monde le rôle de gardien des hommes contre Gog et Magog. La crainte de Gog et Magog à cette époque est difficile à imaginer : c'est le contrepoint du mythe du paradis, l'expression du millénarisme stimulé par la peur de l'Islam, le réceptacle de toutes les terreurs. Éthique d'Istrie, chroniqueur reconnu, raconte qu'Alexandre a repoussé Gog, Magog « ainsi que vingt-deux nations de méchants » jusqu'à l'océan du Nord. Les portes Caspiennes cimentées par le bitume d'un lac de l'Enfer auraient servi à isoler la péninsule où vivaient tous ces alliés de Satan. Mais l'invasion apocalyptique était toujours possible.

L'histoire est suffisamment embrouillée pour que toutes les traditions s'y retrouvent, suffisamment précise pour que les voyageurs soient tentés de la vérifier ou d'en voir les « preuves ». Des homophonies (Magog et Mongols, Goths et Gog...), des on-dit sur des défilés fortifiés ou des murailles prodigieuses et, comme dans une course, le relais est passé, le mythe réactualisé. Cela peut durer quelques siècles, tant qu'il y a des écrits qui circulent, des marchands étrangers qui racontent.

Le roman sans fin

La postérité d'Alexandre dans le monde islamique ne s'arrête pas là : lui sont attachés de nombreux personnages littéraires en Perse, en Turquie et en Inde. Partout où se diffuse le Coran, la légende alexandrine se répand et en fait naître d'autres. Les poètes persans s'emparent du mythe. Firdousi, le plus grand d'entre eux, écrit aux environs de l'an mille l'immense épopée du *Livre des rois* (*Châh Nameh*) : il consacre un chapitre à Alexandre. Treize siècles après l'épopée réelle, Alexandre le Grand n'est plus le destructeur des Achéménides ; il est devenu un héros national, musulman et persan.

Le processus de récupération se poursuit : Firdousi attribue à Alexandre une mère perse. Par la double médiation du texte sacré, le Coran, et du poème profane qu'admirent tous les lettrés orientaux, le *Châh Nameh*, la diffusion du mythe se poursuit au XIIe siècle.

Le soufi Nizami[1] écrit le *Livre d'Iskandar* qui à son tour engendre de nombreuses transcriptions en maintes langues. Dans ce poème, Alexandre descend du prophète

1. Nizami (1140-1203) : ce poète persan soufi auteur du *Trésor des secrets* est considéré comme un des maîtres de la poésie mystique musulmane.

Abraham et accomplit des exploits épiques dont une curieuse campagne contre les Russes. Il recherche également l'élixir de vie. Pour Nizami aussi, Iskandar enferme Gog et Magog entre des murailles de fer. L'auteur développe un autre aspect du mythe : le héros en proie à l'interrogation métaphysique s'entretient avec les plus grands sages de l'humanité dont Archimède, Aristote, Socrate, Platon. Reviennent aussi deux paraboles : Alexandre découvrant une humanité bienheureuse qui a renoncé aux plaisirs de ce monde, et Alexandre contemplant l'ensemble de la Terre au cours d'une ascension aux cieux. L'histoire du conquérant, preuve de la vanité de toute chose : une parabole dont on ne finit pas de décliner les suites.

Il existe une version juive du *Roman* ; elle date du XIIe siècle et s'intitule *Alexandri Magni iter ad paradisum*. Le conquérant du monde veut dominer jusqu'au Paradis. Il arrive au bord d'un fleuve, au pied d'une muraille sans fin qu'il ne sait pénétrer. La seule ouverture de cette fortification est une fenêtre où apparaît un vieillard qui avertit Alexandre de renoncer à cette ultime possession. Il lui donne une pierre qui pèse plus que tout l'or du monde, mais qui, recouverte de terre, perd toute valeur, tout comme la vie et l'œuvre d'Alexandre ne pèseront pas plus qu'une plume une fois qu'il aura rencontré la Faucheuse. Vanité des vanités : le maître du monde comprend. Il renonce et se retire à Babylone.

Ce thème du Paradis inaccessible (qui est à rapprocher de l'île des Bienheureux, limite de l'itinéraire d'Alexandre) est pareillement popularisé par la littérature chrétienne médiévale.

La légende prolifère de manière étonnante : il y en aura des versions en thaï ou en mongol, voire en sogdien[1]. La légende se répand partout où il y a des musulmans, mais partout aussi où il y a des marchands. Et peut-être en Chine ?

1. Cette langue qui au XXe siècle nous semble du plus parfait exotisme était encore à l'époque médiévale une langue véhiculaire des routes de la soie.

Le chevalier Alexandre

La pérégrination d'Alexandre est une histoire écrite par les meilleurs auteurs mais aussi un conte qui se dit dans les ports et les caravansérails. Pendant qu'il part vers l'Orient, le mythe voyage aussi en Occident. À partir du XIe siècle se multiplient les transcriptions versifiées en langue vulgaire, dont le picard et le franco-provençal. Les compositions s'entrecroisent, s'empruntent les unes aux autres, mais toutes avec un énorme succès. L'une de ces adaptations, celle d'Alexandre de Bernay et de Pierre de Saint-Cloud[1], à la fin du XIIe siècle, est rédigée en vers picards de douze pieds. La formule a du succès : on vient tout bonnement d'inventer l'alexandrin. Ou, plutôt, le vers dodécasyllabique vient de trouver un nom.

Dans ce cycle médiéval, Alexandre a tous les traits du preux et ses aventures merveilleuses le mènent dans les contrées les plus fabuleuses, au plus haut des cieux ou au plus profond des abysses avec le lot prévisible de trésors, de monstres et de magiciens, d'histoires antiques et d'apports plus tardifs ou plus exotiques. La légende est devenue un réceptacle de tous les fantasmes, une compilation de toutes les merveilles.

Au sein de cette littérature, l'*Alexandréide* de Gauthier de Châtillon, toujours au XIIe siècle, occupe une place exceptionnelle. Elle est considérée comme une sorte de classique, un livre immortel ; on n'hésite pas à lui attribuer la même valeur épique qu'à l'œuvre de Virgile.

Les grands voyageurs du XIIIe siècle qui se rendront chez les Mongols n'ignoreront pas le *Roman d'Alexandre* et chercheront à en localiser certains épisodes. En tout cas, Marco Polo en parle explicitement.

Hors du royaume de France, les compilations de la légende dorée se multiplient. L'une, en allemand, au XIIIe siècle, est due au prêtre Lamprecht ; elle nous montre un Alexandre découvrant la vertu chrétienne d'humilité et la vanité de vouloir égaler Dieu. Il y aura des

---

1. Un des auteurs du *Roman de Renart*.

variantes espagnoles, anglaises, italiennes, polonaises, etc. Le thème est devenu une des grandes sources d'inspiration de la littérature. Au fil du temps, son caractère merveilleux s'affaiblit. Il va de soi que les versions de Racine ou le livret de Métastase, totalement inconnu aujourd'hui mais qui fut un des plus grands succès du mélodrame au XVIIIe siècle, n'ont plus guère de rapport avec le merveilleux médiéval.

Un Alexandre purement fantastique apparaît encore à la fin du XVIIIe siècle en Grèce, dans des contes de fées populaires, marqués par la lutte de libération contre les Turcs. Alexandre devient héros de l'indépendance nationale. Curieusement, une de ces légendes lui donne pour sœur une sorte de Gorgone des mers, fortement apparentée à la sirène. L'histoire est belle : quand les marins naviguent, ils voient parfois s'approcher la Gorgone qui leur demande si son frère Alexandre est toujours vivant et s'il est toujours maître du monde. Il ne faut pas la détromper. Si le capitaine lui crie que tout va bien et qu'Alexandre est toujours le seigneur de l'Univers, elle s'enfonce dans les profondeurs avec un sourire. Mais malheur à celui qui lui annoncera que le héros est mort. La Gorgone déclenchera une tempête où périra tout l'équipage.

C'est la dernière légende; il n'y a plus désormais que des historiens peu soucieux de ces coquecigrues et auxquels, hélas, nulle Gorgone ne vient rappeler qu'Alexandre ne doit pas mourir.

Il a fallu tout ce temps pour que l'on oublie le prodigieux *Roman* et pour que s'atténue l'effet des amusements apocryphes d'un lettré alexandrin du IIIe siècle. Bien joué, faussaire de Callisthène !

ENTRACTE II

Le temps des découvertes

Après le grand prélude qu'est l'épopée d'Alexandre peut s'ouvrir la vraie route de la soie, celle qui part de Chine, et par où circulent les marchands. Elle a même un acte de naissance officiel : la mission de Tchang K'ien. Cet envoyé de l'empereur Wou[1] *part en 138 av. J.-C. à la recherche d'alliés qui puissent secourir l'empire du Milieu menacé par les razzias des Hiong-nou. Et, de fait, la dynastie des Han qui régnera jusqu'au premier quart du* IIIe *siècle ap. J.-C. mènera aux frontières nord et ouest une guerre sans fin contre les Hiong-nou. Une des branches de cette tribu nomade poussera plus tard bien plus à l'ouest où on la connaîtra jusqu'en Gaule sous le nom de Huns.*

Avec la mission de Tchang K'ien, la Chine entre dans une de ses grandes périodes d'ouverture diplomatique et commerciale. La soie, fabriquée uniquement en Chine, est non seulement un produit de très grand luxe, mais aussi une unité de compte monétaire. Elle joue un rôle essentiel dans les échanges. Encore faut-il pouvoir l'exporter.

En 105 av. J.-C., une première ambassade chinoise parvient en Perse alors dominée par les Parthes qui occupent aussi la Bactriane, une partie de l'Inde, l'Assyrie et la Babylonie. Sous la dynastie des Arsacides (225 av. J.-C.-224 ap. J.-C.), contemporaine de celle des Han en Chine, les Parthes sont les intermédiaires obligatoires du commerce

1. L'empereur Wou ou Wou-ti des Han règne de 140 à 87 ; c'est sans conteste l'un des plus grands empereurs chinois.

transcontinental. Les Romains luttent contre cet empire avec des fortunes diverses (entre la défaite de Crassus à Carrhes en 53 av. J.-C. et la victoire de Septime Sévère en 202 ap. J.-C.). Entre-temps la soie est parvenue à Rome. C'est une révolution économique : la République, puis l'Empire doivent exporter une quantité énorme d'or pour s'en procurer.

Ce sont finalement les Perses sassanides qui viennent à bout de l'Empire parthe en 224 ap. J.-C. La dynastie sassanide règne jusqu'en 651 et son empire s'étend de l'Asie centrale à la Mésopotamie. Elle prend la succession des Parthes dans le rôle de grande puissance intermédiaire entre la Chine et l'Europe (et ce jusqu'à la conquête de l'Islam).

Au début de l'ère chrétienne, la soie circule donc d'un bout à l'autre du continent, Rome et la Chine tentent de rentrer en contact sans jamais réussir à établir de liaison directe. Tout au plus raconte-t-on des histoires mal vérifiées sur des individus qui auraient été d'un bout à l'autre de la route, dont de faux « ambassadeurs », et de vrais aventuriers.

Quant à la route maritime, les difficultés de son fonctionnement sont peut-être moins d'ordre politique que technique. Sous Alexandre, cette voie (qui bien plus tard deviendra la route des épices[1]) commence déjà à fonctionner. Il ne s'agit pas de cabotage mais d'une vraie navigation qui permet aux Chinois comme aux Perses et Arabes d'atteindre l'Inde. Dès la dynastie des Han, les Chinois touchent, outre le sous-continent indien et Ceylan, le Viêt-nam, la Malaisie, Sumatra. Cette dernière île est un autre grand relais du commerce maritime et, très tôt, les bateaux arabes s'y rendent régulièrement. La découverte du phénomène de la mousson au Ier siècle av. J.-C. (c'est-à-dire de la façon de naviguer en fonction des dates régu-

1. Sous la dynastie des T'ang (618-907), avec le développement de la construction navale en Chine, et la présence de nombreux commerçants arabes et persans dans les ports d'Asie (jusqu'en Corée), dès les débuts de l'Islam, cette route maritime jouera un rôle encore plus important.

lières des moussons) permet aux Romains de rejoindre la côte occidentale de l'Inde.

Bien que la soie parvienne à Rome et par terre et par mer, malgré la multiplicité des comptoirs, malgré l'étendue de l'Empire et le développement de ses routes, les Latins n'ont jamais connu l'origine de la soie ni davantage progressé que les Grecs dans la connaissance du mystérieux pays des Sères. Au début du IIIe *siècle, avec la chute des Han et l'affaiblissement de Rome sur sa frontière orientale, la route de la soie s'étiole.*

Depuis le milieu du Ier *siècle, en Asie centrale, s'impose l'Empire kouchan, dit indo-scythe, héritier des nomades yue-tche qui se sont installés dans les anciens royaumes gréco-bactriens. À la fin du* Ier *et au* IIe *siècle de notre ère l'Empire kouchan prédomine entre les puissances orientales et occidentales, du nord de l'Inde au bassin de l'Amou-Daria, voire au Turkestan oriental. Les partenaires changent, mais la règle du jeu reste la même. Les deux grands pôles des routes de la soie, la Perse sassanide et Byzance, se livrent une véritable guerre industrielle dont l'enjeu est la soie. Le secret de fabrication s'est déjà échappé de Chine vers le sud de l'Asie. Byzance, où le travail de la soie est devenu une part importante de l'économie, veut à tout prix percer tous les mystères. Le modeste cocon de bombyx mori donne lieu à des histoires d'espionnage rocambolesques.*

Le jeu des grandes relations commerciales se complique du fait de l'irruption des tribus turques en Asie centrale, de l'émergence d'un royaume marchand en Sogdiane. Vers le milieu du VIIe *siècle, après une période de repli chinois, la dynastie T'ang regagne difficilement le contrôle d'une part des routes de la soie, le bassin du Tarim. Pendant ce temps, à l'est, la Chine intensifie ses relations avec la Corée, le Japon et l'Asie du Sud-Est. Enfin, intervient la puissance bouddhiste et maritime de Srivijaya ; de l'île de Sumatra elle domine le détroit de Malacca. Bref, au moment où va entrer en scène le grand pouvoir unificateur de l'Islam, la route de la soie fonctionne, mais à la manière d'un jeu de relais où les marchandises, comme les idées, passent lentement et à travers de multiples intermédiaires.*

III

La rencontre des empires

Les Hiong-nou[1] sont un peuple répugnant. Leur nom même signifie « Puants ». Ce qui se dit de leur barbarie est difficile à croire. Chez eux un homme n'est estimé que s'il ramène la tête de nombreux ennemis. Dans la steppe, ces trophées s'entassent jusqu'à former de sinistres monuments. Il y a pis : ces cavaliers suspendent la peau du crâne des vaincus à la bride de leur cheval ; dans le crâne lui-même, ils boivent avec délice. Oui, décidément, tout ce que font les Hiong-nou provoque l'horreur chez un être civilisé. Écoutez encore ce qui se murmure partout dans l'Empire : ils ne se repaissent que de viande mal cuite, ils ne se couvrent que de peaux, ne dorment que dans des fourrures pleines de vermine, ils portent des masques de loup. Tout ce que font les Puants évoque la bête fauve : ils boivent le sang du premier ennemi qu'ils ont tué, avec du sang aussi ils consacrent les traités et, encore avec le sang, ils honorent leurs morts : ils se balafrent le visage. Mais le pire est leur insupportable odeur.

---

1. Les Hiong-nou constituent la première grande fédération nomade unie par *tiou men*. Ils sont en quelque sorte des prédécesseurs de Gengis Khan, un *tiou men* regroupant plusieurs tribus de langues et d'ethnies différentes. Il semble pourtant que les éléments proto-turcs soient dominants. L'Empire hiong-nou aura son centre au nord de la Mongolie et à certaines périodes s'étendra de la Corée aux steppes de l'Ouest sibérien. La fédération subira diverses scissions dont l'une engendrera un peuple que les Européens affronteront et connaîtront sous le nom de Huns.

Chevaux de guerre et chevaux du Ciel

Toutes ces histoires parviennent jusqu'à l'empereur Wou, sixième des Han[1], et troublent sa sérénité. En ce milieu du IIe siècle av. J.-C., le Fils du Ciel a bien d'autres préoccupations : il songe à l'immortalité, au moyen de l'atteindre, aux chevaux célestes dont lui parlent ses astrologues et qui un jour emporteront son âme impériale vers le séjour de la félicité sans borne. Et dire qu'il faut se protéger des Hiong-nou ! S'il suffisait de mander un général et quelques milliers d'hommes aux frontières ! Avant son départ, on rappellerait la règle du jeu au chef de l'armée. Il a la tête coupée s'il est vaincu. S'il est prisonnier, sa famille en paie les conséquences. Mais la victoire lui vaut les plus grands honneurs. Et il suffirait d'attendre le courrier qui annoncerait que c'en est fini des Puants.

Hélas ! les choses ne sont pas si simples. Nul général chinois, si fort qu'on le menace ou tant qu'on lui promette, n'est capable de venir à bout de ces nomades. Et l'empereur Wou doit maintenant réfléchir à la gravité du péril. Depuis le temps des Royaumes combattants, il y a un siècle, la Chine subit les assauts des Puants. Sous les Ts'in[2], la dynastie précédente, les vagues des Hiong-nou ont battu la Grande Muraille. Le fondateur de l'actuelle dynastie, Kao-ti, a tenté de les repousser, il s'est enlisé dans une mauvaise campagne et a dû finalement traiter avec eux. Il a même fallu donner une princesse chinoise à leur chef. Ce fut une grande humiliation. Mais les Hiong-nou reviennent toujours. Ils ont brûlé un palais impérial à l'ouest de la capitale, Tch'ang-an[3], ils sont maîtres de toute la Mongolie. La Chine ne peut pas tolérer plus longtemps ces razzias, ni se contenter d'attendre

---

1. Les Han règnent sur la Chine de 206 av. J.-C. à 220 ap. J.-C. Leur règne correspond à une période de grand dynamisme.
2. 221-206 av. J.-C.
3. Capitale du Shanxi dans le Nord-Ouest de la Chine, cette ville est une de celles qui dominent les routes de la soie, elle fut plusieurs fois capitale de l'Empire.

passivement la prochaine attaque en espérant que la Grande Muraille pourra encore la briser.

Les généraux chinois ont bien expliqué à leur Empereur ce qui rend les Barbares si redoutables. Bien qu'ils ne méritent guère le nom d'humains, ils ne sont certes pas stupides. Ils ont su tirer le meilleur parti de leurs qualités de cavaliers et d'archers d'élite. Ils savent manœuvrer avec célérité, coordonner leurs mouvements comme si leurs petits chevaux connaissaient la stratégie à l'égal des généraux. Les Hiong-nou sont passés maîtres dans l'art des feintes, des fuites simulées, des retournements imprévisibles. Ils savent attirer une colonne, lui faire croire qu'elle va rattraper une poignée de fuyards, la perdre dans un désert ou au fond d'un défilé, la réduire par la faim, l'attaquer dans sa plus grande faiblesse. Voilà pourquoi tant de crânes de Fils du Ciel servent de coupes à boire aux Puants et pourquoi on ne peut réaliser la céleste volonté de l'Empereur. Pour se battre à armes égales avec ces démons, il faudrait une cavalerie puissante et rapide. Depuis que durent ces guerres, les Chinois ont appris à se battre différemment. Ils ont abandonné les chars si peu maniables qu'il fallait les orienter dans le sens de la charge. Ils sont devenus meilleurs cavaliers et archers. Mais ils sont encore loin d'égaler ces nomades, nés à cheval. Il faudrait aussi des alliés afin que les Hiong-nou ne puissent faire retraite aussi loin qu'ils le veulent, pour que tout l'espace au nord et à l'ouest de la Grande Muraille ne soit plus un champ libre pour leurs cavaliers.

Des chevaux, des alliés ? Il y aurait bien les Yue-tche. Des gens étranges aux cheveux rouges et aux yeux bleus. Il y a environ trente-cinq ans, le chef des Hiong-nou leur a infligé une grave défaite. Plus tard, son propre fils a bu dans le crâne du roi des Yue-tche. Depuis, ces derniers se sont enfoncés vers l'ouest, abandonnant le Kan-Sou et traversant l'effroyable désert de Gobi. Qui sait, un émissaire chinois pourrait peut-être retrouver la tribu perdue, et la convaincre de s'allier à l'Empire pour prendre sa revanche ? Les Hiong-nou se trouveraient ainsi pris en étau. Pour cette mission, il faudrait un messager capable et courageux. Tchang K'ien, chef des gardes aux portes du palais, est renommé pour sa vaillance et sa force de caractère. Ce sera lui. Qu'on lui fournisse une centaine de volontaires et qu'il se mette en route ! L'Empereur retrouve déjà un peu de sa sérénité.

Il ignore qu'en envoyant cette ambassade, il vient de déclencher un processus historique, qui va indirectement bouleverser l'histoire du continent eurasiatique. Tchang K'ien va tout simplement ouvrir la Chine au monde. Il est l'homme qui inaugure les vraies routes de la soie et son ambassade en constitue l'acte officiel de naissance.

La grande mission

La scène de palais que nous venons d'évoquer ou quelque autre semblable s'est peut-être produite peu après le milieu du IIe siècle de notre ère. Bien sûr, la Chine commerçait avant le départ de Tchang K'ien ; elle n'était pas totalement imperméable au monde extérieur. Bien sûr, la soie de Chine avait déjà traversé le vieux continent. Pourtant, il faut bien accepter cette fiction d'une date d'ouverture. À la grande poussée vers l'est, qui mène des Grecs jusqu'au cœur de l'Asie centrale, répond un mouvement vers l'ouest.

Wou, empereur guerrier, inaugure le vrai commerce avec les peuples voisins. En Chine, le négoce n'est pas chose simple : le symbole et l'interdit régissent cette activité que devrait en principe gouverner le seul calcul de l'intérêt. Selon les époques, selon l'influence de la tradition confucéenne qui juge le commerce chose méprisable, selon la politique de la dynastie, selon qu'elle considère qu'il faut isoler l'Empire des diables étrangers ou au contraire affirmer son prestige hors des frontières... tout devient possible. Par moments, la cour accueille ambassadeurs et marchands avec la plus vive curiosité ; à d'autres périodes, la construction de navires est punie de mort et l'exportation de marchandises est un crime. À cela se mêle toujours un grand souci des apparences. Là où la chronique nous parle de délégations portant des tributs à l'Empereur, de voyageurs s'arrêtant et offrant des cadeaux pour recevoir en échange des dons de bienvenue, il faut comprendre qu'il y a commerce et négociations. Ce marchandage se complique de formes symboliques, de respect des apparences et de l'intervention de la puissante bureaucratie chinoise.

Mais nous n'en sommes pas encore là, et Tchang K'ien est pour le moment confronté à des problèmes beaucoup plus immédiats. Ses informations datent un peu. Et d'abord, où sont partis les Yue-tche ?

Les historiens auraient pu répondre : en Sogdiane[1]. Pour simplifier, disons que les ennemis des Puants, de guerre en migration, se sont retrouvés jusque dans la région de Samarcande. Pour le moment, ils sont donc beaucoup plus loin que ne peut l'imaginer Tchang K'ien. C'est là le moindre des malheurs, car l'expédition commence très mal. Dès que la petite troupe s'engage dans le Kan-Sou, il lui faut traverser le territoire hiong-nou. Très vite, Tchang K'ien et ses compagnons sont faits prisonniers. Il est emmené au *chan-yu*, le roi des Hiong-nou. S'ensuivent des discussions au terme desquelles le *chan-yu* décide de ne pas transformer son prisonnier en coupe à boire mais de le garder sous étroite surveillance. Pour plus de sécurité, on lui fait épouser une dame hiong-nou dont il a même des enfants. On ignore pourquoi le souverain fait preuve d'une telle mansuétude.

Mais Tchang K'ien est un homme fidèle et, comme on l'avait bien dit à l'Empereur, fort courageux : jamais il ne perd de vue sa mission. Toujours il conserve la queue de yack qui prouve sa qualité d'ambassadeur et qui lui rappelle que, malgré femme et enfants, il est avant tout le serviteur du Céleste Empire. Son lieutenant, soldat remarquable et excellent archer, fait preuve des mêmes qualités morales. Ils ne songent donc qu'à accomplir le

1. Les Yue-tche auraient d'abord reflué vers l'Ili puis plus à l'ouest vers le Syr-Daria, l'Iaxarte des Grecs. Là ils seraient entrés au contact des Saces qui repoussés à leur tour auraient envahi la Sogdiane et la Bactriane des successeurs d'Alexandre. Les Yue-tche eux-mêmes auraient finalement occupé la Sogdiane, au nord de l'Oxus (Amou-Daria).

devoir de tout soldat en pareille circonstance : attendre l'occasion favorable pour s'évader et reprendre la mission. Attendre…

Ils vont attendre en effet. Dix ans ! Un jour enfin, dans des circonstances obscures, les deux Chinois réussissent à s'enfuir. Ils marchent « plusieurs dizaines de jours » jusqu'au Ferghana. Les voilà maintenant à dix mille lis (six mille kilomètres) de leur point de départ. Dans la vallée du Ferghana est établi un petit État à la population sédentaire et infiniment plus civilisée, le Kokand. Là, les fugitifs voient des chevaux d'une espèce très particulière. Ce sont des races de montagne, résistantes, aux sabots très durs (ce qui est appréciable en cette époque où l'on ne ferre pas les chevaux). On prétend qu'ils peuvent parcourir cent lis par jour ! Plus extraordinaire encore, ces animaux chez qui tout évoque l'énergie suent le sang[1]. En fait, ils sont déjà apparus dans l'histoire. On connaît depuis longtemps leurs qualités exceptionnelles : ne dit-on pas qu'Alexandre en rêva, et qu'avant lui-même les Achéménides les recherchaient ? Certains ont aussi prétendu que ces chevaux merveilleux descendaient de Bucéphale !

Le roi de Kokand semble tout disposé à accueillir les ouvertures diplomatiques chinoises. « Les Ta-yuan [les habitants du Kokand] avaient déjà entendu parler de la richesse des Han et de la fertilité de leurs terres, mais ils n'avaient pas encore réussi à établir des rapports avec eux. Ils virent Tchang K'ien avec plaisir et lui demandèrent ce qu'il désirait. Tchang K'ien répondit que les Han l'envoyaient en ambassade chez les Yue-tche, mais que les Hiong-nou l'avaient longtemps retenu prisonnier, et qu'il priait le roi de lui montrer le chemin, afin que, lors de son retour, l'empereur Han envoie au roi en récompense tous les riches présents qu'il souhaiterait recevoir. Ayant ouï ce discours, le prince lui donna aussitôt un guide et des chevaux de poste pour le conduire à

1. Il fallut attendre plus de vingt siècles pour savoir que cette sueur brun-rouge est en fait provoquée par un parasite.

Samarcande afin que de là-bas il pût se rendre chez les Yue-tche. » Ainsi nous dit l'historien chinois Sseu-ma Ts'ien[1].

Tchang K'ien arrive dans la région de la Maracanda d'Alexandre, la future Samarcande. Finalement, l'ambassadeur chinois va rencontrer les fameux Yue-tche dans la vallée de l'Oxus. Selon la chronique des Han, « après avoir vaincu les Ta-hia [les Grecs de Bactriane], les Yue-tche s'étaient solidement installés à leur place, dans une contrée riche et fertile, où ils vivaient sans ennemis, hormis quelques clans de brigands qui restaient à détruire. Ils ne voulaient plus, comme au temps où ils étaient auprès des Han, vivre dans le voisinage des Barbares ». Traduisez : enchantés d'être en paix, loin des Hiong-nou, les Yue-tche semblent avoir oublié leurs griefs à l'encontre de leurs anciens ennemis ou, du moins, ils les craignent encore assez pour ne pas oser s'en prendre à de si puissants adversaires. Le roi des Yue-tche reste très évasif. Tchang K'ien a le temps de faire de curieuses observations : il y a du bambou et des étoffes de soie chinoises du Setchouan et du Yunnan ; on dit que ces marchandises ont été achetées en Inde.

Par contre, l'ambassadeur chinois ne pourra pas raconter que la Bactriane a été dominée par des conquérants, des Barbares venus de l'Ouest, il ne notera pas non plus les formes artistiques ou urbanistiques si originales de cette région et qui sont nées de la rencontre avec l'hellénisme. En effet, Tchang K'ien arrive environ deux ans après la chute du dernier souverain d'origine macédonienne, un des rois gréco-bactriens. Le Fils du Ciel ne saura jamais rien des Grecs. Le passage de relais entre les héritiers d'Alexandre et les pionniers de la soie échoue. Encore un beau symbole de l'éternel rendez-vous manqué.

Après un an, il est temps pour Tchang K'ien de prendre le chemin du retour. Il réunit les informations qu'il a

---

1. Sseu-ma Ts'ien (147-87 av. J.-C.), le grand historien chinois, auteur des *Mémoires historiques*, contemporain de Tchang Wien, donnera d'ailleurs à ces expéditions la place qu'elles méritent.

obtenues directement ou indirectement en envoyant des émissaires dans les royaumes voisins. Le rapport de Tchang K'ien est le premier à décrire le cœur des routes de la soie : Ferghana, Bactriane, Sogdiane... Il note l'existence à l'ouest d'un puissant royaume, celui des Parthes.

Il rentre, non sans de nouvelles difficultés. Il est à nouveau fait prisonnier par les Hiong-nou. Cette seconde captivité ne dure qu'un an. Cette fois, il profite de la mort du roi hiong-nou pour s'enfuir, pendant que ses hôtes se préoccupent bien davantage de la succession et de la routine de combats et décapitations qui s'ensuit. Décidément fidèle en tout, Tchang K'ien emmène avec lui l'épouse barbare de ses années d'errance.

À Chang'an, seul survivant, avec son fidèle lieutenant, de l'expédition composée d'une centaine de personnes, il reçoit une récompense digne de sa constance et de son courage : il est nommé préfet du palais. Plus tard, il recevra même le titre de prince et de « grand voyageur ». C'est le moins que l'on puisse dire.

Paradoxes de la route

Le « grand voyageur » a été absent treize ans en tout mais, lorsqu'il rentre, tout le monde semble considérer que le cours de la vie n'a jamais été rompu par une aussi longue absence. Ainsi allons-nous sans cesse rencontrer des personnages dont la perception du temps nous est tout à fait étrangère. Tchang K'ien, qui part sur la foi de renseignements datant d'au moins une vingtaine d'années, Tchang K'ien, pour qui dix ans de retard sont une parenthèse qui ne saurait invalider un ordre, n'est pas un cas isolé. Non seulement les héros des routes acceptent sans sourciller des voyages qui consumeront peut-être un quart ou un tiers de leur vie, mais ils ne pensent pas que l'on ait pu les oublier. Nous verrons des Polo ou des Ibn Batouta partir vingt, trente ans, retrouver leurs biens et leur maison et reprendre leur existence. Des voyages d'un à trois ans, un transport de marchandises qui prend quatre ans d'une extrémité à l'autre des routes de la soie sont monnaie courante. De même, on connaît nombre d'histoires de lettres, de courriers diplomatiques, adressés à des destinataires déjà morts. Des nouvelles aussi importantes qu'une invasion ou l'existence d'un empire peuvent mettre des décennies à se propager. Tantôt le bruit d'un événement politique va très vite, tantôt de toutes-puissantes bureaucraties, des États organisés continuent à vivre sur la foi d'informations vieilles parfois de plusieurs siècles, comme si certains savoirs ne pouvaient en aucun cas être remis en question. Le temps des routes de la soie ressort d'un univers mental que nous ne comprenons plus.

Tchang K'ien n'a pas non plus le sentiment, au fond très moderne, que l'information est une chose périssable dont la valeur se déprécie avec le temps. Il est vrai que ce qu'il a vu va rentrer dans la plus longue et la plus prodigieuse mémoire collective de l'humanité, la chronique dynastique chinoise. La Chine transcrit minutieusement, presque jour par jour, sa propre histoire : une somme énorme d'archives, récits et mémoires. Cette civilisation de l'écrit sait conserver et ne plus jamais perdre ce qui a été appris une fois. Ce qu'un seul voyageur a découvert est devenu le bien de toutes les générations. Et précisément Tchang K'ien apporte une telle moisson de nouvelles que le choc va s'en prolonger longtemps.

Le bilan diplomatique de sa mission est désastreux mais les nouveautés qu'il révèle sont du plus profond intérêt. Il parle des produits qu'il a vus en Bactriane, il évoque les peuples qu'il a rencontrés et ceux dont l'existence est attestée au-delà des frontières connues. Parmi eux, il y a les habitants de la Perse et ceux d'un royaume plus lointain encore : Li-jien, qui pourrait être rien de moins que l'Empire romain. Il est aussi question d'une grande mer et de mille choses surprenantes. Tchang K'ien révèle l'existence d'une route commerciale du Turkestan au Yunnan : elle devait passer par l'Inde. Et puis Tchang K'ien parle des chevaux du Ferghana qui suent le sang. Leurs géniteurs sont des étalons venus des montagnes, et si sauvages qu'on ne les peut capturer. Il faut attacher les juments pour qu'ils viennent les ensemencer. On dit aussi qu'ils sont les fils des chevaux célestes. À ce passage, l'Empereur dresse l'oreille.

Tchang K'ien vient de provoquer, sans jeu de mots, une révolution culturelle. Il a révélé l'existence du monde extérieur, ou du moins sa diversité, sa dimension, les possibilités qu'il recèle. Il parle littéralement de l'autre côté du Ciel.

Wou des Han décide de réagir. Que l'on envoie d'autres missions vers le sud en évitant le territoire des Hiong-nou !

La guerre des Puants

Mais décidément tout va mal : les missions ne réussissent pas à passer. Tchang K'ien lui-même, le fidèle entre les fidèles, connaît un échec en menant une expédition militaire contre les Puants. Après cela, même un pareil serviteur devrait être puni de mort ; il sauve sa tête, mais perd ses titres.

Pourtant la situation militaire s'améliore lentement : les troupes chinoises chassent les Hiong-nou du Kan-Sou ; des hordes secondaires se rallient à l'Empire. Deux corps de cavalerie chinoise traversent le désert de Gobi et atteignent ce que nous appellerions la Mongolie extérieure. Le résultat est magnifique. Les Hiong-nou surpris dans leur tanière sont mis en fuite au milieu d'une tempête de sable que le ciel soulève fort à propos. Quand meurt le principal vainqueur des hordes hiong-nou, Houo K'iu-Ping, un stratège surdoué qui commença ses campagnes victorieuses à dix-huit ans, sa tombe est décorée d'une sculpture en ronde bosse qui représente un cheval écrasant l'ennemi. C'est un hommage rendu au général qui vient de prouver que seul le cheval peut vaincre les Barbares. Leçon de stratégie : à la vitesse de la mobilité du nomade, le sédentaire doit répondre par une audace et une cavalerie supérieures. Houo K'iu-Ping avait organisé sa cavalerie sur le modèle hun. L'empereur Wou lui-même applique ce principe. Avant ses expéditions, il fait réparer la route du Nord, la fait protéger tout au long par des garnisons ; il ne néglige pas les haras-relais qui doivent fournir les animaux nécessaires aux longues expéditions. D'autre part, Wou n'hésite pas à aller défier lui-même le *chan-yu*, le souverain hiong-nou, à la tête de cent quatre-vingt mille cavaliers. Les armées chinoises entreprennent la conquête des premières oasis des routes de la soie, celles de Lob-nor et Tourfan. La Chine est en train de conquérir le Turkestan.

Mais Wou songe toujours aux chevaux et se souvient de ce que Tchang K'ien disait à ce sujet. À deux mille lis au nord de Kokand, le royaume des chevaux qui suent le sang, il y a un autre peuple qui possède des montures remarquables : les Wousouns, dans la vallée de l'Ili. Les Wousouns ont autrefois payé tribut aux Hiong-nou, mais ils pourraient être tentés de reconquérir leur indépendance. De pareils Barbares devraient se laisser convaincre par de magnifiques cadeaux : des animaux, de l'or, des soieries… Ce qui a échoué avec les Yue-tche pourrait réussir avec les Wousouns. Pourquoi ne pas tenter à nouveau sa chance ? Tchang K'ien rapporte à l'Empereur tout ce qu'il a appris des Wousouns pendant sa captivité et conclut : « Ce que j'en ai déduit, c'est que ces Barbares ont un goût très marqué pour les produits des Han. Grâce à nos belles étoffes, il nous sera possible, je crois, de déterminer les Wousouns à revenir dans leur vieux territoire de Hoen-sie et de leur accorder un pacte d'alliance. Une telle politique paralysera la droite des Hiong-nou. »

Cette fois Tchang K'ien part à la tête d'une troupe de trois cents hommes, avec tous les présents nécessaires à une telle mission dont « des tissus de soie d'une valeur inimaginable ». Les Wousouns accueillent cette ambassade avec tout l'intérêt qu'elle mérite. Mais ils donnent une réponse évasive, pas très différente de celle des Yue-tche quelques années plus tôt : les Chinois sont loin et les Hiong-nou sont bien près. Il serait imprudent de provoquer de si dangereux voisins. Pourtant, on est très flatté des cadeaux des Han. Que l'ambassadeur Tchang K'ien veuille bien ramener au Fils du Ciel quelques dizaines de ces chevaux auxquels il porte un si grand intérêt. Ce sera un modeste témoignage de la reconnaissance des Wousouns envers l'Empereur, en attendant peut-être que s'établissent des liens plus durables.

De fait, le roi des Wousouns épousera une princesse chinoise, la Dame de la Main Droite, moyennant mille chevaux. La demoiselle s'appelle Liu Xijun et elle se plaint de son sort d'autant moins enviable que son prudent époux prend pour Dame de la Main Gauche une princesse hiong-nou. Liu Xijun est venue avec une splendide escorte et avec des chevaux chargés de soieries, l'unité de compte pour ce genre de transactions. La petite princesse sait qu'elle passera le reste de ses jours sous une tente de feutre et, détail particulièrement pénible, se nourrira désormais de viande et de lait caillé. Elle se plaint de son sort et écrit un poème qui nous est resté :

Je vis en songeant constamment à ma terre natale, mon cœur est
[tout meurtri,
Je voudrais être un cygne d'or pour retourner dans mon pays.

Pour la consoler, la famille impériale chinoise lui envoie encore maints rouleaux des tissus de la soie la plus précieuse.

Liu Xijun n'est qu'une des nombreuses fiancées qui parcourront les routes de la soie pour cimenter des alliances. Très vite, ces chemins deviendront les routes des princesses, comme des esclaves et des concubines. Et les occasions ne vont pas manquer d'échanger cette marchandise humaine, puisque la diplomatie chinoise donne maintenant toute sa mesure. Tchang K'ien a envoyé des ambassades annexes vers le pays des Parthes et vers l'Inde. L'habitude est prise. Les Han mandent régulièrement des missions chargées de cadeaux.

Cette politique finira par peser lourd dans le budget de l'État. À certaines périodes, un tiers des revenus de l'Empire partira en « présents ». Par ailleurs, les Han témoigneront toujours leur amitié aux rois lointains en leur accordant la main de princesses. En échange, ceux-ci reconnaissent la souveraineté des empereurs chinois et leur versent un tribut. Les rois vassaux envoient même des membres de leur famille à la cour de Tch'ang-an, théoriquement pour témoigner de l'excellence de leurs relations avec le Céleste Empire. On échange des produits de luxe et on surveille mutuellement ses otages.

La guerre pour les routes

Wou organise le *limes* de l'Empire : il établit des préfectures militaires pour protéger l'axe qui mérite maintenant le nom de route de la soie. On craint un possible retour des Hiong-nou refoulés en Haute-Mongolie. Wou fonde la province de la « Fontaine de vin » pour développer les relations avec les pays du Nord-Ouest. Sseu-ma Ts'ien nous dit : « La cour chinoise envoya parfois plus de dix ambassades dans l'année, parfois cinq ou six. Les ambassades revenaient de mission au bout de huit ou neuf ans des pays les plus éloignés ; au bout de quelques années des pays les plus proches. »

Tout ne se déroule pas toujours bien. Des missions sont arrêtées par les Barbares, des légations détroussées et des présents impériaux pillés. De surcroît, certains ambassadeurs ont un peu tendance à profiter de l'occasion pour mener à bien leurs propres affaires. Et tout est lent, si lent… Le Fils du Ciel se plaint que certains de ses décrets ne soient pas connus des lointaines provinces un an après leur promulgation. Mais la machine est lancée, des produits exotiques parviennent du monde extérieur, les chevaux bien sûr, la luzerne d'Asie centrale si nécessaire aux montures du Ferghana, la vigne, des produits plus luxueux comme la corne de rhinocéros si utile à qui a tant de charmantes concubines. Décidément, les choses ne vont pas si mal et le ciel n'est pas trop cruel avec l'Empire.

L'empereur Wou, lui, songe toujours à l'éternité et aux animaux qui doivent transporter son âme vers les lieux de la félicité sans fin. Les montures des Wousouns ramenées par le fidèle Tchang K'ien sont certes excellentes, mais ce ne sont après tout que des bêtes ordinaires. L'Empereur écoute les oracles qui lui parlent toujours des animaux merveilleux et pense encore à ces chevaux du Ferghana qui suaient le sang. D'autres ambassadeurs lui ont fait rapport à leur sujet.

« On expliqua à la cour que le Kokand possède des chevaux merveilleux dans la ville d'Eul-che mais qu'il les cache et refuse de les donner à l'ambassadeur chinois. Le Fils du Ciel envoya à Kokand le géant Tche-lin et quelques autres, il leur remit une grande quantité d'argent et un cheval tout en or massif », nous dit Sseu-ma Ts'ien. Il nous décrit également le conseil qui se tient à la cour de Kokand. Les anciens disent que ces cadeaux chinois ne sont plus des nouveautés, que la Chine est bien lointaine : ne voit-on pas que leurs hommes manquent de ravitaillement en cours de route ? Il n'y a pas à craindre une attaque armée. Mieux vaut garder les chevaux. Le roi du Kokand répond donc par la négative au géant Tche-lin. Celui-ci en conçoit une telle colère qu'il brise le cheval d'or. Les gens de Kokand l'assassinent peu après.

On imagine la fureur de l'empereur Wou qui est à la fois insulté et frustré de ses chevaux. En 104 av. J.-C., il envoie Li Guangli, qu'il nomme général avant le départ de la campagne. Mal lui en prend : la colonne chinoise de six mille cavaliers et plusieurs dizaines de milliers de fantassins subit le sort qu'avaient prévu les anciens du Kokand. Elle ne peut s'approvisionner en route ni pénétrer au Kokand. Le général Li Guangli doit faire retraite avec la petite troupe des survivants. Et comme l'Empereur lui interdit de rentrer en Chine, où selon la règle l'attend le sabre du bourreau, cette troupe se trouve dans une situation inextricable : elle ne sait plus vers où tourner ses pas. L'empereur Wou réfléchit, mais il est maintenant trop engagé pour renoncer. Il envoie des renforts et provisions considérables à Li Guangli qui, cette fois, parvient au pied de la muraille d'Eul-che ; il a encore perdu la moitié de ses soixante mille hommes en cours de route. Il encercle la ville et en dresse le siège dans toutes les règles de l'art.

Des ingénieurs hydrauliciens chinois détournent le cours de la rivière qui alimente la ville en eau : il n'y a pas de puits dans Eul-che. Pourtant, la chronique chinoise nous dit que les habitants de la ville attendent l'arrivée d'ingénieurs du Ta-ts'in, capables d'en creuser. Si l'on comprend bien, et si par Ta-ts'in l'historien entend Rome (on confond parfois le Ta-ts'in et la Perse alors occupée par les Parthes), ce serait une des premières mentions de voyageurs occidentaux quasiment parvenus au contact des Chinois.

Ceux-ci prennent le rempart extérieur et procèdent à un premier massacre. La cour se réfugie dans la citadelle et y enferme les chevaux qui deviennent les plus précieux des otages. Entre gens intelligents, on trouve toujours une solution : moyennant quelques dizaines des plus beaux chevaux soigneusement choisis par les hippiatres de l'empereur, et trois mille chevaux plus ordinaires, les Chinois repartent. En prime, ils rapportent la tête du roi du Ferghana.

Quand on fait le bilan final de l'expédition, un homme sur six a survécu, mais l'Empereur peut être satisfait : les tributs et les otages affluent à nouveau. Le prestige de la Chine est rétabli, même si le trésor impérial en a beaucoup souffert.

> Les chevaux célestes arrivent,
> venant de l'extrême occident…
> Les chevaux célestes arrivent,
> ils sont passés par des endroits sans herbe,
> traversant mille lis,
> pour venir des régions lointaines,

chante la chronique des premiers Han.

Barbares et marchands

L'activité diplomatique se poursuit. Vers la fin du IIe siècle av. J.-C. part une mission d'une importance toute particulière. Elle mène des ambassadeurs chinois au royaume de Ngan-si, c'est-à-dire en Perse. « Le premier, Wou-ti envoya une ambassade en Ngan-si. Le souverain ordonna au chef militaire d'accueillir l'ambassadeur chinois à la frontière orientale avec vingt mille cavaliers, et de la frontière orientale à la capitale du souverain, il y a plusieurs milliers de lis… Le souverain du Ngan-si fit partir, avec l'ambassade chinoise, son propre chargé de mission afin qu'il vît la Chine. Il envoya à la cour chinoise un œuf d'autruche et des prestidigitateurs du Li-jien[1]. Le Fils du Ciel en conçut un extrême plaisir. » Viennent donc d'entrer en scène les Parthes. Ils occupent alors la Perse ; ils vont jouer jusqu'au IIIe siècle de notre ère le rôle d'intermédiaires principaux sur la route de la soie. Longtemps, la précieuse marchandise transitera par leurs mains, un quasi-monopole qu'ils défendront à tout prix.

Tandis que la Chine développe ses initiatives diplomatiques, ses campagnes militaires la mettent en bien meilleure position face à l'ennemi héréditaire, les Hiong-nou. Le terrain où s'affrontent les deux puissances est maintenant presque circonscrit aux oasis du Tarim. Les Chinois ne se battent plus désormais pour repousser les razzias nomades au cœur de l'Empire, mais pour la sûreté des routes de la soie, pour préserver le lien indispensable qui relie la Chine au monde.

Il faut entretenir tout un réseau de commanderies, parfois implanter des colonies. Et, comme toujours en pareil cas, les meilleurs sujets ne sont pas disponibles pour ces tâches. Il faut souvent avoir recours à des mercenaires ou à des condamnés déportés. Mais il importe à tout prix de tenir les royaumes du Tarim[2], puisque la route des caravanes encadre au nord et au sud le redoutable désert du Taklamakan. La Chine en veut le contrôle au moins jusqu'au pied des monts Pamir, jusqu'à la fameuse tour de pierre si souvent décrite mais jamais située avec certitude, le lieu d'échange, le grand rendez-vous où les caravanes scythes, perses ou parthes rencontrent celles venues de Chine et font l'acquisition de la

---

1. Ces prestidigitateurs du Li-jien, autre nom supposé de Rome, sont donc de sérieux candidats au titre de premiers Romains à avoir pénétré en Chine.

2. Entre trente et cinquante suivant les époques.

soie fabuleuse et autres produits exotiques. La tour de pierre est la borne symbolique entre le monde chinois et le reste du continent. À l'ouest de la tour commence le monde indo-iranien : celui des Perses, celui des Parthes, plus tard celui des Kouchan.

Après l'époque glorieuse de l'empereur Wou des Han, il faut attendre un siècle pour que la Chine impose sa domination dans les oasis du Tarim. L'artisan de cette œuvre est Pan Tch'ao[1], un jeune homme d'une famille qui compte surtout des lettrés. Son frère Pan Kou est le rédacteur de la chronique des premiers Han, une des sources d'information les plus sûres et les plus précieuses sur la première période des routes de la soie.

En l'an 74, le général Pan Tch'ao s'aventure au-delà des portes de Jade, qui marquent les frontières de l'Empire. Là, il lui faut traverser des déserts, des steppes, des montagnes, des pays terrifiants. On parle du pays des chameaux sauvages, de la ville fantôme du Dragon. Le mot d'ordre de Pan Tch'ao est : « Celui qui ne pénètre pas dans l'antre du tigre ne prend pas les petits du tigre. » Envoyé pour une simple mission d'observation au royaume Chan-Chan au sud-ouest du Lob-nor, il découvre un envoyé hiong-nou venu inciter le roi du Chan-Chan à renverser ses alliances et à trahir la Chine. Le lendemain matin, Pan Tch'ao présente la tête de l'ambassadeur hiong-nou au souverain de Chan-Chan qui l'assure aussitôt de sa fidélité. Même méthode au Khotan où Pan Tch'ao décapite un sorcier qui conseillait au roi du pays de choisir l'alliance hiong-nou. Après avoir expérimenté cette méthode de guerre psychologique, Pan Tch'ao, avec une poignée d'hommes, renverse le roi local pour rétablir une autre dynastie pro-chinoise. Par l'action d'un jeune homme aussi dynamique, les rapports changent et, dans tout le bassin du Tarim, les chefs se convainquent bien vite que l'alliance des Han est une bénédiction du Ciel.

1. Au ve siècle, l'histoire de Pan Tch'ao figure dans le *Heou Han Tchou* ou chronique des Han postérieurs écrite par Fan-ye.

Le reste de la vie de Pan Tch'ao est une suite ininterrompue d'actes d'une audace inouïe, d'autant plus remarquables que le général doit plusieurs fois désobéir aux ordres. Les bureaucrates lui compliquent la tâche. Ainsi en 90 ap. J.-C., quand le très puissant roi des Kouchan envoie en Chine un ambassadeur pour demander la main d'une princesse, un commandant des territoires occidentaux interdit le passage à la mission diplomatique. Du coup, les Kouchan se mobilisent et sont sur le point de déclencher une guerre pour laver l'affront. Pan Tch'ao a beaucoup de mal à calmer les esprits. La Chine a failli se trouver en guerre avec cette puissance montante qui jouera un double rôle : en concurrençant les Parthes dans le rôle d'intermédiaires du commerce international, en favorisant la diffusion vers l'Orient du bouddhisme et de l'art dit gréco-bouddhique. En somme Pan Tch'ao a peut-être évité une rupture des routes de la soie.

Sa tâche est sans fin, les vassaux qu'il ramène dans le rang sont bien vite subvertis ou renversés par les Hiong-nou et l'ouvrage est à refaire. Ses efforts finissent pourtant par payer. Vers la fin du siècle, il a soumis le bassin du Tarim. Vingt ans plus tard, son fils Pan Yong devra en refaire la conquête et en chasser les indestructibles Hiong-nou.

L'Empire inaccessible

Pan Tch'ao mérite d'entrer dans l'histoire des routes de la soie à un autre titre ; non seulement il a assuré la route terrestre, mais il a manqué d'inaugurer aussi une route maritime jusqu'à Rome.

En effet, en 97, il envoie son lieutenant Gan Ying en ambassade au Ta-ts'in. Celui-ci arrive jusqu'à la « Grande Mer[1] ». Son idée est de naviguer jusqu'à Rome. L'histoire

1. On se demande si par « Grande Mer » on doit entendre la Caspienne, la Méditerranée ou même le golfe Persique. Une théorie veut que Gan Ying ait été dupe jusqu'au bout et que les Parthes l'aient conduit à l'emplacement de l'actuelle Bassorah en lui faisant croire

des Han postérieurs raconte les mésaventures du voyageur. Les Parthes possèdent, on l'a dit, le monopole des relations commerciales avec l'Empire romain, ils répandent tout un lot de balivernes effrayantes propres à décourager les audacieux qui tenteraient de se rendre chez le client, le Romain. C'est ce qui arrive à Gan Ying : « Les capitaines des navires, à la frontière occidentale du Ngan-si [la Perse] lui dirent que la mer était extrêmement étendue, et que pour effectuer le voyage aller et retour, il fallait trois mois avec vent favorable, et, si le vent était faible, deux ans environ. Ce pourquoi ceux qui s'embarquaient sur la mer prenaient des provisions de grain pour trois ans. Au long de la navigation, on est pris d'une nostalgie de plus en plus violente, et il n'est pas rare que l'on en meure. Entendant cela, Gan Ying renonça à sa résolution. » Après un long séjour en Perse, il retourne en Chine et laisse un rapport sur son expédition.

Ce que ce rapport ne dit pas, c'est que Gan Ying, jobard, pusillanime ou pris d'une inavouable peur de la mer, vient d'illustrer une autre grande loi des routes : les fausses informations dressent des barrières plus infranchissables que les déserts et les montagnes. Ce sont des légendes qui ouvrent les routes, ce sont aussi des légendes qui les ferment. Le lieutenant de Pan Tch'ao ignore que son voyage abandonné va devenir lui-même une légende : le grand ratage mythique, le fabuleux rendez-vous manqué sur lequel rêve quiconque écrit sur les routes de la soie.

Le dossier de Gan Ying est pourtant plaidable. Les choses voyagent de façon infiniment plus sûre et plus rapide que les connaissances. Un système compliqué mais presque spontané permet à des marchands aux mentalités fort éloignées les unes des autres de s'entendre sur un prix, sur un système de troc, bref d'échanger des informations utilitaires. Par contre, des connaissances beaucoup plus générales sur les peuples et contrées, sur le circuit des marchandises, sont arrêtées pendant des siècles

---

qu'il était au bord de la Méditerranée et que l'on pouvait joindre directement Rome par cette voie.

par des barrières invisibles. L'une d'elles est la désinformation volontaire. Gan Ying en a été victime. Le pouvoir des intermédiaires repose sur le secret qu'ils possèdent et sur tous les leurres dont ils savent l'entourer.

Autre enseignement de l'aventure de Gan Ying : la Chine cherchait depuis quelque temps à établir un contact direct avec Rome. Les Chinois étaient persuadés qu'il en était de même à l'autre bout du réseau : « Le roi du Ta-Ts'in désirait constamment envoyer des marchands chez les Han, mais les Parthes voulaient faire commerce de soieries chinoises avec lui. C'est pourquoi ils y faisaient obstacle et empêchaient toute communication. » Même si les textes chinois mentionnent çà et là le pays de Li-jien, Ta-Ts'in, la puissance parthe fait écran à tout lien direct entre Tch'ang-an et Rome. Et d'ailleurs, que se passe-t-il à cette autre extrémité du monde ?

L'autre Empire

À un moment quelconque, entre l'ambassade de Tchang K'ien et celle de Gan Ying, les Romains ont « découvert » la soie. Il y a une légende à ce propos. En 53 av. J.-C., les troupes de Crassus, consul et gouverneur de Syrie, ont franchi l'Euphrate et marché vers l'est. À Carrhes[1], elles ont rencontré la terrible cavalerie parthe et n'ont pas su résister mieux que les Chinois au choc des archers montés. Ce fut une des pires défaites de Rome : vingt mille morts, dix mille prisonniers. Une tradition veut que des légionnaires romains prisonniers des Parthes après la bataille se soient retrouvés en Chine (on montre même leur village ! Li Jien, qui reprend le plus ancien nom que les Chinois aient donné à Rome — il se trouve entre Kan-Sou et Lob-nor). Ces braves militaires auraient été les premiers Européens à vivre au pays des Sères après les jongleurs envoyés en cadeau par les Parthes !

C'est à l'occasion de la bataille de Carrhes que les

1. Aujourd'hui Harran, cette ville de l'ancienne Mésopotamie, est située sur le Chaboras, affluent de l'Euphrate.

Romains auraient vu pour la première fois de la soie. Certes, les Latins n'ignoraient pas (au moins par les Grecs) l'existence de cette matière, ni le nom du pays qui la produisait. Mais rares étaient les Occidentaux qui avaient eu l'occasion d'en voir.

Faut-il croire pour autant la légende des étendards de Carrhes ? Elle dit que les drapeaux de soie déployés par l'armée parthe auraient, par leur scintillement et leur bruit dans le vent, effrayé la cavalerie romaine. Ce serait la première contribution de la soie à la ruine de l'Empire romain ! En dépit de la guerre incessante que Rome mènera aux Parthes, avec les campagnes d'Auguste, de Trajan, d'Hadrien, de Marc Aurèle, de Septime Sévère, jamais les Romains ne franchiront l'obstacle ; jamais ils ne commerceront directement avec ces Sères sur lesquels ils rêveront tant.

La quête des chevaux célestes et la charge de la cavalerie parthe, l'ambassade de Tchang K'ien éblouissant les Barbares par un grand déballage de soieries, les légionnaires de Carrhes racontant à Rome leur terreur et leur surprise face aux étendards flamboyants... Ce sont, bien sûr, les clefs romanesques de l'ouverture des routes de la soie. Cette épopée a besoin de ces deux actes fondateurs, de ces deux préfaces légendaires. À partir de là, le reste de l'histoire est un long déchiffrement, un décodage malaisé, une laborieuse errance. L'histoire des routes apparaît comme celle d'une rencontre sans cesse repoussée, ponctuée de ratages. C'est ce qui distingue la soie des autres matières, ce qui fait que ni la route de l'ambre, ni la route de l'encens, ni celle du cuivre, ni celle des porcelaines n'auront jamais la même valeur métaphorique. Il y a un secret de la soie.

IV

Soie : secrets et pouvoirs

Le secret de la soie... Ce n'est pas une image romanesque, mais un fait historique. Un des secrets les plus durables de l'histoire : quatre mille ans.

Une affaire de quatre mille ans

Deux mille sept cents ans avant notre ère, le néolithique chinois produit la première soie d'élevage. De là aux soieries de Lucques et de Lyon, le chemin est long. La technique de fabrication ne circule jamais ni librement ni aisément. La graine de bombyx et l'art d'en faire du fil à tisser suivent toujours des voies détournées, souvent illicites.

Si la soie est connue à Rome au Ier siècle av. J.-C., le secret de son origine est alors loin d'avoir franchi la Grande Muraille. Des milliers de Chinois travaillent à cette production, mais les très efficientes douanes et polices du Céleste Empire interdisent au moindre ver bombyx mori de s'évader. Plusieurs siècles : c'est infiniment plus longtemps que FBI et CIA réunis n'ont pu enfermer dans quelques laboratoires les mystères de l'arme atomique. Et, une fois hors de Chine, la connaissance du secret pourtant recherchée ne se divulgue qu'avec une étonnante lenteur. On commence à produire de la soie à Byzance au VIe siècle, dans l'Espagne islamique au IXe, en Sicile, où la séricilculture est un fruit des croisades, au XIIe. Ajoutez encore un siècle pour franchir le détroit de Messine au temps des Vêpres siciliennes[1] et atteindre l'Italie. En tout, cela prend bien quatre millénaires. Quatre millénaires pour que deviennent totalement accessibles les trois clefs du secret : une information — il existe un ver du nom de bombyx mori, dont le cocon produit la soie —, un animal — le bombyx lui-même —, et une technique — tout l'art de la sériciculture. Et encore cette information reste-t-elle souvent affaire de techniciens. Au XIVe siècle, le voyageur marocain Ibn Batouta découvre la sériciculture chinoise avec des étonnements bien naïfs : « La soie est très abondante en Chine, car les vers qui la donnent s'attachent aux fruits, s'en nourrissent et ne demandent pas beaucoup de soin. »

Le mystère de la soie crée de belles légendes. Une des plus célèbres circule dans tout l'Extrême-Orient. Elle est rapportée par le pèlerin bouddhiste Hiuan-tsang[2], et figure dans l'histoire officielle des T'ang. Les Tibétains en ont une version nationale. La belle histoire est aussi représentée sur une fresque de Khotan, comme sur les parois de la Grotte des Cinq Royaumes à Touen-houang, un des lieux de mémoire des routes de la soie.

Peu avant le milieu du Ve siècle ap. J.-C.[3], le roi de Khotan désirait fabriquer de la soie. Il connaissait le principe de la sériciculture, mais il lui manquait le substrat, graines de mûriers et œufs de vers à soie. Leur exportation hors de Chine était interdite. Peine de mort pour les trafiquants. Les douaniers faisaient bonne garde : jamais contrebandier n'avait réussi à passer la moindre de ces choses minuscules. Le roi de Jusadanna (c'est-à-dire Khotan) demanda alors la main d'une princesse impériale. Hiuan-tsang raconte : « Le roi de Jusadanna ordonna à un envoyé d'aller chercher son épouse et il l'avertit en ces termes : “Dites à la princesse du Royaume de

1. En 1282, le massacre des Français de Sicile et le départ des Anjou provoque l'exil des tisserands de Palerme à Lucques.

2. Le pèlerin Hiuan-tsang (602-664), dont nous reparlerons plus loin, voyage sur les routes de la soie jusqu'en Inde.

3. Selon certaines versions, exactement en 420.

l'Est[1] que notre royaume n'a jamais possédé de soie et d'ouate, ni de mûriers ni de vers à soie. Il lui faut en apporter si elle veut se faire des vêtements." Après avoir entendu ces paroles, la jeune fille demanda en secret des graines de mûrier et des vers à soie et les disposa dans le rembourrage de sa coiffure. Quand elle arriva à la frontière, le chef des gardes inspecta partout mais n'osa pas examiner la coiffure de la princesse. Ainsi, elle parvint au royaume de Jusadanna. »

À Khotan on commence donc à planter des mûriers et à élever des vers à soie : la nouvelle reine fait graver dans la pierre un décret qui interdit de tuer les larves et commande de laisser s'envoler les papillons[2]. Les droits à la vie et la liberté d'envol des papillons sont très poétiquement et très formellement reconnus pour l'éternité.

La version tibétaine de cette histoire diffère quelque peu. Cette fois, la reine du Khotan, fille de l'empereur de Chine, élève des vers à soie de son propre chef. Les Khotanais, brutes ignorantes, prennent les vers pour de dangereux serpents : le roi ordonne leur destruction. La reine sauve pourtant quelques bombyx, réussit à les soigner en cachette, et même à fabriquer un peu de soie. Elle peut alors, triomphante, montrer à son époux le produit de son industrie clandestine. Il comprend quel trésor représentent pour son royaume ces prétendus serpents et ordonne de les protéger pour le plus grand profit de son peuple. Les souverains vécurent heureux et firent beaucoup de sériciculture.

Difficile, pourtant, de croire qu'il ait fallu deux mille cinq cents ans pour que le secret filtre en Asie centrale. En Inde, on signale la soie chinoise dès le IVe siècle av. J.-C. Le mot sanscrit employé à l'époque se référerait

1. Il n'est pas absolument certain que le royaume de l'Est soit la Chine, c'est cependant l'hypothèse la plus vraisemblable.

2. Ce détail laisse penser que le secret de la soie de très haute qualité est encore conservé en Chine — à savoir qu'il faut ébouillanter les cocons pour obtenir un fil long et régulier. Par contre, le fil obtenu avec les cocons percés est proche de celui que les Grecs obtenaient dans l'île de Cos.

à la sécrétion d'un insecte, indice que les Indiens connaissaient déjà l'origine du tissu.

La route de Byzance

Seconde étape décisive : le passage de l'Asie centrale à Byzance. D'où un autre récit qui comporte autant de romanesque et de variantes que celui du chignon de la princesse. L'aventure se déroule au Ve siècle. C'est un grand épisode de l'histoire de l'espionnage industriel. Byzance supporte de plus en plus mal le monopole de ses ennemis perses sur la soie-matière première. Toujours la question de la puissance intermédiaire. Les Byzantins travaillent la soie et la consomment d'abondance, car l'économie de l'État en dépend, mais ils n'ont pas accès à la source. Il leur faut à tout prix contourner l'obstacle de la Perse sassanide et s'emparer du secret de la production, fût-ce par l'espionnage. Cette guerre de l'ombre connaît son apogée sous Justinien[1].

L'empereur a fait venir en fraude du Khotan à Constantinople des œufs de bombyx. Premier succès sans lendemain : les Byzantins ne réussissent pas à élever les vers.

Qui donc parviendra à importer à la fois les œufs et les techniques de production ? Selon les versions, ce seraient des moines nestoriens, ou bouddhistes, ou encore un certain Parsi, un Perse venu du pays des Sères. Les fameuses graines franchissent les frontières, non plus dans le chignon d'une belle mais dans le bâton creux d'un pèlerin.

Dans sa *Guerre des Goths*, Procope de Césarée, historien contemporain des événements, en témoigne. À la cour de Justinien, des moines venus de l'Inde se vantent de posséder le secret et de pouvoir le révéler à l'empereur. La proposition ne saurait mieux tomber : le monarque veut faire cesser les importations de soie ruineuses. Le fameux secret, disent les moines, provient du pays de Serinda. L'empereur les presse de questions et

1. Justinien (482-565) à qui l'on doit aussi les grands monuments byzantins.

eux d'expliquer « que la soie était produite par certains vers à qui la nature avait enseigné cet art et qu'elle contraignait à travailler ; ils ajoutèrent qu'il était impossible de faire venir des vers vivants, mais qu'il était très facile et très aisé de les produire ; que la graine de ces vers était constituée par une multitude d'œufs ; longtemps après la ponte, les gens recouvraient ces œufs de fumier en les chauffant pendant un laps de temps suffisant et provoquaient ainsi la naissance des animaux ».

Après avoir écouté les moines, l'empereur leur promet de grandes faveurs ; il les engage comme agents secrets. Ils retournent donc à Serinda, réussissent dans leur mission et rapportent à Constantinople (peut-être dans le fameux bâton truqué) des œufs, enfin ! Ils enseignent la façon de les élever aux Byzantins... et c'est depuis lors qu'ils ont de la soie en abondance, dit la tradition.

Secret de la soie, secret du bombyx, secret du mûrier, peu importe quel fut l'élément décisif, comment, quand, où il transita. Ce qui compte, c'est qu'il y ait un secret et plus important peut-être un mythe du secret. L'idée, apparemment moderne, que la possession de la technologie est synonyme de la puissance se trouve déjà illustrée par l'histoire de la soie. Rois et empereurs pensent — et pas tout à fait à tort — que détenir une certaine graine et un certain savoir change la fortune d'un peuple.

Empereurs et mythes des origines

Secret, désinformation volontaire et légende s'entremêlent. S'il y a de belles histoires sur la quête du secret, il en est de plus belles sur la soie elle-même, de plus anciennes et de plus profondes.

Déjà, chez les Chinois, l'apparition du premier fil engendre des récits où se rencontrent toutes sortes de thèmes. Pareille découverte est une affaire grave, une sorte d'acte fondateur : avec le simple tissu, les hommes acquièrent bien d'autres savoirs fondamentaux. Et tout cela remonte, comme il se doit, aux empereurs mythiques.

Peut-être Fou-hi à la queue de serpent a-t-il déjà fabriqué des vêtements de soie, peut-être a-t-il usé de cordes de soie pour ses instruments de musique ? À Shénong l'Agriculteur on prête un autre rôle important : il a développé la culture du mûrier et accessoirement celle du chanvre.

La soie a aussi sa sainte patronne, Xi-ling[1]. Son époux Houang-ti, l'Empereur jaune du IIIe millénaire, serait l'inventeur de l'écriture chinoise : ainsi, les piliers de la civilisation du Céleste Empire seraient l'œuvre d'un unique couple impérial. Xi-ling aurait découvert par pure chance comment un cocon peut se dévider en un fil merveilleux : un jour, cette impératrice passe sous un mûrier dans un des jardins impériaux, elle y recueille comme distraitement un cocon de ver à soie. Plus tard, prenant le thé, toujours par inadvertance, elle fait tomber le cocon dans l'eau bouillante et en retire le long fil dont elle comprend le merveilleux pouvoir[2].

Enfin, non contente d'attribuer la découverte de la soie à de grands souverains, la mythologie chinoise lui a donné une déesse protectrice. la fille Ver-à-soie, surnommée également la femme à la tête de cheval.

Il était une fois une jeune fille dont le père avait été enlevé par des brigands. Le jour de sa disparition, son étalon rentra seul. La fille du prisonnier se lamentait et seuls la consolaient les soins qu'elle donnait à l'animal. La mère de la jeune fille promit alors sa main à l'audacieux qui serait capable de délivrer son père. Nul jeune homme n'y réussit. Un jour, l'étalon s'enfuit et revint, monté par le prisonnier. Tout semblait rentré dans l'ordre, mais l'étalon devenait ombrageux, il ne cessait de hennir en une horrible plainte. Le maître, qui lui devait pourtant la liberté, se mit en colère, tua et écorcha l'animal. Un jour qu'elle passait près de la dépouille en train de

1. Elle porte parfois le nom de Lei Tsou.

2. Les dates de Xi Ling coïncident à peu près avec les dates réelles de la sériciculture en Chine. On a émis l'hypothèse que l'impératrice avait découvert la chenille de bombyx dans la province de Chantoung, que les Chinois venaient de conquérir.

sécher, la jeune fille sentit un vent brusque. Son souffle l'enveloppa dans la peau morte et l'emporta dans les airs. Plus tard, sur un mûrier, on retrouva la jeune fille métamorphosée en chenille à soie. Le jour où elle abandonna son cocon, elle apparut sur le cheval auquel avaient poussé des ailes. La fille Ver-à-soie révéla aux humains l'art de la sériciculture et disparut dans les cieux sur sa monture. Depuis, éleveurs et tisserands prient la fille Ver-à-soie.

La laine des arbres

Ces histoires chinoises n'ont pas voyagé aussi loin que la soie elle-même. Ce n'était pas nécessaire. Les clients se sont inventé leurs propres fables. Ils ont conçu des mystères à la mesure de leur ignorance.

Les Grecs n'ont pas été loin de deviner la vérité ; Aristote évoque un grand ver à cornes qui s'entoure d'un cocon ; il sait que les femmes filent ce cocon, mais il parle de la soie sauvage[1] de l'île de Cos. Pendant l'Antiquité, personne ne songe à faire le rapprochement entre cette bombycine ou soie sauvage assez brute et le très arachnéen fil du pays des Sères. Au contraire, sur la base de rumeurs mal interprétées, tout le monde croit la soie d'origine végétale et la considère comme une sorte de laine d'arbre[2]. Ainsi dans les *Géorgiques*, Virgile décrit les fines toisons que l'on enlève avec un peigne des feuilles d'un arbre particulier. Rationalisant, Strabon attribue la croissance de cette laine à la chaleur du climat oriental et à son humidité. Pline l'Ancien résume les croyances répandues à Rome au Ier siècle, à une époque où déjà la soie est devenue un produit certes luxueux

---

1. La soie sauvage peut être produite par des bombyx autres que ceux du mûrier ; leurs graines ne se prêtent pas à l'élevage.

2. La légende de l'arbre à soie durera fort longtemps. Le *Livre du trésor* de Brunetto Latini écrit vers 1262 (et en français, bien que son auteur fût florentin) connut un vaste succès à cause des curiosités dont il est empli : l'arbre à soie y figure encore.

mais fréquent : « Les Sères sont célèbres par la laine de leur forêt. Ils détachent le duvet blanc des feuilles en l'arrosant d'eau, et ainsi les femmes accomplissent la double tâche de dévider les fils et de les retisser. C'est par un travail si compliqué qu'on obtient d'une contrée si lointaine ce qui permet à une dame de paraître en robe transparente[1]. » Pline explique que les Sères, qu'il dit pourtant si « policés », soient si mal connus — « Ils fuient la société des autres hommes et attendent que le commerce vienne à eux. » En outre, leur lointaine contrée est d'accès fort difficile, elle est voisine de déserts, de pays rendus inhabitables par les neiges ou encore de peuples sauvages, dont les « Scythes anthropophages ».

Au IIe siècle, le géographe grec Pausanias approche davantage la solution de l'énigme : « Quant aux fils dont les Sères font leurs vêtements, ils ne proviennent pas d'une écorce, mais ils ont une origine différente que voici. Il existe dans leur pays un petit animal, que les Grecs appellent ser, mais auquel les Sères eux-mêmes donnent un autre nom ; la grandeur de cet animal est double de celle du grand scarabée ; pour le reste, il ressemble aux araignées qui font leurs toiles sur les arbres, et il a huit pattes comme les araignées. Les Sères élèvent ces animaux en leur construisant des cages appropriées à la température de l'hiver et de l'été ; et le travail de ces animaux est une fine trame qui se trouve autour de leurs pattes[2]. »

Bref, la nature de la soie est aussi mal comprise que le pays qui lui emprunte son nom. Bien qu'en Chine des

1. *Histoire naturelle*, VI, 54 (Éd. Belles Lettres).

2. Pour obtenir un vrai beau fil de soie qui peut mesurer des centaines de mètres d'un seul tenant, il faut toute une série d'opérations dont l'ensemble constitue le véritable secret. Pendant des siècles, seuls les Chinois ont maîtrisé chacune des phases : sélection et culture des différentes sortes de mûriers, sélection du bombyx mori entre tous les vers qui produisent un cocon filable, stockage des œufs à bonne température, programmation de leur éclosion, nourriture des vers sur claies, chauffage et protection pendant que le ver file son cocon, séparation des cocons destinés à la reproduction, décreusage à l'eau bouillante ou à la vapeur, conservation des cocons après étouffement de la chrysalide et enfin dévidage.

provinces entières aient participé à cette activité et en aient vécu, bien que l'importation de la soie par Rome à son apogée ait représenté un volume énorme, et financier et matériel, bien qu'il y ait eu une immense curiosité des Romains à l'égard des Sères, rien ne filtre. Pareil mystère est à la mesure du pouvoir de la soie.

Le pouvoir de la soie

La soie n'est pas un simple produit de luxe, pas seulement une curiosité dont raffolent les Romains de l'Empire, c'est une révolution culturelle. Avec la soie naissent deux phénomènes qui seront désormais inséparables de l'histoire de l'Occident : l'exotisme et la mode. Le goût des choses lointaines et celui des choses nouvelles semblent très futiles. Pourtant, quand ils pénètrent l'esprit du temps, ils changent l'histoire, celle de l'économie et celle des comportements.

L'exotisme ? Les Romains le découvrent avec ce tissu léger dont l'attrait réside en grande partie dans son origine lointaine et mystérieuse. La soie a certes une fonction somptuaire, mais c'est aussi un capital — et si l'on sait qu'à certaines périodes elle valait exactement son poids en or, on comprend quelle dépense cela pouvait représenter. Quand Lucain veut montrer de quel étalage de luxe, de quelle somptuosité était capable Cléopâtre, il raconte qu'au cours d'un mémorable banquet, l'Égyptienne se montra à ses hôtes vêtue de soie. Dans la psychologie collective, la soie bénéficie de toutes les connotations d'un Orient fabuleux. Ainsi, dans ce nouveau chapitre de l'histoire universelle, celui du goût, l'exotisme est une donnée économique et psychologique déterminante. L'histoire des routes de la soie, première voie culturelle et commerciale majeure, en est la meilleure preuve.

Vérifions-le à l'autre bout du monde, au point terminal. Au Japon, à Nara, se trouvent à la fois le conservatoire des routes de la soie et la plus exotique illustration de l'idée d'exotisme : le Shoso-in. Ce pavillon construit à la mort de l'empereur Shomou (en 756) abrite sa collection, des trésors, pour la plupart des dons faits au temple de Todaiji. Les œuvres d'art aimées par l'empereur ont transité par la Chine[1]. Nombre des pièces ont été réalisées là-bas avec des matériaux parvenus par la route océanique : ivoire et corne de rhinocéros d'Inde, bois tropicaux, perles, carapaces de tortues, essences d'Indochine, pièces de métallurgie perses ou sogdiennes. Les objets choisis par l'empereur Shomou reflètent ses inclinations individuelles, son intérêt pour les styles étrangers. Ce modèle eut un impact considérable sur la société japonaise en y répandant la vogue des arts du dehors, goût de cour d'abord qui se vulgarisa rapidement et toucha toute la société nippone.

Même sous leur forme la plus concrète — transport et négoce de matériaux précieux — les routes de la soie ne se réduisent pas à leur dimension matérielle. Elles sont aussi affaire de désir. Pas de marchandise qui n'ait autant valeur de rêve. Ce qui lance des caravanes à travers les déserts ou les navires sur les océans, c'est aussi cela : un inépuisable appétit de beauté et d'étrangeté.

Avec l'exotisme et son exploitation marchande, les règles du jeu changent. Le client cherche ce qui vient de loin. La collection d'art commence à Rome. Tel Pompéien détient une statuette indienne en ivoire, tel citoyen conserve précieusement un bronze chinois de la période des Royaumes combattants[2]. Les marchandises sont investies de cette « valeur ajoutée » qu'y projettent les hommes. L'histoire économique des routes de la soie serait incomplète hors de cette dimension. C'est vrai tout au cours des siècles. Ainsi, de la façon dont toutes les

1. Le bâtiment lui-même, dont l'ingénieuse structure de bois réagit aux changements de temps, assure depuis treize siècles aux objets délicats une conservation d'une qualité inégalée.

2. Royaumes combattants : 475-221 av. J.-C. Les exemples que nous citons ne sont pas imaginaires. On a retrouvé des bronzes chinois de cette époque aussi bien dans le jardin d'une maison romaine qu'à Canterbury où il aurait été apporté par un fonctionnaire romain. Ces « collections » d'objets orientaux datent du Ier ou du IIe siècle.

idées de volupté, de rareté, d'étrangeté liées à la soie en expliquent le succès dans l'Empire romain et au-delà ; comment les fabricants chinois produisent des céramiques conformes aux critères d'une clientèle européenne éprise d'Orient ; comment les artisans chinois tissent des soieries ornées de caractères arabes et que l'on retrouvera en Égypte[1].

Modes et tabous

L'autre aspect de cette révolution culturelle est l'invention de la mode. Par mode, il faut entendre non seulement l'imitation des habitudes des classes supérieures (et en particulier de leurs vêtements), mais aussi quelque chose de nouveau et qui est justement la nouveauté. Pour qu'il y ait mode, il faut que, soudain, un objet, un comportement deviennent désirables, qu'ils soient assez rares pour être signes de prestige, assez accessibles pour devenir des modèles possibles. Il faut une imprévisible contagion née de la rencontre de milliers de fantaisies. La mode telle que nous la définissons, sorte de compromis entre imitation et désir de se distinguer, n'existe que là où il y a changement, innovation. Rareté (relative) des choses et liberté (apparente) des consommateurs. Et c'est encore ce qu'introduit la soie : le changement du goût. Il faudrait donc faire remonter l'invention de la mode plus loin que le Moyen Âge, comme on l'avait fait jusqu'ici, à l'apparition de la soie[2].

Une des premières occasions où la chronique signale la présence de ce nouveau tissu est un triomphe de Jules César : un dais de soie, magnificence incroyable pour l'époque, marque le caractère exceptionnel de la cérémonie. Une tunique toute de soie demeure longtemps une somptuosité impensable. Il faut attendre Élagabal,

---

1. Voir par exemple le tissu damassé XIIIe-XIVe siècle découvert dans la nécropole d'Al-Azam en Égypte.

2. Notamment *L'Empire de l'éphémère*, de Gilles Lipovetsky, Gallimard, 1987.

au début du IIIe siècle, pour qu'un empereur se vête entièrement de soie. Encore s'agit-il d'un César de la décadence dont les excentricités et la luxure choquent ses contemporains pourtant blasés. La vogue de la soie progresse, non sans susciter des résistances : en l'an 16 ap. J.-C., le Sénat interdit le port de vêtements de soie aux hommes. Cette étoffe est donc d'abord féminine. Il est honteux qu'un citoyen en porte, ambigu qu'il se confonde ainsi avec l'autre sexe, obscène qu'il joue de la fausse nudité et de la transparence comme une courtisane, grotesque qu'il s'entiche de pareils chiffons, s'indignent les vertueux. Mais il y aura bien des adoucissements à l'interdit.

La civilisation islamique connaît le même phénomène. Le Coran dit que l'homme qui se vêt de soie ne pénétrera pas au Paradis d'Allah et pourtant, dès le califat abbasside, les riches et les puissants étalent leur somptuosité en multipliant les robes de soie. Au XVIe siècle, Soliman le Magnifique se vêtira de coton et proscrira les habits de soie, les broderies d'argent et d'or, mais, au lendemain de sa mort, tout ce luxe réapparaîtra.

En Chine, un code très strict détermine quel vêtement convient à tel rang et réglemente le port de la soie, avant qu'il ne se banalise. Au Siam, on trouve trace de règles réservant les vêtements de soie à l'aristocratie, mais c'est un privilège qui lui est disputé…

Bref, on connaît des exemples de civilisations qui ont entouré la soie d'interdits religieux ou de prohibitions légales et sociales. La différence est qu'à Rome, pour la première fois de l'histoire, se développe le scénario du « lancement » d'une mode à l'état pur : une innovation apparaît, une élite sociale s'en empare, bientôt on rivalise pour l'imiter (on se ruine même), les « conservateurs » protestent, ils sont finalement vaincus. Et leurs arguments sont toujours les mêmes : la nouvelle mode est futile, dispendieuse, corruptrice.

À Rome, la soie, si sensuelle, se fait séduction et féminité. Mode, luxe et plaisir sont intimement liés. Les belles Romaines aux fards et aux parfums venus d'Orient font assaut d'audace dans la légèreté et la transparence des tissus, les patriciennes se complaisent à ce contact frais et caressant, les élégantes savent dévoiler la forme d'un corps dans un mouvement : toutes ces scènes font partie de l'imaginaire de la décadence romaine. « Je vois des vêtements de soie, s'il faut appeler vêtements des tissus dans lesquels il n'y a rien qui puisse protéger le corps, ni seulement la pudeur… Même à leurs amants nos dames ne montrent pas plus d'elles-mêmes dans leur chambre qu'en public », s'indigne Sénèque dans le *De beneficii.*

Que devient Rome, se plaint l'empereur Tibère ? Elle fait venir des tissus de l'autre bout du monde pour que l'un et l'autre sexes ne se distinguent même plus ! L'empereur est, de surcroît, bien placé pour savoir ce que cela coûte à l'État. L'hémorragie de devises provoquée par ces importations est d'une ampleur mal évaluée. Faut-il croire aux cent millions de sesterces annuels de déficit monétaire causé par la soie et que dénonce Pline ? Suivre Gibbon[1] pour qui la fuite de métaux précieux a contribué au déclin et à la chute de l'Empire romain ? Conclure que la soie, après avoir ouvert la Chine au monde, eut aussi le singulier pouvoir de faire tomber Rome ? Ce serait du romantisme économique. Pourtant…

Pourtant, les archéologues qui suivent ces indices ténus que sont les monnaies romaines en retrouvent tout au long des routes de la soie[2]. Les fouilles confirment l'importance énorme des mouvements de métaux précieux et les pertes que subissait Rome. Tout au long des réseaux marchands, les sesterces romains sont appréciés en fonction de critères très stricts. Selon la date de leur émission et leur taux de métal, ils sont évalués à leur valeur nominale ou à leur valeur-métal. Bref, l'équivalent d'une bourse invisible qui fonctionne de façon empirique mais sûre.

1. Edward Gibbon publia, entre 1776 et 1788, *Histoire du déclin et de la chute de l'Empire romain*, Robert Laffont, coll. « Bouquins », 1983.
2. C'est en particulier le cas en Inde.

L'étalon soie

Si la soie est un signe, elle est aussi le signe de l'échange par excellence : elle devient elle-même monnaie. En Chine, on paye les impôts en soie, on commerce avec des rouleaux de soie, on compte la fortune en soie. Mais sa valeur change énormément au cours des siècles. Sous les Tcheou (entre le XIe et le IIIe siècle av. J.-C.), elle s'impose comme valeur monétaire : il faut, dit-on, jusqu'à cinq esclaves et un cheval pour un écheveau de soie. Sous les Han, les fonctionnaires sont payés en rouleaux de soie. Sous les T'ang, elle reste le symbole par excellence du superflu et quand un poète du nom de Tou Fou, au VIIIe siècle, veut opposer la misère du peuple à la débauche de la cour, il écrit :

À la cour on distribue des rouleaux de soie
que les femmes pauvres ont tissés
pour les leur arracher et les offrir à l'Empereur
on fait battre de verges leur mari.

Porter soieries est d'abord un privilège impérial, avant de devenir accessible à tous. À certaines périodes, la soie devient un produit idéal pour l'exportation qui permet une énorme plus-value. C'est un moyen non seulement de garder les métaux précieux en Chine mais aussi de s'en procurer à bon compte, surtout de l'argent, plus prisé que l'or.

La soie, comme valeur de capitalisation et d'échange, joue donc un rôle très supérieur à celui de sa valeur d'usage. C'est pourquoi, dans tant de pays, les cycles d'importation et de production du tissu sont d'une telle conséquence économique et politique. À Byzance, la soie fait l'objet d'un monopole impérial, tout ce qui la touche est réglementé : les professions, les ateliers d'État dits gynécées car ce sont surtout des femmes qui y travaillent, et, bien sûr, les douanes. Les fonctionnaires chargés des contrôles portent les beaux noms de comtes des Largesses et de comtes du Commerce. Avec la soie, avec tout ce système de manufactures d'État, contrôle des prix et incitations,

Byzance découvre la bureaucratie et l'économie dirigiste. Comme la fabrication du tissu se combine avec sa teinture, et donc avec l'usage du pourpre, produit précieux entre tous, l'État doit protéger ses monopoles : peine de mort pour la fabrication de certaines teintes, graves sanctions pour qui débaucherait le personnel des gynécées ou aiderait les ouvriers à fuir. Crise, chômage, répression, etc., voilà de singuliers résultats pour ce qui paraissait d'abord une tocade des élégantes. Face à de tels enjeux, le pouvoir politique ne néglige aucun effort : il recherche le secret. Mais la mise en place d'une sériciculture rentable est très longue, Byzance doit donc trouver d'autres alliances, d'autres routes. Justin Ier et Justinien négocient avec l'Éthiopie pour ouvrir une voie par l'Inde.

Une autre route

Procope de Césarée démontre le rôle géopolitique de la soie. Vers 531, Justinien mande des ambassadeurs à deux souverains chrétiens : le roi d'Éthiopie et le roi d'Himyar (territoire qui correspond à l'actuel Yémen et qui était alors un royaume chrétien). Justinien leur demande de servir d'intermédiaires avec l'Inde. Malgré leurs promesses, les deux monarques ne peuvent satisfaire l'empereur romain d'Orient : « Les Éthiopiens, dit Procope, ne pouvaient acheter de la soie aux Indiens, car les marchands perses s'installaient toujours aux ports où accostaient les navires indiens (ils vivent dans un pays voisin) et ils avaient coutume d'acheter leurs cargaisons entières. Quant aux Himyarites, il leur semblait difficile de traverser un pays qui était un désert et si grand que sa traversée était un long voyage, comme de s'opposer à un peuple bien plus guerrier qu'eux-mêmes. »

Il ne reste plus qu'à découvrir une autre route. Sous Justin II arrive d'Asie centrale un marchand étranger, un certain Maniakh, un Sogdien, ambassadeur des Turcs. Il porte un message d'un royaume lointain. Ce message suggère une alliance militaire inattendue. Une occasion d'en finir avec l'ennemi héréditaire, les Perses, occasion offerte bizarrement par un marchand que les circonstances transforment en diplomate. Ce marchand diplomate devient un des personnages les plus importants de l'épopée des routes de la soie. L'histoire se jouant sur des rencontres aussi hasardeuses : voilà un scénario surprenant mais qui se répète maintes fois dans la saga des routes de la soie.

Maniakh et ses compatriotes ont d'abord tenté d'écouler de la soie à la cour de Perse. Le Chah a reçu les marchands sogdiens, et acheté les étoffes qu'ils lui proposaient avant de les faire brûler devant eux pour les humilier. Après cet échec, Maniakh se met au service des Turcs, qui forment alors un conglomérat de tribus en Asie centrale et commencent à peine à prendre conscience de leur puissance montante. Voilà un peuple presque inconnu dont les Byzantins découvrent l'existence et dont ils ne soupçonnent pas quel rendez-vous final il leur fixera neuf siècles plus tard : leurs descendants prendront Constantinople en 1453. Sur le plan diplomatique, les résultats ne sont pas extraordinaires, même si une ambassade byzantine repart chez les Turcs. Par contre, les conséquences commerciales sont des plus importantes. Maniakh vient tout bonnement d'ouvrir une nouvelle route par la mer Noire et le nord de la Caspienne. Une route Sogdiane-Byzance, ou Samarcande-Constantinople. Pour être très exact, il faudrait dire Afrasyab-Constantinople puisque Afrasyab est le nom sogdien de la ville.

Maniakh ouvre non seulement une route mais lève un peu du voile qui couvre l'Asie centrale des Sogdiens. Cousins des peuples indo-européens, ils sont fixés à l'est de l'Oxus à l'époque de Pan Tch'ao. Ils ont alors affirmé leur indépendance face à des voisins infiniment plus puissants politiquement et militairement, Kouchan, Perses ou hordes nomades. Les atouts des Sogdiens sont leur habileté au négoce et à la diplomatie. Jusqu'à la conquête arabe, ils gardent un réseau serré de comptoirs, et se répandent sur toutes les routes de la soie. Les historiens aiment à les comparer aux Vénitiens.

Dans de nombreuses villes chinoises, jusqu'à Canton

où on les trouve installés dès le IIIe siècle, les Sogdiens ont des colonies. Ils y parviennent aussi bien par les voies maritimes que terrestres, achetant ici, revendant là. Mais, avec leurs ballots, ils transportent aussi les savoirs. Ils sont confirmés dans leur rôle de peuple intermédiaire par excellence grâce à leur omniprésence et à leur intelligence, mais aussi parce que leur langue et leur écriture deviennent vite celles de l'échange, *lingua franca*. Tolérant toutes les religions, ils en sont les grands diffuseurs : les vecteurs du bouddhisme, du zoroastrisme, du manichéisme, et même du nestorianisme.

Samarcande/Afrasyab est devenue non seulement le symbole des routes de la soie, mais aussi leur ville-poème, celle qui recueille tous les rêves et inspire toutes les évocations. Elle hérite ce singulier pouvoir de l'antique Maracanda d'Alexandre, d'Afrasyab le légendaire empereur des steppes qui la fonda, mais peut-être aussi de tous les anonymes, marchands, voyageurs, ambassadeurs, venus du monde entier, qui y ont laissé leurs empreintes. Ils y ont apporté des croyances, des rumeurs, des histoires, des savoirs. Ils en sont repartis plus riches. Il existe une image de cette ville dynamique et cosmopolite : la grande fresque des ambassadeurs. On y voit des animaux exotiques, des produits rares, des vêtements étrangers, des physionomies diverses, des émissaires de royaumes lointains, parmi eux des Coréens. Cette fresque subsiste toujours à Samarcande comme pour rappeler la grandeur des Sogdiens.

Route de la soie : route de l'écrit

Par la route de l'Asie centrale, parvient une autre matière, un autre don de l'empire du Milieu, un autre secret : le papier.

En Chine, après les livres d'os ou d'écaille de tortue liés, après les tablettes de bois et de bambou, les rouleaux de soie étaient apparus comme une variété supérieure du livre. Et ils se prêtaient à une si belle calligraphie au pinceau ! Mais le papier avait pour lui l'atout et le handicap de sa modestie.

Il fut inventé bien après la soie, à laquelle il est lié[1]. Son histoire est mieux connue. Peu de légendes entourent ce nouveau matériau, produit de l'histoire et non des temps mythiques. Dès le règne de Che Houang-ti (220-210 av. J.-C.), des artisans auraient su fabriquer du papier[2]. Il serait apparu dans les provinces du Sud avant de se répandre dans toute la Chine et même au-delà[3]. Mais le grand codificateur, celui qui met la fabrication du papier sous la coupe de l'administration impériale, celui qui donne au papier ses lettres de noblesse, naît seulement en 65 ap. J.-C. Cai Lun est issu d'une famille paysanne du Hunan, il entre à la cour comme eunuque, s'y distingue, consacre ses deux jours de loisirs hebdomadaires à ses propres travaux : des recherches sur le papier. Il en est récompensé, l'empereur lui accorde le titre de marquis. Pour la postérité, le « dieu des papetiers », le marquis Ts'ai, reste un personnage historique.

Pas d'empereur mythique, pas de révélation divine ; des faits terre à terre. Le papier est un produit utilitaire, un simple support. Autant la soie évoque richesse et luxe, autant le papier ne se justifie que par sa facilité de production. Il est souple, bon marché, et peut même être solide[4]. Pendant presque dix siècles, son secret est confiné à l'intérieur de la Grande Muraille. Le papier ne semble exporté que tardivement et sans que cela provoque grande émotion. Est-il même beaucoup exporté ? Il apparaît à la cour des Sassanides, Chosroès II se fait livrer du papier parfumé à l'eau de rose. Le calife Omar

---

1. Le caractère chinois qui désigne le papier se réfère à la soie. En outre les premiers papiers furent faits avec du chiffon de soie et de l'écorce de mûrier.

2. Selon certains chercheurs orientaux ; pour d'autres, l'invention du papier ne daterait que du Ier siècle av. J.-C.

3. Un échantillon daté du Ier siècle avant notre ère a été découvert dans l'actuelle Mongolie.

4. Les premiers papiers étaient des papiers chiffons, les plus beaux étaient fabriqués à partir de la bourre de soie.

s'en sert à La Mecque aux environs de 650. Mais son utilisation ne semble vraiment généralisée qu'en Chine et en ses régions proches.

En 751, la bataille de Talas oppose l'empire du Milieu aux Arabes et met fin aux prétentions chinoises sur l'Asie centrale au profit du monde islamique. Mais cette bataille, d'une importance immense (et qu'ignorent superbement nos livres d'histoire), entraîne des conséquences sur la circulation des techniques. Les vainqueurs ramènent avec eux des artisans, sériciculteurs mais aussi papetiers. Dans un premier temps des ateliers sont installés à Samarcande. Bientôt, cette industrie fonctionne à Bagdad et dans tout le califat. C'est le chemin du papier.

Avant Gutenberg : l'imprimerie

Qui dit papier dit livre et, bien sûr, imprimerie. Un support relativement bon marché et très malléable qui se prête par excellence à la reproduction mécanique. Elle est lithographique, xylographique d'abord, en attendant les caractères mobiles. La gravure sur papier des stèles confucéennes en 175, premier exemple d'impression, succède à la codification de la fabrication du papier en 105. À partir de là, les usages, les techniques se diversifient. Les papiers vulgaires sont utilisés pour les courriers éphémères ou les reproductions xylographiques bon marché (les pèlerins aiment ces souvenirs de lieux vénérés).

Il n'y a plus qu'à inventer les caractères mobiles pour que naisse l'imprimerie. C'est l'œuvre de Pin Cheng, forgeron alchimiste, peu avant le milieu du XIe siècle. Quatre siècles plus tard, à l'autre bout du continent, un orfèvre allemand « invente » l'imprimerie. Le papier, humble concurrent et parfois sous-produit de la soie, a pour principal mérite d'être aisément disponible. Il est adapté à la nature de l'imprimerie : conserver, reproduire commodément et autant que l'on veut ce qui a été écrit une fois.

Et encore ce bouleversement induit par le papier se produit-il avec beaucoup moins de pompe que celui provoqué par la soie. Le chemin que prend le papier pour atteindre l'Europe est, certes, infiniment moins long que celui de la soie, mais les obstacles qu'il rencontre sont autres. Frédéric II Hohenstaufen en interdit l'usage pour les actes publics. Avant lui, le roi Roger de Sicile (l'homme qui introduisit la sériciculture dans son royaume et pour lequel l'immense savant que fut al-Idrisi rédigea un des plus grands atlas) ordonna que l'on recopiât sur parchemin les actes officiels écrits sur papier et que ces derniers fussent détruits. Soupçonné d'être périssable et vulgaire, le papier doit vaincre des préjugés, sans parler des résistances que soulève l'imprimerie même. Les attitudes mentales face aux innovations jouent ici un rôle fondamental. Ainsi, une des raisons de l'attachement des Chinois à la xylographie est leur goût des beaux caractères. Par contre, au début du XVe siècle, un roi coréen subventionne sur le trésor du palais la fonte de cent mille caractères et définit une politique des « Lumières » en ces termes : « Pour gouverner il faut répandre la connaissance des lois et des livres de façon à remplir la raison et à rendre droit le cœur des hommes : de la sorte, on réalisera l'ordre et la paix. Notre pays est situé à l'Orient, au-delà de la mer, aussi les livres de la Chine y sont rares. Les planches gravées s'usent facilement, de plus il est difficile de graver tous les livres de l'Univers. Je veux qu'avec du cuivre on fabrique des caractères qui serviront pour l'impression de façon à étendre la diffusion des livres : ce sera un avantage sans limite[1]. »

Non seulement les routes de la soie sont le chemin par lequel circule le papier, non seulement elles sont le chemin de la quête des livres[2], mais elles abritent aussi, sur certaines de leurs étapes, une fabuleuse bibliothèque. La découverte au début du siècle de milliers de manuscrits et livres est pour la connaissance des routes de la soie aussi importante que celles de Champollion en égyptologie.

---

1. Nous empruntons cette citation et bien des informations précédentes à Lucien Febvre et Henri-Jean Martin in *L'Apparition du livre*, Albin Michel, coll. « L'Évolution de l'humanité », 1971.

2. Nous verrons, en particulier, quel énorme événement culturel fut la recherche des textes bouddhiques originaux par les pèlerins.

Les idées et leurs supports sont toujours la principale marchandise qui s'importe et s'exporte sur le grand vecteur eurasien. Pour nous, bien plus que les traces physiques que recueille l'archéologue, c'est l'écrit qui raconte, fait et mythifie les routes.

Le papier, dès son apparition, conserve les plus précieux témoignages des routes de la soie. Parfois il est information éphémère et quotidienne, support de missives publiques mais aussi privées. On apprend beaucoup par un paquet de lettres que des Sogdiens résidant en Chine adressent à leur famille et à leurs patrons de Samarcande. Plaintes, nostalgie des solitaires, affolement parfois : que faire, quelles instructions ? Ces appels d'anonymes exilés étaient emportés par les caravanes, deux fois l'an. Parfois le courrier était interrompu ; ordre impérial, négligence d'un employé, qui sait ? Dix-huit siècles plus tard, les archéologues ont retrouvé ces lettres, les premières écrites sur papier, dans une tour de garde de la Grande Muraille, près de Touen-houang[1].

Il semble que sur cette fraction de la route, il se soit fait une consommation exceptionnelle de papier et une grande débauche d'écriture. Ne serait-ce qu'à en juger à la quantité de textes découverts. Dans une grotte de Touen-houang même, on en trouva par milliers, dont de nombreux textes en écriture sogdienne. La plupart de ces rouleaux sont écrits sur papier chinois, concurrencé par le cuir, l'écorce de bouleau et bien sûr la soie (support des écrits d'importance).

Enfin, parmi ces textes découverts dans des conditions assez rocambolesques par les archéologues Stein et Pelliot, il y a le plus ancien livre imprimé connu : il a été édité très exactement le 11 mai 868[2]. Autre exemple du

1. Le désert du Taklamakan, par son climat, est l'un des meilleurs conservatoires au monde pour le papier.

2. Ce livre est en effet daté. De surcroît, il s'agit du soutra du Diamant, un texte dont la quête devait fournir à l'histoire des routes de la soie un de ses épisodes les plus célèbres. C'est ce texte que partit chercher en Inde le pèlerin Hiuan-tsang en 629 ; il est un des personnages clefs de ce livre.

fonctionnement de la route de la soie comme vecteur de l'écrit : la découverte d'un jeu de caractères ouïgours sur cubes de bois gravés au tout début du XIVe siècle.

Le marchand, homme de l'échange, et l'écrit, parole qui franchit le temps et l'espace, ont partie liée[1]. Rien de plus normal que de voir la route de la soie devenir aussi celle du papier.

Routes de toutes les richesses

Route des symboles, elle est aussi une route symbole. L'expression même routes de la soie est, on le sait bien, une métonymie, un symbole de toutes sortes de produits qui circulaient par les mêmes voies, transportant pareillement informations, désinformations, modes et croyances, styles et modèles. Si aucun de ces produits n'a même valeur emblématique que la soie, chacun justifierait sa propre étude, son propre livre, sa propre route. Dans ce labyrinthe des possibles se distinguent de nombreux réseaux.

Ainsi, il faudrait parler d'une route du verre, qui relia Rome à la Chine. L'Extrême-Orient s'interrogeait alors sur les mystères techniques des verres colorés.

La route des céramiques a ses propres secrets : celui des couleurs et celui du kaolin à l'origine de la porcelaine. Le moindre tesson révèle mille indices à l'œil de l'expert : une date, une origine, un trajet. Il y en a partout, cette route est fondamentale pour la connaissance de l'histoire.

Plus humbles encore, les perles dont on fait les colliers de verroterie. À partir d'un infime indice, telle la forme des scories de verre, on peut déduire mille choses. Au IIIe siècle avant notre ère, près de l'actuelle Pondichéry, on suit les traces de verriers indiens au Sri Lanka, au Viêt-nam, en Thaïlande, en Malaisie ; ainsi, quelques grains colorés sont autant de témoins de l'histoire, des croyances, des hiérarchies au sein des sociétés humaines. S'il y a une route des perles de verre, il y a aussi une

1. Et la première écriture, la cunéiforme, est fille de la comptabilité.

route des coquillages. Après tout, certaines coquilles, notamment celles ramassées en Oman, ont constitué une unité d'échange monétaire pendant des siècles et leur présence, leur nombre, leur type en tel ou tel point des routes de la soie sont une autre preuve de l'ancienneté et de l'intensité des relations internationales.

Autre route majeure potentielle, celle des épices, bien avant que ne s'ouvre la route des Indes née des grandes découvertes européennes. Épices, drogues et médecines : les hommes sont prêts aux aventures les plus folles pour se les procurer, pour améliorer leur vie. De la corne de rhinocéros, célèbre aphrodisiaque, achetée plus cher que l'or par les Chinois, à l'opium répandu à la suite d'Alexandre, la liste est longue. Comme est longue la liste des produits précieux qui voyagent dans les ballots et cargos de la soie : il y a bien sûr les métaux, l'or et l'argent, tout comme des objets de fer, de bronze et de cuivre. Corail, laque, fourrures et surtout pierres précieuses suivent les mêmes chemins, de même que le thé, ou les draps et lins qui eux vont vers l'est. La route de la soie recouvre largement celles très anciennes de l'ambre, du jade, du lapis et peut-être la plus magique, celle de l'encens, indispensable aux dieux.

Cet immense mouvement des objets est aussi un mouvement des hommes, qu'ils soient marchands ou marchandises (esclaves et concubines). Et pourtant, en dépit de la multiplication des intermédiaires humains et matériels entre les deux pôles de la route, la vérité voyage à l'imprévisible rythme qui lui est propre. Le très rationnel et le très mythique coexistent : dans les ports et aux étapes, on sait priser au plus juste une petite monnaie de métal venue de l'autre bout du monde, mais on se raconte les démons de la route et les cités invisibles.

V
Barrières imaginaires

Il n'y a guère de territoires vierges pour la mémoire. Quand les hommes se mettent en route, ils ne découvrent pas, ils reconnaissent. La terre est comme on leur a dit, comme ils ont lu. Le poids de la culture est énorme, écrasant : toujours un dieu, un sage ou un poète a décrit ce que rencontrera l'aventurier.

Les choses, leurs secrets et leurs légendes circulent d'un bout à l'autre du continent, ils passent de main en main, de relais en relais et chaque fois, à mesure qu'augmente leur prix, croît le mystère de leurs origines. Quand n'interviennent pas les désinformateurs, les escrocs, les intermédiaires soucieux de préserver leur trafic, et de décourager la concurrence par de terrifiantes légendes. La circulation inégale, ou plutôt erratique, de l'information sur les routes de la soie, l'accumulation des « mystères » sont elles-mêmes un mystère.

Carte du monde, carte des idées

Quels sont les filtres à vérité, les obstacles au savoir, les déformations, les inventions, les mésinterprétations, etc., qui troublent le jeu ? La réponse est multiple.

Pour une part, il faut revenir au concret : les conditions matérielles de circulation des hommes et des choses déterminent la transmission des idées et des symboles. D'autre part, les représentations du monde influent sur les observateurs les plus pragmatiques ; le plus terre à terre des marchands ou des voyageurs est, sans le savoir, l'héritier d'une vision fort ancienne de l'univers et d'une métaphysique. Une part de l'explication des erreurs est d'ordre purement technique, l'autre est idéologique ou théologique. Cosmogonie, mythologie et géographie sont parfois difficiles à séparer.

Pas d'exploration, donc, sans image du monde : toute pérégrination commence par une carte, un livre, un rêve. Sur les routes de la soie s'inventent, de l'Antiquité aux jésuites de Chine, une géographie fantastique, une cartographie mythique qui engendrent explorations et conquêtes. Les aberrations pullulent : mers et continents imaginaires, confusions de pays, ou incroyables déformations de leurs dimensions... Le *Roman d'Alexandre* avec sa mer Ténébreuse, son fleuve Océan qui entoure toutes les terres habitées, son île des Bienheureux et ses Indes fabuleuses proches de l'Éthiopie n'est pas un cas exceptionnel ; tout au contraire.

Terre des autres

On connaît la Terre ovoïde des Égyptiens, une Terre cubique au Japon, de multiples Terres plates flottantes ; il y a la Terre indienne dont les quatre continents se répartissent aux quatre points cardinaux. Pour les hindouistes, le monde forme un mandala[1] de sept mers et sept chaînes de montagnes autour du mont Meru où vivent les dieux et qui supporte la voûte céleste. Le bouddhisme reprend la même idée. Une carte représente le monde indien, une île ayant la forme symbolique du fruit Jambu. Un texte sacré bouddhique le décrit : « Le Meru se dresse entre quatre mondes situés aux quatre directions cardinales ; il est carré à sa base et rond au sommet... Le côté le plus proche de notre monde est constitué de saphirs et c'est

1. Le *mandala* est une illustration géométrique et symbolique du monde physique, un support à la prière et à la méditation, et une représentation mystique dans le bouddhisme et le tantrisme.

pourquoi le ciel nous apparaît bleu ; les autres côtés sont en rubis et en pierres précieuses jaunes et blanches. Ainsi le Meru est-il le centre de la terre. »

Notre propre Moyen Âge européen ne sera pas en reste, avec ses cartes où les continents tracent la forme de la croix, Jérusalem au centre.

Mais il n'est pas de pays où la représentation du monde ait davantage d'importance que l'empire du Milieu : là-bas, la première carte daterait d'il y a quarante siècles. Le Cheval-Dragon céleste est sorti du fleuve Jaune aux temps des empereurs mythiques, portant sur son dos la Grande Carte perdue. Cette carte, le Tableau du Fleuve, est la source d'un pouvoir inimaginable, puisqu'elle figure les royaumes existants, mais aussi les événements futurs. Les Chinois comme bien d'autres peuples pensent que le monde doit être représenté par une série de cercles concentriques : tout autour du palais impérial, les nations se rangent dans l'espace par degré de « barbarie ».

Yu le Grand, fondateur de la royauté chinoise, serait l'auteur de deux traités, *Le Tribut de Yu* et *Le Livre des monts et des mers*[1]. Ces deux ouvrages montrent la connaissance relativement précise qu'avaient les Chinois de leur propre territoire — ou du moins d'une partie assez centrale de l'Empire. Quand elles s'en écartent vers l'est, les cartes deviennent infiniment plus floues ; elles ignorent les côtes et dessinent très vaguement une mer orientale où seraient situées les îles des Bienheureux. À l'ouest, les Chinois placent le K'ouen-louen, pays où vivent les dieux ; là voyagea l'empereur Mu, le pérégrin mythique qui rencontra la reine de Saba.

Les empereurs chinois attachent la plus grande importance à l'exactitude des cartes et sont avides de tous renseignements sur les pays étrangers. Ainsi, Wou, l'empereur qui envoie Tchang K'ien ouvrir les routes de la soie, interroge son ambassadeur sur la géographie des contrées de l'Ouest et confronte ces informations à des cartes anciennes. Il se persuade notamment que l'ambas-

1. En réalité, le premier texte serait du IXe siècle av. J.-C., et le second du IVe ou IIIe av. J.-C.

sadeur a vu les montagnes K'ouen-louen, où se trouvent les pierres précieuses et que la légende situe à l'extrême occident. Sous les Han, les généraux et les ingénieurs ont besoin de cartes, et l'administration impériale leur en fournit. Dès le début de la dynastie des Ts'in, un certain P'ei Sieou, père de la cartographie chinoise, est nommé ministre, en 267 ap. J.-C. Une de ses tâches prioritaires est de vérifier *Le Tribut de Yu* et d'en établir la carte que l'empereur garde dans ses archives secrètes. La préface de l'ouvrage précise : « L'origine des cartes et des traités géographiques est ancienne. Dès l'Antiquité, on fit des images et on transmit des modèles… Maintenant, dans les archives secrètes, on ne possède plus les cartes géographiques de l'Antiquité et on n'a pas non plus celles qu'avait trouvées Sia Ho [un grand conseiller de l'empereur qui recueillit toutes les cartes des Ts'in] ; on possède seulement de la dynastie Han des cartes générales, ainsi que diverses cartes locales. Aucune de ces cartes ne se sert de divisions rectilignes, aucune non plus ne détermine l'orientation exacte… Parfois il s'y trouve des propos absurdes, étrangers au sujet ou exagérés, qui ne s'accordent point avec la réalité des choses et que le bon sens ne saurait admettre. L'avènement de la grande dynastie Ts'in a unifié tout l'espace dans les six directions. »

Ainsi, P'ei Sieou établit les principes d'une cartographie scientifique avec quadrillage et projection orthogonale. Et cela tout en continuant à croire que la Terre est carrée ! Plus tard, un autre grand cartographe, Kia Tan, en 801, établit une « carte de la Chine et des pays barbares à l'intérieur des mers », une énorme carte perdue dont on dit qu'elle mesurait trente pieds de long et trente-trois de haut. Jamais l'effort des cartographes ne se ralentit, mais il a toujours des fins utilitaires. La connaissance générale du monde ne progresse pas au même rythme que celle de la Chine et de ses alentours stratégiques.

Malgré des progrès remarquables[1], la cartographie chinoise restera très longtemps imprégnée d'une vision

1. En particulier dans le domaine du relevé cadastral et des cartes maritimes.

sinocentrique. Ainsi au XVIe siècle, lorsque les fameux jésuites de Chine confrontent les sciences occidentales et chinoises, pour le plus grand plaisir des mandarins, une discipline suscitera des résistances : la géographie. Matteo Ricci, le premier grand représentant de la Compagnie de Jésus en Chine, raconte : « Les Chinois croient bien que le ciel est rond mais toutefois, ils estiment que la Terre est carrée, au milieu de laquelle ils se font assurément accroire que leur Empire est situé. Par quoi ils portaient impatiemment que leur Chine fût par les géographes rejetée en un coin de l'extrémité d'Orient. » Du coup, le jésuite, pour ne pas heurter les susceptibilités et pour faire avancer les affaires du Ciel, devra trouver des accommodements avec la vérité cartographique : « Rejetant le premier méridien des îles Fortunées [les Canaries] aux marges de la description géographique à droite et à gauche, il fit que le royaume de la Chine se voyait au milieu de la description, à leur grand plaisir et contentement. On n'eût pu en ce temps-là trouver une invention plus propre pour disposer ce peuple à recevoir les mystères de notre religion[1]. » Mais n'ironisons pas sur les Chinois du XVIe siècle : le même Matteo Ricci venait à peine de révéler à ses compatriotes une information qui détruisait une légende géographique de plus de quinze siècles, il y a une Chine et non deux, et la Chine que l'on atteint par mer n'est pas une île, c'est le même pays que l'on atteint par terre à travers l'Asie centrale. C'est la Cathay de Marco Polo, le pays des Sères connu de l'Antiquité.

Les deux Chine ne sont qu'un des innombrables mythes géographiques, dont la plupart naissent à l'époque antique. Il en est un autre qui dure plusieurs siècles, celui qui touche à Ceylan. Le bouddhisme vient renforcer une tradition plus ancienne qui fait de l'île, parfois sous le nom indien ancien de Lanka, un lieu sacré par excellence. C'est là qu'est détenue, dans la grande épopée indienne du Ramayana, la princesse que son époux Rama doit

1. Matteo Ricci, *Histoire de l'expédition chrétienne au royaume de la Chine*, Paris, Desclée de Brouwer, Montréal, Bellarmin, 1978.

arracher au roi-démon qui l'a enlevée. Le Ramayana situe à Ceylan une « grande et merveilleuse cité ceinte d'une muraille en or... l'égale de la ville des Dieux ». Et, avant l'arrivée du bouddhisme dans l'île, une solide tradition fait de Ceylan le royaume de Kubera, dieu de la richesse dans la mythologie indienne.

Au sommet d'une montagne, les bouddhistes vénèrent une trace qu'ils disent être celle du pied du Bouddha. Quand les pèlerins des religions du Livre visitent l'île, ils réinterprètent cette empreinte gigantesque. La montagne devient le pic d'Adam où se serait posé le pied du premier homme après qu'il eut été chassé de l'Éden. Dans la tradition islamique, l'autre pied est à La Mecque, et le pic d'Adam est à quarante lieues du Paradis. Enfin, Ceylan sur laquelle on a toujours raconté des merveilles (dont les champs où poussent les pierres précieuses) devient même une des localisations possibles du Paradis terrestre. C'est ce qu'affirme la *Topographie chrétienne* de Cosmas Indicopleutès (« qui a voyagé en Inde ») au VIe siècle ap. J.-C. « Si, en effet, pour de la soie, certains n'hésitent pas à aller aux confins de la terre aux fins d'un misérable commerce, comment n'hésiteraient-ils pas à se mettre en route pour contempler le Paradis[1] ? » se demande-t-il. Et de développer toute une théorie pour démontrer que l'« île où se trouve la pierre d'hyacinthe » et dont il sait qu'elle est un grand centre commercial du trafic maritime est le lieu où jaillissent les quatre fleuves du Paradis, qui atteignent également les autres terres en passant sous l'Océan. Ce n'est, au fond, pas plus étonnant que la tradition cosmographique orientale qui fait de Lankapuri, capitale mythique de l'île, le point central, le degré zéro de latitude et de longitude, littéralement le centre du monde[2]. Ni plus étrange que les légendes qui font visiter l'île à Vishnou, au dieu de la guerre Skanda-Murukan, à Dionysos, à Alexandre, à El Kidr du Coran, et à Sindbad le Marin. En un lieu aussi cosmopolite que

1. Cosmas Indicopleutès, *Topographie chrétienne*, Éd. du Cerf, 1970.
2. *Sri Lanka and the Silk Road of the Sea*, Sri Lanka National Commission for Unesco, 1990.

Ceylan, et entouré d'une telle réputation de richesse fabuleuse, le bouddhisme n'a pas le monopole des légendes qui donnent une interprétation symbolique à la géographie de l'« île resplendissante ».

Vingt siècles avant Colomb

Un carcan pèsera longtemps sur les inventeurs de la Terre : Aristote, la Bible ou Claude Ptolémée[1] ne peuvent que dire vrai. Certains dessinent des continents entiers par goût de la symétrie et fidélité à Pythagore. Les mythes s'inscrivent sur la carte : durant des siècles, on représente le Paradis et la source de ses quatre fleuves, le pays des Amazones, la Montagne magnétique, le pays des djinns.

Pourtant, la science géographique naît sous les meilleurs auspices : très vite sont acquises des notions comme celles de sphéricité de la Terre, de latitude et de longitude, le calcul de la circonférence du globe, les bases de la méthode scientifique… Et cela dans la période qui précède ou suit immédiatement l'épopée d'Alexandre.

La cartographie grecque joue un double rôle : guide des explorateurs mais aussi savoir échangé, transporté, sauvegardé comme une marchandise précieuse. Si la carte grecque détermine l'histoire des routes de la soie, celles-ci déterminent l'histoire de la cartographie.

En effet, le monde méditerranéen, européen, arabe et même persan va vivre des siècles sur l'acquis antique. Même si les savants de l'Islam développent considérablement ce savoir, ils continuent à penser le monde dans un cadre fixé à l'époque hellénistique. Mais, mieux encore, les connaissances géographiques des anciens sont littéralement conservées par l'Islam et transmises à l'Europe des croisades et de la Renaissance.

Le symbole de cet aller et retour du savoir est la fameuse carte de Claude Ptolémée, synthèse de toutes

---

1. Claude Ptolémée (90-160 env.), auteur d'une *Composition mathématique* et d'une *Géographie*. Il faut attendre Copernic pour réfuter sa théorie d'une Terre centre du monde.

les recherches de l'Antiquité. Au Moyen Âge, elle tombe dans l'oubli, elle est supplantée par des représentations infiniment plus conformes aux dogmes religieux. Bref, l'Europe perd la carte de Ptolémée et il faut, pour qu'elle soit redécouverte, qu'elle passe un oubli qui dure jusqu'au XVe siècle et le long détour par la science arabe. Sa réapparition, le fait qu'elle ait été parmi les premiers textes imprimés stimulent la science occidentale de la Renaissance et indirectement les grandes découvertes[1]. Tout part donc des géographes antiques et nous renvoie à l'ouverture des routes de la soie.

Que savait-on de la Terre auparavant ?

Les Phéniciens, un millénaire avant notre ère, naviguaient sur l'Atlantique et poussaient très au nord à la recherche d'étain, peut-être jusqu'aux îles Britanniques. À des Phéniciens aussi, mais au service du pharaon Néchao, vers 600 av. J.-C., on devrait une expédition maritime de la mer Rouge à l'Égypte, *via* les colonnes d'Hercule (Gibraltar) : en pratique, le tour de l'Afrique[2]. De leurs récits, l'Antiquité grecque aurait retenu une notion fondamentale : celle du fleuve Océan. Homère parlait déjà de cette mer extérieure qui entoure l'ensemble des terres émergées. Et d'ailleurs, n'est-ce pas le spectacle qu'Alexandre a contemplé du haut de sa nacelle, enlevé par les oiseaux géants ?

Lorsque Anaximandre de Milet[3], le géographe, dessine

1. Certes, le cliché d'un Moyen Âge « obscurantiste », croyant que la Terre a été plate, régressant totalement jusqu'à perdre des savoirs acquis, est une légende, ou du moins une énorme exagération : l'idée que la Terre était un globe ne s'est jamais complètement « perdue ». Et l'image d'Épinal de Colomb audacieux, soutenant seul contre tous les pseudo-savants de son époque que la Terre est ronde, est une légende : la discussion portait surtout sur la taille du globe et Colomb avait tort.

2. Hérodote doute beaucoup du récit de gens qui prétendent avoir eu le soleil à leur droite en naviguant autour de l'Afrique dans ce sens (c'est-à-dire qui avaient fait le tour du continent par le sud).

3. Anaximandre de Milet, 610-540 av. J.-C., élève de l'astronome et géomètre Thalès de Milet. Anaximandre sait déjà que la lune ne fait que refléter la lumière solaire. Il constate également la courbure des méridiens.

la première carte, il place une Terre sphérique au centre du monde. C'est également au VIe siècle av. J.-C. que Pythagore et son école proclament la sphéricité de la Terre. Leur théorie est que le monde est symétrique. De là naît la croyance en un quatrième continent. C'est le continent d'Antichtone dont la masse de terre au sud doit équilibrer la masse des terres au nord. À partir de là, mille hypothèses, dont celle des peuples antipodes. On se demande à quoi ils peuvent ressembler et comment ils se maintiennent les pieds sur terre.

Mystère d'autant plus épais que le mythe de la terre Antichtone est souvent contaminé par un autre : celui de l'équateur infranchissable. Il doit y faire si chaud que les hommes de l'hémisphère nord sont séparés par une barrière infranchissable de leurs frères du Sud.

Combien de continents ?

Vers le milieu du Ier siècle ap. J.-C., Pomponius Mela considère que Taprobane[1] (Ceylan) pourrait être ce continent, une terre équivalant à l'Eurasie. « Suivant l'opinion d'Hipparque, [Taprobane serait] comme le commencement d'un autre monde ; ce qui paraît au reste très vraisemblable, puisque cette terre est habitée et qu'il ne nous est pas encore parvenu que personne en ait fait le tour. » Très peu de temps après, Pline rectifie l'erreur : « Taprobane a longtemps été considérée comme un autre monde, sous le nom de terre des Antichtones. C'est l'époque d'Alexandre le Grand et ses entreprises qui ont prouvé manifestement que c'était une île. » Taprobane, c'est donc acquis dès le Ier siècle de notre ère, n'est pas l'Antichtone, la « contre-terre ». Cela n'empêche pas l'île de compter au nombre des pays magiques et de rivaliser

1. L'actuelle Sri Lanka, « île resplendissante », apparaît également sous le nom indien de Sielediba, de Tampabamni, de « terre de Sinhala » ou Sihala, de Serendib, etc. La liste de ses surnoms est à peu près inépuisable.

désormais avec l'Inde et l'Éthiopie par le nombre de choses extraordinaires qu'y verront les voyageurs[1].

Selon Strabon, Taprobane serait aussi grande que la Bretagne (l'Angleterre) mais s'étendrait vers l'Éthiopie. Ptolémée multiplie sa surface par vingt et la place résolument à hauteur de l'équateur. Pour Pline, elle se situe à l'extrême sud-est du monde. L'île est un grand relais commercial des routes de la soie. Depuis l'Antiquité, elle est connue pour fournir ivoire, écaille de tortue, or, perles et surtout pierres précieuses.

Relais maritime entre mer Arabe et golfe du Bengale, elle est point de rencontre de deux mondes, la grande borne des routes maritimes de la soie. Rien d'étonnant à ce qu'elle occupe sur la carte une place proportionnelle à son importance dans l'imaginaire antique.

Si Ceylan perd son titre de terre des Antichtones, l'idée pythagoricienne d'un continent méridional reste nécessaire pour équilibrer les terres du Nord.

Après Pythagore, Platon influe également sur les hypothèses géographiques, et pas toujours au bénéfice de la clarté scientifique. Il croit à la sphéricité de la Terre, mais il répand le mythe de l'Atlantide engloutie. Cette fable durera jusqu'à nos jours[2].

Par contre, le platonicien Eudoxe de Cnide[3] compare la position de la même étoile observée à Héliopolis en Égypte et à Cnide. Il mesure la différence de sa position par rapport à l'horizon et en déduit la notion de latitude.

Un monde sphérique, mais où l'ensemble des terres émergées est entouré par un océan unique, avec peut-être un immense continent inconnu au sud, un monde mesurable par l'observation du ciel, telle est à peu près la vision dominante avant les conquêtes d'Alexandre, une

---

1. Comme par hasard, un des grands classiques de la littérature utopique, *La Cité du soleil*, écrit par Campanella en 1602, place la ville idéale dans les parages de Taprobane.

2. Dès avant la Seconde Guerre mondiale, on décomptait près de 2 000 ouvrages consacrés à l'Atlantide.

3. Eudoxe (390-340 av. J.-C.), originaire de Carie, fut également astronome et géomètre.

vision qu'Aristote, son maître, reprend pour l'essentiel. Aristote savait que la Terre était ronde. Mais il le prouvait par de singuliers arguments. Il s'appuyait sur des récits selon lesquels la zone des Colonnes d'Hercule touchait à celle des Indes — le Gange formant, lui, la limite orientale du monde connu. Pour lui, la distance « entre les Colonnes d'Hercule et les parties orientales de l'Inde ne devrait pas être d'une très grande étendue, se fondant sur le fait que les extrémités de la Mauritanie nourrissent également des éléphants ». La présence de pachydermes en Asie comme en Afrique en était la démonstration : ces terres se touchent ! Et comme Aristote avait noté que le voyageur qui allait vers la Grande Ourse ou vers le sud pouvait facilement constater le changement des configurations astrales, il en déduisait que le globe ne devait pas être bien grand : sinon, de telles différences ne seraient pas apparues au cours de déplacements relativement courts.

Le mythe de l'Africasie en conforte un autre : celui de la petitesse du globe. Cette illusion d'une Terre bien plus étroite qu'elle ne l'est en réalité inspire Ptolémée, mais aussi Christophe Colomb. En somme, le Génois a découvert le Nouveau Monde non pas pour avoir compris, contrairement aux savants de son époque, que la Terre était ronde — tout le monde le savait —, mais pour avoir cru Aristote et Ptolémée et non Ératosthène. Imprévisibles conséquences d'une querelle scientifique commencée au IVe siècle avant notre ère.

Enfin, Aristote croyait que la chaleur des tropiques était telle qu'il s'y formait une sorte de condensation qui consumait hommes et navires. Il y avait donc au sud une barrière infranchissable.

Quand Alexandre renonce à pénétrer en Inde, et revient vers Babylone, emporte-t-il le regret de n'avoir pas atteint les Colonnes d'Hercule par l'Orient ? Le conquérant connaît la carte d'Hécatée de Milet[1], commentée par Hérodote et qui répand la légende d'une possible circumnavigation. Selon la tradition, l'Inde touche à

1. Géographe et historien du VIe siècle av. J.-C.

l'océan qui entoure les terres habitées. Par le sud, elle s'allonge jusqu'à l'Afrique à hauteur d'un autre pays fabuleux : l'Éthiopie. Il est probable qu'Alexandre connaît aussi, à travers Hérodote, la description de la vallée de l'Indus avec toutes les merveilles qu'il en faut attendre. Un tel mélange de conceptions rationnelles, de déductions fausses tirées de prémices exactes et de grands mythes doit sans doute présider aux recherches des arpenteurs et des géomètres d'Alexandre, les bématistes. Eux aussi commettent des erreurs : ils confondent le Syr-Daria[1] et le Tanaïs, le Don. En Inde, Alexandre, voyant un fleuve où vivent des crocodiles (l'Hydaspes), ou encore une rivière où poussent les lotus (l'Akésinès), fait la même déduction hâtive que son maître à propos des éléphants. Il se croit aux sources du Nil et envisage une expédition navale qui devrait atteindre l'Égypte par… l'Indus. Cependant le travail d'observation des arpenteurs d'Alexandre est infiniment précieux.

Lui-même tient Aristote au courant de ses découvertes. Pour la première fois, une conquête est aussi une expédition scientifique. L'essentiel des connaissances géographiques jusqu'aux grandes découvertes est lié à l'expédition d'Alexandre. Par lui, on a la majeure partie des informations sur le monde à l'est de la Caspienne ; par Néarque, ce que l'on sait sur la côte ouest de l'Inde et Ceylan, et, sur l'Inde elle-même ; il n'y a guère que Mégasthène, l'ambassadeur de Séleucos, qui rajoute quelques informations à ce que les Anciens avaient retenu d'Alexandre, de ses arpenteurs, de Néarque et d'Onésicrite. Et pourtant, certains doutent : Strabon fait le bilan de la science géographique. Il écrit : « Tous ceux qui ont écrit sur l'Inde se sont révélés de fieffés menteurs », il s'en prend à Mégasthène, Onésicrite et Néarque « et autres auteurs de ce genre qui bégaient ». Mais les observations des compagnons d'Alexandre ne font qu'annoncer des développements plus théoriques : les recherches de l'époque hellénistique.

1. Autrement dit Iaxarte, ou encore le Silis des Scythes.

L'univers vu d'Alexandrie

La bibliothèque d'Alexandrie est un des centres les plus féconds de la géographie. Là est dessinée la carte d'Ératosthène[1], représentation du monde connu. Il veut intégrer observation scientifique et récits de voyage dans un système rigoureux de coordonnées, dessine sept parallèles, représente les trois continents connus : l'Europe, l'Asie et l'Afrique, qu'il nomme Libye. Il reste fidèle à l'idée que le monde habité est une île gigantesque de l'océan Atlantique. Seul l'hémisphère nord, croit-il, est habitable en raison des chaleurs excessives qui règnent en dessous d'une certaine latitude. L'Asie est devenue une figure géométrique simplifiée : au nord la mer Caspienne qui se jette dans l'océan Septentrional[2] et le pays des Scythes. Au sud, le sous-continent indien forme une masse compacte. Elle est parallèle et comparable par sa surface à l'Ariane, la Perse dont la sépare l'Indus. Une gigantesque mer Érythrée où se confondent mer Arabe, golfe du Bengale et océan Indien ferme le bas de la carte : le monde habité est bien une île.

La carte qui subit cette colossale déformation sur sa périphérie offre par contraste une vision assez juste du monde méditerranéen. Mais là n'est pas le principal titre de gloire d'Ératosthène, qui entre dans l'histoire pour avoir calculé par pure déduction, et avec une stupéfiante précision (par rapport à ses instruments d'observation), la circonférence de la Terre. Son idée de génie est de comparer, à midi, au jour du solstice d'été, la position du soleil dans deux villes dont il connaît la distance et qui sont sur le même méridien. Sachant ainsi à quel angle correspond l'intervalle entre les deux points d'observa-

1. Ératosthène de Cyrène (vers 275-193 av. J.-C.) était un esprit universel, poète, philologue, astrologue, précepteur du futur souverain Ptolémée Philopator et, bien sûr, géographe. Il dirigea la bibliothèque d'Alexandrie.

2. La question de savoir si la Caspienne se jetait dans l'océan du Nord préoccupait fort les Anciens. Alexandre pour sa part avait remarqué que son eau n'était pas salée.

tion, Ératosthène déduit que la circonférence terrestre est de deux cent cinquante-deux mille stades. S'il utilise le stade égyptien (157,5 mètres), il a trouvé par pur raisonnement une circonférence terrestre de trente-neuf mille six cent quatre-vingt-dix kilomètres, ce qui représente une très faible erreur. Autrement dit, seize siècles avant que Colomb lançât son expédition, on savait non seulement que la Terre était ronde, mais on en avait calculé les dimensions. En effet, une autre école, à la suite de Strabon et de Ptolémée, fait un calcul différent de celui d'Ératosthène et obtient une circonférence du globe très inférieure. La suprématie de cette tendance au détriment de la théorie d'Ératosthène aura les conséquences que l'on sait sur les grandes découvertes.

Dès la période hellénistique, la sphéricité de la Terre ne souffre guère de discussion. Le premier globe connu, vers 150 avant notre ère, est l'œuvre d'un savant grec, Cratès de Mallos. Stoïcien, il pense que la Terre doit être de forme parfaite, et il la veut rationnelle, symétrique, bien géométrique. Il divise les terres émergées en quatre continents occupant chacun un quart du globe ; ils sont séparés par la mer le long de l'équateur et du méridien d'origine. L'esprit de géométrie engendre ici un singulier effet de miroir. Du coup, Cratès rétablit la légende d'Antichtone. À rebours des conceptions qui veulent qu'une petite fraction seulement du globe soit émergée et habitée, il suppose d'autres continents et d'autres humanités dont nous sépare peut-être un infranchissable obstacle. Ce globe perdu de Cratès (nous ne le connaissons que par des descriptions) nourrira les conceptions de savants romains puis médiévaux. La rivalité des cartes dites « œcuméniques » (un seul monde habitable) et des cartes « hémisphériques » à la Cratès durera jusqu'au XVe siècle… Et l'hypothèse « païenne » du Grec ne sera pas négligée, même si elle suppose une pluralité de mondes. D'où d'intéressants débats théologiques : Dieu a-t-il pu créer un continent où l'on ne peut pas accéder et qui ne peut donc être évangélisé ?

Avec l'ère chrétienne commencent les grandes synthèses. Une des plus remarquables est la *Géographie* de Strabon en dix-sept livres. Il y compile tout ce que ses prédécesseurs ont dit sur le monde connu[1]. Lui aussi croit au quatrième continent.

À côté des cartes qui reflètent les grandes conceptions cosmogoniques, il y a place pour des ouvrages plus pratiques : de véritables guides destinés essentiellement aux marchands. Le *Périple de la mer Érythrée*[2] narre les voyages de son auteur, un Grec anonyme, dans l'océan Indien, jusqu'à la côte est de l'Inde et la côte orientale de l'Afrique. On y parle d'un pays de This, d'une Thinae, peu accessible et mal connue, d'où vient la soie. Les navires vont la chercher sur la côte nord-ouest de l'Inde, puisque les capitaines savent maintenant ce qu'est le vent Hippale, la mousson, et quelle en est la régularité.

Le texte décrit une « très grande ville intérieure nommée Thinae, d'où la soie brute, le fil et l'étoffe dite Serikon sont amenés à pied à travers la Bactriane jusqu'à Barygaza, et par le Gange jusqu'en Limurie [en Asie Mineure] ». Il ajoute qu'il est difficile d'atteindre This, « car il n'y a que peu de gens qui en reviennent et cela très rarement ». Par contre, le *Périple* confirme l'intensité du commerce sur la mer Rouge et jusqu'en Inde, et l'importance d'une route maritime sur laquelle un peuple de navigateurs joue un grand rôle : ce sont déjà les Arabes.

Vers la fin du Ier siècle, un certain Maes Titianos, apparemment important marchand que l'on dit macédonien et disposant de nombreux correspondants, décide d'envoyer ses agents reconnaître la route terrestre par laquelle arrive la soie. L'expédition dure sept mois. Elle permet de se faire une idée du tracé de la route de la soie

---

1. Strabon d'Amasée (vers 63 av. J.-C.-24 ap. J.-C.) fait œuvre à la fois de géographe, de mathématicien, de physicien et de cartographe.
2. Les spécialistes discutent l'époque de sa rédaction, entre 40 et 135 de notre ère, voire au début du IIIe siècle.

à partir d'Antioche, capitale de la Syrie romaine. On franchit l'Euphrate avant d'entrer en territoire parthe. La route passe par Ecbatane, puis à proximité de l'actuel Téhéran, avant d'atteindre Merv et Bactres (Balkh) en Afghanistan. On est alors chez les Indo-Scythes, chez les Yue-tche que cherchait à rencontrer Tchang-Kien, le premier ambassadeur chinois. Puis on arrive au pied des Pamirs. Dans une vallée, se trouve la tour de pierre qui marque le point de rencontre entre les caravaniers chinois et les Parthes ou les Perses. Là s'ouvrent deux options : la piste nord ou la piste sud qui encerclent l'infranchissable désert du Taklamakan. Toutes les deux se rejoignent à Touen-houang avant d'entrer sur le territoire chinois proprement dit. Onze mille kilomètres au total entre Hiérapolis, à la frontière syrienne, et Sera, la capitale des Sères. À la tour de pierre se rencontrent aussi bien les envoyés de Maes Titianos, porteurs de poteries et d'orfèvrerie grecques, des Chinois (ou du moins des Asiatiques) chargés de balles de soie et des Indiens. Ces derniers disposent même, à proximité de la tour, d'une sorte de caravansérail pour y entreposer leurs épices.

De l'aventure des hommes de Maes Titianos (au fait, jusqu'où ont-ils été en personne ?) aurait dû sortir quelque journal de voyage, quelque récit étonnant qui, douze siècle avant Marco Polo, eût ponctué la grande découverte réelle et mentale de l'Orient. Il n'en est rien. Ces bureaucrates de l'aventure, ces boutiquiers du merveilleux ne se sont occupés que de leurs affaires. Ils n'ont rien noté qui mérite d'être conservé. « Au cours de leur voyage de sept mois, ils n'ont pas rapporté une seule information qui vaille la peine d'être retenue, et ce qu'ils ont raconté à leur retour au sujet de leur voyage était de la pure extravagance », écrit Marin de Tyr[1]. Il est vrai que nous ne connaissons ce périple qu'à travers le récit de Marin, et lui-même par Ptolémée, et que beaucoup d'informations ont pu se perdre en cours de route. Rangeons

1. Marin de Tyr fut un géographe d'importance qui, au début du Ier siècle, traça un réseau de méridiens et de parallèles par calcul mathématique.

le manuel de Maes Titianos dans le grand cimetière des livres non écrits, des merveilleuses aventures sans mémoire, des messages perdus et des pathétiques ratages. Il est un des épisodes de l'interminable feuilleton du rendez-vous manqué Orient-Occident.

La carte perdue

Reste la grande carte par excellence en laquelle se concentre tout le savoir antique, puis médiéval, la grande mémoire : la carte de Ptolémée. Lui aussi est bibliothécaire d'Alexandrie. Au début du IIe siècle, Claude Ptolémée recueille l'héritage d'Hérodote, d'Ératosthène, de Strabon et de Marin de Tyr, les récits de voyage. Il en réalise la synthèse, compare les itinéraires, repère trois cent cinquante points fixes déterminés astronomiquement et localise huit mille sites.

Mais nous ne connaissons sa carte que par des tracés dessinés bien plus tard d'après ses indications. Pour l'histoire des routes de la soie, elle est pourtant particulièrement significative. Elle reflète deux mythes : celui des deux Chine et celui de la mer Indienne fermée.

Lorsqu'on la regarde, on reconnaît le tracé familier du pourtour de la Méditerranée comme de l'Arabie. Il en va tout autrement de la périphérie. La zone connue du géographe s'étend sommairement, d'ouest en est, des Canaries à l'Anam. Au nord, elle ne dépasse guère les îles Britanniques. Pour la partie méridionale, Ptolémée place au sud de l'équateur l'énorme masse du légendaire continent afro-asiatique qui ferme le bas de la carte et fait de la mer Indienne une mer intérieure.

Ce grand continent méridional s'étend de Gibraltar à la Chine. Ou plutôt à Sina ou Thina dont nous vient le nom de Chine. Ce serait une Chine du Sud totalement distincte du pays des Sères, la Chine du Nord, située, elle, au-delà du pays des Scythes. Pendant plusieurs siècles, les Européens vont donc croire qu'il existe deux Chine, toutes les deux exportatrices de soie. Il y a le pays que l'on atteint par mer et celui où l'on arrive par terre.

Pour les chemins des caravanes, Ptolémée décrit avec force détails la route des Oasis jusqu'à Sera Métropolis (Tch'ang-an). Il suppose le continent eurasiatique traversé de bout en bout par une chaîne de montagnes unique. De même, il imagine deux Inde, l'Intrant et l'Extragangétique ; la plus orientale se termine par la presqu'île de la Chersonée, qui correspond plus ou moins à la péninsule Malaise à laquelle il rattache Sumatra.

Voilà la carte légendaire qui fera l'objet d'une véritable redécouverte au moment de la renaissance de la cartographie au XVe siècle. L'impression de la géographie de Ptolémée à partir de 1475 fait l'effet d'une bombe.

Les conceptions dominantes que résume Ptolémée, et en particulier la légende des deux Chine, ne font qu'accroître le merveilleux qui entoure l'origine de la soie. On sait qu'elle est produite par les Sères, gens au contact particulièrement difficile. Ils ne dépassent pas la fameuse tour de pierre. Pomponius Mela a raconté l'étrange rituel qui régit le trafic avec ce peuple fuyant : en un lieu désert, les Sères déposent la soie qu'ils veulent vendre. Il faut soi-même laisser au même endroit ce que l'on désire troquer en échange. L'affaire se conclut ainsi sans que les partenaires se voient. C'est pourquoi marchands et caravaniers en savent si peu sur leurs mystérieux correspondants avec lesquels ils n'échangent jamais le moindre mot.

Les Chinois aux yeux bleus

Mais, au fait, est-on bien sûr que les Sères soient des Chinois ? Pourrait-il s'agir de Scythes, d'Indiens, de Parthes ? Il est très possible que l'on ait confondu les Chinois avec un des peuples intermédiaires chez lesquels on achetait la soie ou, plus vraisemblable encore, que l'on ait amalgamé sous le nom générique de Sères toutes sortes de traits empruntés aux différentes ethnies qui pratiquaient ce négoce. À preuve, la description des Sères par Pline : « Ils dépassaient la taille ordinaire, ils avaient les cheveux rouges, les yeux bleus, la voix horrible et ne parlaient pas aux étrangers. »

Qui étaient ces Chinois rouquins aux yeux bleus ? Pline attribue cette information aux ambassadeurs de Taprobane. Ceux-ci racontent que leur île fait face aux Sères « au-delà des monts Hémodi ». L'explication la plus vraisemblable est qu'il y ait une double confusion. Homonymique d'abord entre les Sères et les Cerar du Kerala situé sur la côte sud-ouest de l'Inde face à Ceylan. Géographique ensuite : on prend pour des Chinois des peuples intermédiaires, qui sont des relais commerciaux : des Saces du Turkestan occidental, de Bactriane et d'Inde du Nord, des Scythes d'Asie. En un mot, des populations indo-européennes d'Asie centrale. Tout ce qui touche aux Sères est de toute façon merveilleux. Strabon affirme qu'ils vivent plus de deux cents ans. Lucien, plus enthousiaste encore, leur ajoute un siècle d'espérance de vie. Le secret de cette longévité de trois cents ans est fort simple : « Ils ne buvaient que de l'eau. » Symétriquement, les Chinois, qui croient que les Romains connaissent la soie, imaginent les Latins comme de haute taille, aux traits réguliers. En fait, ils seraient tout à fait comparables aux habitants de l'empire du Milieu. C'est pourquoi Rome est désigné entre autres noms comme le Ta-ts'in (la Grande Chine). L'effet de miroir qui pousse Chinois et Romains à s'imaginer si semblables va fort loin. Les Chinois parlent des étoffes brillantes, des mœurs pacifiques et de la longue vie de ces gens de l'Extrême-Occident.

De telles histoires de longévité exceptionnelle ne sont pas rares. Pendant l'Antiquité, on a attribué une vie de cent quarante ans aux Indiens (mais cette fois parce qu'ils mangeaient du miel), ou aux habitants du mont Athos qui, eux, mangeaient de la chair de vipère. Et dans l'énumération des peuples merveilleux, ni les Éthiopiens ni les habitants de Taprobane n'ont échappé à la règle : eux aussi sont réputés vivre extraordinairement vieux.

Tout cela, c'est encore Pline qui nous le rapporte. Il a compilé les œuvres de tous ses prédécesseurs et il nous présente un catalogue à peu près complet des peuples étranges. Entre le *Roman d'Alexandre* et l'*Histoire naturelle* de Pline (qui se recoupent d'ailleurs largement), il n'y a plus guère de place pour inventer une monstruosité physique, une aberration de la nature ou une coutume étrange. De fait, l'imaginaire médiéval ne trouve guère d'autres *mirabilia* pour hanter ses rêves.

Ainsi, ne sauraient manquer les fameux cynocéphales décrits par Mégasthène, ambassadeur de Séleucos auprès de Chandragoupta : « Sur plusieurs montagnes, il existe une race d'hommes à tête de chien, vêtue de peaux de bêtes, qui aboie au lieu de parler et qui, armée de griffes, chasse le gibier et les oiseaux pour sa subsistance ; elle comptait plus de cent vingt mille hommes au moment du récit de l'auteur », dit Pline.

En écho, Marco Polo les décrira de façon très semblable : « Et sachez en vérité que tous les habitants de cette île [Adaman] ont la tête et les dents et les yeux comme des chiens. Et je vous dis qu'elles sont tout à fait semblables à la tête de grands chiens mâtins... Ils mangent tous ceux qu'ils peuvent prendre sauf ceux qui sont de leurs gens. »

Ces cynocéphales deviendront un classique des récits médiévaux (un compagnon de Plan Carpin les verra en Russie et ils figurent au tympan des cathédrales). Il y a aussi les Arimaspes qui n'ont qu'un œil au milieu du front, et qui luttent perpétuellement avec les griffons, « espèce d'animaux ailés, tels que les dépeint la tradition, qui extraient l'or des galeries souterraines et mettent autant d'acharnement à le garder que les Arimaspes à le leur ravir ». Il y a les hommes à la plante des pieds tournée à l'envers. Pline précise même qu'Alexandre, qui naturellement les a rencontrés, n'a pu les emmener avec lui car ils sont incapables de respirer une autre atmosphère que celle de leur pays natal. Les Ophiogènes, « issus du serpent », guérissent les morsures venimeuses par le toucher. En fait, résume Pline, « ce sont surtout l'Inde et l'Éthiopie qui fourmillent de merveilles ». On y trouve notamment des Monocoles à l'unique jambe dits aussi Sciapodes « parce qu'au fort des chaleurs ils se couchent par terre sur le dos, pour se protéger par l'ombre de leur pied ». Les Astomes sont couverts de poils, s'habillent de feuilles et se nourrissent seulement de l'air et des parfums. Les inévitables pygmées sont en guerre avec les grues. N'oublions pas troglodytes, hommes sans cou aux yeux dans les épaules, etc. Mais ce qui étonne davantage Pline, c'est le cannibalisme : « Cela nous paraît peut-être invraisemblable, si nous ne songions qu'au beau milieu du monde et en Sicile, il a existé aussi des populations aussi monstrueuses, les Cyclopes et les Lestrygeons. » Et à ceux que l'argument n'aurait pas convaincus (mais comment oser douter de l'existence de peuples décrits par Homère ?), Pline assène une dernière démonstration : « Qui, en effet, a cru aux Noirs de l'Éthiopie avant de les voir ? »

La Terre est plate

Qui a cru aux hommes avec les yeux dans le dos, aux licornes, aux centaures, aux monstres insensés avant de les voir ? Tout le monde, et notre Moyen Âge en particulier.

Mais celui-ci rajoute une erreur supplémentaire : il perd la carte de Ptolémée, il oublie la leçon grecque. Il s'interdit de découvrir le monde en le déformant par pure aberration doctrinale. C'est une des raisons principales qui font que l'Occident a mis si longtemps à suivre les voies de terre, alors qu'il suffisait de marcher vers l'est. Les troubles politiques n'expliquent pas tout : l'obstacle mental que constitue une carte purement fantasmatique et dogmatique a longtemps freiné les découvreurs de l'Ancien Monde[1].

1. L'idée de la sphéricité de la Terre et quelques notions fondamentales n'ont pourtant jamais été niées par tous. Le fantastique et la

Certains délires géographiques s'ajoutant aux fantasmagories du bestiaire fou produisent une vision de la Terre propre à décourager toute aventure.

À vrai dire, pratiquement jusqu'au XVe siècle, il ne va guère y avoir de cartes du monde pour les Européens, sinon des représentations très schématiques, tenant davantage de la symbolique que de la volonté de restituer les formes des terres. La plupart de ces cartes se contentent de figurer vaguement le monde par un cercle, d'indiquer les trois continents, Europe, Asie, Afrique, séparés par une Méditerranée verticale, un Tanaïs (le Don) et un Nil horizontaux. La mer et les deux fleuves formant une sorte de T dans le cercle du monde habité, ces cartes sont surnommées TO, ce qui décrit parfaitement leur schématisme. Bien entendu, Jérusalem est au centre du monde, et il ne peut y avoir d'habitants au revers du cercle : il serait absurde de croire que les hommes des antipodes se tiennent la tête en bas. Et d'ailleurs saint Augustin l'a affirmé.

Dans cette anthologie des simplifications cartographiques, il faut faire une place de choix au moine byzantin Cosmas qui vécut au VIe siècle. Son système, car il faut parler de système et non plus de cartographie ni de géographie, connaît un succès difficile à imaginer parce qu'il repose sur l'idée que la forme de la Terre est conforme à celle du tabernacle. Il y a parfaite correspondance entre les Écritures (et en particulier saint Paul) et la Terre. Elle est semblable à une boîte plate deux fois plus longue que large et recouverte par un couvercle bombé : la voûte céleste. Les délires de frère Cosmas sont d'autant plus étranges que leur auteur, avant de se convertir, était un marchand, donc un pragmatique. Il avait suivi la route maritime de la soie, y avait gagné son surnom d'Indicopleutes (« qui est allé aux Indes »). Il est aussi capable de rapporter des faits authentiques. Ainsi, lorsqu'il parle de

---

science antique se combinent. Ainsi, au XIVe siècle, Mandeville, chroniqueur des plus imaginatifs, parle d'une Terre ronde et reprend les chiffres d'Ératosthène que certains savants médiévaux n'avaient pas oubliés.

Ceylan, Cosmas observe très judicieusement qu'« en raison de sa position centrale, l'île est le havre de navires de toutes les parties de l'Inde et de la Perse… Des pays de l'intérieur, j'entends la Chine, et d'autres marchés, il reçoit de la soie, des clous de girofle, de l'aloès, etc. » Sur Ceylan, alors que la plupart des autres chroniqueurs y voient monts et merveilles, Cosmas est plutôt modéré, voire sérieux. Il se rattrape par sa contribution à un grand mythe universel : celui du Paradis. Pour lui, la terre rectangulaire est entourée d'une mer unique. Au-delà, il y a des terres transocéaniques où ont vécu les hommes avant le Déluge. Il y a aussi le Paradis d'où sont issus quatre fleuves : le Gihon (le Nil de Moïse), le Tigre, l'Euphrate et le Pheison (l'Indus probablement). Cosmas ajoute que le soleil et la lune gravitent autour d'une montagne septentrionale et que l'Atlantique n'est pas navigable : trop de brouillards et de monstres marins !

Un peu plus tard, à la fin du VIIe siècle, l'encyclopédiste Isidore de Séville reprend des prémisses comparables à ceux de Cosmas, et note : « Il est tout à fait évident que les deux parties, Europe et Afrique, occupent la moitié du monde et que l'Asie seule occupe l'autre moitié. »

C'est à cette Asie immense que renonce l'Europe, pour plusieurs siècles.

ENTRACTE III

Bouddhas et voyageurs

Traditionnellement, on distingue quatre grandes phases dans l'histoire du bouddhisme. Il y a d'abord l'époque du Bouddha « historique » où le prince Siddhartha Gautama, le Bouddha Çâkyamuni, connaît sa dernière incarnation terrestre : probablement entre 560 et 480 avant l'ère chrétienne, il révèle aux hommes la voie de la Délivrance, pose les bases d'un ordre monastique, envoie prêcher ses disciples et s'anéantit dans le nirvana.

Puis vient la deuxième phase, celle de l'expansion à partir de l'Inde, notamment vers le Sud-Est asiatique via *Ceylan et vers l'Asie centrale* via *l'Afghanistan. Elle se déroule sous l'impulsion de l'empereur Açoka mort en 231 av. J.-C. Le bouddhisme de cette époque, jusqu'au* Ier *siècle de notre ère, est dit du Petit Véhicule.*

Troisième temps : l'apparition du Mahayana ou bouddhisme du Grand Véhicule (source lui aussi de multiples écoles). Son expansion à partir du Ier *siècle coïncide avec l'Empire indo-scythe kouchan.*

Enfin, en une quatrième phase qui commence au VIIe *siècle, se répand un bouddhisme dit Vajrayana, Véhicule de Diamant, très imprégné de yoga hindouiste, comme de magie tantrique. Il passe par le Tibet et est promis à une large diffusion. Mais, en même temps, le bouddhisme en Inde commence à s'imprégner de l'influence des religions concurrentes. Au* XIIIe *siècle, sous les Mongols musulmans, il disparaît presque de son foyer originel. Ainsi résumée à très grands traits, l'évolution du bouddhisme est à l'évidence profondément liée à celle des routes de la soie.*

Aujourd'hui, les principales zones d'influence des grandes tendances bouddhiques reflètent cette logique géographico-historique. Le Petit Véhicule (sous forme de son école « survivante » ceylanaise, le Theravada) subsiste à Ceylan, en Thaïlande, en Birmanie et au Cambodge. Le Grand Véhicule, Mahayana, aux écoles très diverses, a connu ses plus grands succès en Chine, au Japon, au Viêtnam et en Corée. Enfin, le Vajrayana, Véhicule de Diamant, séparé du Mahayana vers le milieu du Ier millénaire en Inde du Nord et qui se diffusa en passant par le Tibet, se retrouve, outre son foyer tibétain, en Mongolie et au Japon.

Le relief prédispose certains lieux à devenir foyers culturels, places fortes ou cités marchandes. Né dans la vallée du Gange, le bouddhisme se heurte dans son expansion vers le nord aux chaînes montagneuses qui délimitent le sous-continent. Il doit emprunter les voies élevées qui, du Népal, mènent à Lhassa. D'après la tradition, Açoka fait un pèlerinage à Lumbini, lieu de naissance du Bouddha, et c'est Charumati, propre fille de l'empereur, qui fonde le stoupa[1] *de Chabahil à l'est de Katmandou, posant ainsi une des bases bouddhiques. Mais la percée n'aboutit pas, le bouddhisme est encore loin de franchir la barrière himalayenne. Il n'y parvient qu'au VIIe siècle. Cette situation isolée favorise la particularité du bouddhisme tibétain. Par là, se répandra le lamaïsme qui fleurira à la cour des Mongols.*

Si les efforts missionnaires d'Açoka échouent vers l'occident, si le bouddhisme ne dépasse pas encore l'Himalaya où il trouvera un de ses foyers d'expansion, les missionnaires de l'empereur vont tracer les deux grandes voies de propagation de cette doctrine : par les deux routes de la soie, par terre et par mer ; vers l'Asie centrale, ce sera

1. Au début du bouddhisme les *stoupas* étaient des monuments funéraires destinés à abriter des reliques du Bouddha lui-même puis devinrent des reliquaires pour les restes de ses disciples, et enfin des monuments votifs ou commémoratifs ; partout ils sont couronnés par une coupole caractéristique.

la voie royale du Grand Véhicule, tandis que Ceylan sera le principal foyer de diffusion du Petit Véhicule.

Au nord-ouest, suivant les chemins des conquérants et des marchands, à partir de Taxila, par le Gandhara et la fameuse passe de Khyber, le bouddhisme rejoint la Sogdiane et la Bactriane. À travers l'Afghanistan, la voie des pèlerins s'unit alors à celle des caravanes au nord de la chaîne himalayenne. La région de l'Afghanistan et du Nord du Pakistan est véritablement celle d'une civilisation gréco-bouddhique. La situation politique de cette région est instable : vers 250 av. J.-C., un gouverneur gréco-bactrien crée un royaume indépendant de celui des Séleucides. Il commence à étendre son influence vers le sud et l'Inde. Vers 135 av. J.-C., advient le temps des déferlements nomades ; les souverains helléniques sont supplantés. Les Yue-tche migrent dans cette région et y fondent l'Empire indo-scythe kouchan. Ces péripéties n'ont jamais empêché la région d'être un lieu de rencontres culturelles intenses. Il en naîtra des formes réellement originales sous la dynastie kouchane au début de notre ère.

Les historiens ne sont pas absolument certains des dates du règne du plus important souverain, Kanishka[1]*, mais il est possible que ce règne coïncide avec celui de Trajan et les expéditions militaires de Pan Tchao. En d'autres termes, il y aurait simultanéité entre l'apogée de l'Empire indo-scythe, la plus grande expansion vers l'est de l'Empire romain et le moment où la Chine porte son autorité plus loin que jamais sur la route des caravanes d'Asie centrale et sur le chemin de l'Inde. Dans tous les cas, au tournant du* II*e siècle se trouvent réunies les conditions idéales pour le développement des routes de la soie et du commerce en général. D'autant qu'a lieu un intense mouvement diplomatique. Les empires se cherchent, les mondes tentent de se rencontrer. En 82 ap. J.-C., une ambassade parthe parvient en Chine. Dans les vingt ans qui suivent, tandis que Gan Ying, le lieutenant de Pan Tchao, échoue par pusillanimité dans sa mission vers Rome, les Kouchan, eux,*

1. Ils hésitent entre 78-110 et 144-172.

envoient vraiment une ambassade à Rome, comme les Indiens. À peu près à la même date, les envoyés du marchand Maes Titianos tentent de faire un relevé du chemin qui conduit au pays qui sait fabriquer la soie. Le creuset culturel kouchan fonctionne alors dans des conditions idéales. L'expansion du bouddhisme n'en est qu'un des aspects.

C'est par cette voie des caravanes que la doctrine de l'Éveil ira jusqu'en Chine, avant que les pèlerins chinois n'empruntent ces mêmes routes et partent à la recherche des sources authentiques du bouddhisme.

VI
De l'Orient vers l'Orient

« C'est à vous que je m'adresse, ô moines mendiants : être et périr, telle est la loi de toutes choses. Ne relâchez pas vos efforts. »

Le Gautama Bouddha, longtemps demeuré parmi les mortels par pure compassion, afin de leur enseigner le secret de la délivrance, s'apprête à se fondre dans le nirvana[1] lorsqu'il prononce cette dernière phrase. Il disperse ses disciples à travers le monde. Il les envoie enseigner la voie de l'Éveil à tous les humains. Ainsi commence, en ce Ve siècle avant notre ère, un des plus vastes mouvements culturels de tous les temps.

La propagation de la doctrine de l'Éveil offre l'illustration la plus claire d'un constat maintenant banal : les principales richesses transportées sur les voies commerciales sont des idées. Le marchand et le moine suivent à l'évidence les mêmes chemins. Les routes du bouddhisme se confondent largement avec celles de la soie. Mais ceci n'explique pas si aisément cela. Il y a un mystère du bouddhisme.

1. Peut-être en 483 av. J.-C., mais les dates du Bouddha varient considérablement entre VIIe et Ve siècle av. J.-C.

Comment le bouddhisme se répand-il ? Quels sont les instruments de sa longue transmission ? Le grand voyage du bouddhisme, dont les traces se retrouvent aussi bien dans le Gandhara que dans les grottes de Touen-houang, tant à Java qu'en Corée, est loin d'être expliqué.

Première manifestation des liens particuliers et surprenants que cette doctrine multiforme entretient avec les routes de la soie : elle se répand d'ouest en est, jamais l'inverse. Quand vient le temps du reflux, le bouddhisme disparaît presque de son foyer d'origine, l'Inde[1] ; il ne résiste pas au choc de l'Islam. Il n'y résiste pas davantage en Asie centrale. Tant et si bien qu'on a peine à se rappeler, par exemple, que l'Afghanistan fut un intense foyer bouddhique ou à imaginer le poids du bouddhisme chez les Scythes, les Turcs ou les Mongols.

On l'a souvent décrit comme une croyance de marchands ou du moins une croyance qui se diffuse dans les pas des marchands. C'est aussi une religion de lettrés, et elle est souvent adoptée par les rois et aristocrates avant de se répandre dans le peuple. Cette foi universaliste est, sous certains aspects, égalitaire, et un formidable contrepoids aux castes de l'Inde.

Le bouddhisme peut apparaître comme un nihilisme absolu (il ne propose qu'une technique pour échapper à la souffrance, à l'illusion et au devenir) mais, en même temps, il règle la vie quotidienne de millions de gens. Le bouddhisme, sans promettre (au moins dans ses formes premières) le Paradis[2] ou des avantages immédiats, possède un remarquable pouvoir d'attraction. Cela lui permet à la fois d'être une doctrine des élites dans sa version la plus éthérée et de nourrir des croyances populaires qui mêlent de nombreuses superstitions, voire de

1. Contrairement à l'hindouisme et au jaïnisme, qui, eux, résisteront au choc de l'Islam.

2. Encore que la notion d'un Paradis où l'on accède par sa dévotion ne soit pas absente de certaines écoles de l'amidisme ou doctrine bouddhique de la Terre pure.

s'amalgamer à des cultes préexistants. Des moines errant à la recherche de la connaissance aux guerriers mongols obligés de composer avec cette éthique de la non-violence, toutes les situations sont possibles.

Le bouddhisme a donc de multiples visages. Tantôt il est proche de la superstition, divinise l'homme Bouddha, suscite rites et pratiques magiques ; tantôt il se présente comme la spéculation métaphysique la plus abstraite et intellectuellement la plus élaborée, la négation absolue du Moi et du monde. Toute religion produit ses mystiques et ses bigots, sa théologie spéculative et sa foi du charbonnier. Mais la variété des formes du bouddhisme dépasse ce qui peut s'imaginer.

Système de libération individuelle, le bouddhisme s'organise très rapidement autour d'un clergé avec ses dogmes, ses conciles, ses hérésies et son inévitable prosélytisme. Refusant l'illusion des sens comme celle du réel, il doit pourtant s'accommoder du besoin bien humain de représentations, d'objets de culte, de reliques, etc. L'immatérialisme bouddhiste s'exprime par des supports matériels. Cette ascèse d'une terrible abstraction se diffuse par des symboles et incarnations. Ce refus des illusions du réel se propage par des mots et des images. Cette religion sans Dieu a besoin d'icônes et de formules.

C'est pourquoi toutes les questions qui touchent aux reliques, aux représentations du Bouddha, à tout ce qui évoque le caractère physique de l'Éveillé ou des grands disciples ont une telle importance doctrinale[1]. Les icônes, images et symboles représentent pour le bouddhisme un enjeu décisif. Longtemps, jusqu'à une époque qui coïncide avec le début de l'ère chrétienne et avec l'art gréco-bouddhique du Gandhara, on a représenté le Bouddha uniquement par des symboles ou indices : traces de ses pas, arbre de la Méditation ou Roue de la Loi que l'Éveillé met en route. Avec sa figuration, les statues, les reliquaires, le développement des stoupas, avec les nouvelles

1. Le premier schisme du bouddhisme entre les Mahasamghika et les Sthaviravadins s'est produit sur la question de la pollution nocturne des *arhats* (les adeptes qui ont atteint la libération).

formes de culte, le bouddhisme subit un changement décisif. Ce sont aussi des images et icônes qui voyageront sur les routes et serviront de support à la foi en expansion. Des manuscrits également.

La Pérégrination vers l'ouest, un grand classique de la littérature chinoise, fait dire plus précisément à l'Éveillé : « Je dispose présentement de trois corbeilles de véridiques écritures qui pourraient inciter ces gens à pratiquer le bien[1]... Les trois corbeilles comptent trente-cinq sections qui comprennent quinze mille cent quarante-quatre rouleaux : ce sont les écritures qui permettent de cultiver la Vérité, c'est la porte qui mène au Bien. Je voudrais les offrir aux terres orientales. » C'est dire combien la diffusion de la première grande religion à partir vers l'Orient des routes de la soie s'est traduite par un intense mouvement d'écritures, de manuscrits, et d'idées. Si le bouddhisme n'est pas une religion du Livre, l'écrit y tient pourtant une place primordiale. Il n'y a pas de parole révélée, mais un enseignement. Il faut passer par la discipline, la pensée et la volonté pour se libérer de la pensée, de la discipline et de la volonté.

Il y a aussi la pérégrination des hommes, prédicateurs répandant les « quatre vérités[2] », représentants d'une organisation missionnaire, de l'armée des moines soumis à une hiérarchie et à une discipline. Il y a aussi les pèlerins à la recherche du canon et de la pureté originelle, en quête des écrits fondateurs, grands témoins de l'intensité des échanges à travers le continent. Ils sont parmi les premiers explorateurs et écrivains des routes de la soie. Tous sont des lettrés.

Des images, des écrits, des hommes : telle est la trilogie qui commande le voyage du bouddhisme.

---

1. Les trois corbeilles (Tripitaka) des écritures bouddhiques : les soutras du Bouddha, le vinaya (la discipline), et l'abhidharma (la doctrine).

2. Les quatre vérités enseignées par le Bouddha : tout est souffrance ; l'origine de la souffrance est le désir ; l'abolition du désir entraîne l'abolition de la souffrance ; le Chemin du milieu bouddhique mène à l'extinction de la souffrance.

Açoka, empereur au service de Bouddha

Sa diffusion commence véritablement avec Açoka[1], l'empereur maurya, le premier souverain à se convertir. Il décide d'établir un dharma, une loi temporelle inspirée de la loi divine et de faire en sorte que l'ordre humain soit en harmonie avec l'ordre cosmique. Son règne est un âge d'or, pour les bouddhistes un modèle politique. Une inscription gravée en grec et en araméen, à Kandahar en Afghanistan du Sud, remarquable symbole de la rencontre des cultures qui préside à l'aventure d'Açoka, raconte : « Le Roi du Noble Regard, après que dix ans de son règne se furent accomplis, manifesta aux hommes la vertu de la piété. Et, à partir de ce moment, les hommes ont été poussés à devenir pieux ; partout sur terre, tout a prospéré. Et le Roi s'abstient de tuer des êtres vivants ; ainsi font ses sujets. Les chasseurs et les pêcheurs du Roi ont arrêté de chasser. » Si l'on peut douter que le végétarisme triomphe dans tout l'Empire, il est certain qu'Açoka ne néglige aucun effort pour diffuser la doctrine du Bouddha, tout en tolérant les autres religions. Il aurait, dit-on, entretenu soixante-quatre mille moines, bâtissant sans relâche monastères et reliquaires. On comprend la gloire dont jouit l'empereur auprès des fidèles. Il est à la fois un conquérant, l'incarnation du souverain bouddhiste idéal et le grand propagateur de la foi. Il patronne un concile, le troisième, qui tente, déjà, de clarifier la situation doctrinale : la Samgha, la communauté, est alors divisée en dix-huit écoles (et le temps des grands schismes n'est pas encore venu !).

Mais surtout, Açoka envoie mission sur mission pour convertir d'autres souverains : Antiochos II de Syrie, Ptolémée II d'Égypte, Magas de Cyrène, Antigone Gonatas de Macédoine, Alexandre II d'Épire, partout à travers le monde hellénique, dont lui Açoka est aussi l'héritier. Il est même question d'écrits bouddhiques recueillis à la

1. Açoka vécut entre 274 et 234 av. J.-C. env. ; il est petit-fils de Chandragupta, fondateur de la dynastie des Maurya. Voir le chapitre I.

bibliothèque d'Alexandrie et probablement offerts à Ptolémée II. Le monarque indien envoie non seulement des ambassadeurs, mais aussi des missionnaires à plusieurs souverains hellénistiques. Malgré ces manuscrits hypothétiques, et malgré de nombreuses occasions de contacts (elles, tout à fait avérées), la culture du monde méditerranéen ignorera le bouddhisme et ses idées pendant un temps incroyablement long. Le réseau de transmission des routes de la soie nous offre là sa plus grande « panne » : l'idée bouddhiste ne voyage pas à l'ouest, l'information pourtant accessible se perd ou n'est pas comprise.

De ces missions, des manuscrits donnés à la bibliothèque d'Alexandrie, nous ne saurons plus rien.

Après cette impulsion, doté du double soutien d'un État puissant et d'une organisation monastique efficace, le bouddhisme emprunte une voie qui le mènera au nord dans les royaumes de Bactriane et de Sogdiane et au sud dans le royaume de Ceylan. Ces deux régions seront bientôt des centres de diffusion de la doctrine et de l'art bouddhiques.

Là où sont passés les guerriers, puis les marchands, passeront les moines et les pèlerins, suivant les éternels chemins qu'impose la topographie.

À l'époque d'Açoka, les plus spectaculaires succès sont remportés au sud, sur la route maritime de la soie. Si une tradition veut que des missionnaires d'Açoka soient parvenus en Birmanie et en Thaïlande, c'est cependant Ceylan qui devient un des hauts lieux du bouddhisme comme elle est le point de jonction des routes de l'Orient et de l'Occident. De plus, la monarchie cinghalaise a une chronique historique qui retrace l'histoire du bouddhisme dans l'île et ses rapports avec le monde extérieur.

Mahinda, fils d'Açoka, vient lui-même prêcher sur l'île. Sa prédication reçoit un tel succès que bientôt le roi et le peuple se convertissent et que se crée un ordre monastique actif. Ceylan était déjà en contact étroit avec Pataliputra, capitale des Maurya ; les liens des deux royaumes se resserrent encore. Mieux : une ambassade cinghalaise demande maintenant à Açoka d'envoyer sa fille Sangamitta Theri pour établir sur l'île un ordre de nonnes, équivalent féminin de l'ordre des bhiksus, les moines mendiants, né après le passage de Mahinda.

L'île de la Doctrine

La princesse maurya accomplit pleinement sa mission, mais elle fait plus, elle porte à Ceylan un plant de l'arbre du Bouddha, le figuier sous lequel l'Éveillé a connu la révélation[1]. Ce détail a son importance, car il inaugure une géographie sacrée de Ceylan, une dialectique des lieux et des dieux. Désormais, sur l'« île de la Doctrine », tous les événements spirituels seront liés à certains sites et à certains objets qui nourrissent les représentations fantasmatiques que l'on se fait de Ceylan. Ici, le bouddhisme semble être animé par une double tendance : enracinement et mouvement.

Enracinement : l'arbre de Bouddha le symbolise. À ses pieds, un pèlerin chinois place le trône de Diamant, créé en même temps que le monde, le point central de l'univers. Et le monastère édifié pour abriter le plant de figuier devient un haut lieu de conservation de l'orthodoxie[2]. Là où est l'arbre sacré est, en somme, la vérité.

Si le sacré s'enracine partout à Ceylan, l'île a surtout vocation à être son carrefour. La chronique mentionne, au milieu du IIe siècle avant notre ère, une cérémonie d'inauguration d'un monument bouddhique, le Mhathoupa. Y auraient participé des frères venus de tout le sous-continent indien, de Bactriane et même d'une « Alexandrie » non identifiée. Ceylan est un grand centre de diffusion du Theravada, le Petit Véhicule[3], forme qui

---

1. On peut toujours voir cet arbre au Sri Lanka ou du moins un plant qui en est issu.

2. La doctrine de l'école Theravada est une référence : quand ils veulent mettre fin aux querelles doctrinales, le roi de Sri Lanka au XIIe siècle ou celui de Birmanie au XVe se tournent vers le monastère et imposent aux moines de se rallier à la position juste qui ne peut être que celle que l'on professe à Mahavihara (le grand monastère).

3. Cependant le Grand Véhicule, le Mahayana, progresse à Ceylan au début du IIIe siècle ap. J.-C., avant de subir une éclipse au XIIIe siècle.

remonte à Açoka. Mieux : le bouddhisme qui se veut le plus pur et le plus originel, celui des « doyens », le Sthavira[1], trouve dans l'île son conservatoire et son centre de diffusion. De Ceylan, il se répand dans toute l'Asie du Sud-Est. Même si le bouddhisme cinghalais a connu des tendances moins orthodoxes, la communauté de l'île est restée très longtemps en contact avec celle de l'Inde et a assumé pleinement son rôle de relais vers le Sud-Est asiatique. Elle a attiré prédicateurs et pèlerins, y compris de Chine. Si l'on ajoute l'ancienneté des liens avec l'Occident antique, l'intensité des rapports commerciaux et culturels, avec l'Inde bien sûr, mais aussi avec le monde islamique, le Sud-Est asiatique et la Chine, il est très clair que Ceylan est par excellence le carrefour de la route maritime de la soie. Richesses matérielles comme spirituelles transitent par ses ports. Son rôle de carrefour du bouddhisme ne fait que renforcer sa vocation naturelle.

Quant au mouvement, il n'en est de meilleure illustration que les pérégrinations vraies ou supposées de la dent de Bouddha. Elle est accueillie dans l'île au IVe siècle ap. J.-C. ; à partir de là, le pouvoir de la dynastie régnante est lié à sa possession. Là où est la dent, là est la capitale, le pôle mystique du pouvoir. Chaque fois que les souverains changent leur capitale, ils transportent le bien le plus précieux, la dent devenue symbole de souveraineté. Ainsi d'Anuradhapura, capitale et centre religieux pendant douze siècles, à Polonnaruva puis Kandy, une des plus durables monarchies du monde ne s'éloigne jamais de la relique.

Les légendes nombreuses et contradictoires qui courent sur cette dent sont significatives de la circulation des mythes et des objets sacrés. La tradition veut que les quatre dents de Bouddha soient les plus précieuses des

---

1. Le Sthavira s'est séparé lors du second concile bouddhique du Mahasamgika. Les partisans de cette école suivent les thèses du moine Mahadeva qui soutient que l'arhat, le saint délivré, reste soumis à des tentations humaines. Si bien que le premier schisme du bouddhisme s'est produit à propos de la question des pollutions nocturnes de l'arhat !

reliques. Les dieux en prirent une, les serpents une seconde. Quant aux deux qui revinrent aux hommes, elles furent recueillies aux deux grands carrefours du bouddhisme : l'une dans la capitale du Gandhara (Pechawar), la dernière à Ceylan. Au VIIe siècle, le lettré et pèlerin chinois Yi-tsing[1] raconte les précautions extraordinaires déployées autour de la relique : « Les gens de l'île du Fils du Lion gardent cette dent de Fo[2] avec des précautions d'une sûreté extraordinaire. Ils l'ont placée sur une haute tour ; ils ferment avec des serrures compliquées des portes multiples. Sur la serrure ils ont fait un sceau et cinq fonctionnaires y apposent leur cachet. Si on ouvre une porte, un bruit retentissant remplit la ville et les faubourgs. Chaque jour on vient faire des offrandes à cette relique. Des fleurs odorantes la couvrent de tous côtés. Si on implore la dent avec une grande foi, elle apparaît au-dessus des fleurs où il se produit un éclat surnaturel. »

En effet, la légende cinghalaise veut que le jour où la dent disparaîtra, les rakshas, les démons, dévoreront l'île. Ce qui faillit se produire quand un pèlerin chinois prédécesseur de Yi-tsing s'introduisit dans la tour et essaya de dérober la dent.

Une autre tradition rapportée par Yi-tsing veut que la dent doive un jour aller en Chine. Au début de notre XXe siècle, on montrait dans un monastère de Fou-tchéou une dent de Bouddha. Selon certains textes, au VIe siècle, un ambassadeur perse aurait offert cette relique à la Chine. Pour d'autres, l'événement se serait produit sous Koubilaï Khan, petit-fils de Gengis Khan et premier empereur mongol de Chine. Cette dernière tradition est confirmée par Marco Polo qui nous donne là un nouvel exemple de la façon dont les légendes des routes de la soie sont mésinterprétées et réinterprétées selon les cultures et les religions. En effet, le Vénitien raconte comment un Sarrasin persuada le grand khan que le roi de Ceylan

---

1. Voir chapitre suivant.
2. Fo est le nom chinois de Bouddha.

gardait des reliques d'Adam, dont les dents du premier homme. Une ambassade mongole navigua jusqu'à Ceylan et vint en grande pompe réclamer les reliques. Ce qui fut accordé. « Et quand les ambassadeurs s'en revinrent à la grande ville de Khanbalik où était le grand khan, ils lui firent savoir comment ils lui ramenaient ce pour quoi il les avait envoyés. Le grand khan ordonna donc à tous ses gens réguliers et autres d'aller à la rencontre de ces reliques dont on leur disait qu'elles étaient celles d'Adam. »

Par deux fois, la relique quitta l'île. Une première fois en 1315, les Tamouls s'en emparèrent et le roi de Ceylan alla la récupérer jusqu'en Inde, les armes à la main. La seconde fois, ce fut en 1560, lorsque les Portugais envahirent Ceylan. Ils prirent la dent de l'« idole », l'emmenèrent et la détruisirent solennellement. Mais les Cinghalais affirment qu'il ne s'agissait que d'une imitation. En tout cas, aujourd'hui, on peut voir la fameuse dent à Kandy et les rakshas n'ont toujours pas dévoré l'île.

L'Empire oublié

L'autre point de passage obligé, cette fois sur la route terrestre, ce sont les royaumes aujourd'hui oubliés d'Asie centrale. Géographiquement, ils sont proches de la vallée du Gange où naît le bouddhisme et sont à la frontière de l'empire d'Açoka, là où son grand-père le fondateur de la dynastie des Maurya et Séleucos Nicator, fondateur de la dynastie des Séleucides, ont tracé d'un commun accord la limite de leur territoire et uni leur sang.

La dynastie kouchane occupe le devant de la scène jusqu'au début du IIIe siècle quand elle affronte les Perses sassanides. Les derniers Kouchan tiendront même dans la région de Kaboul jusqu'à l'arrivée des Huns hephtalites au Ve siècle. À son apogée, l'Empire kouchan étend son influence sur toute l'Inde septentrionale, et au nord de l'Hindou Kouch et de l'Afghanistan jusqu'à la mer d'Aral et aux oasis du Tarim, au sud du désert de Taklamakan. Ainsi, après avoir été disputé par les Perses ou les Grecs à l'ouest, les Chinois et quelques tribus nomades à l'est, le cœur des routes de la soie possède enfin son propre empire, libre de tout suzerain, plus porté au négoce qu'à la guerre.

Cette grande puissance commerçante préfère traiter pacifiquement avec la Chine pour leur profit mutuel : un roi kouchan demande la main d'une princesse chinoise vers la fin du Ier siècle. Par ailleurs, une ambassade kouchane est envoyée à Rome. Cette nouvelle force va rivaliser pendant les deux premiers siècles de notre ère avec les Parthes dans le rôle d'intermédiaire entre l'Orient et l'Occident.

Arts et religions seront des éléments fondamentaux de cet empire civilisateur et bâtisseur qui les utilisera pour exporter ses propres valeurs. Ce n'est pas par hasard que le règne du plus grand souverain indo-scythe, Kanishka, au début du IIe siècle, correspond à la floraison de l'art gréco-bouddhique du Gandhara. On dit le souverain kouchan converti au bouddhisme ; on lui attribue même la convocation d'un grand concile qui aurait donné une impulsion décisive au Grand Véhicule. Sous son règne, le sanscrit devient la langue littéraire prédominante, c'est aussi celle des textes majeurs du Grand Véhicule, comme le pali est celle du Petit Véhicule. Sous Kanishka encore, au moment où s'accomplit la révolution qu'est la représentation physique du Bouddha, se développe l'art de Mathoura, contrepoids « indianisant » de celui très hellénisé du Gandhara.

Cette grandeur de Kanishka est célébrée par le pèlerin chinois Hiuan-tsang : « Dans la quatre centième année après le nirvana de Jou-Lai, Kanishka, roi de Gandhara, monta sur le trône à l'époque fixée par le ciel. L'influence de ses lois se fit sentir au loin et les peuples étrangers vinrent se soumettre à lui. Dans les moments de loisir que lui laissaient les affaires publiques, il étudiait les livres de Bouddha. Chaque jour, il priait un religieux d'entrer dans son palais pour lui expliquer la loi. »

Mais les Kouchan pratiquent aussi le syncrétisme religieux : Kanishka élève des temples du feu zoroastriens, et, au dos de ses monnaies, on trouve pareillement divinités bouddhistes, hindoues, iraniennes, gréco-romaines.

Route du bouddhisme, voie des arts

C'est pourtant le bouddhisme qui se répand de la façon la plus spectaculaire et laisse les traces les plus visibles. Il profite d'une circonstance historique exceptionnelle : l'Empire indo-scythe et l'Empire chinois semblent simultanément en pleine période d'ouverture. L'immense mouvement culturel qui orne les routes des caravanes de représentations peintes et sculptées de l'Éveillé et de ses disciples remplit les grottes de figures pieuses, fait fleurir monastères et stoupas dans toute l'Asie centrale. Cela aussi commence avec les Kouchan. Mais pour que ce mouvement parvînt en Chine, il fallait que celle-ci eût assuré la sécurité des oasis au nord et au sud du Tarim.

Tout au long de ce chemin, l'art gréco-bouddhique, les prédicateurs et les caravanes vont de concert. Artisans et artistes aussi. À Khotan, on découvre des intailles romaines représentant des dieux latins et, à Lob-nor, une fresque du IIIe siècle signée d'un certain Tita mêle bouddhas et personnages en bonnet phrygien, bhiksus et joueuses de mandoline. Témoignages de l'art antique et iconographie bouddhique mènent comme dans un jeu de piste à Touen-houang, aux portes de la Chine, là où précisément va s'épanouir cet art bouddhique, et vers les grottes qui constitueront les bibliothèques des routes de la soie.

Mais le bouddhisme subit une mutation profonde : le Grand Véhicule, le bouddhisme Mahayana, commence à se développer aux Ier et IIe siècles. Pour simplifier[1] : la nouvelle doctrine, qui donne naissance à de multiples tendances et sectes, prône davantage un bouddhisme de compassion, de dévotion, moins abstrait et intellectuel

---

1. Il serait néanmoins plus que simpliste de faire de Ceylan le foyer de propagation du Petit Véhicule et de la Bactriane celui du Grand Véhicule. La réalité est plus complexe.

que le Petit Véhicule. En même temps, le Mahayana favorise la recherche de l'état de bodhisattva : celui qui, bien qu'il ait atteint l'Éveil, et puisse se fondre dans le nirvana pour échapper au cycle du devenir, décide de rester parmi les hommes pour les aider. Le programme plus « actif » et plus largement ouvert du Grand Véhicule, le respect pour les bodhisattvas contiennent en germe l'équivalent d'un culte des saints et des reliques.

Les lieux vénérés, en particulier les stoupas autour desquels se regroupent les moines sur les routes de la soie, se multiplient, et avec eux les légendes, dont celles qui prêtent au Bouddha lui-même des voyages imaginaires. La tendance artistique à la figuration se développe : elle est devenue indispensable pour une religion prosélyte et universelle qui a besoin du langage de l'image. Ou, pour le moins, il y a coïncidence entre tous ces facteurs : renouveau doctrinal et artistique, poussée bouddhique en Asie centrale, paix kouchane et commerce.

Message du Seigneur Fo

Progressant vers l'est, le bouddhisme doit atteindre la Chine. Pareil événement appelle quelque histoire merveilleuse survenue à un empereur. C'est Ming-Ti (58-75 ap. J.-C.), des Han postérieurs. Au cours d'un rêve, il voit une figure inconnue, de haute taille, avec une sorte de lumière au sommet du crâne. Le Fils du Ciel demande à ses conseillers de lui expliquer le sens de ce rêve. Et, nous dit la *Chronique des Han*, ceux-ci lui racontent : « Dans la région de l'Occident, il y a un Dieu nommé Fo : sa taille est haute de seize pieds et il a la couleur de l'or jaune. » L'empereur envoie une ambassade s'informer de ce Fo, le nom chinois du Bouddha. La mission se dirige vers le T'ien-tchou, vers l'Inde, preuve que les conseillers impériaux savaient d'où venait le nouveau culte qui se répandait en Asie. La légende raconte que les envoyés impériaux rencontrent deux moines dans les déserts d'Asie centrale et, avec eux, un cheval blanc qui porte sur son dos une image de Bouddha ainsi que des manuscrits du Grand

Véhicule. Si cette histoire est vraie, on peut imaginer la statue que portait le cheval comme du plus pur style gandharien : une sorte d'Apollon différant simplement de ses équivalents hellénistiques par quelques signes iconographiques conventionnels. On ramène donc la représentation du Seigneur Fo, ses messagers et ses paroles. Pour garder ce précieux legs, on construit à Lo-yang, la capitale, un monastère auquel est donné tout naturellement le nom de Cheval blanc. C'était en l'an 65 de notre ère. En réalité, nous disent les historiens, il y avait déjà en Chine, à l'époque où se situe la légende, une communauté patronnée par le frère de l'empereur et le Seigneur Fo devait avoir des fidèles parmi les étrangers voyageant en Chine.

La chronique de la dynastie raconte : « C'est depuis que dans le Royaume du Milieu on se mit à figurer des images divines. Jin, roi des Tchou, fut le premier à ajouter foi au bouddhisme et ce fut ainsi que dans le Royaume du Milieu il se trouva quelques personnes pour pratiquer cette religion. Plus tard l'empereur Houan[1] fut adonné à des choses divines et sacrifia plusieurs fois au Bouddha et à Lao-tseu. Le peuple se mit graduellement à pratiquer cette religion qui par la suite devint très florissante. »

D'Inde et d'Asie centrale parviennent textes et peintures. Arrivent aussi des missionnaires. Les premiers sont sans doute des Scythes. Des textes, des images, des prédicateurs : revoilà la trilogie de la diffusion du bouddhisme. La Chine sait désormais que la source de la vérité est en Inde.

Mais les images sont étranges, les textes sont en sanscrit ou en d'autres langues mal connues et il vient peu de missionnaires indiens. De surcroît, ils ne croient pas nécessaire de consigner ce qu'ils voient. Très vite se développe le besoin d'un savoir authentique. Les bouddhistes cultivés soupçonnent que les textes sur lesquels ils s'appuient ont besoin d'être vérifiés et complétés, début d'une obsession qui va durer des siècles. Pendant toute la période

1. 147-167 ap. J.-C.

des Han, jusqu'au IIIe siècle, la pénétration du bouddhisme est, du reste, beaucoup moins éclatante que ne le laisseraient croire ces histoires de rêves d'empereurs et de conversions. Le bouddhisme chinois des premiers temps est une religion d'étrangers. S'il connaît le succès, c'est souvent dans les milieux populaires et taoïstes. Encore faut-il savoir de quel bouddhisme il s'agit. Ici commence l'histoire d'une longue équivoque.

Lao-tseu ou Bouddha

Pour une part, l'intérêt que suscite la doctrine de Fo est lié à ce qui se dit des prétendues pratiques magiques, des techniques de respiration. Mais, plus grave, comme toutes les religions qui traversent la Grande Muraille, l'enseignement de Bouddha tend au syncrétisme, en l'occurrence avec le taoïsme. L'idée bouddhique que toute existence est souffrance, sa méthode qui propose l'anéantissement du Moi et non la pratique d'une sagesse modérée conforme aux besoins de la tradition, son manque de révérence pour la famille, son absence de buts pratiques clairement perceptibles, son caractère étranger, tout cela surprend. Et ces langues étonnantes, pali et sanscrit, qui semblent destinées à formuler des idées si incompréhensibles ! Du coup, la tentation est grande de « traduire » les concepts bouddhistes en catégories taoïstes. Le dharma (la loi cosmique) devient le tao, le nirvana (l'extinction, la fuite du cycle des renaissances but de toute pratique) est assimilé au wou-wei (non-agir taoïste)... L'absence de vocabulaire adéquat engendre la confusion, aggravée par la politique récupératrice d'astucieux taoïstes.

Vers l'an 300, un ouvrage taoïste, le *Classique sur la conversion des barbares*, raconte comment le maître du tao, Lao-tseu, après avoir quitté la Chine monté sur un bœuf et avoir disparu vers l'ouest, prêcha en Inde et convertit un certain Gautama. La doctrine étrangère n'aurait donc été qu'un sous-produit du vieux et vénérable tao. Du coup, dans la controverse historico-doctrinale, les bouddhistes chinois se croient obligés de vieillir l'Éveillé de cinq ou six cents ans pour montrer qu'il n'a pu en aucun cas être influencé par Lao-tseu : ce dernier, contemporain de Confucius, n'a vécu « qu' » au VIe siècle av. J.-C.[1].

Bref, jusqu'au IIIe siècle ap. J.-C., époque où apparaissent les premières traductions importantes du sanscrit en chinois, le bouddhisme se répand sans rectitude doctrinale. L'assimilation des concepts de la nouvelle religion à ceux du taoïsme désole les intellectuels et fait sans doute ricaner les lettrés confucéens. Les rites sont mal connus et déformés, ce qui choque les pratiquants sincères. Dans un pays où l'écrit a une telle importance et où l'on est profondément persuadé que la confusion dans les désignations ne peut qu'engendrer la confusion dans les esprits, cette question des textes authentiques devient cruciale.

En dépit de ce désordre des mots et des idées, le bouddhisme chinois se développe jusqu'à devenir une des trois grandes religions de l'Empire, concurrent du confucianisme et du taoïsme. Mais le triptyque va évoluer bizarrement. Il y aura des influences réciproques : d'abord avec le taoïsme et, beaucoup plus tard, avec le néo-confucianisme. Pourtant, en dépit du fameux syncrétisme chinois, le conflit entre les trois doctrines ne cesse jamais, en grande partie pour des raisons politiques. Le confucianisme, doctrine d'État, doctrine de lettrés, doctrine des fonctionnaires, tient souvent à défendre son statut de religion officielle contre la concurrence ; mais certains taoïstes combattent aussi le bouddhisme avec vigueur. Cette bataille triangulaire n'est pas égale et le bouddhisme reste

---

1. Le *Classique sur la conversion des barbares, Huahu jing*, datant de 300 ap. J.-C., est donc au centre d'une controverse importante dont l'enjeu est le statut de religion d'État pour le taoïsme. Rappelons qu'en réalité les dates les plus vraisemblables de Gautama Bouddha sont environ 560-480 av. J.-C., et pour Lao-tseu on parle de façon plus floue du VIe siècle. Avec toutes les réserves qu'implique cette datation, on peut supposer que Confucius, Lao-tseu, Bouddha, Mahavira, fondateur du jaïnisme, Pythagore, Héraclite, Parménide ont été quasi contemporains, ce qui fait de la seconde moitié du VIe siècle av. J.-C. la période la plus féconde de l'histoire de la pensée.

toujours étranger et suspect. Il subit même une période de persécutions au IXe siècle. Un peu comme si Charlemagne avait proscrit le christianisme en tant que religion orientale (à quelques décennies près, l'arrivée du bouddhisme en Chine correspond à celle du christianisme en Europe).

La route de la Terre pure

Un autre trait du bouddhisme chinois est son incroyable créativité intellectuelle. Les écoles fleurissent au cours des siècles. Or, dans la déplorable situation de pénurie de textes authentiques, ou de fantastique appétit pour le canon originel, le moindre soutra nouveau introduit en Chine suscite des développements doctrinaux et souvent une nouvelle école. L'exemple le plus frappant est celui du bouddhisme Amitaba.

Chaque ligne peut avoir son importance. Ainsi, un des premiers textes sanscrits importés vers le milieu du IIe siècle est le *Soutra du pays de la Félicité*, dont les traducteurs chinois donneront plus tard une version courte, le *Soutra Amitaba (de la lumière infinie)*. Ces textes et quelques autres propres à la seule tradition du Grand Véhicule contiennent des allusions à des « terres pures ». Sur la base de ces lignes se développe un des principaux mouvements spécifiques au bouddhisme chinois (puis du Japon où il se répand). L'école de la Terre pure et les autres composantes du grand mouvement amidiste, en introduisant le culte du Bouddha Amita, ouvrent d'immenses possibilités au développement d'un culte tout entier basé sur la dévotion et beaucoup plus proche des formes de religion populaire que nous connaissons en Europe. Sans trop caricaturer, on peut dire que les dévots de la Terre pure croient en la compassion de ce Bouddha Amita, persuadés, par exemple, qu'en évoquant son nom au moment de leur mort, ils seront « sauvés ». Par ailleurs, l'amidisme introduit la notion de paradis. Certes, les bouddhistes soulignent qu'un tel paradis a surtout un sens symbolique et représente une période d'attente avant la fusion avec le Grand Tout. Certes, il serait dangereux de plaquer des catégories chrétiennes comme repentir, dévotion, rédemption, salut de l'âme, Éden, etc., sur une pensée qui se rattache quand même au bouddhisme. Pourtant, cette idée de Terre pure introduit de singuliers changements par rapport à la volonté primitive de renoncement à toutes les illusions — y compris celle de sa propre existence et celle de la volonté de libération. Tout cela est à rebours de l'abstraction bouddhiste. À ce mythe de la Terre pure où renaissent les croyants et où ils jouiront de la félicité[1], on prête des origines centrasiatiques. Un prince parthe aurait introduit en Chine la dévotion à Amita, dont le culte était très répandu chez les Kouchan[2].

La doctrine de la Terre pure débouche sur la croyance en une multitude de « pays de Bouddha » aux différents points de l'horizon. Le plus célèbre de ces pays, le Paradis de l'Ouest, le refuge mythique, est abondamment décrit et représenté, notamment dans les grottes de Touen-houang. C'est le lieu d'une félicité sans nom qui ignore la mort et où se retrouvent toutes les composantes des contrées paradisiaques : les pierres précieuses qui poussent comme des plantes, les suaves effluves, la surabondance des fruits et des fleurs. Ce lieu de la renaissance bienheureuse est interdit aux femmes. En son centre règne le Bouddha Amitaba flanqué de deux disciples. Ce qui devrait être une pure image destinée à représenter un état de conscience devient vite dans la superstition un lieu réel, une terre heureuse qui aurait une localisation géographique. Dans la cosmologie du bouddhisme, la Terre pure prend place au-dessus du mont Meru, centre du monde entouré des océans. En somme, l'amidisme a réintroduit dans le bouddhisme des

---

1. En tant que lieu d'une dernière incarnation avant l'accès définitif au nirvana, et première récompense des mérites « karmiques » de la vie, la Terre pure évoque le paradis « rouvert par le Christ » et où les âmes des justes attendent l'avènement final du Royaume des Cieux, un sujet qui préoccupa énormément les premiers théologiens.

2. Une source dans la mythologie mazdéenne et zoroastrienne est souvent évoquée et rapproche ce thème des mythologies iraniennes.

composantes de dévotion, de millénarisme et d'utopisme, bien éloignées des origines. Une fois de plus les routes de la soie favorisent le syncrétisme. C'est ce que pense au milieu du ve siècle l'auteur de l'*Histoire des Han* : « Serait-ce que les raisonnements subtils n'avaient point encore été traduits et qu'on se bornait à comprendre la doctrine d'une manière surnaturelle ? Quant aux enseignements qui exposent en détail comment il faut purifier son cœur et se délivrer des liens du désir et quant aux principes du vide de l'être et de leur non-existence simultanée, tout cela dérive des livres taoïstes... [Les bouddhistes] aiment l'exagération et sont déréglés ; ils content infiniment de merveilles et de mensonges... Leurs théories [...] ont bien des parties obscures et c'est pourquoi même les hommes intelligents sont souvent ébranlés par elles. »

Le temps des lettrés

La Terre pure de l'Ouest, il en existe une aussi pour les lettrés, l'Inde mythique, le pays de la rectitude doctrinale, l'origine des manuscrits désirés. L'itinéraire caravanier d'Asie centrale joue le rôle d'un lien vital.

Les relations religieuses directes avec l'Inde sont rares, le bouddhisme parvient souvent par le sud, par la route de l'Asie centrale. Arrive vers 148 un Parthe, Ang Shigao, dont la légende fait évidemment un prince héritier ayant renoncé au monde. Il fonde une école et un centre de traduction, un véritable bureau à Lo-yang, la capitale. Il apporte des textes, mais surtout introduit des techniques de méditation qui ne sont pas sans annoncer les futurs succès du ch'an (zen) en Chine. Ce centre est très actif, et rapidement bien d'autres missionnaires venus des royaumes centre-asiatiques se succèdent. Parmi les premiers traducteurs, des Parthes et des Yue-tche venus du Kouchana ; ils font œuvre de prosélytisme mais également œuvre littéraire. À partir de 335, les Chinois sont officiellement autorisés à entrer dans la Saṃgha ; il y a véritablement des ordres chinois. Le moine Chih-Tun (314-366), célèbre pour sa connaissance de la pensée taoïste, fonde l'école des « apparences prises comme telles ». Apparaissent aussi ce que les Chinois nomment « six maisons et sept écoles », de véritables écoles philosophiques, nourries de pensée taoïste et qui se livrent à de très savantes et très abstraites dissertations sur le concept de Wu (néant), de Li (ordre cosmique), etc. Une philosophie bouddhiste chinoise est née : elle produira sectes et écoles en grand nombre. Ce puissant mouvement doctrinal renforce le besoin de textes originaux. Dans aucune autre religion la question de la traduction n'a une telle importance. Être un grand traducteur ou être un grand saint sont presque synonymes.

Or, les bouddhistes chinois ne se contentent pas d'attendre les dons du pays de l'ouest, ils s'engagent dans une aventure de plusieurs siècles : la quête de l'enseignement et des manuscrits en Inde. Jamais il n'aura été aussi évident que les routes de la soie sont celles de l'écrit. Pendant plus de quatre siècles, des pèlerins écrivains feront le voyage, et tiendront ainsi une véritable mémoire des routes.

VII

Vers les sources indiennes

« Considérons depuis les temps anciens, dans le pays des immortels [la Chine] tous ceux qui ont été à l'étranger, faisant peu de cas de leur vie et la sacrifiant pour la Loi… Il y en eut qui franchirent à l'ouest la Barrière de Pourpre [la Grande Muraille] et marchèrent solitaires ; d'autres traversèrent la vaste mer et voyagèrent sans compagnon. Pour des dizaines qui verdirent et qui fleurirent et pour plusieurs qui entreprirent, il y en eut à peine un qui porta ses fruits et qui donna des résultats véritables. Il y en eut peu qui achevèrent leur œuvre. » C'est un survivant qui parle : Yi-tsing, un des inébranlables marcheurs de la foi, un des rassembleurs du canon, un des pérégrins des routes de la soie.

La discipline pure

De fait, l'intense mouvement des pèlerins bouddhistes constitue un phénomène unique. Pendant plus de trois siècles, les chercheurs de la foi s'en vont vers l'Ouest fabuleux en quête des manuscrits. Nombre de ceux qui reviennent en Chine avec de nouveaux soutras ramènent des idées neuves, et, souvent, créent leur propre école. Mais ces quêteurs de l'écrit, eux-mêmes écrivains, nous laissent des témoignages sur les pays traversés, d'autant plus précieux que ce sont pratiquement les premiers journaux de voyage des routes de la soie. Sur tout ce qui s'est déroulé jusque-là, sur les relations Orient/Occident depuis l'ambassade Tchang K'ien, nous n'avions pratiquement que de vagues allusions d'historiens ou de géographes, souvent quelques lignes pour une vie ou une aventure. Les prédicateurs venus de l'Inde ou de l'Asie centrale ne consignent rien de l'épopée du bouddhisme gagnant l'Empire. Tout change avec nos bibliothécaires aux pieds sanglants, nos intellectuels errant de Chine en Inde : ils gardent la mémoire.

Mais les temps sont troublés et les événements politiques interfèrent avec la circulation des marchandises et des pèlerins. En 220, le dernier empereur Han est déposé ; la Chine est déchirée pendant soixante ans, jusqu'à ce qu'une nouvelle dynastie, celle des Ts'in, restaure son unité, très provisoirement. Les grandes invasions des peuples turco-mongols commencent. Comme dans l'Empire romain de la décadence, les Barbares, tantôt envahisseurs, tantôt mercenaires, deviennent les maîtres du jeu. En 308, un chef hun se proclame héritier des Han. Pendant près de trois siècles, la Chine va être divisée en deux. Le Nord est livré aux barbares qui donnent une seule dynastie durable et puissante, celle des Wei (390-500). Le Sud est dominé par les derniers Ts'in, puis par cinq dynasties. Le tout sur fond d'anarchie, de misère et de guerres.

Cette longue période, plus de trois siècles de désordre, est pourtant celle où le bouddhisme s'implante et prospère en Chine. À moins que cette doctrine n'apparaisse aux masses comme une échappatoire aux malheurs de ces siècles. Les missionnaires poursuivent leur œuvre. On signale des Sogdiens, des Kouchan, des bouddhistes d'Asie centrale bien plus que d'Inde. Et cela va durer longtemps.

Au Sud, un bouddhisme plus intellectuel gagne lentement les élites chinoises, mais c'est paradoxalement au Nord, dans les dynasties barbares, que la doctrine de Fo progresse le plus vite et suscite une profonde dévotion populaire. Au IVe siècle, on honore particulièrement un moine kouchan, Fo-T'ou-Teng, qui réussit à convertir les Huns en utilisant quelque tour de magie propre à étonner ces fils de Hiong-nou : il transforme de l'encens en lotus aux pétales merveilleux. Son disciple chinois Tao-ngan (312-385) continue à traduire les textes sacrés et fonde un centre important à Lo-yang, la capitale orientale : on y rassemble et traduit les textes, on y fait œuvre de clarification doctrinale, on y fait venir des érudits de l'Inde, on y forme des prédicateurs et des futurs pèlerins. Déjà, vers le milieu du IIIe siècle, un moine de Lo-yang est parti jusqu'à Khotan pour se procurer le texte sanscrit de la *Perfection de la gnose*, mais il n'a pas laissé d'écrits. Ceux qui le suivront, au contraire, tenteront de garder le souvenir de leur voyage et écriront.

Vers les sources

Le premier d'entre eux est Fa-hien (vers 337-422). Moine depuis son plus jeune âge, il désire partir à la recherche du *Vinaya Pitaka*, les livres de la discipline monastique. En 399, il quitte la capitale chinoise avec trois compagnons. Il a choisi de passer par Touen-houang et Khotan, par la route qui borde les déserts et traverse les Pamirs et l'Hindou Kouch. Fa-hien raconte avec horreur les périls auxquels il s'expose. Ainsi, dans les déserts : « Il y a de nombreux démons et des vents brûlants... Bien que vous examiniez attentivement pour trouver votre chemin, vous ne savez où aller, les seules traces étant les os desséchés des morts. » Fa-hien se dirige vers l'Inde du Nord et la vallée du Gange où sont les quatre centres principaux de pèlerinage, correspondant aux quatre grandes étapes de la vie de Bouddha : le lieu de sa naissance, celui de son illumination, celui de son premier sermon et enfin celui de sa mort et de sa libération. À Bodhgaya, où est l'arbre sous lequel le Bouddha connut son illumination, Fa-hien croise les pas de pèlerins du monde entier. Plus tard, le temple élevé là sera l'objet d'une dévotion particulière et de nombreuses maquettes en ont été retrouvées dans tout le monde bouddhique : Pékin, Thaïlande, Tibet. Ces maquettes sont à la fois souvenirs de voyages et objets de piété.

Au monastère de Jetavana, dans le parc où l'Éveillé médita vingt-cinq ans, Fa-hien et un compagnon songent avec douleur à leur longue errance et à ceux qui ont abandonné ou sont morts en cours de route. Au moment où les deux Chinois sont ainsi saisis par la mélancolie, une foule de moines sort du monastère et leur demande d'où ils viennent. Ils répondent qu'ils sont du pays des Han. Les religieux s'émerveillent que l'on vienne de si loin étudier leur loi. « Depuis le temps que nous nous succédons, instructeurs et moines, nous n'avons jamais vu arriver jusqu'ici des hommes des Han qui suivent notre système. »

Lors d'une longue étape à Ceylan, en dépit des charmes de l'île merveilleuse, Fa-hien ressent la nostalgie de son pays. Il se procure un texte important : le canon d'une école du Petit Véhicule, puis rentre en Chine par la voie maritime. Le voyageur n'est guère rassuré lorsqu'il réalise l'empirisme des méthodes du capitaine pour faire le point sur l'océan Indien : « L'océan était très vaste et sans côtes. On ne pouvait dire ou reconnaître la direction. La navigation se poursuivait, suivant l'observation du soleil, de la lune et des étoiles. »

La mer est abominable : une première tempête rejette le moine sur la côte de Java. Il change de navire. Cette fois, la tempête dévie son bateau, si bien qu'il aborde à Chantoung et non à Canton comme il le désirait. À la liste de ses malheurs s'ajoute la fripouillerie des marins qui tentent de le dépouiller. Il ne revient en Chine qu'en 414 : six ans pour atteindre le centre de l'Inde, six ans de séjour au pays du Bouddha, trois ans pour revenir. Trente royaumes traversés, quinze ans de voyage, Fa-hien inaugure le cortège des voyageurs impavides, prêts à consacrer des années à un unique périple. Il n'est pas seul sur les routes, des contemporains font aussi le voyage de Chine en Inde[1], mais il est le pionnier.

1. Chimeng, au début du ve siècle, suit le même chemin que Fa-hien mais rentre par voie de terre. En 420, Fa-yong, avec une vingtaine de moines, passe par le nord du Tarim, Tourfan, Kachgar, parvient en Inde et rentre par mer.

Le plus ironique est que, s'il avait attendu deux ans avant de partir, Fa-hien aurait vu arriver en Chine le grand clarificateur qu'il attendait, le porteur de manuscrits, le linguiste subtil qui donnera rigueur et méthode à la grande œuvre de compréhension des écrits authentiques. En effet, à partir de 401, ce mouvement est dominé par la personnalité de l'Indien Koumaradjiva, un missionnaire qui a l'avantage d'être parfaitement bilingue. Sa qualité de plus grand traducteur[1] de textes sacrés du sanscrit vers le chinois lui vaut à la cour le titre de « maître de la Nation » (Kuo-Shih). Cet honneur était réservé aux maîtres exceptionnels, et surtout à ceux dont l'empereur se reconnaissait le disciple.

Issu d'une famille noble d'origine indienne établie à Koutcha, Koumaradjiva est le fils d'un bouddhiste pieux qui a renoncé à l'état monastique pour épouser la sœur du roi et remplir de hautes fonctions. Pendant son enfance, sa mère l'emmène au Cachemire où il apprend la littérature indienne et se consacre au Petit Véhicule. Puis, à Kachgar, autre foyer de culture indienne, le futur maître de la Nation étudie l'astronomie, les mathématiques, les sciences occultes, mais aussi la partie philosophique et doctrinale du canon. Il est séduit par le Grand Véhicule. Ce jeune érudit est déjà connu, les rois de Kachgar l'honorent, et, quand il revient à Koutcha, le souverain vient le saluer. Les princes de Yarkand deviennent également ses disciples, tandis que sa réputation atteint la cour impériale de Chine. Mais Koumaradjiva lui-même suit un maître indien du Cachemire émigré en Asie centrale.

Vers 383, un général chinois mandé par l'empereur du Nord envahit Koutcha et capture Koumaradjiva. Le général hésite, semble-t-il, à créer son propre royaume et

---

1. Les Chinois considèrent qu'il y a quatre grands traducteurs égaux à des saints : Koumaradjiva (350-409), Paramartha (499-556), Hiuan-tsang (602-664) et Amoghavajra (705-774).

revient finalement vers l'est avec vingt mille chameaux chargés des trésors des routes de la soie, dix mille chevaux non moins précieux, et aussi notre moine. Koumaradjiva reste prisonnier dix-sept ans, le temps d'apprendre le chinois et de songer à sa méthode de traduction. Il procède par approches et corrections successives. Il établit un dialogue entre moines et parvient à une traduction plus conforme à l'esprit du soutra qu'à sa lettre ; de plus il écrit dans un chinois raffiné capable de séduire les lettrés. Après sa libération, il emploie cette méthode à Tch'angan. Protégé du Fils du Ciel, il y vit et travaille jusqu'en 413, avec des milliers de moines sous son autorité.

Song Yun

Pourtant, il serait faux d'imaginer que les troubles politiques qui agitent la Chine s'arrêtent à la porte des monastères. Les moines continuent difficilement leur œuvre de pèlerinage aux sources et de quête des écrits.

Vers le milieu du ve siècle, la dynastie étrangère des Wei occupe ou soumet les oasis d'Asie centrale, repoussant les nomades dans le Gobi. Se sinisant rapidement, ces souverains turcs vont devenir les défenseurs de la civilisation chinoise contre les nomades du Nord, plus barbares qu'eux.

L'empereur T'o-pa Tao, qui s'illustre dans une guerre contre les Avars, renonce aux cultes altaïques de ses ancêtres, ou plutôt tend à les fondre dans le confucianisme. Il craint l'influence amollissante du bouddhisme. Le monachisme, et le célibat qu'il entraîne pour des milliers d'individus, lui semble dangereux pour la famille. Dès 438, il renvoie de force à la vie civile des milliers de bhiksus. En 446, à la suite, prétendent les confucéens, d'une vilaine histoire d'alcool et de femmes dans un monastère, l'empereur lance une politique de persécution systématique. Mais, ce n'est qu'un épisode : aux ve et vi^e^ siècles, le bouddhisme ne cesse de progresser[1]. Déjà,

1. Si l'on excepte une persécution sans lendemain des bouddhistes en 574 par un souverain d'un des empires (la Chine est alors divisée).

le successeur de T'o-pa Tao revient au bouddhisme : bientôt, il y a mille trois cents pagodes à Lo-yang. Le petit-fils de T'o-pa Tao se fait même moine, renonçant au trône pour vivre dans une pagode au milieu du parc royal parmi les bonzes contemplatifs. Il abdique en 471 en faveur d'un fils, lui aussi bouddhiste, qui achève l'œuvre de sinisation des Turcs ; il leur fait adopter la langue et le costume chinois et réinstalle la capitale orientale de Lo-yang. Du code pénal, il supprime les mutilations, preuve que, comme l'avait prévu l'arrière-grand-père T'o-pa Tao, le bouddhisme était destiné à ramollir les mœurs ancestrales.

La dynastie des Wei entretient de curieux rapports avec le bouddhisme. De 515 à 528 règne la douairière Hou, sorte de Messaline de la dynastie : elle fait exécuter les amants qui ont cessé de lui plaire, ses rivales, quiconque pourrait comploter. À la fin de sa vie, elle empoisonne son propre fils, ce qui provoque une révolte de palais. Débordée par la situation, elle se retire dans un couvent bouddhique où les insurgés viennent la chercher pour la noyer et lui faire payer ses crimes. Car la douairière, bien digne par sa férocité de ses ancêtres huns, est aussi une bouddhiste fervente. Sous son impulsion, en particulier, reprend le mouvement de pèlerinage. C'est elle qui envoie en mission de 518 à 521 le moine Song Yun et son compagnon Hui Sheng.

Ils vont jusqu'au Gandhara par Lob-nor, Khotan et rapportent de leur expédition cent soixante-dix manuscrits de l'école du Grand Véhicule. Pourtant, ils ne dépassent pas Pechawar. Ce périple, s'il est important par le nombre et la qualité des textes rapportés, n'est pas très spectaculaire, ni très exotique : les deux pèlerins sont restés sur les chemins parcourus par les généraux chinois dans les siècles précédents. Leur témoignage est très précieux par la description géopolitique des États traversés, de l'attitude culturelle des souverains, des rapports réciproques et surtout de la circulation de l'information.

Lorsque les deux moines arrivent à Udyana, dans l'actuelle vallée du Swat, ils remettent au roi local leurs lettres de recommandation signées de l'impératrice douairière. Le monarque les reçoit avec tous les honneurs dus à des envoyés impériaux, et leur manifeste d'autant plus de sympathie que l'impératrice est connue comme bouddhiste. Ces entretiens consignés dans les archives ont lieu par le truchement d'un interprète : « Mes honorables visiteurs sont-ils de la région du Soleil levant ? », et Song Yun de répondre : « Notre pays a pour frontière orientale la grande mer ; de là se lève le soleil conformément à la volonté divine. » Et de décrire la Chine au roi visiblement mal informé.

Par contre, le roi du Gandhara se montre volontairement grossier et Song Yun se plaint de l'arrogance de ces « barbares lointains ». Il décrit ces Huns hephtalites, très lointains cousins des Wei. Mais les Hephtalites n'ont, eux, subi ni l'influence bouddhiste, ni l'influence chinoise et sont restés de vrais nomades : « Ils ne croient pas à la loi bouddhique et servent un grand nombre de divinités. Ils tuent les êtres vivants et sont mangeurs de viandes sanglantes. » Song Yun n'a aucune sympathie pour ces barbares : ils vivent sous la tente de feutre, sont rudes et sauvages, ils ont massacré les deux tiers des habitants du Gandhara, détruit les stoupas et pillé les monastères. Du vieux foyer de culture gréco-bouddhique, du pays des Kouchan, ils ont fait une région désolée. De surcroît, ils étalent le luxe de leurs pillages. Leur khan « porte des vêtements de soie ornée. Il est assis sur un lit d'or dont les pieds sont constitués par quatre phénix d'or. Son épouse principale porte aussi un vêtement de soie qui traîne à terre sur une longueur de trois pieds ». Le khan qu'aurait rencontré Song Yun serait peut-être un certain Mihirakoula, l'Attila de l'Inde. Après avoir conquis le Cachemire, ce prince surnommé « Race solaire » en sanscrit aurait finalement échoué, vaincu par un prince indien Goupta. Après cet épisode, les Huns hephtalites, sans doute vaincus par les Indiens ou absorbés par les populations du Penjab, disparaissent de l'histoire.

Aux origines du zen

À une date mal déterminée, dans le courant du VIe siècle, mais cette fois par la route maritime, arrive un nouveau grand messager du bouddhisme indien. C'est le Bodhidharma[1] qui introduit le bouddhisme ch'an plus connu sous le nom de son avatar japonais : le zen. On dit que Bodhidharma, fils d'un roi brahmane de l'Inde, vingt-huitième patriarche après le Gautama Bouddha, débarque à un âge avancé à Canton et qu'il vit en Chine jusqu'à sa cent cinquantième année. Il est invité par l'empereur Wou des Liang, la dynastie du Sud. L'empereur, bouddhiste très pieux, espère beaucoup de ce sage réputé venu de l'Inde. Ce dernier lui donne un échantillon de sa méthode d'enseignement, celle-là même qui constitue l'essence du zen. Les spécialistes y discernent une très profonde influence taoïste. Cette technique consiste à provoquer un « éveil » brusque, notamment en conduisant l'interlocuteur par quelque paradoxe à saisir la vérité intuitivement. Quand l'empereur lui demande quelle action juste pourrait lui éviter le cycle des réincarnations, Bodhidharma répond : « Aucune » ; lorsque le Fils du Ciel l'interroge sur l'essence de son enseignement, le sage réplique : « La vacuité. » Après avoir démontré ce nouveau style de paradoxes dont le zen japonais fera grand usage, Bodhidharma est censé avoir traversé le fleuve Bleu sur une feuille de lotus pour enseigner dans l'autre Chine, chez les Wei[2].

La tradition lui prête aussi une rencontre, au Turkestan, sur la voie du retour, avec le moine Song Yun. Ce dernier rencontre le fondateur du ch'an porteur d'une seule sandale. Bodhidharma ayant quitté cette

1. Bodhidharma aurait vécu de 470 à 543 ; mais la légende dit qu'il attendit soixante ans après la mort de son propre maître pour partir vers la Chine. Les sources semblent se contredire.

2. Bodhidharma ayant fondé le monastère de Shaolin, il y fit pratiquer les arts martiaux aux moines, inventant ainsi le kungfu wusu ; on pourrait dire que le kungfu, le karaté, et même les films de Bruce Lee sont un très lointain héritage des routes de la soie.

terre définitivement après cette rencontre, Song Yun conserve la sandale comme une précieuse relique.

Cette légende est révélatrice de l'intensité du mouvement qui anime les hommes et les idées. Ce mouvement s'accroît avec l'accélération des événements. Pendant que l'empire des Turcs se divise, la Chine du Nord et celle du Sud se réunifient en 589. L'éphémère dynastie des Souei (elle ne comporte que deux empereurs et dure de 581 à 618) achève la période de morcellement et d'affaiblissement ouverte avec la fin des Han. Les Souei ont le mérite de remettre une Chine unie entre les mains de leurs successeurs, la grande dynastie T'ang, qui gouvernera la Chine de 618 à 907. Si les Souei favorisent le bouddhisme qui est maintenant devenu la religion des masses et qui s'est acclimaté aux traditions morales confucéennes, les T'ang en font une religion officielle.

Du Maître de la Loi au roi des singes

L'arrivée au pouvoir de la dynastie T'ang est un des événements les plus importants pour l'histoire des routes de la soie depuis l'expédition d'Alexandre ou la politique d'ouverture des Han. En quelques années, sous l'impulsion du premier grand empereur T'ang, T'ai-tsong, l'empire du Milieu assure la sécurité de ses marches occidentales et rouvre les grandes voies de circulation. Le khanat turc de Mongolie est soumis en 630. Comme le dit une inscription turque, les nomades se rendirent à T'ai-tsong « et pendant cinquante ans lui vouèrent leur travail et leur force. Pour lui, vers le soleil levant, comme à l'ouest, vers les portes de Fer, ils firent des expéditions ». De la porte de Jade à la porte de Fer, de la Grande Muraille au Turkestan, les T'ang règnent sur la route des caravanes. D'autant que les tribus turques occidentales, de l'Altaï à la mer d'Aral, sont aussi soumises. Quand les T'ang réalisent le vieux rêve chinois de conquête des oasis du Tarim, la circulation sur les routes de la soie devient intense.

Le trafic maritime inauguré sous les Han s'est développé sous les dynasties intermédiaires en partie pour pallier l'insécurité terrestre ; sous les T'ang, cette voie maritime devient essentielle. Les besoins de produits de luxe de la cour augmentent, et avec eux la nécessité d'exporter soies et céramiques. Par ailleurs, les jonques s'aventurent au-delà du Sud-Est asiatique. Les rencontres avec les marchands indiens, arabes et perses se multiplient, et avec elles les contacts avec de nouvelles religions. Les grands ports chinois, dont Canton et Zaitoun, sont des ouvertures sur le monde. Par ces villes cosmopolites circule un trafic d'une intensité difficile à imaginer et dont les journaux des témoins bouddhistes sont la trace la plus claire.

Quand viennent les T'ang, l'œuvre de clarification du bouddhisme est loin d'être achevée, tout comme la quête des textes. Au VIIe siècle encore, Chang Yue écrit : « Bouddha étant né dans les régions de l'Ouest et sa religion s'étant diffusée vers l'orient, les sons des mots traduits ont souvent été mécompris et les phrases des différentes régions mal interprétées sur la base des prononciations erronées, et le sens s'est perdu. Les mots étant faux, les idées ont été perverties. »

Le plus grand et le plus respecté des pèlerins du savoir est, sans conteste, Hiuan-tsang. Il naît au tout début du VIIe siècle. Son aventure coïncide avec les débuts de la dynastie des T'ang. Celui qui va devenir un héros national rentre très tôt au monastère dans la capitale orientale de l'Empire. Dès sa vingtième année, à peine ordonné, il voyage en Chine, compare l'enseignement des différents maîtres et en découvre les contradictions ou imprécisions. Il décide de suivre l'exemple de Fa-hien et de partir aux sources originelles.

À l'époque où le moine se met en route, en 627, l'empereur T'ai-tsong, loin d'avoir assuré son pouvoir à l'Ouest, a rompu les relations diplomatiques avec les royaumes d'Asie centrale. Il interdit à ses sujets de quitter la Chine. Hiuan-tsang devrait demander une autorisation. Il s'en dispense et s'enfuit en se joignant à une caravane de marchands. Franchissant la porte de Jade, il passe par la route au nord du Tarim, celle qui traverse les monts Célestes où périssent plusieurs de ses compagnons. Lui-même échappe de peu à une tentative d'assassinat. Son guide tente de l'estourbir pendant son sommeil. Dans le terrible désert de Gobi, il se perd et, pis encore, perd sa provision d'eau. Sa biographie raconte : « Comme le chemin se perdait dans des lacis, il ne sut plus quelle direction prendre, il se résigna donc à retourner à l'est, du côté de la quatrième tour à signaux[1]. Au bout d'une dizaine de lis, il se rappela qu'il s'était juré de ne plus jamais revenir sur ses pas, fût-ce un seul, vers la Chine tant qu'il ne serait pas arrivé aux Indes. Plutôt mourir en allant vers l'ouest que vivre en retournant à l'est. Là-dessus, il tira sur la bride de son cheval et priant avec ferveur se dirigea vers le nord-ouest. »

Hiuan-tsang s'arrête à Tourfan. Le roi du lieu est un fervent bouddhiste et il veut garder auprès de lui ce saint homme, tant et si bien que Hiuan-tsang doit menacer de se laisser mourir de faim pour que son hôte consente à le voir partir. Beau joueur, le roi de Tourfan donne au pèlerin des lettres d'introduction pour les autres roitelets d'Asie centrale. Hiuan-tsang poursuit son trajet, il semble suivre un catalogue des cités caravanières : Talas, Tachkent, Samarcande. Par les portes de Fer il pénètre en Bactriane pour traverser l'Hindou Kouch. Il visite aussi les hauts lieux du Gandhara, et passe par Pechawar et Taxila avant d'arriver au Cachemire.

En Inde du Nord, il visite les sites sacrés. Il passe un temps considérable à Nalanda, alors le grand centre intellectuel bouddhiste. Sa quête le mène également en Inde du Sud et de l'Ouest. Il envisage même le voyage à Ceylan, mais doit y renoncer à cause des troubles qui secouent l'île. Apparemment, il est devenu un personnage respecté en Inde. Ses compagnons, les moines locaux, tentent de le dissuader de retourner au pays. La Chine, lui disent-ils, est un pays de Barbares où l'on méprise la foi ; et c'est pour cela que le Bouddha n'y est pas né.

1. Il s'agit d'une des tours d'où partaient les signaux du télégraphe optique.

Hiuan-tsang ne se laisse pas convaincre par cette argumentation ; c'est décidé, il rentre.

Sur la voie du retour, il est retardé par le roi de l'Assam qui l'accueille avec les plus grandes démonstrations de respect et le mène auprès d'Harsah, roi de l'Inde. Ce dernier baise le pied du Chinois et chante sa gloire. Il veut profiter de sa science et organise un colloque de dix-huit jours avec de grands théologiens. Hiuan-tsang fait autorité et dissipe les erreurs des tenants du Petit Véhicule.

Le retour du Maître

La voie du retour par le sud n'est pas des plus aisées : il perd plusieurs compagnons et aussi certains des très nombreux rouleaux qu'il ramène à dos de chevaux et d'éléphants.

Pourtant le ciel n'abandonne jamais Hiuan-tsang. En témoigne par exemple cette anecdote pendant la descente du Gange. Il est capturé par des bandits qui veulent le sacrifier. Il leur déclare : « Si mon répugnant et misérable corps pouvait satisfaire vos desseins, certes, je n'oserais pas m'y opposer. Mais je suis venu de très loin afin de manifester mon respect à l'arbre bodhi, à l'image de Bouddha et au pic des Aigles et chercher le dharma. Ces desseins n'ont pas été accomplis, et, si vous me tuez, je crains que cela ne vous amène des désagréments. » Puis il prie et entre en transe. Un vent violent se lève qui terrifie les bandits, ils sortent Hiuan-tsang de son extase pour lui présenter des excuses.

Arrivé à Khotan, peut-être inquiet de l'accueil qui l'attend, lui qui a illégalement quitté l'Empire, le saint homme annonce son retour par lettre. À partir de ce moment, il va littéralement devenir un héros national, le plus célèbre des nombreux pèlerins qui se rendirent en Inde, en tout cas le plus honoré, en attendant de devenir un mythe. La chronique dynastique raconte : « Hiuan-tsang était partout retenu pour expliquer le bouddhisme et en résoudre les difficultés. Les gens accouraient de loin et de près pour l'honorer et se rendre à ses arguments. Il resta dix-sept ans dans les territoires de l'Ouest, parcourant plus de cent pays, et il comprenait chacune de leurs langues. C'est ainsi qu'il composa une *Relation des pays de l'Ouest* en vingt rouleaux qui décrivent les coutumes et la géographie de ces territoires. Il était de retour dans la capitale dans la dix-neuvième année de l'ère Zhenguan (645). L'empereur T'ai-tsong le reçut et fut très heureux de s'entretenir avec lui. »

Jamais peut-être pèlerin ne recevra de pareils honneurs. Il est vrai que, depuis son départ clandestin, les circonstances ont changé. Les circonstances politiques d'abord, puisque les relations avec les pays de l'Ouest sont bien meilleures et l'autorité des T'ang s'y est affirmée. Ainsi, le roi de Tourfan qui avait accueilli Hiuan-tsang et avait voulu le garder auprès de lui s'est soumis à T'ai-tsong. En 640, il s'est révolté, persuadé que les troupes chinoises n'oseraient jamais franchir les sables de Gobi. C'est pourtant ce qu'elles ont fait. Si bien que, lorsque Hiuan-tsang rentre en Chine, Tourfan est soumis. Même chose à Koutcha. Là aussi il y avait un roi favorable au bouddhisme qui avait également bien accueilli le pèlerin à son départ. Lui aussi s'est révolté contre les T'ang et a été écrasé en 648. Le Khotan est également vassal. Bref, entre le départ et le retour de Hiuan-tsang, les Chinois ont quasiment reconquis tout le Tarim.

L'empereur T'ai-tsong est sans doute très heureux de recueillir des informations de première main, politiques et géographiques. Hiuan-tsang se retrouvant presque espion malgré lui termine ainsi son mémoire à l'empereur : « Il y a des faits qu'il est difficile de vérifier à fond, et il n'est pas possible d'en parler exactement d'après ses souvenirs. À mesure qu'il [Hiuan-tsang] parcourait les pays, il en a écrit une notice sommaire ; il a recueilli les témoignages fournis par les oreilles et les yeux, et noté fidèlement les peuples qui brûlaient de se soumettre. » « Les peuples qui brûlaient de se soumettre » : la flatterie à l'empereur est évidente, mais nous sommes à l'époque où les peuples d'Asie centrale apprennent la puissance des T'ang.

Bouddhiste comme un T'ang

Pendant l'absence du moine, l'empereur T'ai-tsong lui-même a singulièrement évolué. Au début, il favorisait plutôt le taoïsme, et aimait à rappeler la filiation mythique qui rattachait sa famille à Lao-tseu lui-même. Au début de son règne également, les taoïstes s'en prenaient à la doctrine de Fo. Ainsi, un pamphlet de 621 reprochait pêle-mêle au bouddhisme son extravagance, son absurdité, ses principes contraires à la piété filiale et à la loyauté, ainsi que le célibat des cent mille moines et nonnes qui privait l'empire de nombreux enfants : « Le bouddhisme est d'abord venu par la voie du Tarim sous une forme étrangère qui ne pouvait être encore que peu nocive. Mais ensuite, depuis les Han, on a traduit en chinois les écritures indiennes. Leur diffusion sape la fidélité dynastique et la piété filiale. » L'empereur, qui devait être sensible à ces arguments alors semble maintenant persuadé du contraire. Il accueille Hiuan-tsang et ses manuscrits avec enthousiasme. Il exprime publiquement le regret de ne pas l'avoir rencontré plus tôt et d'avoir tant attendu pour contribuer à la diffusion de la foi. Bientôt un proverbe chinois dira : « Bouddhiste comme un T'ang. »

L'empereur fournit des assistants au pèlerin : des moines de grand savoir. Ils sont au nombre de cinquante pour l'aider dans l'œuvre de traduction qu'il mène d'abord au monastère du Vaste-Bonheur. Bientôt il dirige un véritable institut de traduction au monastère des Bienfaits accordés. Il y est installé en grande pompe : bannières, musique, escorte composée des prêtres et magiciens de la capitale. Le Maître de la Loi est si sollicité par les visiteurs qu'il demande à l'empereur un refuge plus calme. On lui offre un ancien palais. Jusqu'à son dernier jour, il traduit du sanscrit en chinois, mais aussi en sens inverse : on lui doit une version de Lao-tseu en sanscrit. Aux funérailles du Maître de la Loi, il y eut, dit une inscription, un million de fidèles.

Le héros

Cette fois le bouddhisme chinois a son héros, la doctrine son grand clarificateur que l'on a comparé à saint Jérôme, et nous un témoin majeur des routes de la soie. Ce que rapporte le Maître de la Loi est considérable : six cent cinquante-sept ouvrages en sanscrit, et surtout une connaissance inégalée des pays de l'Ouest. À cet égard, la moisson d'informations qu'il rapporte est unique et son mémoire sur les pays de l'Ouest comparable, au moins par le prestige et le succès, au *Devisement du monde* de Marco Polo. La comparaison n'est pas si absurde. Tous deux ont rapporté le même mélange de faits vrais et de belles légendes auxquelles ils croyaient en vertu de leur foi. Ainsi, de façon étonnante, ils racontent le même miracle que l'un attribue au dieu Vaiçravana et l'autre à saint Thomas.

Pour Hiuan-tsang, le khan des Turcs a envahi un couvent bouddhiste à Bactres. Le khan s'apprêtait à le piller quand, dans son sommeil, le Dieu lui est apparu et l'a frappé d'une lance dont il est mort. Pour le Vénitien l'affaire se passe dans la province de Malabar où les Sarrasins profanent les églises ; le saint apparaît dans le songe du soudard musulman pour le menacer avec une fourche.

La comparaison avec Marco Polo se justifie surtout par ce que nous pourrions appeler leur postérité mythique. Nos deux personnages sont pareillement devenus des héros nationaux et leurs écrits ont, de la même façon, nourri toutes sortes de récits légendaires. Comme les descriptions du Vénitien, reprises, déformées, amplifiées ont engendré mille merveilles sur les cartes ou dans les *mirabilia*, les mémoires de Hiuan-tsang ont inspiré une descendance romanesque et fantastique.

Dès le Xe siècle, des recueils de *mirabilia* chinois introduisent le personnage de Hiuan-tsang et lui attribuent force miracles et aventures pleines de monstres et dragons. Un des premiers romans imprimés en Chine, donc un des premiers livres imprimés tout court, concerne notre personnage et le surnomme Tripitaka[1] : le Chantefable de la quête des soutras par Tripitaka des grands T'ang. Le récit authentique y est devenu une fantaisie débridée, aux pèlerins se joint un singe novice qui déclare :

Il y a un million de lis jusque là-bas
Je viens seconder le grand maître de la loi.
J'aspire à la vraie doctrine du Bouddha.

Au XVIe siècle, le conte devient un roman qui comptera au nombre des grands classiques chinois, le *Xijou ji*, *La Pérégrination vers l'ouest*[2]. Cette fois, Hiuan-tsang se fait voler la vedette par le roi des singes. Ce personnage mythique a irrité le ciel par ses pitreries et ses insolences. Condamné à être enfermé dans une montagne par le Bouddha du Paradis de l'Ouest, il se rachète en accompagnant Hiuan-tsang dans sa quête des soutras. Le reste est une invraisemblable féerie où apparaissent Laotseu ou le Bouddha, des démons et des dragons, le très historique empereur T'ai-tsong et le très mythique empereur de Jade, des chevaux-dragons, des ogres et des licornes. Entre deux aventures ou deux combats dignes d'un film de Hong Kong, on se livre à des considérations métaphysiques, on compose des poèmes, on réalise des prodiges. Et toute cette saga merveilleuse ne s'arrête pas là : le roi des singes, personnage incroyablement populaire en Chine, apparaît aussi bien dans l'opéra de Pékin que dans des dessins animés modernes. Ces étonnantes, picaresques et fantasmagoriques aventures tout au long des routes de la soie n'ont pas fini d'inspirer les imaginations.

1. Son surnom est une allusion aux « trois corbeilles » du canon bouddhiste : règles de discipline, sermons du Bouddha et commentaires philosophiques (voir chapitre VII).

2. Le *Xiyou ji* serait probablement un remaniement d'un texte antérieur du XIVe siècle.

Au début de la dynastie des T'ang également, Yi-tsing (634-713) suit les traces de Hiuan-tsang et de Fa-hien qu'il a lus. En 672, il prend la mer à Canton avec une quarantaine d'autres moines sur un bateau perse qui le mène en Inde. Il en reviendra également par mer, *via* Sumatra. Son récit confirme à la fois l'importance du mouvement de pèlerinage et celui de la voie maritime. Nous sommes à l'époque où Canton est déjà devenue un énorme port marchand. La ville abrite de nombreuses communautés étrangères, dont celles des Perses et des Arabes avec leurs mosquées et cadis. Yi-tsing emprunte donc ces voies du commerce maritime pour ce qui n'est déjà plus une aventure.

En Inde, il réside dix ans au monastère de Nalanda où il étudie la discipline et se forme à la traduction. À son retour, il connaît la gloire mais n'a qu'une seule idée : traduire, traduire. « Les règles de discipline ont souffert des mauvaises interprétations qui perdurent, et des erreurs constamment répétées sont devenues des coutumes contraires aux principes originaux », écrit-il pour justifier une quête éperdue d'orthodoxie qui se confond avec sa vie même. Il retourne à Sumatra, à l'époque important centre religieux, afin de compléter sa formation. Rentré définitivement en Chine, il passe le reste de ses jours (il meurt à soixante-dix-neuf ans) à travailler sur les textes indiens. Il a produit trente volumes en chinois.

Parmi les œuvres de Yi-tsing, un livre est particulièrement précieux pour l'étude des routes de la soie : c'est le petit volume où l'auteur recense les pèlerins qui l'ont précédé dans sa quête vers l'ouest. Il en compte une soixantaine. À certains, il consacre juste quelques lignes indiquant le nom du moine, son origine, son nom sanscrit, le moment de son départ, la dernière fois où l'on a entendu parler de lui. Souvent, il termine en signalant que l'on n'a plus de nouvelles du personnage. À travers toutes ses biographies, Yi-tsing s'intéresse peu au pays traversé, mais se concentre sur ces moines. Il évoque les liens qui existent parfois entre pèlerins, les sentiments qui les animent et leur nostalgie de la mère patrie.

De l'un d'eux Yi-tsing dit : « Ce fut dans ce pays qu'il tomba malade. On l'enterra donc en terre étrangère. » Beaucoup n'auront pas d'autre épitaphe. Le Népal leur est particulièrement funeste et nombre de pèlerins y meurent.

Ailleurs, Yi-tsing rejoint la cohorte des voyageurs emplis de crainte, de frayeur réelle ou imaginaire. Ainsi, lorsqu'il remonte vers le Behar, il suit un convoi de plusieurs centaines de marchands, mais en Inde du Sud il se trouve isolé de ses compagnons. Pour rejoindre le groupe au sein duquel il sera en sûreté, il dissimule sa peau claire en se maquillant avec de la terre. On lui a dit que lorsque les habitants de l'Inde du Sud voient un homme à la peau blanche, ils s'en emparent et le sacrifient au ciel. Rumeur ou réalité ? On ne sait, mais le voyageur isolé vit en permanence dans la peur.

Ces hommes sages à la recherche de la vérité acceptent pendant des années, voire des dizaines d'années, d'oublier leurs coutumes, leur langue, leur pays. Yi-tsing exprime aussi toute l'émotion des marcheurs lorsque le hasard les met en présence de compatriotes. Chinois, Sogdiens, Indonésiens, Sri-Lankais, tous ressentent la même chose. Yi-tsing regrette que, contrairement aux autres nations, la Chine n'ait pas encore de monastère national pour accueillir ses pèlerins au pays du Bouddha.

Si quitter la Chine requiert une permission impériale, les déplacements de simples pèlerins revêtent souvent un caractère officiel ; l'empereur mandate lui-même certains de ces voyageurs. Yi-tsing le souligne. Ainsi, l'histoire d'un certain Hiuen-tch'ao est révélatrice des changements politiques. Quand il franchit l'Hindou Kouch, il parvient au Tibet et reçoit l'aide d'une princesse chinoise, épouse du souverain local. De là, il part pour l'Inde, avant de s'en retourner par le Népal et à nouveau le Tibet.

« Hiuen-tch'ao fut admis en audience à la cour et reçut un décret impérial lui ordonnant d'aller dans le royaume du Cachemire, pour y prendre le brahmane à la longue vie Loukayata... » Voilà Hiuen-tch'ao émissaire impérial et parti à la recherche du brahmane détenteur d'un de ces filtres d'immortalité dont s'entichent régulièrement les Fils du Ciel, quelle que soit leur dynastie.

Sur d'autres voies

Mais les pèlerins ne partent pas seulement pour l'Inde : le mouvement va jusqu'au bout des routes de la soie, jusqu'au Japon. Ainsi, en 742, le maître Chien-chen (le Ganjin des Japonais) est invité à s'y rendre pour y prêcher la Voie. L'empereur de Chine, alors taoïste, s'y oppose. Il ne faut pas moins de cinq tentatives secrètes et quelques détours involontaires dont un dans une île de pirates pour que le prédicateur chinois arrive au Japon. Encore a-t-il perdu la vue en cours de route. Finalement, il crée un monastère à Nara et ordonne tous les membres de la famille impériale nippone.

En retour, il y aura des pèlerins japonais, tel Ennin, parvenu en Chine en 838. Ils désobéiront aussi à l'empereur en voyageant sans permission, ils affronteront des tempêtes, consacreront pareillement dix ans de leur vie à un voyage, souffriront, marcheront, et noteront eux aussi leurs aventures.

Il ne serait pas juste de clore la liste des pèlerins bouddhistes, pratiquement nos derniers témoins voyageurs jusqu'à l'époque mongole, sans citer le moine coréen Hye Ch'o[1]. Il naît probablement avec le VIIIe siècle, à une époque où le bouddhisme a considérablement évolué et où l'islam s'est déjà répandu largement tout au long des routes de la soie. Lui-même raconte que les Arabes ont déjà conquis la moitié de l'Inde de l'Ouest. Il signale les progrès de l'islamisme dans l'Asie centrale où il supplante les religions installées. Le mérite de Hye Ch'o n'est pas seulement de noter les changements géopolitiques mais aussi de dresser son propre guide jusqu'en Perse, notant

1. Son manuscrit, *Mémoire d'un pèlerinage dans les cinq régions de l'Inde*, a été découvert en 1908 par l'archéologue français Paul Pelliot, parmi les milliers de manuscrits de Touen-houang.

chaque fois les coutumes, les cultures, et la puissance respective des différentes écoles bouddhiques. Ce texte est écrit en chinois et représente un bilan des forces en présence (Turcs et Tibétains compris) juste avant la grande bataille sino-arabe de Talas qui aura lieu en 751. Hye Ch'o est le dernier des grands pèlerins avant que les routes de la soie ne deviennent celles de l'Islam. Il est aussi un des derniers témoins de l'ouverture de la Chine au monde, un des derniers à entreprendre le périlleux voyage. Au Tokharestan, il rencontre un des ultimes ambassadeurs chinois, et lui adresse un poème qui exprime toute la lassitude du voyageur et qu'auraient pu réciter tous nos marcheurs :

Vous vous plaignez de la longueur du chemin
jusqu'aux barbares de l'Ouest,
je souffre du long chemin vers l'Ouest :
des routes arides sur les immensités enneigées,
même le vol des oiseaux est perturbé par les précipices,
les hommes sont en danger sur des ponts inclinés,
moi qui n'ai jamais pleuré de ma vie
je répands maintenant des milliers de larmes.

ENTRACTE IV

Dieu est nomade

« Les moines et nonnes de l'Empire sont innombrables mais tous dépendent de l'agriculture pour leur nourriture et de la sériciculture pour leurs vêtements. Les monastères et les temples sont innombrables, mais ils sont tous altiers et superbement décorés, osant rivaliser en grandeur avec les palais. Telle a été la raison du déclin des forces matérielles et de l'affaiblissement moral des Chin, Sung, Ch'i et Liang… Les moines et les nonnes doivent être placés sous la surveillance du bureau des étrangers pour indiquer clairement que le bouddhisme est une religion étrangère. Nous renvoyons à la vie civile trois mille nestoriens et zoroastriens pour qu'ils ne portent plus atteinte aux coutumes chinoises. »

Ce décret, promulgué en 845 par l'empereur Wou-tsong, s'inscrit dans la liste des proscriptions religieuses « xénophobes » qui se déclenchent sporadiquement en Chine. En l'occurrence, l'Empereur, taoïste fervent, mais sous influence des milieux confucéens, s'en prend surtout aux très nombreux moines bouddhistes (le décret concerne quatre mille six cents bonzeries et pagodes), accusés à la fois d'être improductifs, asociaux et de pratiquer une religion étrangère. Cette persécution, d'ailleurs suspendue par l'empereur suivant, n'a guère freiné la « bouddhisation » en profondeur de la société chinoise.

Par contre, l'édit de 845 touche plus durablement ses cibles secondaires : le christianisme nestorien et le zoroas-

trisme. Pour environ trois cent mille moines bouddhistes qu'il renvoie à la vie civile, le décret ne concerne qu'un nombre cent fois inférieur de prêtres des autres cultes étrangers. Une autre religion, le manichéisme, est également persécutée. Elle n'est pas incluse dans l'édit, car déjà interdite depuis deux ans, pour des raisons plus politiques encore : c'est la religion des Turcs ouïgours.

Indirectement, cette répression prouve l'implantation de religions étrangères en Chine. Outre l'islamisme, le nestorianisme, le manichéisme et le zoroastrisme, auxquels s'ajoutera un peu plus tard le judaïsme, sont parvenus jusqu'au bout des routes de la soie. Ces religions y apparaissent essentiellement comme celles de communautés étrangères. La présence, si loin de leur foyer d'origine, de ces croyances venues de l'ouest traduit l'importance des réseaux marchands. Cependant, la propagation de chacune obéit à des lois différentes.

Les cultes perses issus du rameau mazdéen, dont le zoroastrisme fait partie, s'étendent peu hors de l'espace indo-iranien. Ils sont toujours pratiqués par le peuple intermédiaire, qu'il s'agisse des Perses au temps des Achéménides et à l'époque hellénistique, des Parthes, des Kouchan ou des Sogdiens. Sous la dynastie sassanide (226-651) et jusqu'à la conquête arabe, le culte du feu devient religion officielle, son clergé a un très grand poids politique. Les autres religions sont parfois brimées, ce qui provoque leur migration.

Le judaïsme n'est pas essentiellement prosélyte et se déplace surtout au rythme des commerçants juifs, actifs jusqu'en Chine : la conversion des Turcs khazars est un phénomène exceptionnel. Par contre, le manichéisme, religion syncrétique et capable de s'adapter à tous les terrains, est par excellence religion des routes de la soie.

Enfin, la forme de christianisme qui se diffuse en Asie centrale et au-delà est surtout l'hérésie de Nestorius, ce qui est lourd de conséquences historiques. Un christianisme oublié par l'Occident se propage dans la quasi-ignorance de Rome qui n'en a que des échos très déformés à travers les légendes de saint Thomas en Inde, puis celle du Prêtre

Jean. Ce christianisme « perdu » après le concile d'Éphèse en 431 sera redécouvert huit siècles plus tard là où on l'attendait le moins : à la cour des Mongols.

Ces voyages des autels s'accompagnent de légendes à leur mesure.

VIII

Nomadisme divin

Solstices helléniques au Kafiristan, mystères de Mithra en Écosse, temple manichéen au fin fond du Fujian, synagogue du fleuve Jaune… Les routes de la soie sont aussi celles des dieux perdus et retrouvés.

Les voyageurs transportent leurs autels et leurs cultes, les croyances disparaissent ici pour réapparaître des siècles plus tard et des milliers de kilomètres plus loin.

La religion des Perses

Au IIe millénaire avant notre ère, les religions des peuples indo-aryens et indo-européens semblent encore très proches. Leur histoire, trop pleine de mystères, de balbutiements, d'hésitations, est aussi celle de la plus vieille religion du monde. On l'appelle mazdéisme, elle devient zoroastrisme. La religion de Zarathoustra/Zoroastre[1], profondément liée à la civilisation perse, est pratiquée par les grands peuples intermédiaires des routes de la soie.

À l'origine, donc, une très ancienne religion, un dieu

1. Nous avons renoncé à analyser l'évolution de la plus ancienne religion monothéiste du monde et à établir les différences entre zoroastrisme, mazdéisme, zurvanisme, etc. Le fait que nous ne consacrions que quelques lignes au zoroastrisme du point de vue de la circulation de l'imaginaire ne signifie pas qu'il faille en négliger l'importance historique, culturelle, etc.

unique et son prophète, Zoroastre. On s'accorde aujourd'hui à dater sa vie du VIIIe siècle av. J.-C., sans en être tout à fait certain. Les hésitations des historiens modernes ne sont rien au regard des contradictions de l'Antiquité gréco-romaine. Pour Pline et Diogène Laërce, Zoroastre aurait vécu six mille ans avant Platon ou cinq mille ans avant la guerre de Troie ; pour Diodore ou Justin, Zoroastre est un personnage historique, roi de Bactriane, vaincu par Ninos et Sémiramis, les monarques assyriens, constructeurs des jardins suspendus de Babylone. Pour Héraclide du Pont, disciple de Platon, Zoroastre est un survivant de l'Atlantide. Plusieurs siècles plus tard, Ammien Marcellin voit en lui un descendant des brahmanes. Dès les origines, tout ce qui touche Zoroastre croise les légendes universelles.

Contrairement au bouddhisme qui construit ses temples partout sur la route de l'Orient, le mazdéisme puis son avatar le zoroastrisme sont avant tout religions d'un peuple, d'une culture et d'un territoire, à peu près celui des Achéménides et de leurs successeurs. Les temples du feu prospèrent en Iran, mais aussi chez les Parthes et en Asie centrale. Ils glorifient un dieu unique, Ahura Mazda. Les autres divinités sont des éléments représentant telle ou telle de ses vertus. Les divinités s'abstraient en Ahura Mazda.

Les Parthes arsacides, lorsqu'ils prennent la succession des rois helléniques[1], entrent en conflit avec l'Occident.

Malgré cette période de tension, les marchandises continuent à circuler, la soie arrive toujours à Rome. Mieux, les dieux voyagent avec elle. Et, si les religions vont avec les marchands, elles migrent aussi avec ceux que l'on déplace de force : les soldats, les prisonniers, les esclaves.

La religion de l'Empire perse reste attachée à son ère

1. En dépit de la destruction des *Avestas* (les livres sacrés), crime souvent attribué à Alexandre, la conquête macédonienne renforce la tendance au syncrétisme. Pour certains, les livres sacrés seraient postérieurs aux conquêtes macédoniennes.

de civilisation, mais certains cultes dérivés se propagent au-delà.

Mithra ou Jésus

Au goût de la soie des Romains s'ajoute l'attrait pour les croyances exotiques. Les nostalgiques de la Rome républicaine s'inquiètent. Partout des marchands levantins, et leurs rites étranges. Tous ces cultes importent leur clergé, se pratiquent dans des langues obscures, et surtout s'imposent à Rome sans jamais s'intégrer. « L'Oronte se déverse dans le Tibre », s'indigne Juvénal.

Parmi toutes ces sectes orientales et ces cultes plus ou moins syncrétiques, il en est un qui est promis à un succès exceptionnel, bien qu'il puisse apparaître comme le culte de l'ennemi parthe. C'est celui de Mithra, une divinité messager entre le créateur et le mal. Mithra est parfois identifié au Soleil et à Hermès.

On reconnaît dans cette religion des éléments iraniens, babyloniens, gréco-romains et judéo-chrétiens. Cependant le syncrétisme mithriaque est cohérent et efficace, son unité est renforcée par son appartenance aux religions à mystères, religions d'initiés. D'une extrémité à l'autre du monde, Mithra est célébré de même manière.

C'est un culte lié à la guerre ; sa diffusion suit surtout le pas des légions. C'est une religion d'hommes (les femmes n'y seront jamais admises[1]). Le culte du *Sol invictus* (le Soleil invaincu) est pratiqué de l'Écosse à la Mésopotamie. Partout, sur les bas-reliefs, Mithra sacrifie le taureau dont naissent toutes les espèces. Partout des « temples cavernes ». Partout on procède au baptême initiatique, aux banquets mithriaques, on célèbre la nativité de Mithra le 25 décembre[2]. Tant de similitudes provo-

---

1. Des historiens voient dans ce caractère strictement masculin une des raisons de son échec à long terme, le rôle des femmes dans la Rome impériale étant loin d'être négligeable.

2. C'est à partir du IIe siècle seulement que les chrétiens célébreront la naissance du Christ le 25 décembre.

quent la colère des chrétiens. D'autant que les deux religions sont en concurrence : « Si le christianisme eût été arrêté dans sa croissance par quelque maladie mortelle, le monde eût été mithraïste », écrit Renan. Si Mithra est le dieu protecteur des souverains arsacides, ses autels reçoivent aussi le sacrifice de Dioclétien au « Bienfaiteur de l'Empire ». En revanche, en 312, la victoire de l'empereur chrétien Constantin Ier entraîne la condamnation du mithraïsme.

Pourtant, cinquante ans plus tard, un empereur météore, neveu du même Constantin, Julien dit l'Apostat, est acclamé par ses légions sous le nom d'Héliodromos, Messager du Soleil. Alors que le christianisme, d'abord autorisé par l'édit de Milan en 313, est devenu une des religions officielles, Julien rétablit les cultes anciens prohibés par les fils de Constantin. Mais, en 363, au cours d'une bataille contre les Perses sassanides, Julien est touché par un trait mortel que certains disent lancé par un chrétien. La légende attribue au jeune Empereur la célèbre phrase : « Tu as vaincu, Galiléen. » Le mot est peut-être apocryphe, mais l'idée est vraie : Mithra et le Soleil invaincu sont condamnés.

L'empire d'Ahura Mazda

Lorsque, en 224 ap. J.-C., les Sassanides[1] arrivent au pouvoir, le zoroastrisme devient la religion de l'État ; le pouvoir laïque se double d'un pouvoir clérical ; chaque province est gouvernée non seulement par un gouverneur civil mais aussi par un mobad, gouverneur religieux. Au sommet de l'État, un des principaux personnages est le grand prêtre. L'un d'eux, Karter, se rend tristement célèbre en organisant des persécutions religieuses. Dans une inscription, il se vante : « Et moi Karter, depuis le commencement, pour les dieux et les rois et pour ma propre âme, j'ai éprouvé grande peine et désagrément [...]

1. Ardachir le fondateur de la dynastie était lui-même petit-fils du prêtre Sassan.

les doctrines d'Ahriman[1] et des démons furent chassés de l'Empire. Juifs, bouddhistes, brahmanes, nazaréens, chrétiens et yogis furent abattus. »

Une fois de plus, un édit de proscription révèle la diversité des cultes pratiqués, le cosmopolitisme d'une société. En somme, nous apprenons l'existence de communautés religieuses au moment où on les fait disparaître.

Mais tout n'est pas si simple. Le zoroastrisme n'est pas une religion monolithique. Il connaît des crises avec des hérésies, comme le « communisme mazdakiste », à la fin du ve siècle, et le zurvanisme[2]. La religion même des princes sassanides est bien loin de la pureté originelle. À côté des divinités iraniennes siègent d'autres dieux : l'empereur Chapour II exige d'un chrétien qu'il reconnaisse non seulement « le Soleil, la Lune, le feu mais aussi le grand dieu Zeus, Nanai la grande déesse de toute la terre et les puissants dieux Bel et Nabo ».

Une seconde vague de persécutions dirigée plus spécialement contre les chrétiens se développe sous Chapour II. Elle prend un caractère politique marqué puisqu'elle assimile les chrétiens aux Romains. Au règne de Chapour II correspond celui de Constantin et de ses fils qui de leur côté font du christianisme une véritable religion d'État. En Perse, les persécutions antichrétiennes cesseront au ve siècle quand se constituera une Église chrétienne d'Iran séparée de la papauté. La guerre perso-byzantine, y compris celle, commerciale et douanière, de la soie, va se perpétuer pendant des siècles en dépit de périodes d'apaisement. Ces deux grands empires ne parviennent ni à la victoire ni à la concorde. Un des plus grands monarques sassanides, Chosroès Ier, mène la lutte à la fois contre les Byzantins et contre les Huns.

En 562, il signe une grande paix pour les cinquante années futures. Ce traité porte bien entendu sur le commerce de la soie, mais, par ce même accord, Chosroès

1. Ahriman est le dieu des puissances du mal, opposé à Ahura Mazda.

2. Le culte de Zurvan — le temps, l'indéterminé — prend alors la prépondérance sur son « fils ». Ahura Mazda est le déterminé.

négocie le retour des philosophes de l'école d'Athènes dans leur patrie. Victimes de l'intolérance de Justinien, ils avaient trouvé refuge en Perse. C'est sous le règne de Chosroès et certainement à sa demande que sont recueillis la pensée et les savoirs de l'Antiquité grecque. Les Arabes reprendront cet héritage un siècle après ce traité qui échangeait de la soie contre des philosophes. Après la conquête islamique, l'antique religion des Perses subsistera[1].

Plus incertaine est l'existence de « zoroastriens chinois ». La chronique des T'ang nous apprend qu'en 631 un mage, disciple de Zoroastre, se présente à la cour de Chine et y introduit le culte du génie du Feu, auquel l'empereur fait édifier un temple. À l'évidence, là où vont les marchands perses, kouchan ou sogdiens, apparaissent des autels du feu. Pour autant, rien ne prouve une volonté de convertir les populations locales. Les zoroastriens sont visés par l'édit de proscription des religions étrangères promulgué en 845. Apparemment cette communauté était peu développée. De plus, il semble que les Chinois confondent parfois le zoroastrisme avec une autre religion qui en est issue : le manichéisme.

Le sceau des prophètes

Le manichéisme se prête plus que toute autre religion aux visions romanesques.

Entre l'aura qui entoure la vie et le martyre de Mani, personnage historique, et les influences plus ou moins ésotériques que l'on prête à sa religion gnostique, il est bien difficile de revenir à des certitudes.

Le flou qui entoure le manichéisme tient pour une large part au caractère syncrétique de ce dogme, capable de s'approprier tous les héritages. Le Mani historique se veut le « Messager du Dieu de la vérité », inspiré par le

1. Elle dure jusqu'à nos jours, les zoroastriens d'Iran, les guèbres, en sont la preuve tout comme les parsis de l'Inde descendants des anciens Perses.

Paraclet, l'Esprit saint dont il est l'ultime prophète. Au message divin, révélé par Adam, Zoroastre, Bouddha, Jésus et d'autres, doit se substituer la conclusion, la gnose totale, la révélation de Mani, « sceau des Prophètes ».

Religion syncrétique, le manichéisme veut fonder l'Église universelle. « Mon espérance ira vers l'occident et elle ira aussi vers l'orient, et l'on entendra la voix de son message dans toutes les langues, et on l'annoncera dans toutes les villes. Mon Église est, sur ce point, supérieure aux Églises qui l'ont précédée car ces Églises étaient élues en des pays particuliers et en des villes particulières. » L'activité des manichéens va se déployer au moins onze siècles puisqu'en Chine le dernier édit de proscription date de 1370 et fournit encore une fois un repère commode. Il prévoit la strangulation pour les chefs qui professent la « religion du Vénérable de la lumière » et le bâton lourd pour les simples fidèles. C'est sans doute la dernière mention officielle du manichéisme.

Sa légende dure bien plus longtemps et nous ne mentionnons même pas les improbables théories qui font des bogomiles bulgares et de nos cathares de Montségur de lointains héritiers de Mani. Cette inlassable activité prosélyte commence avec Mani lui-même, qui, dès ses vingt-quatre ans (en 240, au moment ou est couronné le second Sassanide, Chapour Ier), reçoit du Paraclet l'ordre de se mettre en route. Il parcourt l'Empire. Dès qu'il a recruté quelques disciples, il les envoie en Margiane, Bactriane, Égypte, etc. Il est protégé par le tolérant Chapour Ier mais tout change quand Varhan Ier est couronné : le grand prêtre, Karter, véritable Torquemada du mazdéisme, obtient la condamnation de Mani dont la passion a lieu en présence de ses disciples. C'est une longue agonie de vingt-six jours pendant laquelle il est étouffé sous les chaînes. Le récit de ce martyre stimule encore les missionnaires.

Autour du personnage se créent des légendes de Mani voyageur. Dans le bassin de l'Indus, il aurait converti un souverain qui voit en lui un nouveau Bouddha ; il serait allé au Tibet, en Chine. En fait, on suit relativement bien l'expansion du culte tant les traces laissées par les fidèles (ou par leurs adversaires) sont nombreuses. Elles sont d'abord écrites, car le manichéisme a suscité une multitude de textes, pour et contre. Sa plus célèbre réfutation est celle d'un renégat : saint Augustin. Ce père de l'Église chrétienne (354-430) a d'abord été tenté par la doctrine de la lumière avant de se convertir au christianisme à trente-deux ans. L'auteur des *Confessions* a mis d'autant plus d'énergie dans son combat contre les hérésies qu'il a été tenté.

Il est une autre source qui permet de suivre la vie du manichéisme à l'ouest, ce sont les multiples lois pénales. La secte est doublement abominable : son dualisme simple est capable de séduire les foules, et puis, la religion de lumière est née en Perse, patrie des ennemis héréditaires de Rome. Les textes répressifs abondent. En 297, l'empereur Dioclétien ordonne au proconsul d'Afrique d'exécuter et de dépouiller les chefs de la secte. En 445, c'est à Rome même qu'on doit chasser les manichéens. Près d'un siècle plus tard, en 527, les empereurs Justin et Justinien condamnent les manichéens à mort. Cette fois, l'Occident en vient à bout.

Mais nous connaissons aussi le manichéisme par ses propres textes. Mani croit à la puissance de l'écrit : il confie à ses manuscrits le soin de conserver la doctrine vraie et assigne aux copistes une place de premier rang dans son Église. Peintre lui-même, il accorde également aux icônes une valeur exceptionnelle. Ses fidèles créent des écoles de peinture. Les fresques d'Asie centrale en sont issues comme les multiples miniatures. Ce courant appartient à un type d'art nouveau qui va fleurir de l'Iran à la Chine. Que ce soient les miniatures persanes, les peintures de Tourfan, les peintures de Samarcande ou de Pendjikent, qu'elles soient laïques ou religieuses, les images se déroulent comme un album des routes de la soie. Ce chemin est la voie royale d'expansion du manichéisme.

Sous les Sassanides, cette religion ne dépasse guère l'Amou-Daria et les Pamirs.

Dans un premier temps, la conquête arabe n'entraîne pas une oppression de la secte. « Les premiers [...] qui pénétrèrent dans les pays du fleuve [l'Oxus] furent les manichéens. La raison en fut que lorsque Chosroès tua Mani et le crucifia, il défendit à tout le peuple de son royaume toute discussion sur la religion et fit massacrer les adeptes de Mani… Lorsque les manichéens se furent installés dans la région d'au-delà du fleuve, ils y demeurèrent jusqu'à la chute du royaume de Perse et l'affermissement de l'Empire arabe. Alors, ils revinrent dans notre pays, notamment pendant la dissolution de la Perse et aux jours des Beni Omayyades », dit Ibn an-Nadim qui raconte aussi comment les manichéens furent protégés par le Kaghan turc d'au-delà de l'Amou-Daria.

Vers le trône ouïgour

Sous les Abbassides, la situation change radicalement, les manichéens sont persécutés parfois très durement. Au Xᵉ siècle, beaucoup se réfugient au Khorassan et le grand historien Birouni les signale à Samarcande et dans les villages de Sogdiane.

Au bout de la route de la religion de lumière : la Chine. Le manichéisme emprunte la route caravanière du Turkestan oriental rétablie par l'empire du Milieu à la fin du VIIᵉ siècle. Par là, les envoyés manichéens vont jusqu'au Fils du Ciel. On signale l'un d'eux en 694 à la cour, il est suivi par un astronome manichéen recommandé par le roi du Tokharestan. Puis ce sont des diplomates. L'empereur de Chine est si intrigué qu'il demande en 731 à un évêque de la religion de lumière d'écrire un compendium en chinois afin que l'on puisse juger la valeur de cette religion.

Le saint homme s'exécute, fort habilement, et dans un esprit très chinois. En effet, comme le bouddhisme avait su se mêler de taoïsme pour être reconnu en Chine, le manichéisme va s'imprégner de bouddhisme et de taoïsme. L'évêque présente Mani comme le cinquième Bouddha, le Momoni. Apparaissent aussi des allusions à Amitaba, le Bouddha de compassion de la dévotion populaire, si cher à la Terre pure. L'évêque explique le nom du prophète, « dont le nom signifie celui qui est l'envoyé de la lumière, aussi appelé roi de la loi de la sagesse parfaite, également nommé Bouddha de lumière, Mani [...] ». Le document, examiné par les bureaux des T'ang chargés des affaires religieuses, atteint son but : la religion est autorisée, même si le décret de liberté est sans ambiguïté. « Sous Hiuan-tsong, la vingtième année Kai-yuan (732), un ordre impérial dit : la religion de Mani est principalement perverse, faussement elle prend le nom de bouddhisme. Mais comme c'est la religion des Maîtres des Hou d'Occident, si leurs disciples la pratiquent individuellement, ils ne seront pas jugés comme des coupables. » La suite de l'histoire du manichéisme en Chine est liée à un hasard politique.

Vers le milieu du VIIIe siècle, une des nombreuses tribus turques, celle des Ouïgours, fonde un royaume au bord de l'Orgon, en Mongolie du Nord. Bientôt un de leurs khans au service des Chinois délivre la ville de Loyang prise par des rebelles. Il y rencontre un religieux manichéen, peut-être un Sogdien, qui le convertit. Bientôt cette foi devient religion officielle de sa tribu et la doctrine de la lumière jouit d'un statut d'autant plus enviable que les Ouïgours sont puissants. Nous sommes loin du martyre de Mani et des persécutions de Karter.

À cette époque, les Ouïgours deviennent, pour les T'ang affaiblis, des alliés encombrants mais nécessaires : le Fils du Ciel est obligé de faire bonne figure aux manichéens et de laisser les temples se multiplier.

La roue tourne : en 840, les Ouïgours sont battus en Mongolie par d'autres Turcs, les Kirghizes. Immédiatement, l'empereur de Chine profite des circonstances et interdit le manichéisme en 843. Avec les Ouïgours, le manichéisme, religion officielle, a connu son apothéose. Il n'en subsiste désormais que des communautés isolées, en Asie centrale, dans le Sud de la Chine, ou des mouvements plus mystérieux qui transparaissent à travers les inévitables sociétés secrètes chinoises.

« Car ainsi parle l'Éternel, le Dieu d'Israël : "Voici, je vais arracher le royaume de la main de Salomon, et je te donnerai dix tribus..." » (I Rois, XI, 31). Le prophète qui s'adresse ainsi à Jéroboam, serviteur du roi Salomon, annonce la division du peuple d'Israël. La lignée de David garde les tribus de Juda et Benjamin, tandis que les dix autres se rebellent contre Roboam, successeur de Salomon. Ces événements se déroulent au début du Ier millénaire av. J.-C.

Il s'ensuit deux siècles de querelles intestines, jusqu'à ce que les Assyriens, à la fin du VIIIe siècle, viennent mettre tout le monde d'accord en occupant la province du Nord et en déportant la population des tribus d'Israël : les fameuses dix tribus perdues. Ces tribus, si tant est qu'elles aient jamais existé, disparaissent, se fondant probablement dans les populations locales. Pareil événement apparemment sans lien logique avec les routes de la soie va pourtant susciter pendant des siècles un grand mythe nomade qui perdure au moins jusqu'au XIXe siècle. À son tour, le mythe se nourrit des errances très réelles du judaïsme sur ces routes.

Car l'importance des Juifs dans le commerce de la soie est indéniable, tout comme leur présence à tous les points relais. À Alexandrie d'abord. Philon[1] parle d'un million de Juifs en Égypte, et dit qu'ils sont « une foule dans chaque cité de l'Asie et de la Syrie ». Peu nombreux à Rome même, ils seraient peut-être six ou sept millions dans tout l'Empire à l'époque d'Auguste. Numériquement importante, la Diaspora l'est aussi par sa position clef à Alexandrie, à Hiérapolis en Syrie, à Palmyre, et par son rôle dans l'histoire du tissage de la soie et de sa teinture.

Naturellement, ce réseau commercial se double d'un réseau d'entraide et une grande partie du négoce de la soie, une fois sur le territoire romain, leur revient. Pen-

1. Philon le Juif (13 av. J.-C.-54 ap. J.-C.) est surtout connu pour avoir tenté de concilier la Bible et Platon.

dant cette période, le souvenir des dix tribus ne disparaît pas. Au cours des révoltes contre Rome, les Juifs espèrent que leurs frères perdus au-delà de l'Euphrate viendront les secourir. Flavius Josèphe [1] croit qu'elles forment maintenant un peuple immense quelque part à l'est.

Le mythe encore imprécis du royaume hébreu oriental se trouve singulièrement renforcé par l'existence des fameux « Juifs khazars ».

Cela commence au VIIe siècle, à un des rares moments où le judaïsme est l'objet d'un prosélytisme effectif. Comme le mazdéisme, le bouddhisme, le manichéisme et les autres religions des routes, le judaïsme rencontre un singulier succès chez certaines tribus d'Asie centrale avides de dieux. En l'occurrence, il s'agit d'une tribu importante du groupe turc, mais aux origines mal connues. Ce sont les Khazars.

On a voulu en faire des descendants de Huns occidentaux. Ils sont membres de la fédération des Ouïgours et viennent du Caucase. Ils font leur première apparition comme auxiliaires des Byzantins. Ils servent contre les Perses sassanides au début du VIIe siècle. Puis, ils s'installent dans la région du Don et de la basse Volga. Cette alliance entre le royaume khazar fondé au nord de la Caspienne et Constantinople dure pratiquement jusqu'au XIe siècle. Alors, les Byzantins trahissent leurs alliés et aident les Russes à les écraser [2].

Si les conditions de l'apparition des Khazars sont obscures, la façon dont ces nomades adoptent le judaïsme suit un schéma classique. Apparemment un khagan khazar se convertit en 641 et encourage sa tribu à le suivre. Avec le recul du temps, cela nous apparaît comme une bizarrerie historique (pas plus surprenante, si l'on y songe, que le succès du manichéisme chez les Ouïgours, les progrès du bouddhisme chez les Turcs t'ou-kuie ou

1. Flavius Josèphe (37-100), Juif romanisé, est l'auteur de *La Guerre des Juifs*.

2. Les Juifs karïmes ou karaïtes de Pologne et de Crimée, encore au nombre d'une vingtaine de milliers, seraient les descendants de ces Khazars.

la diffusion du nestorianisme chez les Mongols...). À l'époque, l'existence des Juifs khazars fut un sujet d'étonnement pour les historiens arabes. L'un d'eux, Masoudi, affirme que, du temps d'Haroun-el-Rachid, la noblesse khazar adopta la religion de Moïse. Ce fut aussi une surprise pour saint Cyrille envoyé évangéliser cette tribu au milieu du IXe siècle et étonné de trouver la place occupée par des rabbins. Le royaume khazar fut un refuge pour les Juifs fuyant Byzance au Xe siècle.

Sans doute ne faut-il pas surestimer cette singularité : le judaïsme aurait plutôt été la religion de l'aristocratie que celle de toute la tribu. Il est en concurrence avec l'islamisme, le christianisme et le paganisme. Ibn Haukal précise : « La plupart des habitants conservent les caractères des idolâtres qui se prosternent les uns devant les autres quand ils se rencontrent et leurs jugements sont mis en vigueur selon des habitudes anciennes contraires à l'islamisme, au judaïsme et au christianisme. » Par contre, Ibn Fadlan qui participa à une ambassade chez les tribus turco-mongoles des bords de la Volga en 921 raconte : « Les Khazars et leur roi sont tous juifs », mais il note que la communauté musulmane de cette région est soumise à ses propres lois.

Et on cite le cas d'un prince khazar qui professait simultanément les trois religions du Livre. Reste pourtant que l'histoire de ce « royaume juif », même si elle comprenait une part d'exagération, devait faire grand bruit.

Tribus retrouvées

Au IXe siècle, il est aussi question d'un certain Eldad ben Mahli qui apparaît en Tunisie et décrit à la communauté juive locale le merveilleux royaume juif d'Éthiopie dont il vient : là se sont réfugiées quatre des tribus d'Israël... C'est une légende qui persiste jusqu'à nos jours[1].

---

1. Les fameux Falachas, les Juifs abyssins dont la transplantation en Israël en 1984 fit grand bruit, se considèrent comme les descendants de la tribu perdue de Dan et font remonter leurs origines à Moïse et

Pendant les croisades, certains Hébreux adoptent le mythe du royaume oriental. D'autant qu'il se trouve toujours un élément pour l'authentifier. Ce peut être, par exemple, le récit du rabbin espagnol Benjamin de Tudèle. Au XIIe siècle, il visite nombre de communautés judaïques. Il part de Saragosse en 1165, visite le pourtour de la Méditerranée, Syrie, Arabie et Basse-Égypte comprises, avant de s'en revenir mourir à Saragosse en 1173, ayant vécu force aventures, mais pas assez cependant pour concurrencer un Marco Polo ou un Ibn Batouta auprès de la postérité.

Comme le fera ce dernier pour l'Islam, Benjamin semble s'être donné pour but de visiter les Juifs du monde entier. De surcroît, il les dénombre. Son témoignage sur les routes de la soie est précieux ; ainsi apprend-on qu'à Samarcande vivaient cinquante mille Juifs, ou qu'à Thèbes ils n'étaient que deux mille, mais qu'ils tenaient la production locale de soie. Tout n'est pas si sérieux chez le rabbin voyageur et, par moments, il répercute de singulières légendes. À Rome, il y a, croit-il, tout un réseau souterrain sous les collines, car Romulus l'avait fait construire par crainte du roi… Salomon. Ne parlons pas de toutes les fables de ports que Benjamin recueille à propos de l'Inde et de la Chine.

Or, parmi les légendes auxquelles il croit, figure celle des tribus perdues. À quatre jours de Samarcande, en territoire perse, à Nisbon, le rabbin a retrouvé quatre des tribus : « On rapporte qu'il y a là les tribus d'Israël qui habitent dans les villes de Nisbon, à savoir Dan, Zabulon, Asser et Naphtali, lesquelles furent emmenées du temps de la première captivité. » Dans les déserts de ces régions vivent de redoutables nomades. Les habitants vont faire des razzias « jusqu'en Éthiopie[1] ». Qui plus est,

au roi Salomon. Cette origine légendaire intervient dans l'actualité : c'est en son nom que les Falachas dont les chefs religieux ignorent le Talmud se considèrent comme de « vrais rabbins ».

1. Rappelons qu'à l'époque le mot « Éthiopie » peut signifier, comme Inde, un lieu situé à peu près n'importe où, tant la localisation de ce pays mythique est changeante.

ces peuples guerriers n'ont pas de nez mais sont « amis des Israélites » qu'ils protègent.

La légende des Juifs d'Orient a une singulière postérité sous la forme folklorique, plutôt amusante, d'une théorie audacieuse et digne de concurrencer l'Atlantide et les visiteurs de l'espace.

La découverte du Nouveau Monde donne le coup d'envoi à cette théorie sous sa forme « judéo-indienne ». Celle-ci veut que les habitants des Amériques soient des descendants des fameuses tribus venues par mer. Un certain Montezimos raconte avoir rencontré au Pérou des Indiens juifs. Parmi les autres délires historico-bibliques suscités par ce mythe, il faut aussi faire mention du très curieux mouvement dit « british-israël ». Il connut son heure de gloire tout à la fin du XVIIIe et au XIXe siècle : un illuminé, Brothers, « neveu de Dieu », fait des Anglo-Saxons, via les Scythes, les descendants des Israélites disparus. Il semble que ce mouvement ait touché plusieurs milliers d'adhérents.

Bien moins fantaisiste, par contre, la « découverte » par des missionnaires du XVIIe siècle de « Juifs chinois ». On connaît une Torah en chinois sur peau de chèvre, apparemment rescapée d'une synagogue détruite par l'inondation du fleuve Jaune en 1642. En réalité la présence de commerçants juifs (qui furent aussi des navigateurs) dans les grands ports cosmopolites comme Canton est attestée depuis le IXe siècle[1], et il y a une synagogue à Kai Feng au XIIe siècle. Les « Juifs aux yeux bridés » qui excitent tant les imaginations pourraient descendre de ces Juifs de Narbonne qui allaient jusqu'au Sind, à l'Inde et à la Chine tantôt par la mer Rouge, tantôt par le golfe Persique selon Ibn Hurd.

---

1. Comme par hasard, les rarissimes textes en hébreu antérieurs au XIIe siècle découverts en Chine le furent à Touen-houang et près de Khotan, deux grandes cités caravanières.

Une seule personne ?

Contrairement au judaïsme, le christianisme est foncièrement universaliste et prosélyte. Des missionnaires partent vers l'orient et vers l'occident. Les uns et les autres s'éloignent, leur foi devient différente. Le grand schisme de 1054 sépare catholiques romains et orthodoxes byzantins, mais bien avant, au Vᵉ siècle, se produit une autre rupture.

Elle sépare de Rome les Églises dites préchalcédoniennes[1], et a pour conséquence la scission du christianisme oriental. Pendant plusieurs siècles, le Saint-Siège ignore presque tout des hérétiques nestoriens perdus sur les routes de la soie.

Entre le schisme nestorien consommé au concile d'Éphèse en 431 et la fin du XIIIᵉ siècle, on ne saura de ces chrétiens lointains que légendes et belles histoires. Les chrétiens européens redécouvrent alors leurs coreligionnaires solidement implantés là où on les attendait le moins : dans les Indes fabuleuses, à la cour des Mongols. Sur ces fameux nestoriens courent les bruits les plus fous.

Même à son apogée, à la fin du XIIIᵉ siècle, on connaît mal le nestorianisme. Il compte pourtant environ deux cent cinquante diocèses. Il y a des nestoriens en Mongolie, dans toute l'Asie centrale, dans le Sud de l'Inde et jusqu'à Java. Ils sont aussi à Chypre. Le Saint-Siège et donc l'Europe occidentale perdent plusieurs siècles le contact avec la chrétienté des routes de la soie, et cela pour un point de doctrine.

Quelle importante question coupe le monde chrétien en deux ? Un mot : Théotokos. Peut-on vraiment dire que Marie est Théotokos, mère de Dieu ? En répondant non, Nestorius, moine d'Antioche, déclenche le processus complexe qui déchirera le christianisme, mais aussi

---

1. C'est-à-dire les Églises d'Orient qui se réclament de conceptions antérieures à la doctrine fixée en 451 au concile de Chalcédoine : l'Église nestorienne et les quatre Églises monophysites dont il sera question plus loin.

provoque une rupture entre cultures et contribue à faire du monde au-delà de l'Euphrate une autre planète.

La thèse de Nestorius est que Marie est mère de l'homme Jésus, non de Dieu, puisqu'en Christ cohabite une double nature : humaine et divine[1]. Ce point de doctrine reflète en partie l'opposition entre les théologiens d'Antioche et ceux d'Alexandrie, à la tête desquels est l'évêque Cyrille. Ce dernier entreprend une lutte contre Nestorius, devenu patriarche de Constantinople en 428. Cette « guerre des évêchés » inquiète très vite l'empereur qui commence par déposer Cyrille. Mais ce dernier obtient la convocation d'un concile œcuménique, le troisième de l'histoire de l'Église. Il se tient à Éphèse en 431. Et là, la thèse de Cyrille d'Alexandrie, résumée dans, le « Symbole d'Éphèse », l'emporte. La doctrine officielle de l'Église est qu'en Christ il y a deux natures unies.

Exilé en Égypte et excommunié, Nestorius meurt seul. L'histoire pourrait s'arrêter là et Nestorius ne serait plus aujourd'hui que l'un des nombreux hérétiques à avoir marqué la longue et complexe histoire de la christologie[2]. Et seuls les théologiens avertis se souviendraient de son nom.

Une seule nature ?

Mais l'hérésie de Nestorius a d'abord une première conséquence : par réaction, tombant dans l'« excès inverse », Eutychès de Constantinople proclame la fusion

---

1. Pour être tout à fait exact, les nestoriens sont considérés comme « adoptianistes » : leur conception du Christ implique que la divinité s'est en quelque sorte emparée de la nature humaine du Christ (l'a « adoptée »).

2. La christologie, l'étude de la doctrine chrétienne portant sur la nature du Christ et la question de la trinité ont donné lieu à pratiquement toutes les variations et les hérésies imaginables. Le concile œcuménique d'Éphèse faisait lui-même suite à celui de Nicée (325) où fut condamné l'arianisme pour qui le Christ est inférieur au Père. Puis au concile de Constantinople (381) au cours duquel sont condamnés les pneumatomachiens (pour lesquels le Saint-Esprit est inférieur).

de la nature humaine et de la nature divine du Christ. Cette thèse est adoptée par un concile ; lequel est contesté et désigné sous le nom de « brigandage d'Éphèse ». Finalement, un véritable concile œcuménique, le quatrième, celui de Chalcédoine en 451, condamne cette nouvelle thèse. L'Église proclame qu'il y a en Christ « une seule personne, une seule hypostase » et que les deux natures du Christ sont non séparées, mais distinctes.

Cette fois la nuance est vraiment très subtile. Ce qui est reproché à Eutychès, et à tous ceux qui suivront la même ligne doctrinale, les monophysites, c'est de croire faussement ces natures indistinctes. C'est la rupture. Entre le Christ trop divin de Nestorius et celui trop humain des monophysites est censée se dessiner une juste ligne doctrinale, celle de l'Église apostolique et romaine, et ce pour le reste des temps.

Or cette dernière hérésie, le monophysisme, est à l'origine des Églises copte, jacobite et arménienne. Si bien qu'en vingt ans, du concile d'Éphèse à celui de Chalcédoine, de 431 à 451, sont apparues deux hérésies contraires auxquelles se rattachent toutes les Églises chrétiennes des routes de la soie : Égypte, Syrie, Iran, Irak, Inde et jusqu'au Pacifique. Bien que nées de positions doctrinales rigoureusement inverses de celles du nestorianisme, les hérésies monophysites connaissent un destin comparable. Églises nationales subsistant dans un environnement non chrétien, ou tolérées par les vainqueurs (les Sassanides ou les musulmans) dans la mesure où leurs adeptes sont indépendants de Byzance, Églises coupées de l'Europe par les circonstances politiques, Églises de minorités souvent lettrées et qui jouent un rôle d'intermédiaires entre les cultures, elles sont placées sous le signe de l'échange. Elles sont pareillement « oubliées » par la chrétienté occidentale à qui elles devraient fournir des correspondants naturels. Elles sont les composantes d'un christianisme perdu et qui pourtant joue un rôle important et remporte des succès surprenants[1].

1. L'Église arménienne a subsisté après l'invasion musulmane. L'Église syrienne jacobite qui a joué un rôle important dans la trans-

Les progrès du nestorianisme sont dus à des circonstances d'abord politiques, bien plus qu'à de subtiles considérations sur la double nature du Christ. L'Église de Perse, toujours soupçonnée par les autorités sassanides de trahir au profit de Byzance, est sous haute surveillance du très puissant clergé mazdéen. Elle a proclamé son indépendance en 424 et se rallie au nestorianisme lors d'un synode en 484. Ainsi se constitue une Église d'Orient sur laquelle le pape n'a plus aucun contrôle. Après la période sassanide, les nestoriens ne disparaissent pas avec l'arrivée de l'Islam ; sous les califes abbassides (750-1258), un catholicos, un patriarche nestorien, est même installé à Bagdad. L'activité missionnaire nestorienne en Inde et en Extrême-Orient est intense.

Saint Thomas des Indes

Les communautés chrétiennes d'Inde qui adoptent le nestorianisme sont sources de légendes ; on a perdu tout contact direct avec elles et tout ce qui vient des Indes ne peut être que fabuleux. À cela se mêle une histoire plus ancienne, antérieure au schisme d'Éphèse, qui raconte que saint Thomas est allé aux Indes et y a été martyrisé et enterré. D'autres légendes veulent que le souverain perse Gondopharnès soit un des Rois mages qui se rendirent à Bethléem, et qu'il ait reçu saint Thomas. À la fin du IIe siècle, un missionnaire est envoyé en Inde par l'évêque d'Alexandrie. Il rapporte qu'il y a été précédé par saint Barthélemy. Par la suite, on attribue à saint Thomas toutes les belles histoires que l'on avait d'abord prêtées à saint Barthélemy.

---

mission de la culture grecque aux Arabes a dû à son indépendance politique d'être mieux acceptée après la conquête arabe. Quant à l'Église copte d'Égypte, elle a pareillement dû à son hostilité à Byzance ses périodes de faveur au reste très relative. La branche éthiopienne de l'Église copte a, elle, noué un dialogue avec le judaïsme, et nous verrons combien, séparée du reste de la chrétienté, sauf de l'Église d'Égypte, par la conquête arabe, elle fut inconnue et donna lieu à toutes sortes de légendes.

Au début du VIᵉ siècle, une passion de ce saint, traduite en latin, raconte sa prédication en Inde. Cosmas Indicopleutès se vante d'avoir rencontré des fidèles de l'Église de saint Thomas en Inde. Il ajoute : « À Ceylan, île de l'océan Indien, au-delà de l'Inde, il existe une Église chrétienne. L'évêque est désigné par la Perse [...] de même, il existe beaucoup de chrétiens, de nombreux moines et évêques en Bactriane, chez les Huns, en Perse, dans d'autres parties de l'Inde. »

Ce texte rejoint une légende qui veut que Thomas, frère jumeau du Christ, ait été esclave en Inde, y ait opéré des conversions, pour être finalement martyrisé. D'autres variantes prétendent même qu'il voyagea jusqu'en Chine.

À partir de tant de rumeurs convergentes, nul ne doute plus que la tombe de l'apôtre Thomas soit en Inde, non loin de Madras. Ce mythe est entretenu par la présence de communautés nestoriennes. Elles sont mal connues, bien que l'église syrienne Mar Thomas de Malabar (qui existe encore aujourd'hui) soit fort importante à l'époque. Tel est le processus qui impose le mythe de Thomas des Indes au monde et, pour longtemps, la tombe supposée de l'Apôtre attire les pèlerins.

Au XIIIᵉ siècle, Marco Polo ne manque pas de mentionner cet endroit illustre, sur la côte de Malabar : « En une petite ville[1], où il n'y a guère d'habitants, peu fréquentée par les marchands, car il n'y a guère de négoce et que l'endroit est isolé, y affluent en pèlerinage nombre de chrétiens et même de Sarrasins. Les Sarrasins de ces pays ont grande foi en lui. Ils disent qu'il fut sarrasin et grand prophète. » On visite le lieu où fut tué l'apôtre. Selon Marco Polo, sa mort fut accidentelle : un chasseur de paon maladroit le perça d'une flèche alors qu'il était en pleine oraison. Bien sûr, on raconte de nombreux miracles : la terre de sa tombe, mêlée à une boisson, guérit la fièvre tierce et quarte[2]... Marco Polo prétend

1. Mailapuram, rebaptisée São Tomé par les Portugais.
2. Dans certaines versions de son manuscrit, Marco Polo dit même

également avoir vu la trace de son passage à Aden, et attribue à saint Thomas l'évangélisation de la Nubie[1]. De même, les Portugais voient dans la trace de pas du pic d'Adam à Ceylan la marque de l'Apôtre.

Ce mythe de la tombe de saint Thomas cache les réalités du christianisme indien qui est nestorien ; de plus Rome se méfie d'une Église qui cohabite si facilement avec les « Sarrasins » et dont les prêtres se marient[2]. Touché par la répression antichrétienne sous les Mongols, puis affaibli par la perte de croyants qui choisirent de se rattacher à Rome, ou à l'Église jacobite, le nestorianisme a pratiquement disparu en Inde[3]. Il y a quelques années, on signalait encore sur la côte de Malabar des « chrétiens de saint Thomas » qui affirmaient faire remonter l'origine de leur communauté à la prédication de l'apôtre dans le Dekkan.

Chrétiens de Chine

Plus étonnant encore que le nestorianisme indien, celui de Chine témoigne de la surprenante capacité qu'ont les partisans de la séparation des deux natures du Christ à diffuser leur foi.

---

avoir ramené un peu de cette terre miraculeuse et avoir guéri ainsi force fièvres.

1. Une croyance générale attribuait à saint Thomas l'évangélisation de l'Éthiopie, une autre Église séparée, copte elle et non nestorienne.

2. Le mariage des prêtres nestoriens fut même obligatoire à la fin du Ve siècle.

3. Du nestorianisme, c'est-à-dire de l'Église dite syrienne orientale, il subsiste actuellement quelques dizaines de milliers de fidèles en Irak et en Iran, dans une situation plutôt compliquée (depuis l'assassinat du patriarche héréditaire aux États-Unis, un patriarche iranien et un irakien se disputent sa succession et les communautés nestoriennes sont en difficulté dans ces deux pays). En Inde, la situation est encore plus complexe : l'Église nestorienne a perdu une grande part de ses fidèles d'Inde et même d'Irak qui se rattachèrent à Rome dans l'Église dite chaldéenne catholique. Puis d'autres rejoignirent l'Église syrienne occidentale en 1664 et « devinrent » ainsi… monophysites, formant l'Église syro-orthodoxe de l'Inde.

L'essentiel de ce que nous savons sur l'introduction du nestorianisme en Chine tient en quelques lignes gravées : la stèle de Tch'ang-an datée de 781. Elle porte des inscriptions en chinois et en syriaque, et s'intitule « De la propagation de la religion radieuse de Ta-ts'in dans l'empire du Milieu ». La pierre, probablement enterrée au moment des persécutions du IXe siècle contre les religions étrangères, fut découverte au XVIIe siècle sur le site de l'ancienne capitale et réinstallée dans la forêt de stèles[1] de Tch'ang-an.

En substance, elle dit qu'en 635 un certain Aluoben arriva dans la capitale chinoise, porteur d'écritures venues de ce fameux empire de l'Ouest que l'on situait si vaguement et que l'on nommait Ta-ts'in. Aluoben, « augurant des nuages bleus, apporta les vraies écritures ; examinant l'harmonie des vents, il se hâta d'affronter les difficultés et les dangers ». La stèle nous décrit aussi le sage comportement de l'empereur T'ai-tsong, caractéristique de l'esprit d'ouverture de la dynastie T'ang, au moins à ses débuts. L'Empereur mande un de ses ministres avec une escorte et fait analyser le contenu de la nouvelle doctrine avant d'en autoriser la propagation. « Lorsque les livres eurent été transférés dans sa bibliothèque et que la doctrine eut été examinée dans ses appartements privés, l'Empereur pénétra pleinement sa qualité, toute son authenticité, et ordonna tout spécialement qu'elle soit prêchée et transmise. » L'Empereur dit explicitement qu'après s'être fait expliquer la doctrine il voulut qu'elle fût aussi connue de ses sujets : « Si nous examinons avec soin la signification de son enseignement, il nous apparaît mystérieux, merveilleux, riche de quiétude... il est juste qu'il ait libre carrière sous le ciel. En conséquence, que les fonctionnaires du lieu permettent la construction d'un monastère Ta-ts'in dans le quartier I-ning de la capitale, avec vingt et un moines réguliers. »

L'église nestorienne de la capitale s'enorgueillira même

1. Cette stèle presque aussi célèbre que la pierre de Rosette a été au centre de nombreuses controverses : on y a même vu un faux fabriqué par les jésuites.

d'une inscription élogieuse de la main d'un successeur de T'ai-tsong. Sous l'empereur Kao-tsong (650-683), il semble qu'il y ait des monastères dans toutes les préfectures de l'Empire, ou plutôt des Temples de la Lumière, comme il est écrit sur la stèle. On trouve diverses mentions de la faveur dont jouissent les nestoriens. Au VIIIe siècle, tel empereur offre cent pièces de soie au temple occidental, tel autre fait bâtir un monastère pour un prédicateur venu de l'ouest, tel autre enfin accueille parmi ses proches un savant nestorien venu d'Afghanistan. Des textes religieux comme l'hymne à la Sainte-Trinité, ou le *Soutra du messie Jésus* circulent en Chine et on en trouve parmi les manuscrits de Touen-houang.

Telle est la situation de l'Église chrétienne que frappe la proscription de 845. Désormais, le nestorianisme a disparu de Chine. Pourtant, l'onde de choc de la très subtile querelle du concile d'Éphèse n'a pas fini de se faire sentir et l'hérésie oubliée va réapparaître de façon surprenante au moment de l'aventure mongole et permettre à l'imaginaire des routes de la soie de manifester sa puissance[1].

Jusqu'à la proscription du IXe siècle, les Chinois connaissent et tolèrent donc quatre principales religions « étrangères » : le bouddhisme, le nestorianisme connu comme religion de la lumière venu du Ta-Ts'in, le zoroastrisme, très minoritaire, religion du « Dieu céleste du Feu », venu de Po-Sseu (la Perse)[2] et enfin le manichéisme. Du moins c'est ainsi que les choses se présentent en théorie : les historiens ne sont pas si certains que l'on ait distingué avec tant de clarté les pays et les doctrines. S'ajoute la tendance au fameux « syncrétisme chinois », et surtout l'action du taoïsme. Déjà Tchouang-Tseu, au IIIe siècle av. J.-C., disait : « Quand nous demandons : "Où est donc la philosophie du vieux et vénérable Tao ?", la réponse pourrait être : "Elle se trouve dans chacun de ces systèmes." »

---

1. Voir le chapitre sur le Prêtre Jean et le suivant.
2. Il est arrivé en Chine pratiquement en même temps que le nestorianisme, apporté par un mage en 631.

Non seulement le taoïsme prône la tolérance à l'égard des autres religions, et ne répugne pas à s'y mêler, mais de surcroît on tend à traduire les concepts étrangers, tels le bouddhisme et le manichéisme, en termes taoïstes. Sous l'influence taoïste, la période d'ouverture commerciale, politique, maritime, de la Chine coïncide avec la tolérance envers les religions venues de l'ouest. Et la stèle de Tch'ang-an considère l'arrivée des doctrines étrangères comme un signe de gloire : « Maintenant que les T'ang sont étincelants, une brise éclatante souffle vers l'est. »

ENTRACTE V

Le sabre et le Livre

Un siècle après la prédication de Mahomet (570-632), ses fidèles ont atteint les Colonnes d'Hercule, la Suisse pour des raids rapides, l'Arménie, bien sûr toute la péninsule Arabique, le Sind dans l'actuel Pakistan, et l'Asie centrale entière jusqu'au-delà du Syr-Daria. Avec le Livre et souvent le sabre. Rien n'aurait été possible si les routes de l'Islam ne se confondaient pour une large part avec celles de la soie.

La grande voie est-ouest du Coran suit la même loi que celle des caravanes et des navires. C'est vrai quand l'Islam s'étend au pas des armées, c'est encore plus évident quand la foi est propagée dans les villes et ports par les voyageurs arabes et persans. Dès avant l'Hégire existait un solide réseau de comptoirs et de marchés fréquentés par les négociants arabes. Quand vient le temps de l'Islam, ils deviennent aussi les relais du Coran. Des royaumes entiers sont ainsi convertis. Fût-ce comme religion des minorités étrangères, l'Islam est toujours présent sur les routes de la soie. De Venise à Canton, il n'est pas un de leurs carrefours où n'ait vécu une notable communauté de musulmans.

Toutes les données antérieures sont bouleversées par cette expansion. À la mort de Mahomet, en 632, la conquête de la péninsule Arabique est presque achevée. C'est chose faite sous son successeur et beau-père, le marchand d'étoffes Aboubaker. Celui que l'on surnomme « le très fidèle », élu par l'assemblée des croyants, devient le premier calife, à la fois chef politico-militaire et guide religieux.

Quand il meurt deux ans plus tard et que la direction de la communauté revient à Omar, second calife « inspiré », le bilan est déjà impressionnant. Le nouveau pouvoir de l'Islam inquiète maintenant les deux grands empires face à face Byzance et la Perse sassanide.

Pendant cette première phase, non seulement les partisans de Mahomet se sont emparés des grandes voies de communication de la Péninsule, mais ils ont aussi conquis pacifiquement les deux carrefours de la mer Arabe : le Yémen et l'Oman. Les clans yéménites se convertissent. Cette région clef de la route de l'encens a été successivement dominée par trois rois dont un Juif, puis a été sous suzeraineté du négus chrétien, et, enfin, est devenue satrapie perse et donc sous domination d'un peuple zoroastrien. Elle sera désormais un des bastions de l'Islam.

Par ailleurs, la conversion d'Oman, également sous suzeraineté perse, au moins formellement, ouvre à l'Islam la mer d'Arabie, par ses ports dont celui, actif, de Sohar. Par Oman, la Maggan de l'Antiquité, transitaient aussi l'encens, les pierres précieuses, les bois, l'ivoire. Les marins et marchands omanais étaient, avant l'Islam, parmi les plus actifs. Ils vont désormais se rencontrer dans tous les ports des routes de la soie, en Inde, en Chine, et jusqu'en Afrique orientale.

Cette conversion spontanée d'Oman et du Yémen prive les Perses sassanides de débouchés sur la mer Arabe. Ils découvrent avec surprise que les Bédouins qu'ils considéraient comme d'obscures tribus de la périphérie, à peine capables de razzias sans lendemain, les défient. Le califat d'Aboubaker, puis, pendant les dix ans qui suivent, celui d'Omar, sont plus étonnants encore. La nouvelle puissance s'en prend aux deux empires.

La tradition veut que le Prophète ait écrit au basileus Héraclius pour l'inviter à se convertir à l'Islam, et que celui-ci, en dépit d'un rêve prophétique lui annonçant que la Syrie serait soumise à un circoncis, s'y soit refusé, sous l'influence de sa cour. Dès 632, le conflit a éclaté entre Arabes ghassanides chrétiens, clients des Byzantins, et les musulmans. Quant aux Sassanides, ils s'inquiètent déjà de défendre la Mésopotamie.

La façon dont les troupes musulmanes bousculent simultanément les armées d'Héraclius à Damas et celles du chah en Mésopotamie, qui devient l'Irak-el-Arabi, prennent Jérusalem aux chrétiens, et Ctésiphon aux Perses, tout cela témoigne d'une prodigieuse accélération des événements. Après le territoire de l'Irak, l'armée arabe s'enfonce en Perse pour remporter à Nehavend, en 642, la « victoire des victoires », la bataille qui lui ouvre la voie de Persépolis et entraîne la chute de l'Empire sassanide, déjà fort affaibli et livré à l'anarchie. Douze souverains ou prétendus tels s'étaient succédé entre 628 et l'intronisation de Yezdeguerd III, le dernier roi sassanide. Ses troupes, largement composées, il est vrai, de mercenaires étrangers, ne résistent guère et il se réfugie à Merv. Il finira assassiné, trahi par un satrape du lieu (651). La même année, les Arabes sont déjà à Hérat.

En résumé très peu de temps après la mort de Mahomet (570-632), l'Asie Mineure, l'Égypte, la Syrie, la Mésopotamie, la Perse occidentale sont converties ; dès le milieu du VIIe siècle commence l'expansion en Asie centrale. Après les quatre califes « inspirés », la dynastie omayyade (660-750) étend son influence à la Perse orientale, à la Transoxiane, aux confins de l'Inde.

Les Omayyades sunnites peuvent prétendre à la succession mythique, celle d'Alexandre ; hors la Grèce et l'Asie Mineure, ils refont le grand Empire. Après avoir affermi leurs possessions et les avoir étendues en Afrique jusqu'au Maroc, ils se préparent au début du VIIIe siècle à pousser jusqu'à l'extrémité orientale de la voie transcontinentale. Jusqu'au pays de la soie ?

IX

Les routes du Prophète

En 705, la Chine a-t-elle failli devenir terre d'islam ?

Cette année-là, le général arabe Kotaïba (ou Qutayba) Ibn Moslem conquiert Boukhara et Samarcande, il atteint le Ferghana et traverse les monts Célestes vers Kachgar. Le gouverneur chinois de la place, apprenant que Kotaïba a juré de s'emparer de la terre chinoise, de sa richesse et de dominer son peuple, lui envoie un sac de terre, quelques monnaies et quatre princes comme otages. Ainsi le conquérant arabe pourra, sans perdre la face, laisser en paix l'empire du Milieu.

Ce sera partie remise pour presque cinquante ans, jusqu'à la bataille sino-arabe de Talas en 751. En Europe, exactement un siècle après la mort du Prophète, en 732, vers Poitiers, Charles Martel use d'une méthode moins subtile que le gouverneur chinois pour fixer une borne occidentale à l'expansion de l'Islam. Ou du moins à celle de ses armées.

La réalité est, bien sûr, plus complexe mais nous pouvons accepter Talas et Poitiers comme les deux événements symboliques qui marquent combien l'Islam a été près de s'étendre d'un bout à l'autre du continent, de créer un empire politique et militaire unique de Tch'ang-an à Rome et ce un siècle après la révélation.

L'islamisme gagne les routes transcontinentales en un temps prodigieusement bref.

À propos du bouddhisme, nous nous interrogions sur le mystère de la conversion, sur les rapports ambigus entre la doctrine de la Libération, les élites, les marchands, le clergé et les pèlerins, entre les icônes et les textes. La propagation de l'islamisme, par la conquête ou avec le négoce, semble obéir à des lois plus claires.

Celles de l'action d'un livre et d'une langue, reflet de la nature d'une foi, d'une religion : l'islamisme se veut le seul vrai monothéisme cohérent. L'unicité du texte sacré, celle de la langue qui sert à le réciter (une traduction du Coran n'est plus le Coran[1]), tout cela n'empêchera pas cette religion de se diviser, mais donnera un caractère très particulier à sa diffusion, celui d'une foi unitaire et universaliste à un degré jusque-là inconnu.

L'islamisme est la dernière-née des grandes religions. Son histoire précède à peine notre Moyen Âge, son évolution est connue : très vite tout sera réglé, écrit, codifié. Cette foi est soucieuse de refuser toute superstition, *a priori* « païenne », désireuse de conserver sans modification le message « final » de Dieu qui clôt la suite des prophètes, ennemie de tout ce qui peut déformer le sens. Unité, cohérence et simplicité lui donnent sa force de persuasion, d'où la capacité de transporter quelques principes immuables d'un bout à l'autre de la Terre sans les transposer. L'adhésion à un message, celui du Livre total, qui à la différence des autres religions exprime directement la Parole du Créateur, semble répudier mythes et légendes. Pourtant, l'islamisme stimule un imaginaire incomparable, en particulier pour tout ce qui touche à la

1. Il faut attendre 1920 en Turquie et 1932 en Égypte pour qu'un maître sunnite de l'école hanafite, Mohamed Mustapha El Maraghi, admette qu'un musulman non arabisant puisse utiliser une traduction reconnue pour ses prières. Auparavant, toute traduction du Coran n'en était qu'un commentaire. Encore aujourd'hui, il ne peut s'agir officiellement que d'un commentaire.

représentation de la Terre, peut-être parce qu'il s'adresse souvent à des nomades, des marchands, des marins.

Autre évidence complémentaire : l'islam, né du désert selon la formule consacrée, est placé sous le signe du voyage. Pour le pratiquer, il suffit d'un livre, d'un tapis, d'assez d'eau, ou, à défaut, de sable, pour se purifier, du soleil, ou des étoiles pour savoir vers où tourner sa prière. La mosquée ne sert qu'à rassembler les croyants, son mihrab n'est qu'un signe indiquant la direction du pôle mystique : la Ka'ba. L'islamisme impose (au moins à qui le peut) le grand pèlerinage à La Mecque, mais, hors ce commandement qui réunit les foules du monde entier en un même endroit et la valeur symbolique des lieux saints, rien n'enracine la foi.

Enfin, si l'islamisme est religion du désert, cela signifie en réalité qu'il est la religion des villes. Dès sa naissance en Arabie, il se diffuse là où se rencontrent les caravanes. Mahomet, lui-même caravanier, s'affirme d'abord lors du conflit avec les riches marchands païens de La Mecque, oasis de commerce et de pèlerinage[1]. De la ville rivale de Médine où il s'est réfugié, le Prophète commence sa conquête par une série de batailles pour les cités oasis, et d'abord pour La Mecque. Tout se joue sur les alliances avec les clans bédouins (sans oublier les fameux alliés juifs des Mecquois, adversaires du Prophète).

Après la prise de La Mecque en 630, la marche de l'Islam est une longue série de sièges et de fondations de villes, sa progression le long des pistes et routes des caravanes est fulgurante.

Ibn Khaldoun, le grand philosophe et historien né à Tunis, exagère à peine lorsqu'il écrit : « Puis apparut le Sceau des Prophètes, Mahomet, que les prières de Dieu soient sur lui. Il réussit à réunir les Arabes autour de l'Islam.

Même si tu avais pour cela dépensé en totalité ce qui est sur la [terre,

1. La Ka'ba originale, édifiée par Adam selon la tradition, attirait des pèlerins dès avant la révélation de Mahomet.

tu n'aurais pu unir leur cœur.
Mais c'est Dieu qui les a unis (sourate VIII, 63).

Dieu le reprit auprès de Lui après qu'il eut ordonné la guerre sainte [djihad] et promis au nom de Dieu que la terre irait à sa communauté [Oumma]. Deux ans après sa mort, les Arabes marchèrent contre Chosroès et César et leur arrachèrent le pouvoir ; par-delà les Perses, ils atteignirent les Ṭurcs, et par les Rums, les Berbères et le Maghreb. Le monde entier se trouva désormais soumis au pouvoir de l'Islam. »

Au milieu du VIIe siècle, la « victoire des victoires » remportée sur les Perses sassanides, pendant que Byzance est réduite à la défensive, permet à l'Islam la conquête de tout un continent.

Ruines d'empire

L'Empire sassanide est mort, et pourtant lui survit pendant quelques décennies un « gouvernement en exil », ce qui témoigne des liens qui existent entre la Perse et la Chine, héritage des bonnes relations commerciales entre le grand producteur et le grand intermédiaire des routes de la soie.

Le malheureux Yazdgard III, dernier roi de Perse, vaincu par les Arabes, demande au Céleste Empire d'intervenir militairement. Celui-ci refuse de tenter une entreprise aussi hasardeuse, mais, persuadé de l'enjeu que représentent les grandes voies d'Asie centrale, attache le plus grand prix aux symboles de la souveraineté sassanide. La Chine octroie donc à Peroz III, fils de Yazdgard, le gouvernement d'un Empire perse purement théorique. Dans la réalité, Peroz et ses successeurs règnent sur une ville des provinces extrême-orientales de leur ancien Empire[1]. Les souverains quelque peu fantoches

1. Bien plus tard, en 731, cet empire fantôme de Perse envoie même un ambassadeur nestorien à la cour de Chine.

ne sont là que grâce à l'accord formel des Chinois et au soutien plus concret du roitelet du Tokharestan, un des petits royaumes d'Asie centrale.

La course de l'Islam doit rattraper les empereurs perses après une pause dans l'expansion. La dynastie des T'ang, qui vient de réunifier la Chine, envisage la reconquête des couloirs de l'ouest mais ne s'imagine pas qu'elle y rencontrera dans un siècle la poussée islamique. En ce milieu du VIIe siècle, les T'ang ne voient dans l'islamisme que la religion d'une communauté de marins et de marchands, un culte pratiqué par des étrangers dans quelques villes cosmopolites. Ainsi des missionnaires musulmans, disciples directs du Prophète, arrivent en Chine où existait déjà une petite colonie arabe.

Aboubaker, premier successeur de Mahomet, meurt en 634. Omar lui succède jusqu'en 644 ; sous son califat, Jérusalem, l'Égypte et la Libye, l'Irak sont pris et les Perses totalement défaits.

Après la mort d'Omar, assassiné par un esclave persan, suivent deux califes : Osman du clan des Omayyades victime lui aussi d'un assassin en 656, puis Ali, le gendre de Mahomet, le dernier des califes « inspirés » auquel succédera la dynastie des Omayyades.

Le califat d'Ali est marqué par les déchirements. Il doit successivement affronter les partisans des prétendants évincés, un gouverneur omayyade de Syrie, Maouia, qui résiste à son autorité et conquiert l'Égypte, et enfin les kharidjites, les « sécessionnistes » qui s'opposent autant à Ali qu'à Maouia. Cette secte proclame qu'il appartient à la communauté des croyants de choisir son guide, sans souci de son ascendance. Ali assassiné par un kharidjite, ses partisans chiites entendent réserver l'imamat, la direction religieuse de la communauté, à ses descendants, alors que ce sont les Omayyades qui deviennent califes. Cette période d'incroyable confusion, de complots et tueries familiales, la scission entre kharidjites, chiites et sunnites, ces guerres internes, tous ces événements aux conséquences graves et durables ont à peine retardé la grande poussée islamique jusqu'au bout de la voie transcontinentale. La marche en avant reprend avec le début de notre VIIIe siècle[1].

À l'ouest, maîtres du Maghreb, les combattants d'Allah franchissent en 710 le détroit auquel le général conquérant Tarik donne son nom, bientôt déformé en Gibraltar (le rocher de Tarik, Djebel-el-Tarik). Le royaume wisigoth d'Espagne ne résiste pas, ni bientôt toute la péninsule. Par mer aussi, un général de dix-sept ans, Mohamed Ben Kassim, débarque dans le Sind, non loin de l'actuelle Karachi. Avec sa cavalerie mais aussi ses chameaux et cinq catapultes dont une si énorme, dit-on, qu'il faut cinq cents hommes pour la servir, il progresse dans la vallée de l'Indus.

Presque simultanément, en 711, les troupes des Omayyades franchissent l'Oxus, le Djeihoun. Les Arabes nomment cette région « au-delà de la rivière ». Jusque-là, ils n'y avaient fait que des incursions.

Les villes d'Afrasyab

Il faut maintenant conquérir le cœur des routes de la soie. Très vite Boukhara est prise, et bientôt Afrasyab/Samarcande est assiégée.

Selon la tradition, les Sogdiens seraient montés sur les murs de la ville « semblable au Paradis » pour se moquer de leurs assaillants et leur dire d'abandonner un siège inutile : une prédiction leur assurait que la cité était imprenable. Elle ne pouvait être vaincue que par un homme du nom de « selle de chameau ». Mais les assiégés ignoraient que telle était la traduction du nom du général arabe. Afrasyab tombe.

La prise de la ville est un enjeu stratégique, mais aussi symbolique, de première grandeur.

Les *Avestas*, le livre sacré des zoroastriens, écrit à la plume d'or, racontent qu'en un temps lointain régnait

1. À cette époque, le monde islamique a déjà adopté son propre calendrier dit hégirien. Il commence au moment de l'émigration du prophète à Médine, en 622 de l'ère chrétienne.

Afrasyab, le grand roi des tribus des steppes. Il donna son nom à sa capitale.

Il détenait les secrets de la magie. Ses pouvoirs semblaient sans limite et il n'est jusqu'à la mort qu'il n'ait décidé de défier. Quand vint le temps, le roi fit construire une ville sous la ville. Sous la colline d'Afrasyab, sa capitale, une cité des profondeurs se prépara à abriter le souverain pour l'éternité. Grâce à ses pouvoirs, il peupla ce monde de simulacres. Ses palais d'acier furent illuminés par un faux soleil et des étoiles mécaniques éclairèrent une reproduction de la voûte céleste. Des automates que n'animait nulle vie, mais la seule science du maître, pourvoyaient au service de cette arche des profondeurs, destinée à traverser le temps. Et le roi Afrasyab s'installa dans son refuge pour y vivre éternellement entouré de ses créations.

Astivihad, le dieu de la mort, parvint à se glisser au plus profond de la ville des artifices, à déjouer la surveillance de ces machines et à emporter l'âme du roi.

Depuis la mort d'Afrasyab, il existe toujours une Samarcande d'en bas, où tournent follement des machines au service d'un mort et où des simulacres de jours et de nuits passent sur un palais vide.

L'histoire n'est pas seulement belle, elle est puissante. La force des dieux anciens est telle que courront longtemps des légendes sur la ville des profondeurs et sur le passage qui permet aux deux mondes de communiquer. Et s'y mêleront aussi des réminiscences de la Samarcande réelle du temps des chevaliers et des marchands sogdiens, du temps des ambassades du monde entier. Le mystère de la colline de Samarcande exerce une telle attraction qu'il en naît une légende islamique, par laquelle les musulmans annulent ou se réapproprient le mythe antérieur.

On dit qu'au moment de la conquête de la ville, y vivait un pieux musulman, Koussam Ibn Abbas. Un jour qu'il faisait sa prière un infidèle saisit son sabre et décapita le saint homme. Alors Koussam prit sa tête sous son bras, et, par quelque passage, descendit sous terre. Il est toujours dans la Samarcande d'en bas, d'où il prie Allah et attend le Jugement.

Et toutes les légendes qui courent sur Chah Zindé, le Roi vivant, le Roi caché du Monde et sur le souterrain qui donne accès à son royaume traduisent la fascination qu'exerce la ville clef des routes de la soie.

Tempêtes sur les déserts

L'apparition des conquérants arabes si loin de leur base mène à une rencontre qui semblait inimaginable : celle de l'Islam et de la Chine.

Samarcande, la Maracanda d'Alexandre, l'Afrasyab des Kouchan et des Sogdiens est aussi, à l'époque, chef-lieu d'une préfecture chinoise. Les T'ang sont en pleine reconquête de l'Asie centrale. Ils ont mis fin aux incursions menées par les Tibétains jusque dans le Tarim. Les Chinois s'affirment face aux nomades turcs, ou bien ils jouent une tribu contre une autre. Tel est le jeu compliqué que mène l'empire du Milieu pour garder la suzeraineté sur les villes et royaumes-étapes de la grande voie commerciale. Même s'il s'agit, comme dans le cas de Samarcande, d'une relation plutôt formelle avec un très lointain pouvoir, ce lien est important : la Chine vise à la maîtrise de la route.

De fait, pendant le siècle qui va de la chute de l'Empire sassanide (651) à la bataille de Talas (751)[1], se déroule une guerre larvée de cent ans entre Arabes et Chinois. L'Asie centrale reste pendant tout ce temps dans une situation indécise. Les petits royaumes des routes de la soie se retrouvent tantôt sous suzeraineté arabe, tantôt sous celle des Chinois, ou encore sous l'autorité des divers khanats turcs. Parfois aussi ce sont de nouveaux venus, les Tibétains, qui font des incursions. Cette instabilité fragilise les relations commerciales.

1. Ou, si l'on préfère, pendant une période légèrement plus longue que le califat omayyade (661-750).

Le pèlerin coréen Hye-Ch'o[1], qui voyage dans les années 730, note comme la chose la plus naturelle du monde que ces petits royaumes trop faibles sont tous plus ou moins vassaux. Ainsi, le roi de Wakhan à l'est du Tokharestan, au pied des Pamirs, « a une cavalerie restreinte et faible, et il ne peut assurer sa propre protection. Il est maintenant sous l'autorité des Arabes et leur paie un tribut de trois mille rouleaux de soie », même chose pour les six royaumes à l'est des possessions arabes, dont Boukhara et Samarcande. Mais cela n'empêche pas que l'on puisse ici professer le bouddhisme, là le zoroastrisme, que les Turcs soient parvenus dans tel royaume, et qu'il y ait une garnison chinoise chez tel autre voisin.

Pourtant, il faut bien qu'Arabes et Chinois finissent par se rencontrer. Les conquêtes arabes de la première moitié du VIIIe siècle ont imposé, non sans révoltes et retournements, l'autorité islamique en Bactriane et Sogdiane, jusqu'au Ferghana où la Chine se procure toujours des chevaux au prix de quarante balles de soie par animal.

En 713, quand le général Kotaïba, après avoir pris Boukhara et Samarcande, pille Kachgar, possession chinoise, l'empereur Hiuan-tsong lui adresse un message : il lui demande d'envoyer une ambassade à Tch'ang-an pour faire connaître les intentions des nouveaux venus sur la route des caravanes. Il garde l'espoir de traiter, et, de fait, c'est le début d'une noria d'ambassadeurs entre la Chine et le califat. Le conflit n'est jamais un obstacle irrémédiable au négoce. Il y a pourtant une logique de la reconquête chinoise qui pousse à la confrontation : il faut délimiter les territoires. Mais ces conflits ne semblent pas engendrer de haine « idéologique ». Ils obéissent à des raisons pragmatiques. La guerre, c'est la prolongation du commerce par d'autres moyens.

Les troupes chinoises se sont emparées du Pamir et veulent s'assurer plus avant le couloir des caravanes.

1. Nous avons déjà rencontré ce bouddhiste coréen, témoin fidèle de l'histoire de l'Asie centrale, au chapitre VII.

L'événement décisif se produit au moment précis où, au cœur de l'Empire islamique, Abbas dit «le boucher» renverse la dynastie omayyade et fonde celle des Abbassides.

En 750, le général chinois qui a pourtant imposé l'autorité des T'ang sur les monts Célestes et le Pamir, comme sur la majeure partie de l'Afghanistan et du Cachemire, commet une erreur. Il fait décapiter le roitelet turc de Tachkent, capitale de l'actuel Ouzbékistan. Le fils de celui-ci se révolte et appelle à son secours la puissance rivale.

Les garnisons arabes de Samarcande et Boukhara, avec leurs alliés turcs, infligent une défaite historique aux Chinois en 751 sur les bords du fleuve Talas.

Après cinq jours d'une lutte indécise, les musulmans l'emportent, grâce, disent certains, à la trahison de tribus turques mercenaires des Chinois. Les soldats de l'Islam font des milliers de prisonniers. Parmi eux, nous l'avons vu, des artisans de la soie et du papier, grâce à qui cette nouvelle technique parvient jusqu'à Bagdad. Quant à la sériciculture, elle se trouve sinon implantée, du moins stimulée dans le monde arabo-persan.

L'empereur de Chine est incapable de réagir après la défaite de Talas qui vient de ruiner plusieurs décennies d'efforts pour reconquérir les pistes des caravanes. Les T'ang, menacés par des révoltes intérieures, renoncent à leur revanche et à une campagne risquée au-delà des Pamirs. Les conquérants arabes négligent, eux, de pousser leur avantage. Ainsi vient de se fixer une frontière qui durera jusqu'aux invasions mongoles. Comme trois siècles avant l'ère chrétienne Grecs et Indiens s'étaient partagé le monde, à présent Arabes et Chinois marquent leurs zones d'influence. À l'est, le monde chinois redevient mystérieux à l'abri de sa Grande Muraille. À l'ouest, le monde arabe, de l'Espagne aux Pamirs. La tour de pierre de Ptolémée pourrait bien être la borne des deux mondes, du moins si elle se situe bien, comme le raconte le savant perse Birouni, près de Tachkent.

L'Islam au sabre, celui des pistes d'Arabie puis de la grande route royale que suivent les invasions depuis les

Achéménides, l'Islam à cheval ou à dos de chameau n'ira pas plus loin. Mais les vaisseaux de l'Islam progresseront encore vers l'est.

Les voiles de l'Islam

La nouvelle dynastie, celle des Abbassides, est maintenant à la tête du plus grand empire de l'histoire.

La date de la bataille sino-arabe pourrait marquer une rupture, l'établissement d'un barrage, comme le fit le conflit des Parthes et des Romains, ou celui des Perses et des Byzantins. Il n'en est rien. Au contraire commence une période de développement des routes de la soie. Et ce, jusqu'au plus extrême orient. En même temps, naissent une nouvelle littérature du voyage comme une nouvelle représentation du monde et, avec elles, un personnage que nous rencontrerons maintes fois : le voyageur musulman.

Il n'est pas nécessairement arabe, mais écrit en arabe. Il est souvent lettré, toujours pieux, fréquemment protégé d'un prince. Dans tous les cas, il bénéficie d'un très utile secours : la présence de communautés musulmanes partout où il va.

Les routes de la soie portent les traces de ces musulmans itinérants. Ce sont leurs pierres tombales, leurs cimetières, parfois leurs quartiers. Ils habitent des zones réservées où officient des cheikhs et cadis comme à Zaytoun ou à Canton. Parfois aussi nous les voyons représentés avec leurs bonnets, leurs barbes, leur type physique caractéristique, dans des terres cuites en Chine ou en Thaïlande. Ou encore leurs statues gardent le tumulus d'un prince du VIIIe siècle à Kyongju en Corée. La pérégrination et les observations des voyageurs islamiques se seraient perdues s'il n'existait dans le monde musulman de véritables conservatoires de la mémoire, et tout un milieu avide de savoir, empreint de respect pour l'écrit.

Héritiers d'Aristote et de Ptolémée

Pour en arriver là, il a fallu : la grande expansion de la route maritime de la soie sous la double impulsion des navigateurs chinois et des marins arabes, des conditions politiques qui firent qu'une paix relative n'entrava pas le mouvement des marchands musulmans (même pas dans la Chine des T'ang qui ne leur fit guère payer le prix de la défaite de Talas), l'émergence de royaumes commerçants en particulier tout au long de la route maritime, la demande croissante de produits exotiques à Bagdad, en Chine, mais aussi en Corée et au Japon, etc.

Il n'est pas jusqu'à l'obligation religieuse du pèlerinage à La Mecque qui ne contribue au développement des voyages et de la géographie. Guides et mémoires se multiplient. Mais il y a aussi le mouvement que nous appellerions théorique, celui des géographes. En plein contraste avec le déclin de la cartographie européenne, l'Islam redécouvre et complète la science grecque.

Les Abbassides estiment cette science à prix d'or : le calife Mamoun, fils de Haroun-el-Rachid[1], paye chaque volume traduit au poids mais au poids du métal précieux, une once de traduction contre une once d'or. Il fait bâtir la Maison de la Sagesse avec son observatoire, sa bibliothèque qu'il emplit de textes grecs achetés à Constantinople, il crée des bureaux de traduction et ne leur accorde pas moins de soins que les empereurs chinois aux services chargés d'étudier les soutras rapportés d'Inde.

La redécouverte de la culture antique est sciemment encouragée, qu'il s'agisse de la science et de la philosophie grecques, d'Aristote, de Pythagore, de Platon, etc. La carte de Ptolémée tient une place particulière. Elle sert de base à la connaissance théorique du monde.

1. Haroun-el-Rachid (766-809), cinquième calife abbasside, et sans doute celui dont le règne fut le plus brillant de la dynastie, est surtout connu en Europe pour avoir combattu les Byzantins et établi des relations diplomatiques avec Charlemagne. Traditionnellement Haroun-el-Rachid personnifie le calife puissant et juste.

Cependant, les cartographes arabes n'hésitent pas à en contester certains aspects ou à la compléter. La relecture de cette carte, le développement de l'astronomie arabe, les apports de la pensée indienne et surtout la circulation incessante de l'information entre géographes, marchands et pèlerins stimulent la curiosité scientifique de l'époque abbasside.

Ainsi Khouarizmi, mort en 840, joint connaissances mathématiques et géographiques. La traduction d'un de ses ouvrages sur l'*al-jabr* introduira l'algèbre en Europe, de même il diffuse des connaissances héritées des Indiens, et en particulier les chiffres dit arabes et le zéro. Il s'intéresse aussi au calcul astronomique, à la technique des astrolabes. Dans la première moitié du IXe siècle, il écrit un *Livre de la configuration de la Terre* où il corrige certaines des affirmations de Ptolémée. On pense aussi que Khouarizmi, à la demande du calife Mamoun, collabore avec d'autres savants à un grand planisphère et à diverses cartes. Un autre astronome et mathématicien, El Battani (858-929), est un païen converti qui étudie en Syrie. Ses calculs sur le mouvement des planètes et ses recherches en trigonométrie sphérique lui valent grande renommée jusqu'en Europe où il est connu sous le nom d'Albategnius. Lui aussi s'appuie sur ses avancées théoriques pour contester certaines erreurs de Ptolémée. Le Grec croyait que l'Afrique et l'Asie se rejoignaient. El Battani affirme que l'océan Indien n'est pas fermé par un grand continent bouchant tout le sud de la carte, mais que c'est une mer ouverte.

Masoudi, le plus célèbre cartographe arabe, a la double qualité d'être un grand voyageur, qui a vu de ses propres yeux l'Inde, Ceylan, les pays de la mer de Chine, l'Asie Mineure et l'Égypte où il meurt en 956, et un véritable encyclopédiste. Dans ses *Prairies d'or*, il écrit l'histoire des peuples de l'Ancien Monde, y compris celle des souverains francs. Lui aussi réalise son planisphère, représentation d'une Terre naturellement sphérique mais où il rajoute deux continents, un au sud, l'autre aux antipodes du monde méditerranéen : la vieille théorie grecque de l'équilibre des continents n'est pas oubliée.

Le IVe siècle de l'Hégire (Xe de l'ère chrétienne) est l'apogée de la cartographie médiévale. Non seulement on révise tout à la lumière des nouvelles connaissances théoriques (astronomie, mathématiques, calculs des degrés), mais on rassemble des données inédites y compris en géographie économique. Les ouvrages sur les routes et royaumes et les atlas de l'Islam fleurissent. La méthode semble maintenant se fixer : orientation de la carte (ainsi, pendant plusieurs siècles, le sud sera en haut), stylisation, usage de représentations conventionnelles, etc. L'atlas de l'Islam est devenu un véritable genre qui comprend systématiquement vingt cartes des pays musulmans précédées d'une carte de tout le monde connu. Détailler les pays de l'Islam est en même temps un devoir et un acte de foi : c'est redire toujours la grandeur d'Allah, se remémorer l'existence de la communauté des croyants et faire acte politique. La carte unique est la représentation d'un monde qui devrait n'obéir qu'à un seul pouvoir. L'un de ces grands géographes et voyageurs du Xe siècle, Ibn Haukal, écrit fièrement : « Et j'ai détaillé les pays de l'Islam, province par province, région par région, district par district… »

Pendant ce temps, le travail purement théorique se poursuit. L'homme qui le symbolise le mieux est sans doute Birouni, notre Aliboron. D'origine perse, né en 973 à Kath sur le territoire de l'actuel Ouzbékistan, il est au service du sultan Mahmoud de Ghazni qui y fonde une dynastie autonome, celle des Ghaznévides, laquelle exerce son pouvoir sur l'Afghanistan et le Khorassan. La cour de Ghazni, placée au centre de l'Afghanistan, sur la grande route commerciale, est un foyer culturel qui accueille les savants de toutes origines. De surcroît, Mahmoud, grand propagateur de l'islamisme, mène des campagnes militaires en Inde. Par cette cour, par ses voyages en Inde, par sa connaissance du grec, de l'arabe, du persan et du sanscrit, Birouni est au carrefour de toutes les cultures des routes de la soie. Étudiant la philosophie et la cosmologie hindouiste, il traduit en arabe aussi bien le patanjali yoga que la géométrie d'Euclide. Il est également botaniste, mathématicien, philosophe, historien, physicien… Pour ce qui est de la connaissance du monde, il dresse une liste impressionnante de constellations d'étoiles (1029), calcule des latitudes et des longitudes. Il réédite même l'exploit d'Ératosthène en déduisant par raisonnement la circonférence de la Terre. Cette fois, l'erreur par rapport aux calculs les plus modernes est de deux cents kilomètres ! Al-Birouni est en contact avec un autre grand phare intellectuel de l'Islam, le médecin, philosophe, lecteur de Platon et d'Aristote et grand voyageur : Avicenne (980-1037)[1].

Le Livre *de Roger*

De même que les travaux de l'Antiquité semblent conduire aux synthèses de Strabon et Ptolémée, toutes les encyclopédies islamiques semblent aboutir au *Livre* de Roger, le *Kitab Rudjar* d'Idrisi (1099-1165 ou 1186). Cet ouvrage, dont le titre complet est le *Livre de divertissement de celui qui désire parcourir le monde*, est commandé par le roi normand de Sicile, Roger II. Homme cultivé, il faisait venir à Palerme savants, géographes, navigateurs, croisés et pèlerins et les interrogeait sur le monde. Ce même Roger qui a introduit la sériciculture en Sicile ne se contente pas d'être un des principaux maillons de la circulation du secret de la soie. Il veut aussi laisser son nom à une œuvre majeure de l'esprit. Il fait appel à Idrisi qui, originaire d'Afrique du Nord, a voyagé en Europe et en Asie Mineure. À l'université maure de Cordoue, il a étudié toute la science arabe.

Al-Idrisi entreprend un travail de quinze ans : le calcul de longitude, de latitude et de distance des points les plus

1. Né près de Boukhara, de mère turque et de père persan, vizir du prince de Hamadan, ayant vécu à Merv et à Ispahan, Avicenne (Ibn Sima) est très représentatif du cosmopolitisme et des courants culturels d'Asie centrale. Ils héritent de la tradition des peuples ouverts à l'extérieur (comme par exemple l'ont été les Sogdiens) et d'autre part de l'universalisme de l'Islam.

connus du monde, la synthèse des connaissances arabes, la correction de toutes les erreurs de Ptolémée. Ce travail achevé quelques semaines avant la mort de Roger II se présente sous la forme d'un planisphère en argent de cent cinquante kilogrammes, de soixante-dix cartes et d'un commentaire. Du planisphère, il ne reste rien : au cours d'une émeute contre le successeur de Roger II, les révoltés brisent la table d'argent et s'en partagent les morceaux. Du manuscrit écrit en latin et en arabe subsiste le commentaire qu'al-Idrisi n'a pas pu corriger complètement ainsi qu'il l'aurait souhaité. Pour le fils de Roger II, Guillaume le Mauvais, il en rédige une autre version. On en connaît un abrégé, le *Jardin de la joie* ou le « Petit Idrisi » réalisé en 1192. Ce dernier manuscrit a beaucoup circulé dans les bibliothèques d'Europe. L'œuvre d'al-Idrisi est le relais pour l'Europe médiévale et renaissante. C'est le symbole par excellence de la transmission à l'Europe des grandes découvertes des connaissances grecques considérablement enrichies des apports arabes. De Bagdad à Cordoue se sont développés les savoirs que recueille l'Europe des croisades.

L'atlas d'al-Idrisi représente une Terre sphérique : « La terre et l'eau sont suspendues dans le Cosmos comme le jaune d'œuf dans la coquille. » Par fidélité à Ptolémée, il divise le globe en sept zones de latitudes égales, les climats, ce qui entraîne quelques déformations. Bien entendu son atlas comporte un certain nombre d'erreurs. Bordé au sud par une Afrique gigantesque au point d'occuper tout le bas de la carte, l'océan Indien est relié par un détroit à la mer des Ténèbres, héritage de la mer extérieure des Grecs. Nul ne sait ce qui est au-delà, à cause de tout ce qui s'oppose à la navigation : profondeur des ténèbres, hauteur des vagues, fréquence des tempêtes, abondance des monstres marins, violence des vents. « Il y a cependant dans cet océan un grand nombre d'îles soit habitées, soit désertes, mais aucun navigateur ne se hasarde à le traverser. » Le sous-continent indien est devenu minuscule par rapport à une gigantesque Ceylan ; Baltique et mer Noire sont reliées par un canal, etc. Par contre, dans sa partie orientale, la carte fait apparaître la

Corée, le Japon, les îles indonésiennes et surtout la première représentation du Tibet où al-Idrisi note qu'il y a les plus beaux esclaves du monde. La connaissance de l'Extrême-Orient par les géographes arabes est à la mesure de l'étendue de l'Islam.

Hors les grands travaux de géographie générale, il existe une multitude d'ouvrages traitant des pays des routes de la soie : ils se nomment livres des « routes et royaumes », des « choses précieuses », « guide de l'Inde et de la Chine », « merveilles de la mer », « recension de la création et des choses étranges ». Cette littérature consiste en *rhila, akhbar*, récits de voyage, souvenirs d'un pèlerinage à La Mecque voire au-delà, en ouvrages géographico-historiques. Il y a aussi des *mirabilia*, ou du moins l'équivalent arabe des catalogues de merveilles lointaines dont raffole notre Moyen Âge.

Un des premiers, sinon le premier de ces *adhbar*, ces récits de voyage, apparaît en 851 : il a pour titre *La Relation de la Chine et de l'Inde.* L'ouvrage, anonyme, prétendument tiré des souvenirs d'un certain marchand Soleiman, présumé omanais, a peu de prétentions littéraires ou savantes. Les lettrés de Bagdad ne l'ont guère pris en considération. Ce manuel n'a visiblement pour but que de donner des informations pratiques aux futurs voyageurs. Il est loin de laisser au merveilleux la même place que des ouvrages postérieurs.

Il nous intéresse pourtant à plusieurs titres. D'abord pour ses troublantes similitudes avec le récit de Sindbad le Marin, ensuite parce qu'il a été recopié[1] bien souvent par les grands auteurs, Ibn Khourdadhbih, Birouni, Masoudi, al-Idrisi, et la plupart de ceux qui ont écrit sur l'Inde et la Chine.

Outre qu'il démontre l'importance de ce grand conservatoire de la mémoire et du rêve qu'est la culture arabe, le manuscrit nous donne une des représentations les plus

---

1. Cette pratique que l'on appellerait aujourd'hui plagiat était parfaitement admise à une époque où l'on avait une tout autre idée que la nôtre de la valeur de l'originalité littéraire.

frappantes de la Chine, de l'Inde et autres pays inspirateurs de l'imaginaire musulman.

L'image de la Chine, pays d'ordre, de vertu et d'harmonie, est assez constante, des récits de l'Antiquité à ceux des voyageurs européens médiévaux en passant par les musulmans. La *Relation* ne faillit pas à la règle : les Chinois y sont réputés beaux, respectueux des lois, amis des arts. L'ordre administratif, financier et commercial qui règne en Chine est magnifié. Bien sûr, la soie est le symbole par excellence de cette prospérité et de cette harmonie : « Les habitants de la Chine, petits et grands, s'habillent de soie été comme hiver : les princes, eux, portent la meilleure qualité de soie, les autres selon leurs moyens. » Seule restriction, certaines pratiques qui répugnent au bon musulman : « Ils ne sont pas propres : ils ne se lavent pas avec de l'eau quand ils ont fait, mais ils essuient cela avec du papier chinois. » L'attention portée à de pareils détails, à des points d'hygiène comme à la façon de se curer les dents, ou au mode d'abattage des animaux, est une constante de tous les récits de voyageurs arabes. La relation note également que les Chinois pratiquent le bouddhisme et qu'ils tiennent ce culte de l'Inde, information qui paraît fort évidente aux Arabes, mais que l'Europe ignorera plusieurs siècles encore.

Quant à l'Inde, territoire infiniment plus familier aux Arabes qu'aux Occidentaux, elle est bien moins merveilleuse et plus réaliste que dans nos récits médiévaux. Les êtres et les choses fabuleux n'apparaissent qu'à partir de Ceylan. Cette vision se reflète dans une hiérarchie que la *Relation* formule ainsi : « Les habitants de l'Inde et de la Chine s'accordent à déclarer que les rois du monde qui comptent sont au nombre de quatre. Le premier de ceux que l'on met au nombre de ces quatre est le roi des Arabes : c'est là chez eux l'opinion unanime et nul parmi eux ne conteste qu'il soit le plus grand des rois, le plus riche, le plus magnifique, le souverain de la grande religion que rien ne surpasse. Le roi de la Chine se place lui-même après le roi des Arabes, puis le roi des Romains, puis le *ballaha-raya*, roi de ceux qui se percent les oreilles [les Indiens]. » On peut douter que Chinois et Indiens aient établi la hiérarchie de la même façon que le marchand Soleiman, mais il semble qu'il y ait à la fois en Inde et en Chine une tradition mythique voyageant sur les routes de la soie et voulant que quatre rois soient Fils du Ciel et dominent la terre.

Sans même parler de Sindbad le Marin, il faut évoquer tout l'exotisme dont le conte arabe se délecte. Nous rencontrons à nouveau ce paradoxe des routes de la soie : des ouvrages scientifiques au sens le plus moderne du terme exposent des connaissances qui pendant des siècles ne seront guère dépassées, tandis que sur les mêmes itinéraires, voyageurs, ambassadeurs, lettrés et marchands admettent et diffusent les histoires les plus folles.

Rencontre avec Gog et Magog

Un des exemples les plus frappants est celui de la légende de Gog et Magog, les Djudj et Madjudj du Coran, les races maudites contre lesquelles Alexandre a édifié une muraille d'airain. Si cette muraille se déplace, jusqu'à se confondre avec la Muraille de Chine, le pays de Gog et Magog n'est pas moins difficile à localiser.

En 921, une ambassade part de Bagdad pour visiter les tribus turco-mongoles des bords de la Volga connues sous le nom de Bulgares. Le but de cette mission est des plus importants : pour les Abbassides, il s'agit de trouver des appuis en pays turc, de favoriser l'islam contre les Khazars, juifs (ou supposés tels), mais surtout, à long terme, de réactiver la plus septentrionale des routes de la soie qui passe très au nord de la Caspienne et rejoint la route des fourrures et de l'ambre jusque vers la Baltique.

Le lettré Ibn Fadlan est secrétaire de la mission. Tout du long, en plus de son travail propre, il compose une description précise et très réaliste des pays et des peuples. Or, au milieu de son voyage, il ne rencontre rien de moins qu'un témoin direct et une trace matérielle de Gog et Magog.

Ibn Fadlan séjourne alors chez le roi des Saqaliba, une tribu des bords de la Volga. Le roi lui raconte que, quelques années auparavant, on a découvert dans le fleuve un homme d'une taille extraordinaire et qui ne parlait aucune langue connue. Le roi a fait garder ce monstre qu'il décrit comme haut de douze coudées, et d'une incroyable sauvagerie. Le géant a été identifié : il appartenait au peuple de Gog et Magog, dont Allah laisse parfois s'échapper un représentant par les portes d'Airain. Finalement, raconte toujours le roi, comme le monstre terrorisait la population (les enfants que touchait son regard en mouraient et les femmes avortaient), il fut décidé de s'en débarrasser : il fut exécuté.

Ibn Fadlan demande à voir ses ossements, qui ont été déposés sous un arbre immense au cœur d'une forêt. Et de fait : « Sa tête était sous cet arbre. Je la vis pareille à une grande ruche d'abeilles ; ses côtes étaient semblables aux plus grands rameaux de palmier et énormes aussi étaient les os de ses jambes et de ses bras. J'en fus saisi d'étonnement et je m'en retournai. » Si Ibn Fadlan est le seul à avoir vu les ossements d'un représentant du peuple mythique[1], il n'est pas le seul à situer leur pays au nord de celui des Bulgares. Une solide tradition islamique veut que Gog et Magog habitent très au nord, voire en Scandinavie, ou au-delà d'un peuple aux yeux bleus et aux cheveux blonds. Une autre tradition les situe beaucoup plus à l'est. Elle dure fort longtemps puisque au XVe siècle, Ibn Majid, l'Omanais qui pilote Vasco de Gama dans son tour du monde, écrit en parlant de Zaytoun : « C'est la limite du royaume de Chine. Au sud, sud-est, au nord et à l'ouest par rapport à vous, ce sont les terres des Turcs. Puis Djudj et Madjudj dans les îles sauvages du nord. »

Îles aux limites du monde

« Tu n'arriveras jamais aux îles Waq du Waq, même si tu es aidé par les djinns volants et les étoiles filantes !

1. Il pourrait en fait s'agir d'un squelette de mammouth.

Entre toi et ces îles se trouvent sept étendues d'eau, sept vallées profondes et sept montagnes inaccessibles... » Ces îles Waq du Waq apparaissent dans les contes arabes comme le pays des phénomènes les plus étranges et les plus redoutables. Ainsi dans *Sindbad le Terrien*[1] : « [...] Sache que les îles Waq du Waq sont au nombre de sept, qu'elles sont défendues par des nuées de soldats, et que ces soldats sont des filles pucelles. Ne vivent en ces contrées que des djinns, des satans, des esprits rebelles, des magiciens, des ogres, tous êtres d'exception. » Ces îles qui s'identifient plus ou moins à l'île des femmes guerrières ou au pays des djinns sont un classique des contes arabes.

Masoudi les cite également comme riches en or, et, sur la carte d'al-Idrisi, Waq du Waq occupe une belle place face à la côte chinoise. L'explication la plus couramment retenue est que Waq du Waq serait le Japon, pays où les navigateurs arabes n'ont débarqué que très tard, mais dont ils ont beaucoup entendu parler dans les ports chinois et coréens.

La mythique Waq du Waq emprunte également des traits à Madagascar ou aux Philippines. Elle sert surtout de réceptacle à tous les phantasmes ; c'est le pays de l'angoisse et de l'étrange. L'île fantastique est apparentée à l'île magnétique qui attire les navires, ou au royaume des femmes, souvenir du pays des Amazones, que les voyageurs arabes cherchent à reconnaître. Parfois, l'île des femmes se confond aussi avec un supposé Japon peuplé de belles guerrières.

Moins mythique que le Japon, la Corée est mieux connue par ses liens culturels et économiques avec l'Asie centrale et la Chine des T'ang. Elle apparaît pendant longtemps comme le point le plus oriental des routes de la soie (la sériciculture y est du reste pratiquée bien avant tout autre pays).

Aux yeux des voyageurs musulmans, c'est l'extrême

---

1. *Sindbad le Terrien*, ou du moins le conte ainsi surnommé par référence à Sindbad le Marin, raconte les voyages lointains et merveilleux d'un jeune homme de Bagdad. Voir le chapitre suivant.

limite atteignable. Pourtant, la communauté arabe s'y installe de bonne heure. Selon des auteurs anciens, El Dimachki, El Nouweiri et El Makrizi, des chiites fidèles d'Ali, auraient fui les persécutions omayyades dans les îles du sud de la Chine et aussi loin que le royaume de Silla, cette Corée que les Arabes croient être une île. Tout cela se déroulerait avant le milieu du VIIIe siècle.

En revanche, un siècle plus tard, *La Relation de la Chine et de l'Inde* décrit la péninsule de Corée comme des îles habitées par des hommes blancs qui paient tribut à la Chine et que nul Arabe n'aurait rencontrés. À peu près à la même époque, Ibn Khourdadhbih contredit cette idée et parle des voyageurs musulmans qui ont été dans ce pays où abonde l'or. Quelle qu'en soit la date, la rencontre arabo-coréenne a pourtant eu lieu. Silla, du nom de la dynastie qui vient d'unifier le pays, est une contrée accueillante malgré son voisinage avec les territoires de Gog et Magog. La richesse aurifère du pays, son climat réputé des plus agréables, ses bonnes relations avec la Chine, tout cela forme une image idyllique de la Corée, vite comparée à l'île du bonheur. Il n'est pas jusqu'aux Coréens eux-mêmes qui ne rentrent dans un monde mental familier à l'Islam. Masoudi leur attribue une ascendance biblique : « Ils sont descendants du fils de Noé, Japhet. »

Les marins de l'Islam s'aventurent donc jusqu'à la Chine, Silla et Waq du Waq, limites du monde connu, décors que peuple l'imaginaire arabe. C'est le mirage que l'on voit de Bagdad. C'est le voyage de Sindbad le Marin.

X

Sindbad des mille et une vérités

Sindbad le Marin[1] est l'incarnation légendaire du marchand arabe. Ses voyages évoquent une fantasmagorie débridée, des souvenirs de lectures enfantines, *Les Mille et Une Nuits*, bref le conte arabe par excellence, apparemment rien de très sérieux. Derrière la belle histoire se cache pourtant quelque chose d'infiniment plus authentique qu'on ne l'imagine, peut-être un voyageur en chair et en os, et, en tout cas, une vraie somme d'informations sur les routes de la soie au IXe siècle. Pour s'en apercevoir, il faut chausser les lunettes de la critique et se prêter au jeu de l'enquête. Elle commence par une surprise.

Le scribe et le marchand

Adieu, Schéhérazade. Les navires de Sindbad s'éloignent des harems de nos phantasmes, l'histoire ne sort pas de la bouche d'une femme. Les premiers manuscrits des *Mille et Une Nuits* n'incluent pas l'épopée du Marin.

Les Mille et Une Nuits. Le titre désigne un compendium longtemps inachevé de contes de toutes origines : un noyau persan, des éléments préislamiques remontant à

---

1. Pour ce chapitre, nous avons utilisé les travaux de René P. Khawam (*Les Aventures de Sindbad le Marin,* Éd. Phébus, 1985) qui est méticuleusement revenu aux premiers textes connus, des manuscrits du XVIIe siècle.

l'Égypte, à la Grèce, à la Mésopotamie, à l'Inde. Il est adapté et islamisé à Bagdad au VIIIe siècle, et complété dans l'Égypte des XIe et XIIe siècles. Il est difficile de parler d'une forme vraiment aboutie avant le XVIIIe siècle. Savoir ce qui fait partie ou non des *Mille et Une Nuits* est une notion assez relative : il n'existe pas de manuscrit qui fasse autorité[1].

Pourtant, la date exacte de « Sindbad » et son origine ont leur importance dans la mesure où le conte rappelle les plus anciens textes arabes sur les routes maritimes de la soie, les décrivant jusqu'à leur extrémité orientale. Mieux, « Sindbad » pourrait être une des sources originelles de plusieurs ouvrages géographiques.

Que savons-nous ? Les « Sept voyages de Sindbad le Marin », peut-être composés vers 835-840, se réfèrent à des événements historiques antérieurs se déroulant sous Haroun-el-Rachid. L'auteur anonyme des « Voyages » a sans doute vécu à Bagdad. Il a lu des récits de négociants qui ont navigué jusqu'en Extrême-Orient. Mieux : la date et certains passages du manuscrit de Sindbad sont si proches de ceux de *La Relation de la Chine et de l'Inde* que l'on ne peut distinguer lequel des deux a inspiré l'autre. Or cette *Relation*, attribuée à un certain marchand Soleiman[2], est un guide pratique du voyageur, tout le contraire d'un conte fantastique. Nous ne saurons jamais si un même récit (voire un même personnage en chair et en os) a inspiré d'abord un conte puis un manuel « pratique », ou l'inverse[3]. De là à dire que le vrai Soleiman est Sindbad…

1. La première traduction en français est due à Antoine Galland au tout début du XVIIIe siècle ; c'est peut-être à cette époque que « Sindbad » « rejoint » les *Nuits*.

2. Pour être tout à fait exact, la *Relation* se présente comme un ouvrage explicitement daté de 851, non pas composé par ce marchand Soleiman, mais rapportant des faits qu'il a observés et apparemment racontés à l'auteur anonyme.

3. La datation respective de la *Relation* (851) et de « Sindbad » (quelques années avant si l'on suit R. Khawam) a en fait beaucoup d'importance. Des éléments de ces textes sont cités ou démarqués par des écrivains arabes et persans postérieurs, Masoudi, Aliboron,

Cette enquête semble nous éloigner de nos rêveries exotiques ; elle nous renvoie à une réalité qui ne flatte pas moins le goût du merveilleux. Rappelons ce que nous dit le conte.

À Bagdad, un portefaix du nom de Sindbad s'épuise à la peine ; il accable le ciel de ses plaintes. Un jour, d'aventure, notre personnage se retrouve près de la demeure d'un autre Sindbad, surnommé « le Marin », et qui, lui, est connu comme un des plus riches marchands de la ville. Le miséreux improvise quelques vers sur les inégalités de la Fortune[1], si bien que le maître de maison entend ses plaintes et le fait venir. Il traite avec générosité celui qu'il considère déjà comme un ami, puisque le hasard qui leur a donné même nom les a aussi fait se rencontrer. Sept soirs de suite, le marchand invite à sa table son homonyme et lui raconte les accidents, les peurs et les douleurs affreuses qu'il a endurés avant de gagner sa fortune au péril des mers : « Je le jure par Dieu, ma peine a été plus intense parmi toutes celles que les hommes supportent, mon tourment a été plus vif que tous ceux qui ont mis à l'épreuve mes semblables. Les frayeurs, la fatigue, les afflictions que j'ai subies sont capables de jeter dans la plus totale stupéfaction les esprits et les imaginations. Des auditeurs éventuels, rien qu'à les entendre raconter, sentiraient leur réserve de bile bien près d'éclater… » Cette longue peine, ce sont les sept voyages.

Le marchand a connu toutes les formes du malheur, tous les coups du sort, perdu puis regagné sept fois sa

---

savants, géographes et littérateurs. Sans même parler de Marco Polo et des Européens. Selon la date, ce serait donc soit « Sindbad », soit la *Relation,* qui pourrait prétendre au titre de première source de toute cette littérature. Le même raisonnement vaut pour un *Livre des routes et des royaumes* qui date des mêmes années. Dans tous les cas de figure, on peut supposer que c'est à Bagdad, dans un milieu où les auteurs se connaissaient personnellement, fréquentaient les mêmes bibliothèques et partageaient les mêmes informations, qu'a été écrit le premier récit direct d'un voyage vers la Chine.

1. Les personnages des contes de cette époque improvisent constamment de la poésie au cours de l'action. Et le dernier des mendiants versifie tout naturellement.

fortune, se jurant chaque fois de ne plus jamais reprendre la mer. Au septième et dernier soir, après avoir narré son retour définitif à Bagdad, Sindbad le Marin tire la leçon de l'histoire : Allah ou la Fortune n'abandonnent jamais les audacieux. Sindbad le Terrien se voit comblé de dons par son ami, le navigateur, et, instruit par son exemple des tourments dont se payent trésors et jouissances, il repart en louant la justice divine.

Voilà pour le schéma général : une sorte de fable moralisante. Mais le décor vaut qu'on s'y arrête, à commencer par la maison de Sindbad. Le marchand fortuné qui offre à ses hôtes vins, mets rares et musique jouée par de belles esclaves, l'épicurien qui aime les longues conversations dans un jardin délicieux, le raffiné qui fait parfumer le seuil de sa porte à l'eau de rose, au bois d'aloès et à l'ambre, Sindbad de la Mer témoigne de la prospérité de la capitale abbasside.

Bagdad, capitale de la dynastie bénie

L'empire des Abbassides, la « dynastie bénie[1] », est plus vaste que celui d'Alexandre ou de Rome. Des confins de l'Espagne[2] jusqu'à la Transoxiane, jamais, dans l'histoire de l'Islam, le Commandeur des croyants n'étendra son autorité sur pareil territoire. Jamais cour ne sera plus splendide, ni les gros marchands, les tâjirs, plus prospères. Ce qui se dit de la richesse de Bagdad est remarquable. Même en tenant compte d'un certain lyrisme propre aux lettrés arabes, même en admettant que chiites et rigoristes qui disent le califat sunnite amolli par le luxe forcent le trait, comment douter des multiples témoignages qui célèbrent la magnificence de la ville ?

---

1. La dynastie abbasside, la seconde de l'Islam, descend d'Abbas, oncle du Prophète ; elle se substitue à celle des Omayyades en 750 et règne à Bagdad jusqu'à la prise de la ville par les Mongols en 1258. Il y eut en tout trente-sept califes abbassides. La dynastie se perpétua en Égypte jusqu'à la conquête ottomane en 1517, comme chefs religieux officiels du pays avec titre de calife.

2. Où règne un calife omayyade rescapé.

Ainsi, au début du Xe siècle, le souverain possède une résidence dont les jardins artificiels abritent des automates, des arbres faits de métaux précieux et un bassin de mercure où flottent des vaisseaux d'or. Les ambassadeurs byzantins décrivent leur visite du palais, quand le calife les convoque. Ils vont sous des portiques de marbre, entre des centaines de chevaux aux selles incrustées d'or et d'argent, formant la haie. Ils croisent d'innombrables bêtes sauvages, et voient des milliers de gardes et serviteurs richement parés. Bien sûr, ils foulent tapis et tentures de soie à profusion[1].

Le négoce est favorisé par la politique somptuaire des califes, par un État grand importateur de produits de luxe et grand exportateur d'or. Par divers procédés financiers, les négociants tournent la prohibition coranique du prêt à intérêt. Ils vendent les produits les plus exotiques, dont ceux de la Chine, ils s'enrichissent toujours davantage.

Cette société est cultivée, elle tient l'*adab* pour une haute valeur. L'adab est une idée qui peut se rendre par « connaissances et habitudes louables », « ce que doit savoir l'honnête homme » ou, plus simplement, « culture ». L'adab inclut les belles-lettres, et surtout la littérature en prose qui vise à distraire et à édifier.

Les bibliothèques se multiplient : celles des califes, connues pour leur richesse, mais aussi les cabinets de lecture publics. La conversation littéraire, le commentaire de textes sont fort prisés. Les grands commis de l'État, des lettrés souvent d'origine étrangère, tout comme les marchands sont avides des plaisirs de la vie et de l'esprit, et s'en délectent. Ils pratiquent, comme Sindbad et ses hôtes dans le conte, le rituel de la conversation du soir à l'ombre de jardins odorants, le doux et brillant entretien des amis. Idées et histoires circulent dans ce milieu cosmopolite.

Au début du IXe siècle, le calife Mamoun a créé dans sa capitale une Maison de la Sagesse où l'on traduit les œuvres scientifiques grecques et les bibliothèques

1. À l'époque, la soie ne provient pas forcément de Chine. Ainsi, elle est fabriquée en Perse et son secret est parvenu jusqu'à Byzance.

publiques se multiplient. La société cultivée est profondément hellénisée. Le conte de Sindbad en témoigne : nombre des périls et des monstres qui le menacent sortent tout droit de l'*Odyssée.* Il y a des épisodes qui rappellent Ulysse avec les Lestrygons, les Cyclopes et les Lotophages. S'y ajoutent des merveilles déjà rencontrées dans le *Roman d'Alexandre :* l'île-poisson, le cimetière des éléphants, la Vallée aux diamants, diverses races d'anthropophages ou d'hommes volants. Sans parler de l'inévitable oiseau rokh.

Au moment de la rédaction des voyages de Sindbad, les cercles littéraires de Bagdad, nourris des apports grecs, mais aussi indiens et persans, sont habités par la tentation encyclopédique. Traités de géographie et d'histoire universelles fleurissent. Les auteurs se citent et se démarquent mutuellement. Des genres populaires comme le conte ou le récit de voyages ne sont pas méprisés. Et quand un calife, au Xe siècle, se vante de lire des œuvres savantes et non des récits profanes et légers « comme l'histoire de Sindbad », cela prouve *a contrario* quel succès avait le conte à la cour. D'autant plus que des indices font penser que son auteur fréquentait les élites culturelles et politiques de Bagdad.

Ainsi, le géographe Ibn Khourdadhbih[1] recopie des passages entiers des « Sept voyages de Sindbad » ; et ce dernier livre reprend textuellement une correspondance entre Haroun-el-Rachid et le roi de Ceylan. Comment l'auteur de « Sindbad » a-t-il eu accès à ces archives ? Ce pourrait être par le même Ibn Khourdadhbih, qui remplissait la charge de directeur de la Poste et du Renseignement[2]. Cette fois, il ne s'agit plus des récits d'un marchand, comme dans *La Relation de la Chine et de l'Inde.* Le rapprochement entre les renseignements pratiques contenus dans le conte de Sindbad et l'œuvre du géographe est encore plus significatif. Cela prouve la

1. Il est mort en 849, ce qui renforce l'hypothèse d'un « Sindbad » écrit dans les premières décennies du IXe siècle, donc d'un Sindbad source d'autres textes de voyage et non l'inverse.

2. Voir R. Khawam, *op. cit.*

circulation des informations dans la Bagdad cultivée. Ibn Khourdadhbih dans le *Livre des routes et des royaumes* décrit avec une précision incomparable toutes les routes partant de Bagdad, centre de l'Empire, jusqu'à l'Atlantique et à l'est, naturellement, jusqu'en Chine. Le fonctionnaire note soigneusement mille détails sur les relais des routes des caravansérails, sur les ports, sur les détails pratiques du négoce, sur les sept langues[1] qu'un marchand devrait idéalement pratiquer, sur l'omniprésence des commerçants juifs et musulmans, etc. L'auteur décrit les communautés islamiques de Chine. Il s'attache spécialement à celle de Canton, véritable colonie autonome ayant sa propre juridiction. Il parle du cadi local qui dirige les prières et règle les affaires de la communauté : « Les marchands de l'Irak se soumettent volontiers aux jugements rendus par cet homme, car, dans tous ses actes, il n'a souci que de la vérité et il ne s'inspire que du Coran et des préceptes de l'islam. » On voit de pareils épisodes dans « Sindbad ». Derrière le récit merveilleux, il y a donc une solide documentation. Mais y a-t-il des témoignages directs, ou même des aventures réelles, voire un ou des personnages en chair et en os ?

Sindbad vivant

De là à affirmer que le vrai Sindbad était un marchand omanais de Sohar comme le veut la tradition orale locale, il y a un grand pas. Mais rien ne prouve l'incohérence de cette hypothèse. La présence d'Omanais en Chine est attestée depuis très longtemps, l'un d'entre eux au moins s'est fixé à Bassorah, fortune faite, et ce bien avant l'époque où fut rédigé le conte.

L'hypothèse d'un Sindbad omanais sera le prétexte d'une superbe entreprise : l'expédition Oman-Canton sur la copie d'un navire d'époque[2]. Sous les ordres de

---

1. Les sept langues sont : l'arabe, le persan, le latin et le grec, les langues franques, l'espagnol et le russe.

2. Pour suivre très précisément le conte, l'expédition aurait dû

Tim Séverin, le « boom », frêté par le sultan d'Oman et baptisé *Sohar*, rééditera en 1980 la pérégrination mythique.

L'expédition connaît les difficultés que l'on peut imaginer, dont certaines dues au souci d'authenticité. Une des particularités des navires traditionnels était la jointure de leurs planches, liées par des cordes de fibres de coco, car une vieille superstition voulait qu'un aimant au fond de l'océan attirât vers les abysses les clous des bateaux. Selon d'autres légendes, il s'agit d'une montagne magnétique[1]. La navigation se faisait en fonction des vents de mousson, selon une technique dont la découverte par un Grec, au Iᵉʳ siècle, a permis le développement de la route maritime de la soie (sous les Abbassides, celle-ci tendait à supplanter la route de terre).

Enfin, le *Sohar* de 1980, comme ses ancêtres du VIIIᵉ siècle, se dirige au *kamal*. C'est une simple planchette de bois percée d'un trou. On la tient à bout de bras, attachée à une ficelle dont le navigateur garde l'extrémité entre les dents. Les initiés peuvent ainsi déterminer la hauteur d'une étoile connue, en calculant l'angle par rapport à l'horizon. De là ils déduisent une latitude et choisissent le cap. Avec de telles techniques, qui font la part belle à l'empirisme et au génie personnel du capitaine, les marins arabes parcouraient les sept mers jusqu'à la Chine[2]. Chaque pilote avait ses secrets et devait compter

---

partir de Bassorah, à l'époque grand port de Bagdad, sur le delta du Tigre et de l'Euphrate. C'est évidemment impossible aujourd'hui : en raison des dépôts sédimentaires, la ville s'est éloignée de cent kilomètres de la côte.

1. La légende de la Montagne magnétique figure dans le *Roman d'Alexandre.*

2. Le *kamal,* rustique ancêtre de l'astrolabe, reflète l'ancienne technique de navigation arabe, en « visant » une étoile et en employant la rose des étoiles et non celle des vents. Si le calcul de latitude est relativement aisé à partir du moment où l'on connaît le nord, celui de la longitude est infiniment plus difficile : il suppose (jusqu'à l'invention des balises et des signaux satellite) un méridien de référence et des calculs d'angle complexes par rapport à la position du soleil ou des étoiles à une période donnée de l'année. En clair : jusqu'à l'apparition

sur sa mémoire. Le *Kitab Adj alb al-Hind* nous décrit le capitaine passant « la nuit avec ses hommes à étudier les étoiles, à reconnaître la place des constellations, à s'orienter pour fixer dans sa mémoire le chemin de l'aller et du retour ». Plus tard, vers la fin du Xe siècle, des pilotes arabes possédaient des sortes de registres des constellations et consultaient souvent ces documents de grande valeur. Ils rassemblaient des notations empiriques sur la navigation aux étoiles, des recettes personnelles.

Ajoutez les maladies, les typhons, les pirates... et vous croirez sans peine la tradition qui veut qu'un navire sur dix se soit perdu en cours de route. On disait aussi que les profits étaient tels qu'un seul voyage suffisait à enrichir un homme pour la vie. Pareille aventure devait suffire à nourrir la conversation et l'on imagine sans peine combien étaient appréciés les souvenirs des survivants, le Soleiman de *La Relation de la Chine et de l'Inde*, ou le Sindbad qui se cache derrière le conte. Leurs souvenirs étaient pleins de détails fort utiles à qui voulait tenter le voyage à son tour, aussi bien que de bons gros bobards recueillis dans les ports. Survient alors un écrivain qui note tout, en rajoute un peu, introduit des éléments puisés dans sa propre culture littéraire. La chaîne des copistes se met en branle. L'histoire est transmise, altérée, embellie. Et tout au bout, nous voilà, au XXe siècle, avec un classique qui inspire feuilletons télévisés et thèses universitaires. Les choses ne se sont pas passées très différemment pour Marco Polo et d'autres. On ne peut mesurer l'ampleur des déformations subies par le texte en huit siècles de copie. Sans compter le cauchemar de la retranscription des noms propres ou les controverses de traducteurs[1]. Toute spéculation sur l'origine

---

de cartes détaillées et le calcul du temps par des horloges très précises, en naviguant d'est en ouest on estimait très mal la distance des points visés. Ce petit détail technique a beaucoup pesé sur l'histoire des découvertes. Pour une description vécue de la navigation arabe on lira Tim Séverin qui raconte sa pérégrination dans *Le Voyage de Sindbad* (Albin Michel, 1984).

1. Un seul exemple : selon la traduction d'un mot unique, on fait

des voyages de Sindbad doit s'accompagner de force précautions oratoires. Et pourtant…

Géographie du conte

Pourtant, acceptons un moment la fiction d'un Sindbad unique[1]. Ses errances peuvent tenir dans l'espace d'une seule vie. Rien ne contredit absolument la chronologie historique. Sindbad ne va nulle part où un marchand arabe ou persan ne l'ait précédé. Une reconstitution vraisemblable et sans ordre de son itinéraire se présente ainsi : passant par Bahrein et Ormuz, dans le Golfe, il navigue vers l'ouest, Madagascar, les Comores, la Somalie et la côte orientale de l'Afrique. Il aborde aussi le sous-continent indien, Maldives, et Ceylan, il fait voile entre plusieurs îles de l'archipel indonésien (Bornéo, Java, Sumatra, Cocos, Célèbes). Le dernier voyage, enfin, le plus long, mène notre héros en Chine et peut-être en Corée. Les contrées qu'il décrit sont extraordinaires, mais leur nom est connu du lecteur arabe de l'époque abbasside. Les îles du Camphre, la vallée du Feu, le château de Cristal, le pays des Mangeurs d'hommes, celui des Beaux Éphèbes, et bien d'autres noms imagés forment une carte familière.

Le récit de Sindbad se distingue des autres contes par sa façon d'intercaler, entre deux aventures nécessaires à la progression dramatique, tel chiffre, tel nom, tel détail géographique ou historique souvent fort exact. Parfois aussi telle remarque qui révèle l'œil du marchand.

À l'époque du récit, les négociants arabes tendent à remplacer les Persans, avec qui on les confond parfois en

---

de l'île de Kalabiya (peut-être les Célèbes), soit un endroit dont les habitants sont partisans de la libre discussion religieuse, soit la retraite d'al-Dajjal, l'Antéchrist des musulmans qui dévastera un jour la terre à la tête de soixante-dix mille Juifs.

1. Même si, répétons-le, il peut s'agir de plusieurs personnages dont les aventures et récits ont été mêlés, déformés et agrémentés en puisant dans le fonds commun de légendes de l'époque.

Extrême-Orient, et ils rivalisent avec les Byzantins. Le commerce arabe se répand aussi vite que le Coran car le marchand et le prêcheur font route commune. Ainsi, très peu de temps après la mort du Prophète, ses disciples directs parviennent en Chine et y font les premières conversions. Le roi de Ceylan, vers la même époque, entend parler de l'islam qui se répand et envoie une mission pour s'informer de la nouvelle doctrine. Bientôt, il y aura des établissements arabes sur l'île et les pèlerins musulmans viendront au pic d'Adam vénérer la trace du pied du premier homme. Pour les Cinghalais, il s'agit, comme on le sait, du pied de Bouddha.

Les relations entre le monde arabe et la Chine sont intenses. Vers l'an 800, un gouverneur chinois rédige un traité de navigation Canton-Bassorah[1]. Dans plusieurs villes de Chine, les marchands venus de Perse, d'Irak ou du Golfe forment une population importante et active avec ses quartiers et ses privilèges. Il en résulte parfois des soulèvements ou des massacres d'étrangers, comme ceux qui se sont produits à Canton en 758 ou, deux ans plus tard, le massacre de milliers de marchands à l'occasion d'une répression. Les deux mondes se connaissent. Leurs relations perdurent ainsi, même si la Chine se ferme provisoirement au milieu du IXe siècle. L'empereur choisit alors la proscription des religions non confucéennes et la prohibition du commerce avec les pays lointains. En 879, une nouvelle poussée xénophobe suggère l'importance des communautés étrangères à Canton. Quand Huang-tch'ao se révolte, il attaque Canton et massacre, nous dit la chronique, cent vingt mille étrangers[2]. En somme, comme pour les religions, les registres de la répression révèlent *a contrario* l'importance d'une communauté.

1. Des jonques chinoises seraient même parvenues jusqu'à Al-Obola dans le golfe Persique bien avant la fondation de Bagdad.

2. Ces étrangers ne sont pas tous nécessairement musulmans : il doit y avoir des Juifs, des chrétiens, des manichéens, des zoroastriens dans le lot.

Du reste, partout où va Sindbad, il peut rencontrer des coreligionnaires ou des compatriotes. Sur une île proche de Ceylan, voilà des paysans qui parlent arabe. Ailleurs, ce sont des personnages qui invoquent le nom de Dieu et que l'on a tout lieu de croire musulmans. Lors de son dernier voyage, probablement en Corée, Sindbad est recueilli et aidé par un « étranger » au pays, un marchand dont il finira par épouser la fille. Le mariage est, semble-t-il, célébré par le cadi chargé des musulmans locaux.

Bien sûr, Sindbad passe son temps à croiser d'autres voyageurs. Le conte use souvent de ces coups de théâtre et mélange invraisemblances et détails réalistes. Ainsi, lorsqu'il s'aventure en mer pour la première fois et subit le premier de ses naufrages, Sindbad se retrouve chez un maharaja, sans doute le souverain du puissant royaume commerçant de Srivijaya, à Sumatra. Là, il ne tarde pas à s'attirer la faveur du souverain et à devenir préfet du port[1]. Il rencontre des marchands indiens, qui lui racontent leur pays et lui expliquent le système des castes. Il interroge tous les voyageurs qui débarquent et dont il inspecte les ballots. Et soudain, il lit une inscription à son propre nom. Sindbad vient de retrouver son propre bateau, qui s'en revenait vers la mer Rouge, à la mousson de l'année suivante. Le capitaine le reconnaît et lui

1. Srivijaya, apparemment du nom d'une dynastie, est encore si mal connu par les archéologues que l'on douta longtemps de l'existence et de la localisation de ce royaume, qui aurait duré du VIIe au XIVe siècle. Il étendait son pouvoir sur la Thaïlande, la péninsule Malaise, Sumatra et bien des pays tributaires. Dans son port principal, Palembang, les jonques chinoises traitaient avec les navires indiens, persans et arabes dès la fin du VIIIe siècle. On n'en sait guère davantage, mais des exemples montrent qu'à cette époque rien n'empêchait un étranger d'accéder à un poste de ce type. La fonction de préfet du port était sans doute de la plus haute importance pour un royaume marchand. Ainsi, toujours en Malaisie, mais plusieurs siècles plus tard, ce fonctionnaire chargé de collecter les taxes et droits de port était un des plus hauts membres de l'aristocratie du sultanat de Malacca, l'élite des « orang-laut », les hommes de la mer proches du sultan.

rend son bien. Sindbad, rentré en possession de son fonds de commerce, retourne à Bassorah, non sans arrondir son magot en cours de route par des échanges contre des marchandises plus précieuses.

Même ressort dramatique, lors du troisième voyage : cette fois Sindbad vient à peine d'échapper à un serpent dévoreur d'hommes, une sorte de boa qui étouffe ses victimes. Ce peut être sur la côte de Bornéo. Un navire passe à l'horizon et recueille le naufragé. Le capitaine de cette histoire, aussi honnête que celui de la première, respecte le droit et les coutumes de l'islam. Il s'apprête justement à vendre les ballots d'un marchand de Bagdad perdu en mer il y a bien longtemps. Ainsi on pourra rendre l'argent au disparu s'il a survécu et réussi à revenir au pays. S'il est mort, l'argent ira à ses héritiers. On a deviné qu'il s'agit des marchandises perdues par Sindbad lors d'une autre expédition !

Les histoires se télescopent. En plusieurs occasions, Sindbad revit une seconde fois des épisodes antérieurs. Il retombe sur les mêmes périls, les baleines ou les anthropophages, comme il se tire d'affaire en recourant aux mêmes procédés, en construisant un radeau, en se mariant, en se trouvant un riche protecteur ou en se mettant au service d'un prince.

Ce goût de la répétition et des nombres symboliques entraîne un jeu où apparaissent des types de personnages et d'animaux comme l'ami, l'épouse, le bon roi, le serpent, l'oiseau ou le poisson géant. On pourrait se livrer aux délices de l'analyse structurale ou de l'interprétation psychanalytique. Bornons-nous à considérer qu'il s'agit d'un procédé littéraire. Il en résulte des épisodes dont l'accumulation sur une seule vie d'homme défie la vraisemblance. Mais dont beaucoup, pris séparément, pourraient reposer sur une base réelle.

Un Ulysse cynique

Lors de son sixième voyage, Sindbad se retrouve rien de moins qu'ambassadeur. Comme d'habitude, cette bonne fortune suit un naufrage et un sauvetage extraordinaires. C'est à Ceylan. Sindbad est amené au roi de l'île qui l'accueille fort bien et s'informe des affaires de Bagdad. Un jour se présente un navire qui fait voile vers Bassorah. Sindbad décide d'y embarquer. Le souverain de l'« Île heureuse » lui donne une lettre pour Haroun-el-Rachid. À l'époque, il n'y a rien d'inhabituel à confier un message diplomatique à un marchand ou voyageur de passage.

Le texte de la lettre, reproduit dans le conte, est celui d'un authentique courrier diplomatique divulgué par Ibn Khourdadhbih. La missive est accompagnée de nombreux présents, coupe précieuse, coussin en peau de serpent (excellent pour les hémorroïdes, précise l'auteur), bois d'aloès, camphre, manuscrit rare, et belle esclave, une des spécialités de Ceylan, paraît-il… Sindbad arrive à Bagdad et remplit son ambassade auprès du calife. Celui-ci décide de répondre au roi de Ceylan et confie la mission à un Sindbad très réticent. Il a bien raison d'hésiter : en chemin, il est pris par des pirates et vendu. Pour être affranchi par son maître et pour refaire fortune, il devra découvrir le cimetière des éléphants[1], et vivre mille autres aventures.

Le conte décrit Sarandib, la Ceylan des Arabes, avec force détails et précisions géographiques, tout comme le cérémonial de la cour. L'île aux pierres précieuses est souvent évoquée par les voyageurs arabes et ses richesses unanimement célébrées. Le regard de Sindbad est celui d'un marchand qui note tout, prise tout, évalue tout.

Sa psychologie est bien celle du commerçant audacieux, entreprenant, débrouillard et forcément individualiste. La leçon est claire : Sindbad sait toujours donner un coup de pouce à la chance. Chaque fois qu'il subit un revers, il accable le ciel de gémissements, jure ses grands

1. Les pirates que rencontre Sindbad pourraient être des Mands de l'Inde qui sévissaient sur le trajet Bassorah-Ceylan et que les Arabes écrasèrent très peu de temps après la date de l'ambassade supposée de Sindbad. Quant au cimetière des éléphants, il n'est pas si fantaisiste qu'il paraît : il existe d'authentiques fosses à restes d'éléphants.

dieux qu'il ne cédera plus au démon de l'aventure, le tout souvent en vers, conformément à la tradition littéraire de l'époque. Après ce moment rituel de découragement, pleurs et supplications, Sindbad se reprend toujours et fait preuve d'astuce et d'initiative. Ainsi il survit là où d'autres périraient.

Il réédite même une des ruses d'Ulysse, un jour que ses compagnons et lui-même sont prisonniers d'un géant noir, un « rôtisseur d'hommes ». Armés de pointes rougies au feu, ils lui crèvent les yeux pendant son sommeil. À l'évidence, l'épisode du cyclope Polyphème, bien connu dans un milieu qui faisait ses délices de l'*Odyssée*, a été retransposé dans un cadre dont on reconnaît les références historiques : les grands Noirs anthropophages font partie du mythe cannibale qui parcourt toute la littérature du voyage.

Tel un Ulysse cynique, Sindbad échappe aux pires dangers, dût la morale en souffrir. Ainsi il dépouille deux fois des cadavres. Une fois, naufragé au sud de l'Inde, il voit périr de faim tous ses compagnons alors qu'il garde par-devers lui des provisions. Quand il construit un radeau pour se lancer sur une rivière souterraine, il rafle l'or des cadavres et ramasse tout ce qu'il peut trouver de précieux.

Une autre fois, Sindbad apparaît plus cynique encore. Lors du quatrième voyage, il se retrouve dans la région de Sumatra, il a refait fortune. Il a introduit l'usage de la selle dans ce royaume où on l'ignorait et en a fait son industrie. Le voici favori du souverain, respecté, prospère et bientôt marié à une indigène. Nouveau coup du sort : il apprend qu'une des coutumes du pays veut que l'époux, s'il devient veuf, soit enterré vivant avec sa femme. Là encore, il y a une base historique : la coutume indienne du *suttee*, suicide du veuf, ou de nombreuses histoires d'ensevelissement rituel de vivants.

Bien entendu, une soudaine maladie ne tarde pas à emporter la jeune mariée. Sindbad est conduit en grande pompe et avec force larmes au puits aux cadavres. On lui répète combien on le regrettera, mais une coutume est une coutume : Sindbad est descendu dans le charnier avec le cadavre au bout d'une corde. Il n'a qu'une petite provision de nourriture et d'eau. Il est pourtant bien décidé à survivre. Il assassine à coups de fémur les veufs ou veuves que l'on descend dans le sinistre puits et leur vole leurs provisions. Enfin, il découvre une issue en suivant un petit animal. Sindbad se retrouve bloqué sur une plage. Il ne lui reste plus qu'à espérer la venue d'un navire. En attendant, il subsiste en retournant à la grotte assassiner les nouveaux arrivants, leur dérober leurs maigres réserves. Au passage, il s'empare des ornements funèbres des morts. Le charognard raconte même la routine des provisions avec une certaine satisfaction : « Dès qu'elles menaçaient de me manquer, je veillais à organiser quelque expédition dans la grotte où je n'avais qu'à attendre que l'on ensevelisse un vivant — homme ou femme, peu m'importait — afin de le tuer et de lui ravir le pain et l'eau qu'on lui avait confiés. À la suite de quoi je retournais m'asseoir sur le rivage de cette mer dont l'eau salée ne pouvait m'être d'aucun secours, et j'attendais que Dieu Très-Haut daigne songer à mon salut. » Cette façon très particulière d'entendre le proverbe : « Aide-toi et le Ciel t'aidera », ne décourage pas le Très-Haut qui envoie à Sindbad le navire espéré.

Monstres et merveilles

Ainsi en va-t-il tout au long du conte : Sindbad ne se tire des pires dangers que pour retomber, après une période de prospérité, dans des dangers plus grands encore, et ce jusqu'au retour de fortune qui marque la fin de chaque voyage. Le catalogue des monstres qu'il affronte est la part la plus remarquable du récit mais aussi la plus invraisemblable. Pourtant, il n'est guère de cas où l'on ne trouve un début d'explication.

Le premier naufrage de Sindbad se déroule sur une île mouvante qui se révèle n'être que le dos d'un poisson gigantesque. L'animal s'endort si longtemps que la partie émergée de son corps se couvre de végétation, mais, quand la chaleur le réveille, il plonge brusquement, entraînant au fond des mers les marins installés sur son dos. Les poissons si grands qu'on les prend pour une île fleurissent dans les récits médiévaux. Ils font partie de la légende de saint Brendan[1]. *La Relation de la Chine et de l'Inde*, là encore très proche de Sindbad, commence par la description d'un animal si grand que son dos peut se recouvrir de coquillages et d'herbe : « Il arrive que les mariniers accrochent à lui leur ancre, le prenant pour une île : quand ils reviennent de leur erreur, ils s'éloignent de lui à toute voile. » L'animal sort la tête à l'air et crache de l'eau à hauteur d'un minaret. À l'évidence nous voilà en présence d'une baleine[2]. Lors d'un autre voyage, le navire de Sindbad est attaqué en mer de Chine par un troupeau de ces animaux. De tels accidents sont un des cauchemars des anciens navigateurs. Déjà, la flotte de Néarque, amiral d'Alexandre, en avait rencontré, ses marins les avaient éloignés en produisant un raffut infernal avec leurs trompettes.

Ailleurs, les figures humaines que Sindbad voit sur les cornes de rhinocéros suggèrent une explication facile : il doit s'agir de cornes sculptées, produit fort commun sur les routes de la soie[3]. Ces objets ornés dont parle également Marco Polo ont particulièrement frappé les écrivains arabes. Dans *La Relation de la Chine et de l'Inde* il

---

1. La saga de saint Brendan raconte comment le saint irlandais a traversé l'océan Atlantique au VIe siècle avec ses moines. Cette épopée repose probablement sur des récits d'authentiques voyageurs irlandais. Cette histoire a connu un grand succès.

2. Dans le cas de *La Relation de la Chine et de l'Inde,* les puristes précisent qu'il doit s'agir d'un baleinoptère qui a un aileron sur les reins. On a également envisagé que Sindbad, qui, lors de son premier voyage, doit se trouver au large des Cocos, ait abordé sur un îlot recouvert à marée haute, mais la similitude avec la *Relation* fait plutôt pencher pour la première explication.

3. La corne de rhinocéros, à la fois objet décoratif de luxe et aphrodisiaque supposé, a toujours été largement importée en Chine. De nos jours le gramme de la très revigorante corne de rhinocéros atteint des prix supérieurs à celui de l'or. D'où un trafic sévèrement prohibé par la convention de Washington et un braconnage militairement organisé : dans une réserve du Zaïre, chaque rhinocéros blanc doit être protégé par son garde armé ou presque.

est dit : « Il arrive qu'il y ait dans sa corne l'image d'un homme, d'un paon, d'un poisson ou d'autres images encore : les Chinois en font des ceintures dont le prix atteint en Chine deux mille, trois mille dinars ou davantage selon la beauté de l'image. » Le rhinocéros inspire aussi à des auteurs réputés sérieux comme Kaswini des fantaisies étranges : il vivrait sept cents ans et serait capable de soulever un éléphant empalé sur sa corne. On dit aussi qu'il porte ses petits pendant quatre ans.

Même les gigantesques serpents qui protègent les mines de diamants et que Marco Polo mentionnera cinq siècles plus tard doivent peut-être moins à l'imaginaire qu'il ne semble. On signale à Ceylan des galeries pleines d'une boue qui contient non des diamants mais d'autres pierres précieuses et que fréquentent les serpents. La méthode de récolte qui consiste à lancer des charognes où se colle de la boue diamantifère et que « pêchent » des aigles est un on-dit que nous retrouverons.

De même les anthropophages qui droguent leurs victimes pour les abrutir et les mettre littéralement à l'engrais ont souvent été identifiés à des tribus cannibales de Sumatra qui font usage de stupéfiants. Sindbad remarque que la nourriture contient une drogue, il réussit à s'enfuir en gardant sa lucidité mais omet de prévenir les autres prisonniers.

Un des personnages les plus remarquables du conte, « le vieillard de la mer », apparaît lors du cinquième voyage. Il ressemble à un vieil homme nu et affaibli et ne s'exprime que par gestes de la main. Sindbad le prend sur ses épaules et lui fait traverser un gué pour aller cueillir des fruits. Sindbad veut reposer son fardeau mais « il ne voulut pas quitter mes épaules. Mieux, il se mit à enserrer mon cou de plus belle, entourant violemment ses jambes autour de moi. C'est alors que je vis ses jambes : elles étaient noires et sèches, telles des lanières de peau de buffle ». Pour se débarrasser de son cavalier, Sindbad trouve une solution particulièrement ingénieuse. Il fait fermenter des raisins dans une courge et obtient du vin qu'il fait boire à son encombrant compagnon qui est vite enivré. Il relâche son étreinte, roule sur le sol et Sindbad peut alors lui fracasser tranquillement la tête. Ce vieillard de la mer pourrait être né de la déformation d'histoires qui couraient sur les orangs-outans. À moins que le vieil homme ne soit inspiré par les scirates décrits par Pline comme ayant des jambes aussi souples que le corps des serpents[1].

Il existe dans « Sindbad » une autre histoire de singes beaucoup plus facile à expliquer. Le héros visite une cité que ses habitants évacuent pour la livrer aux singes qui l'envahissent par milliers. Cet épisode est d'autant moins invraisemblable que l'on peut encore assister à des invasions saisonnières d'une ville par des singes. C'est à Lop Buri en Thaïlande où ces animaux protégés par une coutume séculaire ont le privilège de prendre possession de la cité à certaines dates.

Il n'est pas jusqu'au cheval marin, qui apparaît dans le premier voyage, auquel on n'ait trouvé une explication : une mauvaise compréhension du mot grec *hypopotamos* (littéralement « cheval du fleuve »).

Merveilles du conte, merveilles du monde

Il ne reste pratiquement que deux types de monstres qui puissent échapper à la fureur explicatrice et rationalisante. Ils sont liés aux symboles aériens : les hommes-démons du dernier voyage de Sindbad et l'oiseau rokh.

Les premiers, des hommes à qui il pousse des ailes à chaque début de mois, transportent Sindbad jusqu'à ce qu'il ait l'imprudence de prononcer le nom du Très-Haut. Apparaît également l'oiseau rokh aux œufs gigantesques. Une fois, il sauve involontairement Sindbad qui s'accroche à ses serres ; une autre, il provoque un naufrage en bombardant le navire de Sindbad avec des rochers.

L'oiseau rokh, qui revient avec constance dans les contes arabes, nichant dans les contrées les plus diverses, mériterait à lui seul plusieurs thèses de mythologies

1. Pline, *Histoire naturelle*, VII, 25.

comparées. Parent du griffon ou du simorgh perse, il apparaît souvent dans le rôle du passeur d'hommes, instrument inconscient d'un sauvetage, puisque, dans la plupart des versions de la légende, l'animal ignore qu'il porte un homme.

Ainsi, dans un conte antérieur à celui de Sindbad le Marin, et parfois considéré comme celui de « Sindbad le Terrien », le héros suit les routes terrestres de la soie par le Ferghana, la Mongolie, et la Chine. Au cours d'un épisode particulièrement tragique, il est trompé par un démoniaque « adorateur du feu », un zoroastrien, et doit aller prendre une herbe magique au sommet d'une montagne. Pour ce faire, il se dissimule dans une outre cousue et se laisse emporter par l'oiseau rokh. Il existe probablement quelques dizaines de variantes de cette intervention du rokh dans *Les Mille et Une Nuits* et autres contes arabes.

Plus curieuse est la version « juive » de ce conte, ou, du moins, la version qu'en donne le rabbin explorateur du XIIe siècle Benjamin de Tudèle, à propos de l'oiseau sauveur d'hommes. Pour aller de certaines îles proches de l'Inde jusqu'à la Chine, il faut, lui a-t-on rapporté, traverser un détroit où se lèvent d'effroyables tempêtes. Il n'existe qu'un moyen. Les marins, avant le naufrage, se font enfermer, armés d'une épée, dans des peaux cousues de façon hermétique. « Les aigles qui sont fort fréquents en ces régions, et qu'on appelle griffons, ne les ont pas plutôt aperçus que, les prenant pour quelque bête, ils se lancent dessus et les transportent à terre, soit dans quelque vallée ou sur quelque montagne. Mais lorsqu'ils sont prêts à arracher et à manger leur proie, l'homme renfermé dans la peau tue sans tarder le griffon de son épée. C'est de cette façon qu'une grande quantité se sauvent. »

Et bien plus tard Marco Polo racontera comment le Grand Khan se fait ramener une plume de « ruc » de Madagascar — ou de Mogadiscio car il peut y avoir confusion entre les deux noms. Le malin Vénitien que cet animal capable de soulever un éléphant rend soupçonneux a trouvé une explication rationnelle ; il pourrait s'agir d'un griffon[1] !

Pour donner un dernier exemple de la migration des thèmes de Sindbad, nous retrouvons dans un poème allemand du XIIe siècle narrant les voyages d'Ernest de Souabe des épisodes plus que similaires : l'oiseau gigantesque qui transporte les naufragés (ici victimes de la Montagne magnétique), la montagne aux gemmes, et le radeau lancé sur une rivière souterraine.

Sindbad est ambigu. Tantôt on peut le tirer vers le réel, lui donner un visage, le rapprocher du marchand en chair et en os. Tantôt, nous sommes confrontés à la circulation des mythes : le monde arabe, l'Europe des croisades, l'Antiquité gréco-romaine…

Au-delà, une zone plus floue, des terreurs qui sont celles du sommeil, des symboles telluriques, marins, animaux communs à toutes les cultures…

À mi-chemin entre le trivial et le féerique, avec ses petits calculs et ses grands rêves, Sindbad est l'intermédiaire entre le poète et le boutiquier, celui qui transmet les légendes, les pierres, les drogues et les soieries. Il est l'homme de l'échange par excellence. Il ne pouvait naître que sur les routes de la soie.

---

1. On a suggéré que la plume de rokh (qui selon les versions du manuscrit polien mesure douze, seize pas ou quatre-vingt-dix « travers de main ») serait une feuille géante de palmier raphia desséchée et que le « ruc » lui-même serait inspiré de l'æpyornis, animal proche de l'autruche.

ENTRACTE VI

Paix mongole

Au début du XIII*e siècle commence l'expansion mongole, plus spectaculaire encore que les conquêtes arabes. À la fin du* XII*e siècle, Temoudjin, chef d'un clan modeste de ces tribus qui nomadisent au nord de la Grande Muraille, devient vassal de Togrul, le wang-khan, le roi des Keyreits, une puissante tribu nestorienne. Temoudjin est d'abord proclamé roi des Mongols (qui à l'époque ne sont qu'une des tribus, comme celles des Keraits, des Ongoutes, des Naimans, des Tartares, des Merkits, et autres peuples à cheval). Toutes ces tribus plus ou moins turquisées sont tantôt chamanistes tantôt nestoriennes, voire bouddhistes ou manichéennes. Après s'être allié aux Rois d'or, c'est-à-dire aux Kins, la dynastie étrangère qui règne depuis Pékin sur le Nord de la Chine (le Sud du pays étant dominé par la dynastie nationale des Song) et après s'être progressivement imposé aux tribus rivales, Temoudjin se débarrasse de son suzerain Togrul. Maître de toutes les tribus, il proclame l'Empire mongol en 1206. Il est devenu « Gengis Khan », khan océanique. Tous ces noms et ces événements, lorsque la rumeur en parviendra en Europe, donneront lieu à force déformations et légendes.*

Gengis Khan, à la tête de la nation nomade, entreprend la conquête du monde. En 1211, il s'en prend au Roi d'or et franchit bientôt la Grande Muraille. En 1215, il est à Pékin. Ayant pris la Chine septentrionale, il se tourne vers l'Asie centrale, et d'abord vers les oasis. À l'époque, les villes-relais du Nord du Taklamakan sont généralement sous la suzeraineté des Turcs ouïgours ; la partie sud, la voie méridionale des caravanes, étant sous le contrôle des Kara-Kitais, nomades bouddhistes que les Kins ont chassés de Pékin. Décidés à s'emparer des routes de la soie, les Mongols préparent leur assaut. Ils écrasent d'abord les Kara-Kitais du Turkestan oriental. Gengis Khan s'en prend ensuite au Khorezm musulman. C'est le début du conflit avec la civilisation arabo-persane et avec l'islam qui, pourtant, deviendra bien plus tard la religion des Empires mongols à l'ouest de la Chine.

En 1218, le massacre de marchands mongols à Otrar, dans l'actuel Kazakhstan, déclenche la conquête. Gengis Khan prend Boukhara, Samarcande, Ourgendj, la Bactriane, le Khorassan, l'Afghanistan. La horde l'emporte aussi sur les Comans, un peuple turc nomade, en Russie méridionale. Quand meurt Gengis Khan, en 1227, l'Empire est déjà énorme. Son fils et successeur Ogodai poursuit l'expansion : il est le chef suprême d'un territoire partagé en apanages avec ses frères. En 1234, la Chine du Nord est complètement soumise. L'offensive se poursuit dans quatre directions : Corée, Chine du Sud, Moyen-Orient, Europe. En 1238, Moscou est détruite, la Corée sur le point d'être soumise. L'année suivante commence la conquête de l'Empire des Song. À l'ouest, les Mongols sont en Pologne et atteignent les faubourgs de Vienne en 1241. L'année suivante, ils touchent l'Adriatique, et la mort du grand khan sauve de justesse une Europe apeurée. L'Empire s'étend du Pacifique à l'Adriatique. C'est un choc pour la chrétienté entière et le signal de nombreux voyages vers l'est : le pape ou Louis IX veulent savoir qui sont les conquérants du monde. Peut-on les christianiser ?

Après le bref règne de Guyuk (1246-1248), le nouveau grand khan Mongka règne de 1251 à 1259 : le temps de parvenir au Yunnan, de prendre la Perse, d'atteindre le Tonkin, de détruire Bagdad, d'envahir la Lituanie, le rouleau compresseur mongol est toujours aussi efficace.

Koubilaï Khan (1214-1294) achève la conquête de la Chine du Sud et fonde la dynastie des Yuan, il installe sa capitale à Pékin. Sous son règne, les Mongols poussent jusqu'au Japon (1274 et 1281) et à Java (1293). À l'ouest, après l'invasion de la Syrie, seule la victoire des Mamelouks d'Égypte en Galilée en 1260 sauve l'Islam.

Ce qu'il est convenu d'appeler la pax mongolica, *l'instauration d'un seul pouvoir organisé, efficient et tolérant, coïncide avec l'âge d'or des routes de la soie. D'autant plus que Koubilaï, le seigneur de Marco Polo, n'a qu'un désir : devenir plus chinois que les Chinois, prouver que les conquérants devenus sédentaires peuvent apprendre les règles de l'administration et du commerce, les lettres et, pourquoi pas, la navigation. Bref, fonder un empire durable.*

L'Empire mongol avait été partagé à la mort de Gengis Khan en quatre oulous. Le grand khan gardait autorité sur l'Empire entier. À la mort de Koubilaï (1294), il éclate en khanats rivaux. L'Islam gagne, tout change… Un siècle après, les Mongols de Chine, de Perse, de Russie ou d'Asie centrale ne ressemblent plus guère à leurs ancêtres pasteurs et cavaliers.

Que peut comprendre l'Europe de pareils événements ?

XI

Jean, dominateur des dominateurs

« Et pour ce que sommes nous appelé Prestre Jehan, car nous sommes Prestre selon le sacrifice de l'autel et roi selon justice et droicture[1]. » Des croisades aux grandes découvertes, un bruit rassure la chrétienté terrifiée par la poussée de l'islam : quelque part, au bout du monde, un souverain incroyablement riche et puissant est aussi un prêtre, serviteur du Christ, ses armées viendront un jour secourir l'Europe contre les infidèles. Il ne part jamais en guerre sans un million de soldats.

Des papes, des rois, des peuples entiers y ont cru. Peu importait que le salut vînt d'Asie centrale, des Indes ou d'Afrique, que le pays merveilleux fût situé au Tibet, à l'est de Samarcande, à l'ouest de l'Irlande, ou aux sources du Nil, un jour, on atteindrait le royaume du Prêtre Jean. Au XIIe siècle, on le dit en Asie, au XIVe siècle en Afrique. Il s'en faut de peu qu'on ne le croie aux Amériques.

Colomb va-t-il le rencontrer ? Un jour, on dit à Lisbonne que le Prêtre Jean a accueilli Vasco de Gama à Calicut. Toujours, son royaume aux confins du Paradis est la forteresse et le refuge.

1. Extrait de la lettre apocryphe du Prêtre Jean.

Naissance du mythe nomade

Ce pays, qui voyage sur la carte, fait partie des mythes nomades des routes de la soie. Et le Prêtre-Roi, qu'enfantent les peurs médiévales, refuse de mourir. Durant plus de quatre siècles, sa légende résistera aux faits et aux vérifications. Toujours, il sera ailleurs, plus loin, ce furet des rêves, ce joueur de bonneteau mystique.

Certes, il est d'autres exemples de ces contrées auxquelles la crainte ou l'espoir prêtent des sites fabuleux, successifs et concurrents. La croyance renaît, se nourrit de la moindre rumeur, elle suit les jeux de piste que la foi lui trace sur l'atlas. Ces pays de la grande promesse disparaissent d'ici, renaissent à l'autre bout de l'univers sur un bruit ou un indice, et il semble que rien, jamais, n'en viendra à bout. Atlantide, Paradis, îles Bienheureuses, royaume des Amazones, Eldorado, pays des Dix Tribus d'Israël obéissent aux mêmes règles d'une géographie improbable : personne ne les atteindra mais toujours quelqu'un en reviendra.

Le mythe de Jean se distingue par sa force, sa durée et sa complexité. C'est un des grands récits centraux de la saga des routes de la soie, un réceptacle pour une multitude de thèmes : Gog et Magog, la reine de Saba, le Paradis, l'apôtre Thomas aux Indes, des légendes du *Roman d'Alexandre* ou des on-dit sur les Mongols, etc. Le tout oscille entre mythification et mystification, entre le grandiose et le bobard, voire le canular. Ajoutons que le mythe n'a jamais cessé d'évoluer. Le souverain inexistant au royaume introuvable a une histoire riche en variantes et coups de théâtre, une vie qu'il faut reconstituer à partir d'indices obscurs et souvent invérifiables. La genèse de cette légende n'est pas le plus clair de l'histoire. Pourquoi « Prêtre Jean » ? Pourquoi le nom, pourquoi l'idée qu'il existe quelque part un royaume sacerdotal et guerrier dont les armées défendront la croix ?

La première piste est éthiopienne et remonte au XIIe siècle. L'Europe entend parler, sans doute par des pèlerins autour du Saint-Sépulcre, d'un souverain chrétien dont le titre « Zan », roi ou majesté en amharique, se serait déformé en « Jean ». L'empereur d'Éthiopie, roi des rois, descendant de Salomon et de la reine de Saba, bref le négus, serait ce monarque fabuleux. L'Éthiopie est convertie depuis le IVe siècle. Son Église, rattachée aux coptes d'Alexandrie, en a reçu le dogme[1]. De surcroît, ce christianisme éthiopien a adopté des rites particuliers, dont certains hébraïques, et cela, au contact des Juifs falachas — par exemple le repos du sabbat. La progression de l'islam en Afrique l'a davantage encore séparée du reste de la chrétienté, si bien que l'Europe n'en sait plus grand-chose. Donc, parviennent de très vagues bruits nourris des récits mal compris, racontés par des pèlerins éthiopiens. Est-ce pour cela que les divers états de la légende insistent si souvent sur la noirceur de peau des sujets du Prêtre Jean ? L'Éthiopie a, depuis toujours, une place bien particulière dans l'imaginaire collectif comme une des terres où fleurissent les merveilles[2].

La cartographie occidentale traversant une période de confusion, ce pays de rêve est situé plus qu'approximativement, et pas toujours en Afrique. Souvent même en Inde.

Second berceau présumé du Prêtre Jean : l'Inde, justement. Ou les Indes, si tant est que cette expression ait le moindre sens alors. Elle désigne tout ce qui excède le monde connu et se situe vaguement à l'est (et encore : on parle aussi de l'Inde d'Afrique...). En 1122, le pape Calixte II reçoit un archevêque Jean « venu des Indes ». On n'en saura guère plus. La fable du Prêtre Jean se rapproche de la légende de saint Thomas en Inde. Des histoires circulent également sur les communautés chrétiennes qui sont établies là-bas et qui ont adopté l'hérésie nestorienne. Rome n'en sait donc plus rien et on imagine tout sur ces chrétiens perdus. Mais il en faut davantage

1. Les Éthiopiens sont de rite copte, donc chrétiens monophysites, donc hérétiques au regard de Rome. Ils appartenaient à ces Églises préchalcédoniennes dont il a été question au chapitre 8.

2. Voir le chapitre II. Le *Roman d'Alexandre* avait déjà nourri le mythe éthiopien.

pour que la légende de Jean bouleverse l'Europe. Une troisième hypothèse nous suggère une origine en Asie centrale.

Le royaume d'Asie

Au début du XIIe siècle, les Kitans, une peuplade mongole sinisée, dominent la région de Pékin et le Nord de la Chine. Entre 1116 et 1122, ils sont chassés par les Kins. L'événement est d'une portée immense pour l'histoire de la Chine mais passe totalement inaperçu en Europe. Comme toujours dans l'histoire des nomades, les choses s'enchaînent par un effet de boules de billard : une tribu repoussée d'ici prend sa revanche là en conquérant un royaume à des milliers de kilomètres. D'où le mouvement d'un autre peuple et ainsi de suite. C'est ce qui se produit. Un chef kitan audacieux, Ye-liu Ta-che, s'enfuit de Pékin et fonde la ville d'Imil, non loin du lac Balkach. Il s'empare de la région du lac Issykoul, Kachgar et Khotan, puis marche vers Samarcande et la Perse. Il se heurte aux Turcs seldjoukides qui dominent cette région. Ye-liu Ta-che les écrase en 1141 et fonde un nouvel empire au cœur historique des routes de la soie. Les conquérants sont appelés Kara-Kitais, littéralement les noirs Kitais[1] ou noirs Chinois. Ye-liu Ta-che prend le titre de Gour Khan, souverain de l'Univers. Cette fois, le bruit en parvient jusqu'en Occident. C'est l'évêque syrien Hugues de Gabala[2] qui porte la nouvelle à Rome en 1144[3]. L'essentiel est là : un jeune empire a infligé une sévère défaite aux Turcs seldjoukides, les nouveaux venus ne sont pas musulmans, et c'est peut-être un deuxième flanc qui s'ouvre contre l'Islam. Hugues dit qu'un certain « Prêtre Jean habitant en Extrême-Orient au-delà de la Perse et

1. Kitais désignant les habitants du Cathay, les Chinois du Nord, par contraste avec les Sères du Sud, puisqu'on a longtemps cru en Occident à l'existence de deux Chines.

2. Byblos.

3. Hugues de Gabala était venu en réalité apprendre au pape la chute d'Édesse conquise par le sultan d'Alep.

de l'Arménie, roi et prêtre, chrétien mais nestorien, aurait fait la guerre aux rois des Perses et Mèdes. » En réalité, les Kara-Kitais, majoritairement bouddhistes, imprégnés de culture chinoise, tolèrent seulement le christianisme : il y a un évêque à Kachgar. Rien ne prouve que Ye-liu Ta-che, le conquérant qui inspire vraisemblablement cette fable, ait la moindre sympathie pour le christianisme. Mais peu importe.

D'autres légendes interfèrent alors avec cette histoire. En 1145, un conseiller de Frédéric Barberousse, Otton de Freising, reprenant Gabala, affirme que ce prêtre descendrait des Rois mages et serait si puissant qu'il tiendrait un « spectre d'émeraude ». Otton de Freising, évêque de Mayence, défenseur des prétentions de Frédéric Barberousse contre la papauté, fait tout pour populariser la légende. En ce milieu du XIIe siècle, il y a déjà assez de faits vrais mésinterprétés et de légendes issues du fonds culturel pour que l'esprit du temps accorde crédit à l'existence de Jean. La « machine à croyance » peut maintenant s'emballer. Pour cela, il va falloir une farce aux dimensions métaphysiques, une manipulation géante.

La grande peur de l'Europe

C'est la deuxième phase de constitution du mythe : sa cristallisation. « En ce temps-là, en l'an 1165, Jean, roi des Indes, adressa à plusieurs princes de la chrétienté des lettres fort étonnantes », nous apprend Aubri des Trois-Fontaines, un chroniqueur de l'époque.

Étonnantes, en effet : le pape Alexandre III, l'empereur Frédéric Barberousse et le basileus Manuel Comnène à Byzance reçoivent simultanément une missive qui commence ainsi : « Moi Jean, Prêtre par la puissance de Dieu et la volonté de Notre-Seigneur Jésus-Christ, Roi des Rois et Dominateur des Dominateurs qui vivent sous les cieux, en vertu richesse pouvoir. Soixante-douze rois nous paient tribut. Notre magnificence dicte la loi aux trois Indes et notre royaume s'étend jusqu'à l'extrémité de l'Inde lointaine où le corps du saint apôtre Thomas fut déposé au lieu de son repos. » Et, comme ce pays avoisine aussi Babylone, la tour de Babel et un pays septentrional riche en « toutes choses qui sont bonnes à soutenir humain », il ne reste plus qu'à le trouver !

« Sachez que, dans une certaine province de notre pays, se trouve un désert, où vivent des hommes à cornes qui n'ont qu'un œil sur le devant, et trois ou quatre dans le dos. Il est aussi des femmes qui leur ressemblent. Nous avons dans notre pays une autre espèce d'hommes encore, qui se nourrissent uniquement de la chair crue des hommes et des femmes et ne craignent point la mort. Et lorsque l'un d'eux s'éteint, fût-ce leur père ou leur mère, ils l'avalent sans même le faire cuire. Ils tiennent qu'il est bon et naturel de manger de la chair humaine, et ils le font pour la rédemption de leurs péchés. Cette nation est maudite de Dieu. On l'appelle Gog et Magog, et ces gens sont plus nombreux que ceux de tous les autres peuples. Quand viendra l'Antéchrist, ils se répandront de par le monde entier, car ils sont ses amis et alliés. »

C'est, bien sûr, un faux et, disent nombre d'historiens, un très mauvais faux mal écrit. Sur fond de terrifiantes prophéties bibliques, il amalgame contes et rumeurs du temps, tout ce qui nourrit le merveilleux médiéval : un pastiche des récits d'Hugues de Gabala, un peu du *Roman d'Alexandre* comme il se doit, et un peu du fonds du bestiaire fantastique légué par l'Antiquité. Ajoutons des légendes médiévales, des cyclopes, des pygmées, des Amazones, des cynocéphales, des centaures, des hommes aux yeux sur le front ou dans le dos, des satyres, des griffons muets, des lions blanc et rouge, « et de presque toutes les autres sortes d'animaux sous les cieux », etc. Même lyrisme dans la description des fiefs et trésors : Jean possède le pays des épices et celui de la fontaine de Jouvence, ses palais sont faits des pierres les plus précieuses.

Parmi les trésors du Prêtre Jean figurent d'étranges vers capables, telle la salamandre, de vivre dans le feu. Quarante mille hommes nourrissent un gigantesque bûcher où vivent les vers extraordinaires et où ils filent un fil qui semble bien être de la soie. La méthode de lavage de cette soie telle que la préconise la lettre n'est pas moins étrange : « Chaque fois que nous désirons laver ces fils, nous les mettons dans le feu, d'où ils ressortent propres et nets. » La légende de la soie rencontre ici celle tout aussi magique de l'amiante.

Jean ne prétend à rien de moins qu'à la suzeraineté sur toute la chrétienté. C'est peut-être là que l'auteur du faux pointe l'oreille. Ce serait un chanoine de Metz ou de Mayence, peut-être au service d'Otton de Freising, et pas si naïf. La lettre aurait un sens idéologique : la promesse utopique d'un grand royaume chrétien dirigé par un *rex et sacerdos* échappant au pouvoir de Rome ne peut que servir Frédéric Barberousse dans sa querelle contre la papauté[1]. Pour d'autres, la lettre est un appel à une nouvelle croisade, après l'échec de la seconde, quinze ans auparavant, devant Damas.

L'espérance

Prêtre Jean ne dit-il pas dans sa missive qu'il s'est juré de délivrer le Saint-Sépulcre ? Petit détail : au début de sa lettre « pour ce que vous dites que nos Grecs et gens grégeoises ne s'accordent pas à adorer Dieu comme vous le faites », il précise que lui Jean croit au Père, au Fils et au Saint-Esprit « en un vrai Dieu seulement ». Est-ce une façon d'indiquer qu'il n'est pas hérétique, contrairement à ce que croyait Hugues de Gabala ? Tout cela est bien subtil, et les lecteurs médiévaux n'y regardent pas si loin avant d'adhérer à la légende.

Car, gibelin ou non, machiavélique ou naïf, notre supposé chanoine vient de réussir le plus fabuleux canular de tous les temps. On connaît mal les réactions des empereurs. Le pape aurait pris quelques années de réflexion avant de répondre, promettant vaguement de mander un jour un ambassadeur à Jean. Mais le peuple, lui, y croit avec passion. Une centaine de manuscrits de la fameuse

1. Nous sommes en pleine période dite « lutte du Sacerdoce et de l'Empire ». Frédéric Ier Barberousse a envahi les villes lombardes et opposé un antipape à Alexandre III.

lettre circulent. C'est énorme pour l'époque. La voilà traduite en plusieurs langues, lue en chaire, elle sert à l'édification des fidèles. Avec elle, le plus humble des prêtres peut faire espérer en l'unité du monde chrétien et surtout en son universalité. De l'autre extrémité de la terre, de l'Orient, des armées invincibles viendront combattre les infidèles. Cette fois l'Occident s'empare de la légende, et pour quelques siècles.

La rumeur s'amplifie. Jean devient le roi David qui, dans le livre d'Ézéchiel, garde les portes de Fer et protège les hommes des peuples impies de Gog et Magog. Plus tard, se mêle à l'histoire un autre roi David, David de Géorgie, chrétien orthodoxe et vassal des Mongols. Il garde une autre « porte de Fer », une forteresse qui protège un défilé du Caucase. En 1221, un manuscrit qui circule à Damiette parle d'un roi David, nestorien, qui descend du Prêtre Jean. Les aventures du petit-fils donnent un surcroît de crédibilité au grand-père. Jean et David se mêlent toujours davantage. Et comme tout cela a pour décor de fond la muraille bâtie par Alexandre, la boucle est bouclée ! Il faudra compter avec la fortune littéraire du mythe. Elle commence à peine. Dès le début du XIIIe siècle, Wolfram von Eschenbach mentionne le Prêtre Jean dans son *Parsifal*. Il le fait naître en Inde de la reine Repense de Joie, vêtue de soie d'Arabie, qui présente le Graal à Parsifal.

Tout est prêt pour la troisième phase, celle qui conduit à la réincarnation de la légende. Le mythe de Jean rencontre celui des « Tartares », au moment des invasions mongoles. Les histoires sur le Prêtre Jean se mélangent à celles de Gengis Khan et s'en revivifient. On en connaît des versions rigoureusement contradictoires, tout aussi contradictoires que les sentiments qu'inspirent les Mongols : des peurs apocalyptiques et des espoirs insensés. La chrétienté ne sait trop si la horde est une armée de démons ou s'il faut espérer les convertir et, qui sait, former la grande alliance historique qui prendra l'Islam en étau. Toujours le mythe géostratégique des alliés qui prendront à revers les Sarrasins ! L'idée renaît au moment où la croyance dans le royaume de Jean s'est, certes, généralisée, mais ne suscite plus, près d'un demi-siècle après la lettre, la même espérance millénariste. La présence de tribus nestoriennes au sein de la grande fédération mongole fournit un semblant de réalité. C'est suffisant pour nourrir la foi en Jean et son royaume !

Le Prêtre et le khan

Jacques de Vitry, évêque d'Acre, affirme que Gengis Khan est un descendant du Prêtre Jean. Mais, le plus souvent, la légende en fait, au contraire, un ennemi des Tartares (abusivement assimilés aux Mongols dans leur ensemble[1]). C'est ce que croient Joinville ou Vincent de Beauvais[2]. Dans certaines versions, les Mongols, descendants des Rois mages, sont « cousins » du Prêtre Jean. Pour d'autres Gengis Khan a été tué en assiégeant une forteresse du Prêtre Jean, sur la fameuse… muraille d'Alexandre.

À pareille floraison, il faut un semblant d'origine : une troisième confusion ! Celle-ci toucherait un troisième peuple (après les Éthiopiens et les Kara-Kitais). Il s'agit cette fois des Keraits, une peuplade de Mongolie dont on sait qu'elle est christianisée depuis l'an mille environ. Deux cent mille d'entre eux se sont convertis au nestorianisme. C'est une base plus sérieuse pour expliquer qu'il coure tant de bruits sur un roi chrétien. Les philologues plaident pour la thèse des Keraits : leur chef aurait porté simultanément le titre chinois de *wang*, de roi, et son équivalent turc, khan. Le « wang-khan », devenu « ongkhan », aurait finalement été déformé par les nestoriens

---

1. La raison de la confusion faite par les Occidentaux entre Tartares et Mongols, initialement deux tribus ennemies, est exposée plus loin. Pourtant cette désignation erronée est tellement entrée dans les habitudes que l'on écrira souvent presque indifféremment Tartares, Tatars ou Mongols.

2. Pourtant, Vincent de Beauvais, auteur du *Miroir de l'histoire* écrit en 1253, avait connu les rapports de missionnaires s'étant rendus chez les Mongols.

en « Prêtre Jean ». Ainsi, un chef de tribu aurait pu donner son nom et un début de vraisemblance au Prêtre Jean. Si tant est que l'on puisse reconstituer l'histoire d'un bruit, par définition changeant et imprécis, nous tenons là une piste sérieuse.

Le personnage en qui s'opère cette incarnation se nomme Togrul. Nous sommes à la fin du XIIe siècle. Ce chef est engagé dans d'obscures querelles dynastiques pour la suzeraineté sur les tribus d'Asie centrale. Togrul s'allie à un petit chef mongol, Yesugei, et tous deux se jurent fraternité. Or, le fils de ce Yesugei, un jeune homme qui a donc Togrul pour oncle-juré et pour suzerain, se nomme Temoudjin. Nous le connaissons mieux sous son titre, Gengis Khan. Une des phases décisives de la montée en puissance de Temoudjin est précisément sa révolte et son combat contre Togrul qu'il vaincra en 1203. Ce récit fait partie de la mémoire mongole, de sa grande épopée : l'*Histoire secrète des Mongols*. Le conflit entre Togrul et Temoudjin fut sans doute chanté et lu dans toute l'Asie centrale. Une telle aventure avait davantage de chances de frapper les imaginations, d'être recueillie et déformée par des intermédiaires (dont sans doute les nestoriens, puis Marco Polo), et de parvenir enfin, comme l'écho lointain et distordu d'un événement immense, jusqu'à l'Europe apeurée.

Tels sont les mécanismes compliqués de la symbiose des deux mythes : Prêtre Jean et Gengis Khan. Les voyageurs occidentaux qui se risquent les premiers en pays tartare, les grands explorateurs des routes de la soie, ont en tête toutes sortes de lectures et de rumeurs. Ils ont parfois dessein ou mission de trouver le Prêtre Jean. Ils sont à l'affût des moindres indices qui confirmeront ce qu'ils croient déjà. Les incertitudes de la traduction, les exagérations de l'un ou de l'autre, les erreurs de mémoire font le reste.

En 1246, c'est Jean du Plan Carpin[1], envoyé par le pape Innocent IV auprès des Tartares, qui recueille les

1. Voir chapitre suivant.

premiers échos sur place[1]. Ce qu'il se laisse raconter du Prêtre Jean montre sa crédulité. Selon Plan, tandis qu'un fils de Gengis Khan, Tosuch, mène une guerre victorieuse contre les Comans, un autre[2] de ses frères s'empare de la Petite Inde « où sont les Sarrasins noirs que l'on appelle les Éthiopiens » et il attaque les sujets du Prêtre Jean, roi de la « Grande Inde ». À partir de là, le récit bascule totalement dans le merveilleux. Le franciscain mêle visiblement des légendes de tout autre origine : les Tartares sont défaits par de curieuses machines de guerre de l'invention du Prêtre Jean. Celui-ci, « ayant fait faire des figures d'hommes de bronze, les fit attacher sur les selles des chevaux, et mettre le feu par-dedans, avec un homme en croupe sur le cheval et derrière la figure avec le soufflet.... [d'où sortit] une telle fumée que les Tartares en furent tout couverts. Alors les autres les attaquèrent à coups de flèches, de sorte qu'il y eut beaucoup de tués et le reste fut chassé et mis en fuite ». Et voilà comment le royaume de Jean fut sauvé. Le reste du récit de Plan Carpin est à l'avenant. Les Tartares s'enfuient dans le désert. Là, ils rencontrent successivement des monstres en forme de femmes, et les inévitables cynocéphales. Suit un épisode encore plus merveilleux : les Tartares sont attaqués par des chiens qui se jettent à l'eau, se changent en poudre et se mêlent à la glace pour attaquer les hommes, sans craindre leurs flèches. Et, comme si les pauvres Européens, si mal renseignés par l'ambassadeur du pape, pouvaient encore s'y retrouver, voilà qu'interviennent sciemment des désinformateurs.

Deux nestoriens, qui se présentent de la part des Mongols auprès de saint Louis à Chypre en 1246, lui racontent, entre autres affabulations[3], des histoires sur le Prêtre Jean. Ils disent que les Tartares, quarante ans auparavant, lorsqu'ils se sont levés pour conquérir le monde, ont commencé par vaincre les armées du Prêtre

1. Les envoyés pontificaux chez les Mongols avaient-ils aussi pour mission de « contacter » le Prêtre Jean ? Des historiens le soutiennent.
2. Ce pourrait être Ogodai, l'aîné des fils de Temoudjin.
3. Voir chapitre suivant.

Jean (c'est visiblement un écho de la lutte entre les Mongols de Temoudjin/Gengis Khan et les Keraits de Togrul/Ong-Khan). Mais les prétendus ambassadeurs ajoutent que l'actuel khan[1] est converti, que sa mère était chrétienne, et fille du Prêtre Jean. Autrement dit, les Mongols, après avoir combattu le Prêtre Jean, sont maintenant commandés par son petit-fils et sont devenus des alliés potentiels. C'est plus cohérent que le fatras enregistré par Plan Carpin, c'est, en tout cas, ce que pouvaient le mieux admettre les Latins, et ce qui servait la propagande mongole.

Très peu de temps après, André de Longjumeau accomplit une mission chez les Mongols pour le roi Louis IX. Ce nouveau voyageur bat les cartes dans un ordre très légèrement différent. Pour lui, Gengis Khan, qui habitait dans un désert au-delà de la barrière édifiée par Alexandre, s'est converti au christianisme car un songe lui a appris que s'il devenait chrétien il vaincrait… le Prêtre Jean. Nous en sommes arrivés au stade où les variantes du mythe apparaissent selon une logique propre qui évoque l'art de la fugue. On dirait que toute combinaison possible des mêmes éléments doit « sortir » un jour.

D'autres, minoritaires, l'historien oriental Bar Hébraeus, ou Guillaume de Rubrouck, Odoric de Pordenone[2], Montecorvino, archevêque de Pékin[3], qui vont sur place, tiennent l'histoire du Prêtre Jean pour une aimable gasconnade asiatique. Ce ne sont pourtant pas ces sceptiques qui l'emporteront dans l'opinion et Marco

1. À l'époque Guyuk, le petit-fils de Gengis Khan.

2. Odoric de Pordenone rencontre au cours de ses voyages des Ongoutes, tribu turque et nestorienne dont son prédécesseur, Jean de Montecorvino, avait même converti un des princes. Pordenone est persuadé que ce sont ces Ongoutes qui sont à l'origine de l'histoire du Prêtre Jean : il confond probablement les Ongoutes avec les Keraits.

3. Envoyé en Chine en 1289, c'est lui qui, le premier, suggère cette piste ongoute pour expliquer la légende. Comme d'autres, il s'embrouille quelque peu dans les noms des diverses tribus chrétiennes de la région, mais il a compris l'essentiel : le mythe du Prêtre Jean n'est que l'exagération d'histoires courant sur un authentique souverain nestorien d'Asie centrale.

Polo ne sera pas pour rien dans la survie, puis la refloraison du mythe.

Marco Polo et le Prêtre Jean

Le Vénitien mentionne au moins deux fois le Prêtre Jean. Il le met en scène en un premier épisode avec Gengis Khan, puis en un autre avec un « Roi d'or », le tout bousculant chronologie et vraisemblance. Il paraît insérer dans son récit deux histoires d'origines différentes pour les attribuer au même héros, comme ces personnages de Ponson du Terrail qui, faute de relecture, ressuscitent ou changent de physique et de caractère tout en gardant le même patronyme.

Pour l'essentiel, cependant, Marco Polo s'en tient à la thèse assimilant le Prêtre Jean au fameux Togrul, ong-khan de la tribu des Keraits : le suzerain de Temoudjin, qui fut aussi son protecteur et « oncle-juré ». Hors deux ou trois détails dans la chronologie ou dans les noms, Marco Polo reprend ce que nous savions. Mais il donne à son récit un ton et un sens politique tout différents. C'est d'autant plus important que la version de Marco Polo a un grand succès en Europe, et d'autant plus significatif que le Vénitien a eu visiblement accès à l'*Histoire secrète des Mongols* ou du moins en a entendu de très larges extraits. Infatigable propagandiste de la cause mongole, il transfigure les événements qui aboutissent à la prise du pouvoir par Gengis Khan et à la fondation de sa dynastie. Du coup, son Prêtre Jean va à rebours de l'image magnifiée qu'en donnent les autres Européens.

Au commencement, donc, les Tartares. Ils n'ont pas de seigneur au-dessus d'eux, mais paient tribut à un suzerain, ainsi décrit[1] : « Un grant sire que estoit appelés en lor lengajes Unc Can, que vaut à dire en françois prestor Johan. » Unc Can, Ong-Khan, le fameux Togrul, nous y voilà. Mais c'est le Prêtre Jean qui commet une injustice

1. En franco-italien, dans la plus ancienne version connue du *Devisement du monde.*

envers les « Tartares » : les voyant croître et multiplier, il leur ordonne de se disperser et n'envisage rien de moins que de les déporter. Du coup les fières tribus migrent vers la Transoxiane et se mettent à l'abri de ce tyran. Parmi les exilés, un jeune chef, Cingis (Gengis Khan) se fait vite remarquer. Il devient un roi aimé et avisé. Sans cesse, de nouvelles tribus viennent rejoindre son clan. Il subjugue ainsi huit provinces, sans brutalité inutile, précise ce menteur de Marco. Ainsi, voilà le jeune prince à la tête d'une multitude « qui le suit volontiers, voyant sa bonté ». Et, en 1200, précise notre conteur, il demande la main de la fille du Prêtre Jean.

Ici le ton change. C'est un de ces passages où Marco semble intercaler des extraits entiers de romans de chevalerie. D'où quelques nobles tirades. Le Prêtre Jean s'indigne : comment ce Cingis se permet-il ? Il faut qu'il meure pour prix de cette offense, etc. « Et comment Cingis Khan, n'a-t-il grande vergogne de demander ma propre fille pour épouse ? Ne sait-il pas qu'il est mon homme et mon serf ? Retournez devers lui et lui dites que je ferais plutôt brûler ma fille que de la lui donner pour femme. Et lui dites de ma part qu'il faut maintenant que je le mette à mort comme traître et déloyal à son Seigneur. » Quand on rapporte à Gengis Khan ces propos insultants, son cœur s'enfle tant de colère qu'il manque d'éclater, il refuse de tenir sa seigneurie de celui qui lui fait si grande vilenie et jure qu'il la lui fera payer plus cher qu'homme n'a jamais payé offense. On verra bien qui est le serf, etc.

C'est presque une nouvelle insérée dans la chronique souvent froide des lieux et des peuples que tient Marco Polo. Ce texte évoque le conflit entre Temoudjin et Togrul tel que le rapporte l'*Histoire secrète des Mongols*. Dans la version originale, Temoudjin a hésité longtemps avant de se rebeller contre Ong-Khan. Il lui déclare : « Mon père, pourquoi m'as-tu effrayé de tes griefs ? » Il lui demande de ne pas écouter les « serpents à crocs » qui le conseillent, lui rappelle qu'il lui a jadis sauvé la vie, plaide fièrement sa cause, etc.

Tout cela se ressemble. Dans l'*Histoire secrète*, comme

chez Marco Polo, les deux héros prononcent de fort belles tirades avant de s'entr'égorger. La colère de Togrul… Temoudjin arguant que sa révolte n'enfreint ni les lois de la morale, ni les lois de l'honneur féodal… Décidément, les personnages partagent la même psychologie et baignent dans la même atmosphère, tout comme les deux textes appartiennent au même registre.

La suite de l'histoire est à l'avenant. Les deux armées s'assemblent pour livrer une grande et belle bataille dans la plaine de Tanduc. Gengis Khan se réjouit : la plaine est assez large pour qu'on puisse s'étriper à l'aise. L'armée adverse se prépare dans les mêmes dispositions d'esprit et par accord tacite on se repose deux jours entiers pour être bien « frais et joyeux » le jour de la boucherie. Ce sera de fait le plus noble carnage qui se soit jamais vu, nous rassure Marco. Mais, avant de se massacrer, il faut consulter le sort. Avant les guerriers, les astrologues s'affrontent. Ici intervient une des anecdotes édifiantes qu'aime Marco Polo. Ces ignorants de devins musulmans sont incapables de prédire comment tournera l'affrontement. Par contre leurs rivaux chrétiens sont plus brillants. Ils font fendre une canne en deux, sur l'une des moitiés ils écrivent le nom de Jean, sur l'autre celui de Gengis Khan. Et là, au vu du khan et de toute l'armée, ils annoncent que la partie portant le nom du futur vainqueur va venir se poser sur celle du vaincu. Ils lisent le psautier[1] et c'est bien entendu le bâton de Temoudjin qui l'emporte sous les hurlements de joie de ses Mongols. Ce bon apôtre de Marco, qui prend ouvertement parti pour les Mongols contre les chrétiens du Prêtre Jean, explique que cette prédiction vérifiée a eu d'heureuses conséquences. Le khan « en a grande joie, et comme il a trouvé les chrétiens véridiques il leur fait toujours honneur par la suite, les tenant pour hommes de vérité et de sincérité ». On se bat de belle manière, et, comme prédit, l'armée mongole l'emporte. Marco Polo fait périr le Prêtre Jean pendant la bataille.

---

1. Ils se rendent ainsi coupables du crime de sacrilège, puisqu'ils pratiquent la divination.

Revenons à la version de la vraie chronique mongole. En 1203, Temoudjin écrase ses ennemis les Tatars, et devient chaque jour plus fort. Le conflit est inévitable entre le jeune chef en pleine ascension et le vieux wang-khan kerait, qui est toujours suzerain au moins en droit. Togrul refuse sa fille non à Gengis Khan, mais à son fils Djotchi. Mais (et ce point est très important pour l'*Histoire secrète)* la rupture n'est pas le fait de Temoudjin, profondément offensé, mais respectueux de son serment d'homme-lige. Togrul, victime de médisances et croyant son féal prêt à comploter contre lui, prend l'initiative des hostilités : il tend un piège au jeune chef qui y échappe de justesse. Ce sera donc la guerre, peut-être la plus difficile pour Temoudjin, celle qui marque le tournant décisif de sa vie. Les Keraits l'emportent une première fois. Le futur Gengis Khan prononce sa fameuse et très lyrique « plainte de Gengis » où il proteste de sa loyauté et reproche au père-suzerain de l'avoir abandonné et combattu. Temoudjin, réfugié aux confins de la Sibérie, renverse enfin la situation : il manœuvre habilement, joue des dissensions dans le camp adverse, et reprend l'offensive. Même vues par l'*Histoire secrète*, les choses se passent de façon moins héroïque que chez Marco Polo : alors que son wang-khan est déjà prêt à lui donner du sang dans une corne de bœuf en signe de réconciliation, Temoudjin l'attaque par surprise et défait l'armée ennemie. Togrul sera tué un peu plus tard, non dans la bataille, mais assassiné par un Naiman. Par la suite, Gengis Khan traitera les Keraits avec magnanimité et multipliera les alliances entre sa lignée et celle de Togrul.

Dans un autre passage, le Vénitien parle de la province de Tanduc qui est toujours tenue par un descendant du Prêtre Jean, lui-même considéré comme « Prêtre Jean » (ce serait donc un titre), du nom de Georges. La population est toujours chrétienne et son souverain vassal du grand khan : les rois du pays descendent d'un fils de Gengis Khan et d'une fille de Jean. Cela coïncide toujours avec l'idée d'un Prêtre Jean avatar de Togrul.

Mais Marco Polo ne s'en tient pas là, et, s'inspirant

d'autres faits historiques, il attribue une seconde aventure au Prêtre Jean. Cette fois, ce dernier entre en conflit avec le Roi d'or. Roi d'or serait la traduction du titre des souverains kins[1], maîtres de la Chine du Nord. Or, historiquement, c'est Gengis Khan qui a battu le Roi d'or en 1215. Faut-il comprendre que Marco, avec le plus parfait mépris pour le principe de non-contradiction, utilise à quelques pages de distance le personnage du Prêtre Jean, la première fois en ennemi de Gengis Khan, et la seconde comme avatar du même Gengis Khan ? Le Prêtre Jean a un caractère tout opposé à celui qu'on lui voit dans le premier épisode. À quelques chapitres de distance, il est devenu noble, magnanime et victorieux.

Il était un très beau château habité par le Roi d'or, vassal du Prêtre Jean. Ce Roi, nous dit le Vénitien, était plein d'arrogance et de fierté, et se rebella contre son suzerain… Il était en si forte place que le Prêtre Jean ne le pouvait assaillir ni réduire… Pour le vaincre, il employa la ruse et envoya sept valets en mission secrète. Deux années durant ceux-ci servirent le Roi d'or jusqu'à lui devenir indispensables. Quand ils furent devenus ses compagnons de tous les instants, au cours d'une chasse, près de la frontière du royaume du Prêtre Jean, ils isolèrent le Roi d'or, et par la force le ramenèrent chez leur maître. Le Prêtre Jean jugea le félon mais, au lieu de le faire exécuter, il en fit le plus humble de ses bergers. Deux ans, le Roi d'or fut serviteur. À ce terme il fut à nouveau présenté au Prêtre Jean qui, toujours magnanime, lui rendit les insignes du pouvoir et son royaume. Reconnaissant la grandeur de son suzerain, le Roi d'or en devint alors le plus fidèle vassal. Belle histoire digne du *Livre des ruses* arabe… Marco Polo a eu l'occasion d'en recueillir des centaines.

---

1. Les Kins déjà rencontrés en début de chapitre (ce sont eux qui chassent Ye-liu Ta-che et ses Kitans) sont d'origine djurtchet, une tribu toungouse originellement installée au nord-est de la Mandchourie. Sous le nom de Dynastie d'or, ils règnent sur le Nord de la Chine, pris aux Song, de 1115 à 1234.

Pourtant, ces fantaisies paraissent bien modérées par rapport à celles qui continuent à courir en Europe dans le droit fil de la fausse lettre de 1165 On en connaît plusieurs variantes et Jean de La Fontaine[1] imagine une autre fausse lettre : « Le Prêtre Jehan, par la grâce de Dieu roi tout-puissant surtout les rois chrétiens, mandons, salut à l'empereur de Rome et au roi de France, nos amis. » Le tout écrit en l'an 507 de sa propre nativité. Plus tard, dans un autre registre, Rabelais fera épouser à Pantagruel la fille du Prêtre Jean !

Bien entendu, il est un auteur qui ne saurait manquer d'exploiter le mythe : Jean de Mandeville, le grand affabulateur du XIVe siècle, l'homme qui a le plus contribué à répandre les légendes sur l'Asie « fabuleuse ». Le succès de son *Livre des merveilles* est à la mesure de son invraisemblance, tel qu'il éclipse longtemps les récits de voyageurs authentiques (Marco Polo compris). Prétendu anglais, ayant voyagé dans tout l'Orient, mais plus vraisemblablement médecin liégeois doté d'une solide imagination, il a lu à peu près tous les récits exotico-fantastiques du temps. Jean de Mandeville a, bien sûr, rencontré le Prêtre Jean.

Le seul lieu où il reconnaisse n'être jamais allé est le Paradis : « Je ne saurais vous [en] parler proprement, car je n'y fus oncques… On n'y peut parvenir, sauf par spéciale volonté de Dieu. » Par contre, le faux aventurier a visité en personne le royaume du Prêtre Jean au-delà des mers de Chine, par-dessous la terre. Mandeville, décidément candidat au titre de plus grand compilateur du XIVe siècle, y place toutes sortes d'éléments merveilleux et parachève la confusion entre les descriptions du royaume du Prêtre Jean, le Paradis terrestre, les îles Bienheureuses, l'Inde fabuleuse, etc. Bref, les menteries de Mandeville entretiennent la légende.

Le conte voyage en Europe. On en retrouve jusqu'au

1. Il n'a rien à voir avec notre fabuliste puisqu'il écrivait en 1488.

XVe siècle une version danoise : la geste d'Ogier le Danois, elle-même nourrie d'éléments du livre de Mandeville. Cette fois, Ogier conquiert et christianise l'Inde. Il la confie à un de ses fidèles, Jean Presbyter ou le Prêtre. Du coup, voilà le Prêtre Jean non plus mongol ou éthiopien, mais fils d'un roi frison !

S'établit une surprenante dialectique : expéditions, croyances et créations littéraires se nourrissent et s'engendrent mutuellement. Les rois danois cherchent le royaume fabuleux. Au début du XVIe siècle, Christophe III, roi de Danemark, Suède et Norvège s'associe à Alphonse V du Portugal dit l'Africain pour envoyer une mission au Prêtre Jean par l'Afrique. Échec : le chef de l'expédition, Vallarte, se retrouve prisonnier en Guinée. Trois quarts de siècle plus tard, alors que l'on connaît l'Amérique[1], Christian II du Danemark mande encore une mission en quête des descendants du Prêtre Jean. Elle emprunte un chemin des plus étonnants, celui du Groenland et de l'océan Arctique, et bien sûr la route des terres froides n'est pas plus heureuse que celle des tropiques.

Les cartographes ne sont pas les derniers à vouloir situer le royaume de Jean, et ce, durant plusieurs siècles. Tantôt son pays est une Éthiopie si grande qu'elle englobe une part de l'Afrique et de l'Asie, tantôt on s'en tient à la « tradition orientale ». Ces cartes sont parfois riches en détails. Le planisphère d'Angelino Dulcert de 1339 place au sud de l'Égypte les soixante-douze rois féaux de Jean et le fleuve du Paradis qui traverse ses terres. Même après que les Portugais, à la fin du XVe siècle, sont parvenus en Abyssinie, on produit des cartes d'Afrique où le Prêtre Jean est représenté trônant en son palais. Certaines illustrent une des variantes de la légende : Jean tient ses fils enfermés dans une montagne jusqu'à ce que vienne le temps de sa succession. Cette légende cartographique dure fort longtemps : le dernier exemple connu d'une carte où figure le royaume de Jean

1. Il est vrai qu'en 1507, la première carte mentionnant l'Amérique place le royaume de Jean au Tibet.

est hollandais. Il s'agirait d'une carte de 1573, bien après que les Européens auront rencontré le vrai négus.

Le mythe, loin de s'épuiser, d'être infirmé par les récits de voyageurs ou par ses contradictions manifestes, se réactive. Ce sera plus extraordinaire encore. Le Prêtre Jean quitte les routes traditionnelles de la soie et, définitivement, s'installe en Afrique, là où le mythe est peut-être né au XIIe siècle.

Au début du XIVe siècle, un consensus semble se dessiner pour situer le royaume mythique. C'est et ce sera désormais l'Éthiopie. Dans les années 1320, l'évêque de Quilon en Inde, Jourdain de Séverac, parle dans ses *Merveilles de l'Asie* des indigènes qui recueillent des émeraudes sur les squelettes de dragons et les portent « à l'empereur éthiopien que vous appelez Prêtre Jean ». Le livre du pèlerinage de Jacopo da Verona en 1335 opte pour la Nubie : la « tradition » éthiopienne ou africaine, qui n'avait jamais réellement disparu, l'emporte. Elle se renforce du fabuleux pouvoir d'attraction des sources du Nil[1]. On connaît même une explication à l'étrange migration de Prêtre Jean des plaines d'Asie aux sables d'Éthiopie. Battu par Gengis Khan à Tanduc, il a dû abandonner ses possessions asiatiques et s'est réfugié en ses provinces de Nubie et d'Éthiopie où les Mongols n'ont pu le poursuivre.

À la fin du XIVe siècle, Henri III le Dolent, roi de Castille, envoie une ambassade auprès de Tamerlan, de Bajazet, du sultan du Caire, et, tout aussi naturellement, vers le Prêtre Jean.

La légende de Jean touche un personnage clef de l'histoire des grandes découvertes, Henri le Navigateur[2], un grand lecteur de Marco Polo. Passionné par l'astrologie et la cartographie, Henri a créé sur le promontoire de Sagres un foyer de recherches, cosmopolite et brillant. Là, on

1. De Néron qui envoya une légion à leur recherche, jusqu'à leur découverte au XIXe siècle, ces sources ont suscité bien des légendes et presque autant d'expéditions.

2. Henri le Navigateur (1394-1460), infant du Portugal et fils du roi Jean Ier.

rassemble les récits de voyageurs, on trace des cartes, on observe les étoiles, on arme les navires qui, du port de Lagos, partiront sur l'océan. Henri le Navigateur a renoncé aux plaisirs de la vie et aux fureurs de la politique pour se consacrer à ses recherches. Il est animé par une foi intense et son but ultime est l'évangélisation du monde.

Réintervient la légende du Prêtre Jean : Henri rêve d'une alliance avec ce prince chrétien. Cette idée anime toute l'entreprise portugaise d'exploration de l'Afrique. De son observatoire de Sagres, le Navigateur lance ses caravelles sur toute la côte ouest de l'Afrique. En 1441, quand ses envoyés, Gonçalves et Tristão, reviennent du Rio de Oro au sud du Sahara occidental avec de l'or et des prisonniers indigènes, Henri ne s'intéresse pas au butin mais à ce qu'ils disent sur le Nil : le fleuve coule au-delà du désert et se déverse dans l'Atlantique. Par là, qui sait, on pourrait atteindre le royaume du Prêtre Jean. Pourtant, à la même époque, très exactement au concile de Florence qui dure de 1439 à 1441, il y a des envoyés éthiopiens et l'on commence à savoir qui est le négus. Le mythe est condamné au moment où il inspire les dernières entreprises.

Le Prêtre Jean continue de susciter une abondante production littéraire. L'écrivain portugais Gomez de Santesteban prête, non pas à Henri, qui ne navigua guère au cours de sa vie, mais à son frère aîné l'infant don Pedro, un voyage merveilleux au royaume du Prêtre Jean. L'infant a décidé de visiter tous les peuples de la terre et il ne manque de se rendre au royaume du Prêtre Jean. Ce dernier aide le jeune prince à poursuivre sa pérégrination et lui donne des dromadaires qui lui permettent de traverser le désert. Or, au-delà, il y a les fleuves du Paradis. Une fois de plus, la mythologie fait voisiner le pays de Jean et l'Éden quelque part sur un étrange continent indo-africain.

Les explorations portugaises continuent après la mort du Navigateur. Elles sont patronnées par son neveu Alphonse l'Africain[1]. Comme son oncle, il a voulu ras-

1. Alphonse l'Africain (1438-1481), le souverain lusitanien qui

sembler toutes les connaissances sur le monde. Il a commandé à un religieux de Venise, où travaillent les plus savants cartographes, la carte la plus complète qui se puisse dessiner, son chef-d'œuvre. Ce sera la « carte de Fra Mauro », datée de 1459. De fait, elle est considérée comme une somme sur les connaissances de l'époque. Fra Mauro a compulsé toutes les sources de renseignements, les archives génoises et vénitiennes, Marco Polo et des récits de voyage en Afrique du Nord et en Abyssinie. Et, bien sûr, en vignette, il y a le Prêtre Jean qui domine cent vingt royaumes, dans la plus pure tradition de la fausse lettre. S'il figure sur le planisphère de Fra Mauro, comment ne pas y croire ?

La face du Prêtre Jean

Jean II le Parfait, qui succède à Alphonse l'Africain, reprend la quête familiale. Il lance des missions conduites par Petrus Covilianus et Alphonsus Paiva. C'est ce Covilianus qui identifie le négus d'Éthiopie au Prêtre Jean.

Bientôt on lui enverra des ambassadeurs. L'un d'eux, Francisco Alvares, qui réside plusieurs années en Éthiopie, publie en 1540 *Renseignements véridiques sur le pays du Prêtre Jean en Inde*. Il a vu, physiquement vu, le négus et raconte : « Nous vîmes brusquement le Prêtre Jean, assis sur une estrade de six marches, très richement ornée. » Il a contemplé son visage que voile et que dévoile un masque agité par des serviteurs, le tout sur fond d'étranges litanies. Pourtant, malgré la magie des noms que l'on emploie encore, chacun sait que le royaume de Jean est enfin atteint. Ayant un nom et un visage, il perd son pouvoir.

Le malheureux négus a besoin de l'aide militaire des Lusitaniens afin de se protéger de son voisin le sultan Ahmad Gran. Le Portugal lui concède un corps

---

s'était associé au roi du Danemark pour rechercher le Prêtre Jean en Afrique.

expéditionnaire de quatre cent cinquante hommes. Quatre cent cinquante soldats pour sauver le Prêtre Jean, lui qui devait commander des millions d'hommes et avait soixante-douze rois à son service. La légende est bien morte. L'Éthiopie existe. Le monde devient trop petit pour le Dominateur des Dominateurs.

XII

Je suis le châtiment de Dieu

« Ô peuples, sachez que je suis le châtiment de Dieu ! Vous avez commis de lourdes fautes. C'est pourquoi le Ciel m'a envoyé pour appesantir sa colère sur vous. » Gengis Khan prononce ces paroles terribles de la chaire de la mosquée de Boukhara. Il vient de la profaner en y passant une nuit d'orgie après la capitulation de la ville.

Pax mongolica

Cette image répandue par les auteurs islamiques symbolise à merveille tout ce que le mythe mongol évoque de brutal et de cruel. Il n'est pas de crime qui ne leur soit imputé. La litanie des pyramides de têtes, des villes pillées, des pays dévastés, que la chronique leur attribue, lasse par l'excès de son horreur. Pourtant, le bilan que les historiens tirent de la conquête mongole est plutôt positif. Ils célèbrent les bienfaits de la *pax mongolica*. Aux visions de cités détruites, de femmes violées et de crânes entassés, s'oppose souvent l'allégorie de l'historien turc Aboul-Ghazi Bahadour-Khan : « Une jeune vierge portant sur sa tête un plateau d'or pouvait aller du levant au couchant, des rives du Pacifique à celles de la Méditerranée, sans avoir à subir de personne la moindre violence. » Autre vertu de la *pax mongolica* : la tolérance. Tolérance religieuse d'abord : ces conquérants, originellement imprégnés du chamanisme propre aux peuples de la steppe, laissent cohabiter chrétiens, musulmans, bouddhistes, manichéens, et autres croyants. Gengis Khan lui-même, tout en restant fidèle à la religion de ses ancêtres, ne pratique aucune exclusive.

Ainsi, en 1219, alors qu'il guerroie en Bactriane et dans l'Hindou Kouch, il éprouve le besoin de faire venir de Chine un sage taoïste réputé du nom de K'ieou Tch'ang-tch'ouen. Il en attend surtout la recette du philtre d'immortalité[1]. K'ieou Tch'ang-tch'ouen, âgé de soixante et onze ans, accompagné de quelques disciples et d'une solide garde mongole, traverse le désert de Gobi, la « montagne du Froid extrême » (l'Altaï), le désert du Taklamakan où il est terrorisé par les esprits de la nuit. Il échappe à mille autres périls familiers aux aventuriers des routes de la soie, et se repose à Samarcande pour finalement rencontrer Gengis Khan en 1222 à la frontière du Cachemire. Faute d'immortalité, il donne quelques rudiments de la doctrine du Tao, du Vide et du Non-Agir au grand conquérant. Dans la famille de Gengis Khan cohabitent longtemps bouddhistes et chrétiens avant que sa lignée ne se convertisse à l'islamisme. Le khan Mongka, un de ses successeurs, aime se représenter les différentes religions comme les cinq doigts de la main, tout en précisant que le bouddhisme en est la paume.

Parmi les divertissements préférés des rudes Mongols, les joutes théologiques sont particulièrement appréciées. Mieux : le khan Guyuk, lors de son premier contact avec saint Louis, ordonne, en tant que « roi du monde », « au royaume de France », qu'il ne soit plus fait de différences entre les Églises chrétiennes de rite latin, grec, arménien, nestorien, jacobite, « et tous ceux qui honorent la croix ».

Tolérance culturelle également : les hommes de la horde adoptent mœurs, coutumes, arts et civilisations de leurs vaincus. Grâce aux Mongols, une autorité unique et incontestée règne sur le cœur même des routes de la soie.

1. Les taoïstes ont toujours eu la réputation, entre autres pratiques magiques, de savoir fabriquer ce philtre, auquel nombre d'empereurs chinois, à commencer par Wou des Han (voir chapitre 3), croyaient sans restriction.

Ni les conquêtes d'Alexandre, ni la paix romaine, ni l'Empire arabe au plus fort de son expansion continentale n'ont créé des conditions aussi favorables pour relier directement la Chine et le monde méditerranéen et en particulier l'Italie.

La paix mongole va fournir l'occasion d'une rencontre prévue depuis quatorze siècles, le premier voyage direct d'un Occidental d'Europe en Chine et *vice versa*. Ce voyage symbolique se répétera, mais le rendez-vous de l'Extrême-Occident et l'Extrême-Orient est manqué. Une fois encore, les routes de la soie fonctionnent autant comme canal de désinformation que comme voie d'information. Il faudra attendre plusieurs siècles pour vraiment découvrir la Chine.

L'époque mongole offre un des meilleurs exemples de la façon aléatoire dont circule le savoir sur les routes de la soie[1]. Une des réalisations les plus fameuses des khans est la célèbre poste qui, avec quelques siècles d'avance, évoque un gigantesque Pony Express amélioré par la très efficace administration mongole : deux cent mille chevaux, des caravansérails, des relais et des routes superbes bordées d'arbres. Selon certains calculs, un courrier impérial pouvait transmettre ordres ou nouvelles à raison de quatre cents kilomètres par jour, record inégalé jusqu'à l'avènement du chemin de fer. Pourtant les informations ne circulent pas toutes à la même allure. Les Occidentaux commencent à s'alarmer de la conquête mongole seulement lorsque le comptoir génois de Soldaia sur la mer Noire est ravagé par les hordes. Ce n'est qu'après 1225 que le nom de Gengis Khan devient célèbre en Occident. Son nom et sa réputation ont été si lents à parvenir à Rome ou à Paris qu'ils n'y ont été connus qu'une dizaine d'années après sa mort. Les Francs ont donc attendu trente ans pour apprendre la simple existence des Mongols qui pourtant se heurtent

1. Pensons qu'en 1219, Gengis Khan demande au maître taoïste K'ieou Tch'ang-tch'ouen un rapport sur les pays d'Asie centrale. Parti de Laizhou le 15 mai 1219, le maître, âgé de soixante et onze ans, part avec un groupe de vingt Mongols et dix-neuf disciples.

très rapidement aux Russes, aux Arméniens et aux autres peuples qui auraient dû être les correspondants naturels des Latins. Mais, quelques jours à peine ont suffi pour que la nouvelle du décès du khan Ogodai traverse l'Eurasie de la Mongolie à l'Adriatique en plein hiver 1241.

Paradoxes de l'information

Au paradoxe du temps s'ajoute celui de l'inégale répartition de l'information. Il n'existe pas une Europe et un Empire mongol qui stockeraient quelque part dans une chancellerie ou une bibliothèque ce que chacun sait de l'autre. Il serait naïf de parler d'« état des connaissances » comme on en parlerait aujourd'hui dans un domaine scientifique.

Pour compliquer encore les choses, bonnes et mauvaises informations se concurrencent sans que l'on sache précisément laquelle chasse l'autre. Quelques exemples : on accorde le même crédit au rapport précis et détaillé d'un Rubrouck[1] et aux pires carabistouilles de caravansérail. Le plus vrai n'est pas le plus crédible. Les Mongols semblent croire que « chrétiens » est le nom d'un peuple et non d'une religion. Ils demandent le plus naturellement du monde aux Occidentaux s'il est bien vrai que leur fameux pape a cinq cents ans.

À côté de cela, deux petites notations de Rubrouck laissent penser que ces barbares sont mieux informés qu'ils n'en ont l'air. Ainsi, lorsque le franciscain arrive auprès de Sartaq[2], celui-ci lui demande qui est le plus grand seigneur entre les Francs, et le moine répond que c'est l'Empereur (réponse logique puisqu'à l'époque Francs est pratiquement synonyme d'Européens de l'Ouest). Sur ce, Sartaq, finaud, réplique que c'est plutôt ce célèbre roi de France Louis qui vient de faire tant de conquêtes en Terre sainte et dont il a entendu parler par un certain Baudouin de Hainaut. De même, quand

1. Voir chapitre suivant.
2. Voir chapitre suivant.

Rubrouck arrive auprès du khan Batou, celui-ci lui demande où en sont les campagnes de Louis IX. De là à penser que les Mongols avaient des services de renseignement efficaces, il n'y a qu'un pas rapidement franchi par la plupart des envoyés occidentaux. Quand ils rentrent en Europe, ils refusent avec une constance remarquable de se laisser accompagner par des ambassadeurs mongols, car ils voient en eux des espions potentiels. Du reste, la grande horde ne se déplace que précédée d'éclaireurs et d'espions.

Ajoutez l'action des désinformateurs et des faussaires. Ajoutez les imprécisions de la cartographie. Ajoutez les mauvaises traductions qui engendrent erreurs et quiproquos… les conditions sont réunies pour que les deux mondes ne se comprennent pas. La meilleure preuve : le mythe mongol est toujours resté aussi puissant que contradictoire. Et ce malgré de multiples contacts.

Le mystère mongol

Qui sont les Mongols ? « D'abord, il y eut le loup bleu, né d'un ordre céleste, son épouse était la biche blanche. Ils vinrent, traversant le vaste lac. Ils fixèrent leur campement à la source du fleuve Onon, au mont Burqan et il leur naquit alors Batachi-qan. » Ainsi commence l'*Histoire secrète des Mongols* et la litanie des ancêtres de Temoudjin. Parmi eux, il faut aussi ranger la Lumière, puisqu'un de ses rayons passant par le trou à fumée de la yourte féconda une des aïeules de Gengis Khan. Les vrais Mongols se disent donc fils de la Lumière.

Les spécialistes font de subtiles distinctions entre Mongols, Proto-Mongols, Turco-Mongols, peuples mongolisés, etc. Disons pour simplifier que mérite ce nom au sens strict la tribu de Temoudjin, futur Gengis Khan. Ce n'est qu'un petit clan rival des cinq grandes confédérations tribales : Merkits, Krits, Naimans et enfin Tatars, les pires ennemis de Gengis Khan. Ces derniers ont empoisonné Yesugei, son père. Progressivement, la tribu de Temoudjin domine les autres. Elle unit dans une même confédération des tribus voisines plus ou moins turques, si bien que la horde qui déferle sur le monde est en grande majorité composée de Turcs. Simplifions encore. En 1206, quand Temoudjin devenu empereur proclame l'Oulous, la grande confédération des tribus, le vainqueur d'obscures querelles tribales, devenu souverain d'une nation, commence alors à réaliser son dessein universaliste. Cela suppose rien de moins que la conquête du monde. L'Oulous, c'est la grande nation de « tous ceux qui habitent sous la tente de feutre ». En pratique, devient mongol tout nomade qui rejoint la horde. Tous sont rattachés au khan par des rapports de fidélité consacrés par un serment. On en a gardé la trace : « Nous marcherons en éclaireurs contre tes ennemis nombreux. Nous t'amènerons en don leurs femmes et leurs filles au beau teint, nous t'amènerons les dames et les filles aux belles joues des pays vassaux, nous ferons courir vers toi leurs chevaux râblés. Quand nous chasserons en battue nous t'offrirons les animaux sauvages. » Le serment s'achève sur les châtiments que le vassal accepte de subir s'il manque à sa parole. Au fond, est mongol celui qui est client et soldat du khan. Certes il existe une sorte d'aristocratie du sang dans la horde : les plus proches du clan originel, les Mongols « bleus », sont particulièrement respectés. Pourtant, nulle idée de pureté raciale n'anime ces conquérants. Être mongol, ce n'est pas un concept ethnique, cela devient presque un fait militaire. L'Empire est fondé sur le sang donné.

Venus des Enfers

Les contemporains ne rentrent pas dans toutes ces distinctions. L'Europe médiévale parle du péril tartare. Apprenant l'invasion de la Hongrie, saint Louis déclare à sa mère, Blanche de Castille : « Que la confiance dans le ciel puisse nous réconforter. Si ces gens que nous appelons les Tartares viennent jusqu'à nous, ou bien nous les rejetterons dans les régions du Tartare d'où ils sont sortis, ou bien ils nous enverront tous au ciel. » Quant à

Joinville, il ne fait rien pour clarifier les informations que tente de rassembler son maître sur les nouveaux envahisseurs. Bien au contraire, il contribue à la confusion qui gagne à mesure qu'augmente la terreur : « Les Tartares étaient originaires d'une grande plaine de sable inculte et stérile. Cette plaine commençait à une chaîne de rochers merveilleux qui forment les confins du monde du côté de l'Orient et que personne n'a traversée, au témoignage des Tartares qui disent que là sont enclos les peuples de Gog et de Magog qui doivent venir à la fin du monde, quand l'Antéchrist apparaîtra pour tout détruire. »

Un autre des conseillers de saint Louis, Vincent de Beauvais, auteur d'un *Miroir de l'histoire*, véritable encyclopédie du temps, trouve une explication plus complète. Commentant le nom du khan, il dit : « Son nom Cuyné et Gog est la même chose en leur langue. Gog est son nom propre et Magog celui de son frère. Car le seigneur par son prophète Ézéchiel prédit la venue de Gog et Magog et nous menace de la ruine et désolation par eux. Aussi leurs Tartares s'appellent-ils d'un nom propre de Mongoles ou Mongols. L'esprit de ce Gog Cham est tout enflammé pour la ruine des hommes, il est comme un four ardent, propre à consumer. » Cette démonstration étymologique aussi délirante qu'emberlificotée confirme surtout un fantasme directement inspiré de l'Apocalypse. N'annonce-t-elle pas qu'au bout de mille ans Satan rassemblera les peuples de Gog et Magog pour les mener à la guerre ? En faut-il plus claire confirmation ?

La confusion entre les mots mongol, tatar et tartare est si fréquente que les voyageurs occidentaux s'empressent de la rectifier. Rubrouck signale bien que les Mongols « ne veulent pas » être appelés Tartares. Il sait bien qu'il s'agit d'un autre peuple. Il nous propose une explication : l'avant-garde de la horde était souvent formée de Tartares « et ainsi leur nom se répandit partout car on entendait de tous côtés le cri "Les Tartares arrivent". Mais dans les nombreuses guerres qu'ils ont soutenues, ils ont presque tous été massacrés ». Marco Polo, qui a eu vingt-sept ans pour se mettre au courant, continue pourtant à parler des Tartares. Et, comme Plan Carpin, il entretient une autre confusion purement homonymique entre Mongols et Gog et Magog.

Toutes ces approximations ont un trait commun, elles évoquent toujours l'Enfer : le fleuve Tartare, les peuples de l'Apocalypse... Et Frédéric II Hohenstaufen qualifie les Mongols de cohorte de Satan, de fils de l'Enfer. Il trouve une formule, presque un slogan, pour la croisade qui va bientôt être prêchée contre les Mongols : *« Ad sua Tartara Tartari detrudentur »*, « Que les Tartares soient rejetés au Tartare ».

Tartare est synonyme de Barbare et de terreur. Dès le début du XIIIe siècle, des rumeurs ont filtré à propos des grands événements de l'Est et l'on sait vaguement qu'un peuple s'est mis en marche, qu'il fait fuir tous les autres. Le monde musulman, lui, en sait bien davantage. On possède le récit d'une ambassade du chah du Khorezm[1] auprès des nouveaux conquérants. Elle se déroule en 1215, et les musulmans vont rejoindre Gengis Khan à Pékin qu'il vient de ravager. Les envoyés s'avancent vers une montagne qui leur semble couverte de neige. Ce sont des ossements humains. Plus loin, ils s'embourbent dans un marécage : il est formé de corps en putréfaction. Et quand ils voient Pékin, il leur faut pour y pénétrer franchir un dernier obstacle, les cadavres de soixante mille jeunes femmes qui se sont précipitées des remparts pour ne pas tomber vivantes entre les mains des démons. Les Mongols se ruent aussi sur l'Asie centrale. L'historien Ibn El Athir a recueilli des récits de survivants de l'invasion du Khorezm et de l'Asie centrale : « Il aurait raison celui qui affirmerait que depuis le temps que le Dieu Très Haut et Très Puissant créa l'homme, le monde n'a rien éprouvé de tel... Les Tatars n'ont épargné personne : ils ont tout exterminé, hommes, femmes, enfants, égorgeant même les femmes enceintes... Depuis le temps du Prophète — qu'Allah le bénisse ! — jusqu'à notre époque, les musulmans n'eurent pas à subir de tels maux et de tels malheurs. » « La terreur qu'ils inspirent est telle, nous dit-il, qu'un jour à Maraga, un seul Mongol

1. Région au sud de la mer d'Aral dont la capitale était Urgentch.

a pu massacrer la centaine de personnes qui se trouvaient dans un village sans qu'une seule d'entre elles songe à se défendre. » Bientôt, les Latins ne pourront plus ignorer l'événement. De premiers échos apportent des histoires d'anthropophagie et de buveurs de sang. Le chroniqueur médiéval Mathieu Paris les décrit ainsi : « Ce sont des êtres inhumains et ressemblant à des bêtes, qu'on doit plutôt appeler des monstres que des hommes, qui ont soif de sang et qui en boivent, qui cherchent et qui dévorent la chair des chiens et même la chair humaine. » Les chiffres de ces massacres donnent le vertige. Sept cent mille morts dans la prise de Merv, ou plus d'un million ? On dit que chaque soldat avait pour tâche de tuer quatre cents personnes...

Lors de la cinquième croisade, vers 1220, l'Europe apprend l'invasion de la Perse. La rumeur augmente. Mais, même au moment des raids mongols en Crimée, personne ne sait réellement de quoi il retourne. L'immense aventure historique qu'est la poussée de la horde s'annonce à pas de loup. Quand l'Europe saura-t-elle enfin ? Pas avant que les Mongols n'écrasent la tribu des Comans au nord de la mer Noire et n'entrent en contact avec les Hongrois. Les missionnaires hongrois sont les premiers à prévenir de la tempête qui va secouer le monde.

Les Tartares arrivent

C'est la grande campagne de 1236 : Batou, neveu d'Ogodai, grand khan et premier successeur de Gengis Khan, à la tête de cent cinquante mille hommes, se met en marche vers l'ouest. Il prend la « grande Bulgarie » de la Volga, le pays des Comans. Bientôt, il s'empare de Kiev et devient ainsi le seul conquérant à avoir vaincu l'hiver russe. Il franchit la Vistule, traverse le territoire des actuelles Pologne et Hongrie. En 1242, la horde est aux faubourgs de Vienne et sur les bords de l'Adriatique. Cette fois, les Tartares sont là et partout précédés par des réfugiés. Les craintes de l'Apocalypse, les récits d'horreur croissent en proportion de l'avancée mongole. Tout ce que l'on a dit des Huns, on le répète. Toutes les terreurs resurgissent, plus fortes encore. À nouveau, ce sont les nomades, leurs villages mobiles, leur détestable habitude de vivre sur leurs chevaux, leurs étranges coutumes, leur saleté qui révulsent les sédentaires habitués aux bains et au confort. Les descriptions terrifiantes abondent, qui contribuent à faire du Mongol un véritable démon. Elles ne diffèrent guère de celles que faisait Ammien Marcellin à propos des soldats d'Attila quelques siècles plus tôt : la face plate, la taille trapue et les jambes arquées, la barbe rare et le cheveu roide, la laideur évocatrice de force, en un mot rien n'y manque. Et surtout pas les récits de carnages et les traits de cruauté. Ni, bien sûr, les viols. Après leur passage, comme dans le *Dit de la destruction de Ryazan*[1] : « Les temples de Dieu furent détruits et le sang coula sur les saints autels et il ne resta dans la ville âme vivante ; tous furent tués, tous burent le calice de la mort. Et il ne resta personne pour gémir ni pleurer. » Chrétiens comme musulmans brodent à l'envi sur le thème de la punition des péchés. Après les peurs de l'an mille renaît la terreur des armées venues exécuter le châtiment divin.

Plusieurs fois revient l'image des chiens de l'Enfer. Il est vrai que l'emphase poétique mongole ne répugne pas à de tels symboles. Ainsi, dans l'*Histoire secrète des Mongols*, cette description des quatre fidèles généraux de Gengis Khan : « Ce sont les quatre chiens de mon Temoudjin nourris de chair humaine. Il les a attachés d'une chaîne de fer. Ils ont des fronts d'airain, des dents tranchantes, des langues pointues, des cœurs de fer. Pour fouets, ils ont des sabres courbes. Ils boivent la rosée, ils chevauchent dans le vent, dans les batailles, ils dévorent la chair humaine. »

En une génération, les successeurs de Temoudjin, le petit chef mongol affamé qui ne possédait pas huit che-

1. Un des dits de l'ancienne Russie ; ce texte en prose est connu par un manuscrit du XVIe siècle. Il raconte comment le tsar mécréant Batou envahit la Russie en 1236.

vaux et n'arrivait pas à s'imposer à son clan, le plus misérable de la tribu, sont en passe de créer le plus grand empire de l'histoire. Et puis... et puis arrive par la fameuse poste mongole un courrier. Le khan Ogodai est mort, Batou revient vers l'est à marche forcée. L'Europe a failli périr de la lenteur de circulation de l'information, sa vitesse la sauve. « Ils » vont repartir et l'on ne sait rien d'eux. Les Européens hébétés n'ont compris ni ce qui a fait chanceler leur univers, ni ce qui l'a sauvé.

Le Saint-Siège réagit le premier. Grégoire IX prêche une croisade contre les Mongols, en Hongrie. Après lui, Innocent IV, élu pape en 1243, met à l'ordre du jour d'un concile les « remèdes contre les Tartares ». Parallèlement Rome mène des actions moins spectaculaires et plus réalistes. Cette fois, on prend le temps de réfléchir et de faire le point des connaissances sur l'ennemi. Mais est-ce l'ennemi ? Ce n'est pas certain.

Ici commence la construction du contre-mythe mongol. Ce qui a provoqué la plus grande peur suscitera le plus grand espoir. Et s'ils avaient une âme ? Et si Dieu voulait qu'ils fussent convertis ? Et si, pensent peut-être des esprits moins naïfs, s'il se formait une grande alliance contre les Sarrasins ? Et si l'on allait voir ?

Les missions

Voici le temps des explorateurs. Une dizaine d'ambassades et de missions se déroulent sur une cinquantaine d'années. Elles laissent des traces, parfois vagues et douteuses. Dix missions, c'est peu à l'échelle d'un continent, c'est immense si l'on songe qu'il y a quatorze siècles que l'Occident rêve du pays des Sères sans que personne ait jamais accompli le voyage de façon certaine. Pendant quelques décennies, une lucarne s'entrouvre, il filtre un peu de vrai, beaucoup de faux et puis c'est fini, les deux mondes vont à nouveau s'ignorer.

Hormis le phénomène littéraire Marco Polo, ou deux, trois mentions dans les archives, il reste essentiellement pour témoigner de ce prodigieux intermède quatre relations de voyage. Celles de trois envoyés occidentaux et celle d'un ambassadeur des « Tartares ». Quelques feuillets. Pourtant, les étrangers furent nombreux à la cour des khans, des milliers d'Européens se trouvèrent au contact du nouveau peuple qui occupait l'Eurasie, de Java ou de la Corée à l'Adriatique.

Tout commence au printemps 1245, lors du concile de Lyon où les évêques doivent discuter des maux qui accablent la chrétienté, en particulier des « remèdes contre les Tartares ». Il faut aller voir : il faut des volontaires. Ils se pressent dans un enthousiasme indescriptible, nous dit la chronique. Le pape, qui n'a que l'embarras du choix entre ces apprentis martyrs et diplomates, envoie trois ou quatre délégations chargées d'établir un premier contact avec les Tartares et de leur prêcher la vraie foi. De la première mission du dominicain André de Longjumeau, nous ne savons pas grand-chose. Il parvient difficilement à Tabriz et rencontre un certain Siméon Raban Ata, syrien, qui a été jusqu'au cœur de la « Terre de Sin », la Chine. Ce mystérieux Siméon envoie au pape un message aujourd'hui perdu et transmet quelques informations sur les nestoriens.

Ascelin de Crémone, un autre dominicain, part à son tour. Il nous en apprend un peu plus. Un de ses compagnons, Simon de Saint-Quentin, tient une brève chronique du fiasco que sera la mission. Il y a aussi Guichard, également dit de Crémone, et qui vit depuis sept ans chez les Tartares. Il pourrait être un précieux intermédiaire, mais ne sait éviter aucun faux pas. Après avoir erré deux ans pour passer entre les lignes des princes musulmans, la caravane des ambassadeurs occidentaux arrive enfin en terre mongole. Ils sont amenés devant Baidjou, général qui commande ce poste avancé et que le chroniqueur appelle Barjothnoy. Le chef mongol reçoit les ambassadeurs, entouré de ses barons vêtus d'or et de soie. Les choses se gâtent très vite lorsqu'il demande à Ascelin de Crémone « s'il ne savait pas que le Cham [le khan] était le fils de Dieu et que les noms de Barjothnoy et de Bathy [le khan Batou] étaient célèbres et renommés par toute la terre ». Apparemment pas, puisque Ascelin riposte que le pape n'en a jamais entendu parler. Il exige immédiatement des Tartares qu'ils s'abstiennent désormais de faire ravage et se repentent sur l'heure. Pour aggraver les choses, nos diplomates ont été envoyés sans présents, contrairement à ce que voudraient les usages.

Le ton monte. Les Tartares demandent s'il est bien vrai que les Francs sont en Syrie et si par hasard les Occidentaux ne songent pas à détourner la horde de la Turquie et d'Alep, en la convertissant ou par quelque autre ruse.

Nouvel impair. Les ambassadeurs refusent de faire les trois révérences qu'exige l'étiquette mongole : ils ne s'agenouillent que devant Dieu. Cette fois Baidjou explose et les condamne à mort. Reste à choisir le châtiment que mérite cette offense. Faut-il les tuer tous, ou garder un témoin vivant ? Les écorcher, les empailler et les retourner au pape ? Les fouetter pour occuper le temps en attendant la prochaine bataille où ils serviront de boucliers contre les machines ennemies ? Les juristes ou les puristes discutent. Est-il bien raisonnable d'exécuter des ambassadeurs ? Quelqu'un cite un cas de jurisprudence : on a arraché le cœur à un ambassadeur avant de l'attacher à la queue d'un cheval.

Pendant que l'on dispute ainsi, assez longuement, les légats attendent de connaître leur sort. De façon surprenante, c'est le parti de la clémence qui l'emporte. Est-ce une nestorienne, une des six femmes de Baidjou, qui intervient ? Ascelin et ses compagnons ont la vie sauve.

Le Mongol les interroge sur les rites chrétiens, et il se prépare enfin à les envoyer auprès du grand khan. Décidément inconscient, Ascelin choisit l'escalade : pourquoi irait-il chez ce khan dont le pape n'a jamais entendu parler ? Que Baidjou transmette le message du pape à qui de droit ! On discute pour savoir qui est le plus grand, le pape ou le khan. On devine la thèse que soutient Ascelin. Cette fois les barons rugissent tandis qu'Ascelin totalement coupé de la réalité continue à vitupérer et à provoquer : non, il n'ira pas chez le khan. Il devient si rouge qu'un secrétaire doit le calmer. Passons sur la suite de la bouffonnerie, les ambassadeurs, mal nourris, mal logés, mal chauffés et sporadiquement menacés d'une décapitation bien méritée, attendent une lettre du khan. Elle finit par arriver alors que les malheureux sont persuadés d'être oubliés. On se sépare sans regret. Les Francs rentrent après trois ans sept mois de mission. Ils rapportent à Rome un courrier qui restera dans les annales diplomatiques : « Vous, pape, sachez que vos messagers sont venus vers nous et nous ont apporté vos lettres. Ils nous ont fait d'étranges discours, et ne savons pas si vous leur avez donné charge de parler de la sorte, ou si d'eux-mêmes ils en ont usé ainsi… Nous vous envoyons donc ce même commandement et ordonnance, qui est que si vous voulez vous tenir assis sur votre terre, eau et héritage, il faut que vous pape vous vous transportiez en propre personne auprès de nous et veniez trouver celui qui contient toute la face de la terre. Et si vous n'écoutez le commandement ferme et stable de Dieu et de celui qui tient toute la terre en sa main, nous ne savons ce qui en adviendra, Dieu le sait. » Et cela, ce n'était que la lettre de Barjothnoy. Le khan n'écrit même pas au Saint-Père. La lettre qu'il envoie à Baidjou est plus terrible encore de mépris puisqu'elle ne s'adresse au pape qu'incidemment : « Par le commandement du dieu vivant, Cingis khan[1], fils de Dieu, doux et vénérable, dit ainsi d'autant que Dieu est grand et élevé par-dessus toute chose, et est immortel, et Cingis Cham est le seul seigneur sur la terre ; nous voulons que ces paroles parviennent aux oreilles de tous… Il faut que vous, Barjothnoy, les avertissiez et fassiez savoir que tel est le commandement du Dieu vivant et immortel ; et que sans cesse, vous leur donniez à entendre, et fassiez, partout où messagers peuvent aller, proclamer cette même ordonnance. Et quiconque y contredira soit aussitôt tué et sa terre détruite. »

Si les expressions galvaudées « problèmes de communication » et « hiatus culturel » ont un sens, nous venons d'en voir une parfaite illustration !

1. Ogodai a repris le titre de « khan océanique »

Mais les informations rapportées par Ascelin en 1249 ne sont plus d'actualité. Entre-temps, une autre mission est partie et revenue : celle de Jean du Plan Carpin. « Ayant reçu commandement du Saint-Siège apostolique pour aller vers les Tartares et autres nations orientales, suivant la volonté de notre Saint-Père le pape et du Sacré-Collège des cardinaux, nous fîmes dessein d'aller premièrement vers les Tartares car nous craignions de leur part quelque grand et éminent danger dont toute l'Église de Dieu était menacée. »

Au cours de ce voyage de seize mois où le bedonnant franciscain souffre « tout ce qu'on peut souffrir de peine hors la mort et l'esclavage », il note une foule de choses étranges, et visite les peuples les plus bizarres. Il se vante de ne rien rapporter qu'il n'ait vu ou « appris de chrétiens dignes de foi qui sont sous leur servitude » (celle des Tartares). Toutes ces promesses n'empêchent pas le bon frère d'être aussi piètre témoin qu'ambassadeur : il multiplie les gaffes et gobe n'importe quel bobard. Presque aussi maladroit qu'Ascelin, il est de surcroît victime de son imagination ou de sa naïveté. Et si l'on accuse Marco Polo d'avoir proféré un million de mensonges, que faut-il dire de son prédécesseur qui, circonstance aggravante, est clerc, diplomate et choisi pour son expérience ?

Voilà donc le cordelier, comme on surnommait alors les franciscains, parti pour l'aventure. Il passe par la Pologne, la Russie. Quelque part aux environs de la Volga et aux confins du pays des Comans… les voilà.

Les voilà, comme on les imagine. Au crépuscule, ils surgissent de partout à cheval, peut-être vomis par l'Enfer. Ils entourent la pauvre troupe. La délégation vient d'établir son premier contact avec les hommes de Batou. Plan Carpin délivre son message qui sonne si étrangement, et dit en substance : « Nous venons de la part du pape pour faire la paix et vous convertir, car le Saint-Père “s'étonne fort” du massacre que vous faites des chrétiens. Cessez immédiatement. »

Devant un si curieux messager, Batou réagit en

bureaucrate : il réfère à l'autorité supérieure. Il envoie le franciscain au grand khan en personne. Mais justement le grand khan Ogodai est mort quatre ans auparavant, et, après une période de régence, les chefs vont procéder à l'élection de son successeur[1]. Les clans doivent donner un nouveau chef à la horde, un nouveau maître à la terre. Notre bon franciscain que le hasard fera arriver en plein milieu de cette cérémonie chemine vers le grand rassemblement de Mongolie, au cœur de l'Empire : vers la Sira Orda, le camp impérial[2]. Il irait aussi bien aux Enfers.

En cours de route, par son « truchement », son interprète, il recueille mille récits. Il croit tout : le peuple sous la terre, les hommes à face de chien et à pieds de bœuf, Gog et Magog, les monstres qui ont un pied sur l'estomac, la Montagne magnétique, le Prêtre Jean, les chiens transformés en poudre et les païens qui mangent père et mère. Là, près d'Omil, bâtie par le fils de Gengis Khan, il y a un désert effroyable. Ses habitants sont sauvages, farouches et muets et, comme ils n'ont point de jointures aux membres, s'ils tombent, ils ne peuvent se relever. Ici, il y a des gens qui vivent sous la terre, se déplacent par des chemins secrets pour attaquer les Mongols. Comme dans *Les Mille et Une Nuits*, ils font un bruit infernal avec leurs tambours. Plan Carpin note toujours. Les *mirabilia* ! Les monstres des tympans de cathédrales ! Il n'a même pas oublié les charmants petits Parossites qui ont la bouche et l'estomac si petits qu'ils ne se nourrissent que du fumet des aliments[3].

Au camp, pendant que l'on élit Guyuk, Plan acquiert

---

1. C'est le qouriltaï, ou khurultay, la grande assemblée des barons mongols pour les élections des chefs ou les décisions vitales.

2. Car il s'agissait, bien sûr, d'un village de tentes, du grand rassemblement nomade : Sira Orda, c'est la Résidence d'or. Plan Carpin parle aussi de l'immense tente centrale comme de la « horde dorée ». Il ne faut pas la confondre avec la Horde d'Or, l'État fondé un peu plus tard par Batou, petit-fils de Gengis Khan, au sud de la Sibérie et de la Russie. C'est le même Batou qui a accueilli Plan et aussi menacé le cœur de l'Europe.

3. Est-il besoin de rappeler que nombre de ces monstres sont issus de l'inévitable *Roman d'Alexandre* ?

quelques notions d'histoire mongole. Leur khan fondateur, Temoudjin, a d'abord unifié les tribus rivales, dont les « Mongols aquatiques » qui furent aussi appelés « Tartares, à cause d'un fleuve nommé Tartar qui passe par leurs terres ». Temoudjin a aussi vaincu les Naimans nestoriens et les Kara-Kitais ou « noirs Cathays ». Dans un autre registre, Plan note minutieusement les coutumes des Tartares. Il observe leur alimentation, leurs tentes, leurs mœurs, leurs croyances surtout. Le tabou qui prohibe tout contact avec le feu, celui qui interdit de s'appuyer sur un fouet ou de frôler le seuil d'une tente impériale. Le moine remarque aussi les idoles de feutre ou de bois. Et pourtant les Mongols croient en un seul Dieu. Et pourtant il y a des nestoriens dans la horde. Ainsi, on commence à savoir que les Mongols ne persécutent pas la croix et tolèrent des gentils dans leur entourage : des ministres, le chancelier, le responsable des affaires religieuses, un Syrien. On célèbre même la messe, nestorienne certes, mais la messe, devant la tente du khan. Les Kitais « ont aussi le Vieux et le Nouveau Testament, la vie des Pères et des ermites, et des lieux faits comme des églises où ils prient… Ils adorent un seul Dieu, honorent Jésus-Christ notre Seigneur, et croient à la vie éternelle, aiment les chrétiens, ont plusieurs églises, et semblent être gens assez doux et humains ».

Plan n'est qu'un personnage secondaire que l'on remarque à peine au milieu des vassaux et délégués. Il y a les khans du Turkestan, de Transoxiane ou de Perse. « Au-dehors, étaient le duc Yaroslav de Susdal, en Russie, et plusieurs autres seigneurs kitais et solangues, puis deux fils du roi de Géorgie, un ambassadeur du calife de Baldac [Bagdad], qui était soudan [sultan] et plusieurs autres soudans et amiraux des Sarrasins et selon ce qu'on nous disait, il y avait plus de quatre mille de ces sortes d'ambassadeurs et députés. » Dans toute cette agitation, qui se préoccupe d'une poignée de religieux mal fagotés, fussent-ils envoyés du pape ? Et d'ailleurs, le pape, combien de divisions, pensent les Mongols, sept siècles avant Staline ?

Un matin, toute cette masse humaine s'agite : les khans

ôtent leur bonnet, détachent leur ceinture et font asseoir Guyuk, qu'ils viennent de choisir, sur un trône doré. Ils prêtent tous serment de lui obéir en tout comme des chiens fidèles et de tuer qui il désignera. L'élu est porté sur une sorte de pavois. Et le grand cri : « Khan, khan » de parcourir l'océan humain qui par neuf fois se prosterne et se relève, en vagues qui couvrent toute la plaine. Les étrangers font de même, face contre terre. « Et les ducs fléchirent les genoux devant lui et ensuite tout le reste du peuple en fit autant, sinon nous qui ne lui devions rien et n'étions pas ses sujets », ajoute le fier petit cordelier. Parions qu'il refusa de participer au grand banquet et à la colossale beuverie qui suivirent l'élection. Cette fois Plan en est bien persuadé : il est chez les brutes.

Les événements s'accélèrent. Le nouveau khan trouve le temps de s'occuper de cet ambassadeur d'importance mal définie qui patiente depuis plus de trois mois. Il se fait expliquer l'affaire par un secrétaire, il reçoit Plan à la va-vite et lui remet un message pour le pape. Le pape a-t-il au moins des interprètes qui « entendissent la langue russienne, sarrasine ou tartare » ? demande le Maître de l'univers, ou présumé tel. Pas exactement, répond en substance Plan Carpin mais il serait « bien à propos » que les Mongols veuillent bien leur écrire en langue tartare. Le secrétariat pontifical s'arrangera toujours au Saint-Siège. Finalement on arrive à une solution : on bricole une traduction en latin que l'on fait bien répéter aux religieux pour être sûr qu'ils ont compris les paroles du khan. Par précaution on adjoint des lettres en arabe au cas où il se trouverait quelqu'un qui l'entende à Rome.

Ni excessivement rassurés, ni trop aimables, les Mongols laissent repartir les religieux en proposant de leur adjoindre des ambassadeurs, peut-être un peu espions. En définitive, Plan refuse et cela ne se fait pas. C'est fini, il faut rentrer. Nos ambassadeurs trouvent encore moyen de se faire détrousser. Leur escorte leur vole les vêtements qu'on leur avait donnés, et ils n'osent même pas protester. Vite, vers la Russie !

En quelques semaines effroyables, dans le vent et la neige, Plan Carpin refait le chemin inverse, il retraverse les lignes de Batou muni d'un sauf-conduit et, un jour, le voilà, hébété, aux portes de Kiev. La foule s'assemble et regarde les Francs « comme des gens retournés d'entre les morts ».

Que rapporte le franciscain, outre ces légendes et merveilles auxquelles il croit dur comme fer, et quelques observations plus judicieuses ? Une lettre bien sûr. Le ton ne diffère guère de celui de l'ultimatum que rapportera Ascelin. Le dialogue de sourds continue (ou plutôt commence). Le quiproquo, ou la provocation, est énorme : « Vous nous avez envoyé une requête de soumission que nous avons entendue de vos ambassadeurs. Et si vous agissez selon vos propres paroles, toi qui es le grand pape, avec les rois, venez ensemble en personne pour nous rendre hommage et nous vous ferons entendre, à ce moment-là, les ordres du yasak. » La *yasak* (ou *yasa*), c'est la loi des Mongols proclamée par Temoudjin : un code de discipline militaire d'une rigueur géométrique, une déclaration cosmologico-politique sans réplique. Un seul Dieu dans le ciel, un seul khan sur la terre. Le yasa donne une armature morale inébranlable aux Mongols, un fondement à leur pragmatisme héroïque : tout pour la victoire que promet et que veut le Ciel. Obéir, s'adapter, combattre.

Plan Carpin a, au moins, saisi l'importance de cette loi. C'est véritablement l'idéologie impériale mongole. Pour le franciscain, un avant-goût d'apocalypse. Les Mongols croyaient « qu'ils devaient subjuguer tous les peuples du monde et ne jamais faire la paix avec aucun qui ne se fût soumis à eux, jusqu'à ce que le temps fût venu de les exterminer ». Contre cela, notre moine ne voit qu'un remède : la guerre totale et préventive, celle de la dernière chance. Il l'appelle de ses vœux. En une longue tirade qui conclut son récit de voyage, il exhorte la chrétienté à se mobiliser. Seuls nos bons chevaliers, s'ils s'unissent et se préparent au terrible affrontement, nous sauveront de la Bête immonde. Mais il faudra se méfier de leurs feintes, de leurs fuites simulées, et de leurs paroles traîtresses. Il ne faudra les affronter qu'en rase campagne et n'en avoir point pitié. Dans son enthousiasme, Plan commence à décrire les armes bien effroyables qu'il faudra forger pour venir à bout de tels monstres : que les lances aient de bons crocs pour prendre les chairs et que les glaives soient bien effilés. Que l'on trempe les flèches dans l'eau chaude et le sel afin qu'elles pénètrent profondément cuirasses et fourrures. Frère Plan céderait-il à quelques pulsions sadiques ou à la paranoïa ? Avec de tels rapports, le pape est bien mal informé.

Le cordelier vient de confirmer les plus terrifiantes légendes qui courent sur les Mongols. Il y a là de quoi décourager de futurs voyageurs. D'autant que, parti avant Plan Carpin, mais revenu après lui, Ascelin rapporte sa propre lettre ; il ramène aussi deux délégués mongols : un Turc, « le Prince Lune[1] », et Sergis, nestorien de Syrie. Preuves vivantes du cosmopolitisme de l'Empire mongol, ils traînent à Lyon l'été 1248, observent, ne disent rien que la chronique ait vraiment conservé et repartent avec une lettre papale pour, en principe, ne plus jamais faire reparler d'eux. Dans cette lettre, le Saint-Père exhorte les Mongols à la vraie Foi mais ne formule guère de proposition concrète. On s'enlise. De surcroît, l'histoire va son rythme qui n'est pas celui de ces ambassadeurs et messagers si longs à réagir.

En 1248, Guyuk, passablement usé par ses débauches, meurt, en mars ou avril, au moment où il se préparait peut-être à réenvahir l'Europe et plus vraisemblablement encore à se disputer l'Empire avec le khan Batou. C'est la veuve de Guyuk qui prend la régence. Y aura-t-il un nouvel interrègne de quatre ans et une nouvelle élection ? En tout cas, les informations rapportées par Plan et Ascelin ne sont plus en prise sur la réalité.

1. Peut-être un Ouïgour du Turkestan.

Même si on les approchait à nouveau, que dire aux Mongols ? Que faire ? Les combattre ou les ignorer ? Vraiment, y aura-t-il encore des voyageurs pour y aller voir ? À quoi bon ?

L'ouverture

En décembre 1248, Louis IX est à Chypre d'où s'embarquera la septième croisade[1]. Un jour se présentent deux nestoriens, David et Marc[2]. Ils viennent de Mossoul et portent un message de Eldjigidaï, général des armées mongoles d'Asie Mineure. Celui-ci dit avoir appris par le sultan de Mossoul que le roi des Francs s'apprêtait à en finir avec ses ennemis et l'on formait des vœux pour son succès, tout en l'appelant, non sans ironie, à faire preuve de tolérance envers tous les chrétiens. Enfin, la lettre accrédite les deux messagers. On les croit d'autant plus volontiers que, lors de sa première expédition, André de Longjumeau a déjà rencontré David, sans doute le plus important des deux personnages. La lettre diplomatique est en langue persane mais en caractères arabes si bien qu'André de Longjumeau peut la traduire.

Ces deux personnages agissent en véritables désinformateurs. Ils confirment que Guyuk, qui est donc mort au moment où ils parlent en son nom, s'est converti avec dix-huit de ses princes. C'est parfaitement faux. Eldjigidaï lui-même est chrétien, converti depuis peu, il s'apprête dans son enthousiasme de néophyte à combattre les ennemis de la croix. Il annonce même son intention d'attaquer Bagdad aux prochaines Pâques. Il sait que le calife de Bagdad s'est allié au « soudan de Babylone d'Égypte » au

1. Saint Louis dirigea deux croisades : celle-ci, la septième (1248-1254), pour reprendre Jérusalem à nouveau entre les mains du sultan d'Égypte depuis 1244 ; le roi de France, battu à Mansourah, fut pris en 1250. Libéré, il lança la huitième et dernière croisade en 1270 : il mourut devant Tunis, atteint par la peste.

2. Toutes les informations qui suivent sont extraites du *Miroir de l'histoire* de Vincent de Beauvais.

siège de Damiette. Tout cela semble démontrer que le Mongol est mieux renseigné sur saint Louis que l'inverse.

Ajoutons enfin que cette lettre mirifique qui fait espérer une immense victoire des Francs et de leurs alliés chrétiens tartares est écrite sur le ton le plus propre à flatter les illusions de Louis IX. Eldjigidaï, « le plus noble combatteur du monde, glaive de la chrétienté », adresse « cent mille bénédictions et cent mille saluts » à Louis, « seigneur et maître des chrétiens ». Et le glaive de la chrétienté de poursuivre : « Dieu exauce le roi de France et accroisse sa hautesse si bien que chacun le voie. Nous voulons que par toutes nos seigneuries et nos places, que tous chrétiens soient francs et dehors de servage. » Dernier détail destiné à parfaire l'illusion : le grand khan lui-même, disent David et Marc, est non seulement chrétien, mais « fils d'une chrétienne, fille du roi prêtre Jean ».

Que rêver de mieux ? On fait donc bel accueil aux deux envoyés nestoriens qui assistent à la messe de Noël avec le roi croisé.

En fils respectueux, celui-ci fait parvenir copie de la fameuse lettre à sa mère la reine Blanche, tout comme, en bon chrétien, il envoie copie de toute la correspondance diplomatique au pape. Car il n'y a pas que la lettre du Mongol. David et Marc portent une missive du connétable d'Arménie, un chrétien, un ami, une source fiable, adressée à Henri de Lusignan, roi de Chypre. Le propos est apparemment cohérent : les Tartares, « en si grand nombre qu'on ne les saurait compter… très bons archers, de forme terrible et de plusieurs sortes de visages », ont effectivement accompli de grands massacres et parsemé la steppe de montagnes d'ossements. Mais c'était autrefois. Tout a changé avec le nouveau khan élu lors d'une grande assemblée. Il y avait de très nombreux chrétiens parmi tous les délégués, comme il y en a dans tout l'Orient. Désormais le khan et les siens sont convertis et protègent la croix. En Inde, un roi chrétien très puissant, opprimé par les musulmans, s'est allié aux Tartares. Et maintenant, ce roi a vaincu ses ennemis et fait au moins cinq cent mille prisonniers mahométans que le connétable d'Arménie jure avoir vus. Enfin, l'auteur de cette seconde lettre semble parfaitement informé des missions du pape et de la réponse que lui a adressée Guyuk. Tout concorde.

Il faut donc répondre à de si prometteuses ouvertures. En son conseil, le roi mande André de Longjumeau, qui a déjà accompli une pareille ambassade, cinq ans plus tôt — mais c'était alors pour le compte d'Innocent IV. Le moine est accompagné de son frère Guy, et de frère Jean de Carcassonne, tous trois dominicains ; deux clercs suivent l'expédition. S'y adjoint un autre personnage, un certain Théodule d'Acre qui les quittera pour aller à Karakorum. Cela n'a rien d'innocent, comme on le découvrira plus tard. En guise de présents, les ambassadeurs de saint Louis ont une chapelle portable artistement brodée et un fragment de la vraie croix, cadeaux qui rempliront certainement de joie le khan.

Le roi et le légat adressent d'édifiants libelles au khan et à Eldjigidaï pour les encourager en leurs bonnes dispositions envers la sainte religion.

L'expédition suit un itinéraire bien connu : Antioche, Mossoul, la Perse, la Transoxiane, le passage des lignes mongoles. L'arrivée à la Sira Orda, sur la rivière Imil. Tout se répète… ce n'est déjà plus la grande aventure. Cette « routine » entraîne les pèlerins au rythme de dix lieues de marche par jour : un an de voyage, une misère. Ils arrivent à la Sira Orda et sont reçus par la régente, une maîtresse femme, bien digne de sa fonction et de sa famille. Elle accepte les présents de saint Louis, et les considère comme un simple tribut, gage de la soumission future du roi des Francs. Dans sa réponse, elle développe une très simple dialectique : « Nous te mandons de nous envoyer tant de ton or et de ton argent chaque année que tu nous retiennes pour ami. Et si tu ne le fais, nous te détruirons toi et tes gens. » Ce message arrivera à saint Louis, temps de retour oblige, en 1251.

Mais Longjumeau ramène aussi toutes sortes de balivernes propres à entretenir les illusions des Européens : les Tartares sont venus d'un terrible désert et ont traversé le mur qui isolait Gog et Magog. Gengis Khan s'est converti au christianisme et, à ce prix, le ciel lui a donné la victoire sur le Prêtre Jean. Sartaq, petit-fils de Gengis, s'est lui-même converti et dans les camps mongols il y a huit cents chapelles que l'on transporte sur des chariots. Des histoires terrifiantes de pyramides d'os marquant le passage des Tartares, des contes rassurants sur les progrès de la vraie foi en ces pays barbares : voilà ce qu'il faut maintenant aller vérifier.

XIII

Rubrouck : l'enquête de frère Guillaume

« À l'époque, j'ignorais ce que cherchait Frère Guillaume, et, à vrai dire, ne le sais encore aujourd'hui. Je présume qu'il ne le savait pas lui-même, poussé qu'il était par l'unique désir de vérité et par un soupçon — que je lui ai toujours vu nourrir — que cette vérité n'était pas telle qu'elle lui paraissait sur le moment. » C'est un personnage du *Nom de la rose* qui parle : le novice qui accompagne le franciscain Guillaume de Baskerville dans ses enquêtes. Mais ces paroles pourraient avoir été prononcées par le clerc Gosset[1] à propos d'un autre Guillaume, lui aussi franciscain. Celui-ci est un personnage bien réel qui mena une enquête plus étrange encore que celle des héros d'Umberto Eco. Guillaume de Rubrouck, le sceptique, le diplomate, l'observateur habile, le grand découvreur médiéval de l'univers mongol, l'anti-Plan Carpin, ou l'anti-Marco Polo, en somme.

Dernière chance

Après tous les échecs de la diplomatie occidentale, celle d'Innocent IV et de Louis IX, après tous les bruits contradictoires, après le ballet des ambassades, des quiproquos et des provocations, après ce jeu politique, jamais

1. Ou par un autre membre de l'expédition, comme le franciscain Barthélemy de Crémone.

en phase avec l'événement, toujours hésitant entre illusion et cauchemar, une singulière clarification s'impose. Et le roi des Francs, refusant de se laisser décourager, rêvant toujours d'offrir à Dieu une belle moisson d'âmes tartares, cherche le bon serviteur capable de résister aux chimères qui ont abusé l'imbécile héroïsme des premiers messagers.

En 1253, c'est, en effet, un homme d'une tout autre trempe qui part de Constantinople, première étape logique vers les pays d'Orient : le Flamand Guillaume. Pourquoi ? Pour convertir les Tartares ? Mener une mission diplomatique, ou de renseignements ? Jusqu'où Guillaume de Rubrouck a-t-il pris l'initiative de cette aventure, dans quelle mesure est-il un envoyé officiel ? Allez savoir avec ce diable d'homme ! Lorsqu'il prêche le dimanche des Rameaux en la basilique Sainte-Sophie, il prend bien soin de préciser[1] : « J'avais dit publiquement… que je n'étais envoyé ni par votre Majesté, ni par aucun autre prince, mais que seulement je m'en allais de moi-même prêcher la foi à ces infidèles, suivant les statuts de notre ordre. » Quand Rubrouck prononce ce prêche, la grande église byzantine est sans doute pleine de marchands latins attirés par cet éloquent et solide moine tout juste arrivé de chez les Francs. Parmi les fidèles, dans le groupe de la puissante colonie vénitienne, il y a peut-être les frères Nicolo et Maffeo Polo[2] alors résidents en la ville.

Rubrouck a soigneusement préparé son entreprise en interrogeant André de Longjumeau, en se renseignant sur le voyage de Plan Carpin, qu'il surnomme Polycarpe, en prévoyant des cadeaux, en engageant un interprète (effroyable et ivrogne, d'ailleurs) et en achetant (avec les aumônes qu'il reçoit) Nicolas, un petit esclave pour la route. En outre, il a une lettre de sauf-conduit de Louis IX, une autre de Baudouin II qui règne sur

---

1. Il l'écrira à son retour, dans son rapport au roi de France.
2. À ce moment-là Marco Polo n'est pas encore venu au monde, il naît en 1254.

Constantinople, des protections, des relais, des correspondants.

Depuis la visite d'André de Longjumeau à la régente mongole, le rapport de forces a changé. Mongka[1], petit-fils de Gengis Khan, vient de se faire proclamer grand khan. Par sécurité, il a fait trancher quelques têtes de cousins comploteurs, noyer ou exiler quelques enfants, héritiers légitimes du trône. Quant à la régente, elle a été cousue dans une outre et noyée.

Mongka, qui a conclu une alliance objective avec Batou, le fondateur de la Horde d'Or, tient l'Empire de Gengis Khan dans une main de fer. Jusqu'en 1259, date de sa mort, ce sera un État uni. La politique du nouveau khan est à l'opposé de celle de son prédécesseur. Il retourne aux valeurs de son grand-père, remet à l'honneur les traditions ancestrales. Il sait s'ouvrir au monde extérieur lorsqu'il le juge utile à la gloire des Mongols. Il a deux grands desseins politiques : achever la conquête de la Perse, du califat de Bagdad et de la Syrie ; en finir avec la Chine des Song[2]. Dans l'immédiat, l'invasion généralisée de l'Europe n'est plus à l'ordre du jour. Voilà le monde instable dans lequel voyage Guillaume.

Autre monde

La première étape est Soldaya en Crimée, comptoir génois où est pourtant installé un Vénitien, autre membre de la famille Polo : Marco le Vieux, peut-être l'organisateur des futures expéditions de la famille en Extrême-Orient. Il est l'oncle de Marco le Jeune (et le Célèbre).

Rubrouck sait que Soldaya est un carrefour du commerce entre la Turquie et la Russie. Les marchands

1. Mongka est le fils de Tuluy, lui-même quatrième fils de Gengis Khan et de son épouse Börte ; Mongka succède à son cousin Guyuk qui lui-même avait succédé à Ogodai, deuxième grand khan et fils de Gengis Khan. Mongka est donc le quatrième khan océanique.

2. De fait, c'est son frère et successeur, le fameux Koubilaï, qui viendra à bout de cette seconde partie du programme.

y échangent hermine et autres fourrures, coton, épices et, naturellement, de la soie. Le premier Mongol d'importance que doit rencontrer le franciscain, en cette fin de juillet 1253, est un jeune prince, un fils de Batou, du nom de Sartaq. Guillaume a des lettres pour lui et se dirige vers son camp établi sur la basse Volga. De ce bastion, Sartaq surveille l'Ouest, il est la sentinelle qui accueille les explorateurs.

Le contact initial avec les Mongols n'est pas des meilleurs. Comme les précédentes, la petite mission se voit soudainement encerclée par une terrifiante soldatesque. Même scénario, même sensation d'avoir quitté le pays des vivants, même choc culturel, mêmes petites histoires : les matamores, mi-rigolards, mi-menaçants, qui ont arrêté les moines leur chipent leur vin, les interrogent sans diplomatie excessive et commencent à s'intéresser au contenu des chariots. Rubrouck calme l'énervement qui monte en rappelant quels hauts personnages les Francs doivent rencontrer. Prudent, il a également prévu des babioles, des fruits secs et du vin pour ces bravaches provocateurs et mendiants, à qui il vaut mieux acheter le passage en leur abandonnant de menus cadeaux.

Visiblement, Rubrouck considère ses interlocuteurs comme des enfants avec lesquels il faut ruser. « Ils admiraient tout et le voulaient avoir. Sur quoi je m'excusais qu'ayant un grand chemin à faire, nous ne nous devions pas ainsi nous priver des choses nécessaires pour un si long voyage. Mais ils me disaient que j'étais un conteur. Il est bien vrai qu'ils ne nous prirent rien par force, mais c'est leur coutume de demander avec cette importunité et effronterie tout ce qu'ils voient. » Du reste, notre voyageur passera tout son temps à défendre ses bagages ou à tenter de récupérer des colis confiés en dépôt. Les histoires de malles perdues, de douaniers voleurs et de galopins chapardeurs sont le lot de tout aventurier. Mais, au moins, cela ne ressemble pas à l'arrivée aux enfers : ces « Tartares » sont des hommes.

Une fois dans les mains de la bureaucratie mongole, Rubrouck suit un trajet comparable à celui de Plan Carpin. Il rencontre d'abord Scacatay dans sa ville de chariots. Scacatay, simple vassal, renvoie l'ambassade vers son supérieur Sartaq, qui lui-même l'expédie à son père Batou. Celui-ci enfin en réfère à l'autorité suprême, Mongka. C'est ainsi que les envoyés de Louis IX arrivent à Karakorum, la capitale, au cœur de la Mongolie, à l'ouest de l'actuelle Oulan Bator[1]. Le voyage est abominable, l'hiver 1253 particulièrement rude. Les guides de Rubrouck s'étonnent même que les moines aux pieds nus résistent si bien au climat. Et, pour l'ambiance, Rubrouck recueille en route des histoires de malheureux Comans égarés qui se sont trouvés si dépourvus qu'ils ont dû s'entre-dévorer. Il entend des contes sur les démons qui guettent les voyageurs. Mais tout cela n'est rien par rapport au problème politique qui se pose au missionnaire et dont il réalise la gravité.

Apparemment Rubrouck a été victime d'un quiproquo, encore un ! Autant qu'il peut, en chemin, il reconstitue l'histoire. En substance, Batou a écrit à Mongka que le roi des Francs réclamait du secours de Sartaq contre les Sarrasins.

Le franciscain est horrifié : est-ce une brillante initiative de Batou ? Ou une idée des traducteurs arméniens ? « Les interprètes étant de la Grande Arménie, où on haïssait fort les Sarrasins, je pensais que, peut-être, ils avaient interprété quelque chose mal à propos pour rendre les Sarrasins plus odieux. » Frère Guillaume, qui s'affirme bien persuadé que saint Louis a pour unique dessein l'évangélisation des Mongols, vit jusqu'à l'heure de sa rencontre avec Mongka dans une crainte perpétuelle. Va-t-il par une gaffe déclencher une guerre qui embraserait le monde ? Et, pour ajouter à sa confusion, il y a ce Sartaq que l'on disait chrétien et qui n'a pas même fait mine de l'être. Et ce Batou qui, lui, pourrait être nestorien. Bref, Rubrouck réalise l'effroyable imbroglio dans lequel il se trouve. En dépit du soin qu'il a pris pour

1. Karakorum, fondée par des Turcs offigours au VIIIe siècle, fortifiée à partir de 1235, ne fut capitale de l'Empire mongol qu'une trentaine d'années. Koubilaï (1260-1285) transféra la capitale à Khanbalik (la Ville du khan), pour nous Pékin.

préparer sa mission, nombre d'éléments qu'il a recueillis sont faux, il a été tout bonnement désinformé. Mais par qui ? Par des prédécesseurs jobards, par des escrocs exploitant des légendes, voire par de véritables services secrets, peut-être enfin par son propre désir de partir.

Le malentendu

Au jour de l'audience du khan Mongka, tout le monde se regarde avec gêne. D'autant qu'il y a un peu de relâchement : l'interprète de Rubrouck a déjà commencé à boire et le khan semble plutôt préoccupé de ses faucons que de diplomatie. De surcroît, il commence lui-même à être un peu embrumé par l'alcool. Rubrouck se met à genoux, mais, malin, précise que c'est pour remercier le Ciel de cette rencontre et qu'il prie pour la vie du khan. Il lui dit par quel circuit hiérarchique il est venu à lui avec des lettres de paix et d'amitié. En somme, il ne demande que le droit de demeurer en ses terres pour y accomplir le service de Dieu. Il demande très modestement la permission de finir là l'hiver[1]. Il n'est en rien question d'alliance ou de haute politique.

Mongka s'énerve un peu et déclare qu'il n'a rien à faire de l'or et de l'argent des franciscains. Quel or, quel argent ? Apparemment l'interprète a encore envenimé les choses. Avec des trésors d'habileté, Rubrouck amène l'entrevue à la conclusion qu'il souhaitait, c'est-à-dire rien. Le cordelier est soulagé d'être débarrassé de tout souci de politique internationale. Qu'on le laisse en paix s'occuper des âmes. C'est finalement ce à quoi consent Mongka. Pour cette entrevue décevante, frère Guillaume a parcouru plus de chemin qu'aucun Européen avant lui. Il s'est mis en route depuis un an, et, depuis sa rencontre avec Sartaq au mois de juillet, il a progressé dans ce pays inconnu et redoutable au prix des plus grandes

1. Rubrouck est arrivé à Karakorum le 27 décembre 1253. Il fait donc très froid.

incommodités. C'est beaucoup de peine pour se dire que l'on n'a rien à se dire.

Le contenu de la lettre que Mongka adresse à Louis IX, et confie à Rubrouck, ne bouleverse pas les rapports franco-mongols, même si le ton n'est plus le même que celui de ses prédécesseurs. Mongka regrette de ne pouvoir envoyer des ambassadeurs aux Francs car il y a, entre leurs deux pays, des nations fort belliqueuses. La sûreté des diplomates ne pourrait être assurée (dans la bouche d'un orgueilleux mongol, c'est déjà un aveu de faiblesse). Enfin, Mongka, dans la tradition des autres libelles des grands khans, termine par le lot habituel de menaces : « Nous avons envoyé les commandements du Dieu Éternel par vos prêtres et quand vous les entendrez et croirez, si vous vous disposez à nous obéir, vous nous enverrez vos ambassadeurs... Et, si vous méprisez les commandements de Dieu, et ne les voulez pas ouïr ni les croire, en disant que votre pays est bien éloigné, vos montagnes bien hautes et fortes, et vos mers bien grandes et profondes, et qu'en cette confiance vous veniez faire la guerre contre nous [...] celui-là qui peut rendre les choses difficiles bien aisées et qui peut approcher ce qui est éloigné, sait bien ce que nous pourrons faire. » En somme, au cas improbable où saint Louis voudrait envahir la Mongolie, la Horde se défendrait. Sinon, les Mongols ne veulent que la paix et n'exigent ni tribut ni soumission. En dépit du ton bravache, c'est un énorme progrès par rapport aux provocations antérieures, mais cela ne tire pas tellement à conséquence. Mongka en cette année 1254 a d'autres soucis que les Francs.

La démystification

Rubrouck revient du pays mongol avec une moisson d'informations variées. Il est le grand démystificateur. Ce qu'il découvre est souvent burlesque ou inquiétant. Ainsi, son enquête prouve que le khan Mongka et le roi Louis ont été victimes d'un imposteur : Théodule d'Acre qui se faisait appeler Raimond. C'est bien le même Raimond d'Acre que nous avons croisé en compagnie d'André de Longjumeau, se glissant à Chypre dans la seconde mission, la suivant jusqu'en Perse, puis la quittant, chaque fois pour des motifs obscurs. Guillaume découvre le pot aux roses et reconstitue l'histoire.

Théodule/Raimond a acheté en Perse de mystérieux « instruments » (peut-être est-il aussi un peu négociant), et, après le départ d'André de Longjumeau, s'est présenté à Mongka. Il a tenu au grand khan un discours stupéfiant : dans son pays, il y a un saint évêque qui a reçu du Ciel une lettre écrite en caractères d'or. Dieu veut que le khan soit averti qu'Il le destine à dominer toute la terre et à y faire régner la paix universelle. Et lui, Théodule, s'est donc mis en route pour porter la prophétie au puissant khan des Tartares. Celui-ci est flatté de l'intérêt que le Ciel prend à ses affaires mais demande quand même à voir les lettres. Théodule a une explication toute prête : le message était avec ses hardes sur un cheval farouche, et, un jour, l'animal lui a échappé et s'est enfui avec la fameuse missive. Théodule noie ce conte de longues considérations embarrassées. Le khan veut en savoir plus : comment s'appelle l'évêque que le Ciel a chargé de pareils messages ? Odon de Damas, répond Théodule. Et où donc est Damas ? questionne le khan. C'est le pays d'un certain roi de France. De surcroît, les Sarrasins empêchent tout contact entre le pays de France et la Mongolie, sinon ce grand roi n'aurait manqué de proposer paix et bonne alliance à Son Altesse Mongka. Le grand khan demande à l'affabulateur s'il peut emmener des ambassadeurs vers ce roi des Francs. À Théodule rien d'impossible : il propose de conduire des envoyés de Mongka non seulement au roi mais aussi au pape. Or, et c'est peut-être le plus beau de l'histoire, Mongka semble croire toutes les fariboles de l'escroc. Le plus sérieusement du monde, il se fait porter un arc que deux guerriers parviennent à peine à bander, accompagné de deux flèches d'argent percées de trous, ce qui en augmente le sifflement. Le message du khan au roi de France est d'une simplicité toute mongole et peut se résumer ainsi : « Si tu acceptes ce cadeau, j'écraserai tes ennemis sarrasins. Si tu refuses mon alliance, renvoie-moi l'arc, mais sache qu'avec lui je peux t'atteindre de fort loin. »

Sur la parole d'un illuminé ou d'un escroc à la langue bien pendue, le plus puissant souverain de l'univers propose de prendre le pays des Francs sous sa protection et d'écraser les Sarrasins. Apparemment peu troublé par la tempête géopolitique qu'il peut déclencher, Théodule accepte sans sourciller de partir avec un émissaire mongol, chargé de le suivre et de l'espionner. Rubrouck apprendra plus tard ce détail en interrogeant un interprète devant qui Théodule s'est vanté d'être bien conscient que l'ambassadeur mongol était un espion, mais d'être assez rusé pour le mener par mer si bien que le Mongol ne pourra rien observer.

Par d'autres témoins rencontrés plus tard, Rubrouck reconstitue comment a fini l'histoire, à des milliers de kilomètres de son point de départ. Théodule arrive à la cour de l'empereur grec Vastace, réfugié en Asie Mineure. Celui-ci, plus méfiant que Mongka, découvre l'imposture et jette l'escroc dans un cul-de-basse-fosse. Quant à l'envoyé mongol, il tombe malade et meurt en chemin. Très formaliste, et surtout très désireux d'éviter toute complication avec les Mongols, Vastace renvoie à Mongka les tablettes d'or qui accréditaient l'ambassadeur[1]. L'affaire en reste là. « De pareils imposteurs courant par le monde, quand ils sont découverts par les Tartares, sont mis à mort sans rémission », note Rubrouck. Le code pénal mongol prévoit la peine capitale pour les sorciers et pour ceux qui se prétendraient faussement envoyés de quelque prince : la chose n'est donc pas exceptionnelle.

Paradoxe de Théodule

Théodule, *alias* Raimond d'Acre, mériterait de donner son nom à un paradoxe. Il pourrait s'énoncer ainsi : tout

1. Il s'agit de tablettes en or valant sauf-conduit, crédit, et droit de réquisition. Marco Polo en recevra de semblables.

empire, fût-il extraordinairement puissant et organisé, peut être victime du plus petit aigrefin. Plus les États sont éloignés (géographiquement et mentalement), plus on accorde de crédit à n'importe quel voyageur. Des missions d'importance historique énorme sont confiées aux moins fiables des intermédiaires : un illuminé, un affabulateur, dans le meilleur des cas un marchand qui passe par là.

La chose n'est pas nouvelle. Douze siècles avant Rubrouck, on garde la trace de la « première ambassade » de Rome en Chine, dite ambassade d'Antonin. C'était tout bonnement un marchand qui prétendait représenter l'empereur de Rome. Et les Chinois ne seront pas en reste, comme le démontre le cas d'un négociant de l'empire du Milieu qui parvint sur les rivages du Ta-ts'in (l'Empire romain) et se présenta aux souverains du pays comme ambassadeur du Fou-nan (le Cambodge).

Il y a eu et il y aura donc encore d'autres Théodule ! Par ses investigations à la cour du khan, frère Guillaume s'aperçoit que l'origine des initiatives de saint Louis (et donc de sa propre mission), c'est-à-dire ce qu'ont rapporté les deux nestoriens David et Marc, n'est que mensonge. Tout cela pour des fables ! Dans sa lettre à saint Louis, Mongka écrit : « Un nommé David vous a été trouver comme ambassadeur des Moals [Mongols] mais c'était un menteur et un imposteur, et vous avez envoyé avec lui vos ambassadeurs à Ken-Cham [Guyuk], après la mort duquel ils sont arrivés à la cour. »

Mongka, qui a visiblement consulté les archives mongoles bien tenues, tient en outre à désavouer les initiatives de la régente qu'il vient de faire assassiner : « Et sa veuve Charmis vous envoya par eux une pièce de drap de soie de Nasic, avec des lettres. Mais pour ce qui est des affaires de la guerre ou de la paix et du bien de cet État, comment est-ce que cette méchante femme, plus vile et abjecte qu'une chienne, en eût pu savoir quelque chose ? »

Autre exemple du paradoxe de Théodule : un certain « moine rouge », vraisemblablement un lama tibétain, en conflit perpétuel avec tous les autres religieux présents à la cour de Mongka, lui promet d'aller trouver le pape et de soumettre aux Mongols toutes les nations de l'Occident. Ne doutant de rien, le moine a le culot d'interroger Rubrouck. Pourrait-il l'introduire auprès du pape ? Est-il bien raisonnable de parler ainsi au Saint-Père ? Comment trouver des chevaux pour le chemin ? Frère Guillaume l'aidera-t-il ? Devant si colossale naïveté, Rubrouck conseille seulement au malheureux de ne pas mentir davantage à Mongka.

Au cours de son expédition, Rubrouck repère un autre faussaire qui vit de la crédulité de ses semblables : le faux moine Sergius. Celui-là, ancien tisserand, se dit moine arménien et prétend avoir été ermite en Terre sainte. Il se vante d'avoir baptisé Mongka et fait partie de ces nombreux affabulateurs qui répandent le mythe des khans chrétiens. Rubrouck, déjà échaudé par la fausse conversion de Sartaq, ne croit pas un mot de ce que lui dit Sergius. Celui-ci avoue sa honte mais continue à se mettre dans d'autres mauvais cas par ses galéjades. Il proclame partout que Dieu lui a commandé d'aller voir Mongka et de lui dire que, s'il voulait se faire chrétien, les Français et le grand pape même se soumettraient à son autorité. Le charlatan, ne doutant de rien, conseille à Rubrouck de dire la même chose.

Apparemment le grand khan attire une foule de « messagers de Dieu » qui lui prophétisent la possession de la terre. Le personnage de Sergius est curieux, il agace Rubrouck qui lui sauve néanmoins la vie par pure charité.

Un jour qu'une épouse de Mongka est tombée gravement malade, le faux moine se vante de la guérir et engage sa tête. Mis en demeure de sauver la reine, il panique : il n'a pour tout remède qu'une mauvaise décoction de rhubarbe[1]. Cela suffit certainement pour ses clients ordinaires, mais cette fois l'affaire est grave. Frère Guillaume accompagne Sergius au chevet de la malade,

1. La rhubarbe, utilisée en médecine par les Chinois depuis la plus haute Antiquité et connue en Europe au moins depuis Pline, a toujours fait l'objet d'un commerce intense sur les routes de la soie et était considérée, contrairement à ce que pense Rubrouck, comme une des plantes médicinales les plus efficaces.

utilise de la « véritable » eau bénite « qui a grande vertu pour chasser les malins esprits ». Il prie pour la reine, en compagnie de prêtres nestoriens. Ces nestoriens que Rubrouck croise à chaque pas de sa pérégrination, et qu'il tient en si piètre estime[1]. La reine adore fort pieusement une croix posée sur une pièce de soie. Elle se sent vite mieux. Si ravigotée même qu'elle veut récompenser les assistants de quelques pièces et d'un peu de vin. Sergius et les nestoriens acceptent le cadeau au grand scandale de Rubrouck. L'histoire se termine par la guérison de la reine, mais frère Guillaume est passablement choqué par ces superstitions, par la rhubarbe miraculeuse, par ces curieux prêtres et moines, par tous ces scandales et menteries.

Contre-enquête

C'est une constante chez le franciscain, jamais il n'est dupe, même s'il feint parfois de l'être par diplomatie ou par humanité. Tout au long de son rapport à saint Louis, on le voit soucieux de séparer le faux du vrai, d'autant plus systématiquement qu'il s'est fort bien documenté sur tout ce qui se disait. Il vérifie tout ce que racontent les voyageurs ou tout ce qu'affirment les *Livres des merveilles*. « Je fus curieux de m'informer de ces hommes monstrueux dont Solin et Isidore[2] font mention », dit-il à propos des peuplades inconnues du Grand Nord. Ailleurs, il veut contrôler les légendes relatives aux fameuses portes de Fer d'Alexandre. Toujours il refuse de gober les fables auxquelles Plan Carpin a adhéré sans l'ombre d'une hésitation et que l'on racontait à tout nouvel étranger. À l'évidence, sur place, un stock d'histoires, toujours les mêmes, dans lequel puisaient les voyageurs, alimentait le fonds européen.

---

1. Le rôle des nestoriens à cette période de l'histoire des routes de la soie sera traité dans un chapitre suivant.
2. Il s'agit d'Isidore de Séville, sérieuse source d'information géographique que Rubrouck a pris soin d'étudier.

Rubrouck nous rapporte ainsi qu'il est accosté par un prêtre de Cathay vêtu de rouge, et, comme notre bon moine s'esbaudit de cette superbe couleur, son interlocuteur lui raconte une longue histoire. Il vient de Chine. Dans l'Est du pays s'élève une grande montagne creuse où vivent des créatures semblables aux hommes, à ce détail près qu'elles n'ont pas d'articulation aux genoux. Le Chinois est en train de reprendre l'histoire que l'on a déjà servie à Plan Carpin, car les hommes ou les animaux aux jambes raides font partie du grand bestiaire des routes de la soie. L'homme du Cathay décrit les monstres : ils se déplacent en sautant, sont couverts de poils et ne mesurent guère plus d'une coudée. La façon de capturer ces homoncules est étrange. Comme on ne saurait approcher leur caverne, avant de les prendre il faut les enivrer. Pour cela, on verse du vin[1] dans des creux de rocher, puis les chasseurs se mettent aux aguets. « Ces animaux ne voyant personne, sortaient de leurs trous, et venaient tous ensemble goûter de ce breuvage en criant "Chin-Chin" dont on leur a donné le nom de Chin-Chin et en demeuraient si ivres qu'ils s'endormaient. Les chasseurs survenant là-dessus les attachaient pieds et mains ensemble, leur tiraient trois ou quatre gouttes de sang de dessous la gorge, puis les laissaient aller. C'est de ce sang-là dont il me dit qu'ils teignaient cette écarlate ou pourpre si précieux. »

Autre belle histoire qui laisse Rubrouck de marbre : celle de la terre où l'on garde toujours le même âge tant qu'on y demeure.

Et, quand on en arrive à l'inévitable Prêtre Jean, pont aux ânes des voyageurs, frère Guillaume, pourtant instruit des histoires de Longjumeau, ne se fait guère d'illusions et déduit que ce sont là des racontars de nestoriens, fieffés menteurs et ignorants. Ils « disaient de lui [Prêtre Jean] des choses merveilleuses, mais beaucoup plus qu'il n'y en avait en effet. Car c'est la coutume des nestoriens

1. Le moine chinois précise même que l'on est en train d'introduire la viticulture dans son pays où l'on ne consommait auparavant que de l'alcool de riz.

venant de ces pays-là de faire un grand bruit de peu de chose, ainsi ils ont fait courir partout que Sartaq était chrétien, aussi bien que Mangu-cham et Kencham[1], à cause seulement qu'ils font beaucoup plus d'honneur aux chrétiens qu'à tous les autres ». Frère Guillaume a mis le doigt sur la plaie : le triomphalisme, l'incurable optimisme qui fit croire aux Européens que la conversion générale des Tartares était pour demain ou fit prêter aux chrétiens d'Asie centrale un nombre, une puissance ou une influence fictifs.

Suivons l'explication de Rubrouck : « Dans l'autre Cathay qui touche la mer », il y avait un prêtre nestorien qui régnait sur les Naimans. Ce prêtre, mort sans enfant, avait un frère qui lui succéda, Unc ou Vut, également nestorien et qui régna sur Caracum. Cingis, maréchal-ferrant de son métier, un petit chef qui faisait des razzias contre les troupeaux d'Unc, devint finalement chef des Tartares et des Mongols. Il vainquit Unc qui se retira au Cathay.

Traduisons : les Naimans sont effectivement une tribu nestorienne, Caracum est bien Karakorum, Cingis est, bien sûr, Gengis Khan, etc. Rubrouck commet quelques erreurs et se prend un peu les pieds (il y a de quoi !) dans les noms des différentes tribus nestoriennes. Mais sa version peut se résumer ainsi : le Prêtre Jean était ce Wang khan Togrul, suzerain puis ennemi de Gengis Khan, dont il a été question plus haut. Togrul était chrétien, certes, mais sa vie est sans rapport avec les affabulations des nestoriens. Il n'y a pas de royaume merveilleux ni d'armées innombrables. Cette interprétation du mythe a le mérite d'être vraisemblable et démystificatrice.

Comment le gros moine échappe-t-il aux pièges dans lesquels tombent ses prédécesseurs, et pourquoi est-il si peu crédule ? Pour une part, c'est affaire de caractère et d'intelligence. Nous avons trop de démonstrations comparatives de l'art avec lequel il se tire des difficultés, trop de notations fines et aiguës de lui pour en douter. Mais il

1. Noms déformés de khans.

y a la méthode de Rubrouck, son goût de vérifier ; et le fait qu'il prend la peine de croiser les informations et d'interroger les témoins. Visiblement doté d'un solide sens des relations humaines, frère Guillaume se fait des amis précieux.

Le paradoxe de Paquète

Des amis, chez ces fils de l'Enfer ? Des témoins ? Des relais, des gens qui appartiennent au même univers mental que le Flamand ? Des interlocuteurs à qui parler en confiance, des Européens en somme, ou au moins des coreligionnaires ? Justement, il y en a à profusion pour qui prend la peine de regarder autour de soi. Il y en a même un nombre incroyable.

Ici intervient le « paradoxe de Paquète » comme était intervenu le paradoxe de Théodule. Guillaume, premier envoyé à Karakorum, capitale du khan, découvre un univers aussi éloigné des Francs de l'époque que nous le sommes de la Lune. « Et quand je me trouvai au milieu des Tartares, il me parut en vérité que je me trouvais transporté dans un autre monde », dit-il. Et qui va-t-il rencontrer à Karakorum, chez ces Sélénites, ou ces présumés fils du démon ? Notre franciscain rencontre une certaine Paquète dite de Lorraine. Elle est née à Metz, a été capturée en Hongrie, est venue là comme prisonnière — mais en quelles circonstances ? — et s'est mariée à un Russe.

Prenons Paquète pour symbole de tous les sans-grade et oubliés qui circulent sur les routes de la soie, ceux que les hasards de l'histoire font échouer à l'autre bout du monde et que les « grands », les Marco Polo, les Ibn Batouta, ceux que l'histoire retient comme les grands explorateurs, croisent au gré de leurs pérégrinations. Le paradoxe de Paquète implique ceci : outre la voie royale de circulation des savoirs, l'écrit, les journaux de voyage, il y a des sentiers inconnus, des modes discrets et efficaces de transmission ; mais notre histoire les a souvent oubliés. Dire que deux civilisations se sont ignorées ou n'avaient aucun contact, c'est peut-être négliger toutes les Paquètes de tous les bouts du monde. Et, depuis la légende des mercenaires romains pris à Carrhes, il y en eut sans doute beaucoup.

Guillaume de Rubrouck débarque dans une Karakorum cosmopolite. Là, outre quatre mille ambassadeurs de tous horizons, grouille une société d'artisans, de serviteurs, de clercs même, tous au service des Mongols. La plupart ont été pris par la force, et c'est souvent enchaînés qu'ils ont traversé le continent. Beaucoup ont péri en route mais certains se sont parfaitement adaptés. Ainsi en est-il de Paquète, entrée au service d'une princesse mongole chrétienne et qui s'avoue heureuse de son sort après des années de malheur et de servitude. Elle a trouvé un jeune mari et a trois beaux enfants. La brave fille, un peu bavarde, tient la gazette de la colonie occidentale.

Elle adresse le franciscain à un second compatriote, un artisan, pris à Belgrade : Guillaume Bouchier[1]. Il y était en compagnie d'un évêque normand et a été déporté comme des milliers d'artisans. Cet orfèvre parisien, dont le frère tient toujours échoppe sur le Grand Pont à Paris, a tout bonnement installé son petit négoce dans la capitale du khan. Il fabrique des crucifix « à la mode de Paris ». Son chef-d'œuvre, une fontaine à boisson du dernier raffinement et pourvue d'un ingénieux mécanisme, est destiné à Mongka. De fait, l'orfèvre semble être devenu un bourgeois de Karakorum. Lorsque Guillaume repart, il lui confie une ceinture ornée d'une pierre précieuse capable de protéger contre le tonnerre et destinée au roi Louis. L'ancien Parisien ne manifeste nul désir de retour. Les deux Guillaume deviennent les plus grands amis du monde. L'orfèvre propose au franciscain les services de son fils adoptif, excellent interprète. Ce jeune homme vif et observateur est d'un tout autre secours que les

1. Le malheureux orfèvre Guillaume, malade, sera d'ailleurs lui aussi victime de la rhubarbe tragique du moine et échappera de peu à la mort.

truchements ivrognes, incompétents ou menteurs que Rubrouck a dû utiliser jusque-là.

Karakorum, ville cosmopolite

Son enquête confirme le paradoxe de Paquète : des milliers de personnages obscurs ont été là où l'Europe s'imaginait le pays des démons. Dire qu'en cette année 1254, Marco Polo est encore dans le ventre de sa mère ! Pourtant, le continent eurasiatique est bien repéré. Les multiples voyageurs, les membres des caravanes, de caravansérail en caravansérail, de relais en relais, ont de fortes chances de rencontrer des compatriotes sédentarisés. C'est le temps où des marchands italiens n'hésitent pas à s'installer en Crimée (comme Marco Polo le Vieux), c'est le temps où, à Venise, existe une rue des gens d'Ormuz, et où les différentes nations ont leur fondachi, leur « maison », où à Canton, à Java et ailleurs sont installées des colonies étrangères. À Karakorum même, nous dit Rubrouck, « il y a deux grandes rues, l'une dite des Sarrasins, où se tiennent les marchés et la foire : plusieurs marchands étrangers y vont trafiquer à cause de la cour qui y est souvent et du grand nombre d'ambassadeurs qui y arrivent de toute part. L'autre rue s'appelle des Cathayens où se tiennent tous les artisans. Outre ces deux rues il y a d'autres grands lieux ou palais où est la demeure des secrétaires du Prince. Là sont douze temples d'idolâtres de diverses nations et deux mosquées de Sarrasins où ils font profession de la secte de Mahomet, puis une église de chrétiens au bout de la ville. »

Cette fois, le paysage décrit n'évoque plus le rassemblement de tentes et de chariots, le camp de nomades où l'on imagine les Mongols. C'est une ville typique des routes de la soie, avec ses quartiers des différentes nations et ses autels de divers cultes. Non seulement les nomades sont en train de se sédentariser[1], mais Karakorum est

1. Guillaume nous précise bien que parmi les différents corps de métiers celui des architectes est fort à l'honneur.

vite devenue une capitale cosmopolite. La noria des marchands chargés de soie et de fourrures, le va-et-vient des ambassadeurs, cela évoque plutôt l'atmosphère de la Chine des Hans, à l'ouverture des routes de la soie.

L'ampleur du mouvement diplomatique prouve que les Mongols savent faire autre chose que la guerre et qu'ils sont en contact avec le monde entier. Rubrouck rencontre un ambassadeur des Abbassides de Bagdad, un envoyé de l'empereur des Indes, un des Seldjoukides... Ne parlons pas des visiteurs illustres que frère Guillaume manque, parfois de peu, et dont il entend parler ; l'historien perse Ata Malik, le roi d'Arménie qui joue le jeu des Mongols contre les Turcs. Sur le fleuve Tanaïs, le Don, « qui fait la borne de l'Europe et de l'Asie, comme le Nil est celle de l'Asie et de l'Afrique », il y a un logement et un gué pour faire passer les ambassadeurs. Rubrouck passe son temps à croiser des délégations étrangères, celle des Grecs de Vastace, celle du roi d'Arménie rencontrée à vingt journées de Karakorum.

En dehors de cela, Rubrouck tombe sans cesse sur des Européens, dont un compatriote flamand à Samarcande. Et, bien sûr, des Génois et Vénitiens. À Pâques 1254, il rencontre dans la capitale mongole « grand nombre de chrétiens de toutes nations qui étaient là, Hongrois, Alains, Russiens, Géorgiens et Arméniens, qui tous n'avaient pu recevoir la communion depuis qu'ils avaient été pris et emmenés là ». À la cour du khan, Guillaume enquête sur des prisonniers allemands déportés dans les mines d'or et d'argent et dont lui a parlé André de Longjumeau. Ils s'inscrivent dans la longue cohorte des captifs emmenés à l'autre bout du monde : soldats romains de Carrhes, artisans chinois de Talas, anonymes porteurs d'une science et d'une technique. Rubrouck croyait aller aux Enfers, il arrive à Babel.

Babel mongole

Au fait, comment se comprend-on ? En latin, entre gens d'Église, avec des prisonniers russes et hongrois, et même avec un Coman ayant voyagé en France et que rencontre Rubrouck. Mais d'autres langues sont bien plus usuelles. Il y a d'abord l'arabe et le syriaque[1], langues dans lesquelles saint Louis a fait traduire ses lettres. Les Arméniens présents tout au long du chemin, redoutables polyglottes et intermédiaires-nés, interviennent souvent comme truchement. Les Perses également sont omniprésents et leur langue fort répandue.

Au cours d'une soirée particulièrement exotique, Rubrouck, invité à souper par son ami l'orfèvre, rencontre un Anglais, Basile, qui parle en outre français et coman[2]. La femme de Guillaume Bouchier, fille d'un Sarrasin, née en Hongrie, parle également ces deux langues. Parions que ce soir-là la conversation s'est faite en langue d'oïl.

On devait beaucoup parler coman, d'autres dialectes turcs et notamment le ouïgour qui fut langue de chancellerie. Bien entendu, les Mongols que décrit Rubrouck parlent la langue « tartaresque ». Que faut-il comprendre ? Était-ce du vrai mongol ou s'agit-il d'un dialecte turco-mongol ?

S'ajoute le casse-tête des écritures. Rubrouck observe les caractères des billets de banque[3] (car on use bien de papier-monnaie). Les Chinois du Cathay « écrivent avec un pinceau fait comme celui des peintres, et dans une figure ils font plusieurs lettres et caractères comprenant un mot chacun. Ceux du pays de Tibet écrivent comme nous de la gauche à la droite, et usent de caractères à peu près semblables aux nôtres. Ceux de Tongouses écrivent de la droite à la gauche comme les Arabes et en montant en haut multiplient leurs lignes. Les Ouïgours écrivent de haut en bas ». Et encore, Rubrouck ne s'en tire pas trop mal car il a fini par trouver un bon interprète.

1. Langue sémitique, parlée par les premiers chrétiens d'Éphèse, d'Édesse et de Perse, langue liturgique de certaines communautés chrétiennes d'Orient, elle était fort répandue sur les routes de la soie et reste utilisée par les assyro-chaldéens d'Irak.

2. Les Comans étaient des tribus turcophones de Hongrie.

3. Ni Rubrouck ni Marco Polo plus tard n'ont noté un détail capital : ces billets sont imprimés. Et nous sommes deux siècles avant Gutenberg.

Son prédécesseur, Plan Carpin, quand il parlait à Batou, utilisait un interprète russe, mais, auprès de Guyuk, un Coman. Selon l'historien Jean-Paul Roux, les choses devaient se passer ainsi : « Les Mongols devaient dire quelques phrases à Temer [l'interprète coman] qui les traduisait du turc en russe, langue que Benoît de Pologne [le compagnon de Plan] entendait à peu près et que, à son tour, il répétait en latin au franciscain italien[1]. »

Plus tard, Marco Polo, pendant son long séjour à la cour de Koubilaï, apprendra quatre langues et quatre écritures. Ce serait sans doute le tartare, le ouïgour, le persan et l'arabe. À la cour de Koubilaï, on écrivait soit en idéogrammes chinois, soit en caractères arabo-persans, soit en alphabet ouïgour de type syriaque, soit enfin en un alphabet créé artificiellement pour la bonne administration. Il s'agissait de l'œuvre du moine tibétain Passepa : un jeu de caractères « carrés » avec lesquels on pouvait transcrire d'autres langues comme l'ordonnait un décret de Koubilaï Khan[2]. Son idée était, on s'en doute, de simplifier les communications à l'intérieur de l'immense Empire.

Retour du bon serviteur

Guillaume l'enquêteur revient vers Chypre et Tripoli. Il ramène à ses supérieurs et à son souverain une moisson d'informations claires. Elles vont à rebours des mystifications et des on-dit recueillis par ses prédécesseurs. En fait, il n'y a pas grand-chose à tirer politiquement de tout cela. Les Mongols ont bien changé et ne sont plus si menaçants. S'ils doivent s'en prendre à quelqu'un, ce sera aux Abbassides[3]. Quant à s'allier avec les Mongols,

---

1. Jean-Paul Roux, *Les Explorateurs du Moyen Âge,* Fayard, 1985.

2. Finalement, dans la pratique c'est l'alphabet ouïgour, déjà en usage depuis le temps de Gengis Khan, qui l'emportera et deviendra celui des Mongols.

3. L'immense événement qu'est la prise de Bagdad se produira quatre ans plus tard en 1258.

les Francs sont trop échaudés par les mensonges et illusions du passé récent, ou trop occupés par leurs propres conflits, pour y songer sérieusement.

Alors, envoyer des ambassadeurs aux Tartares ? Tenter de les convertir en masse ? La conclusion raisonnable, c'est encore Rubrouck qui la tire : « Je pense aussi qu'il n'est plus à propos d'envoyer dorénavant des religieux vers les Tartares, ainsi qu'on a fait de nous et des frères prêcheurs. Mais si le pape, qui est le chef de tous les chrétiens, voulait, il y pourrait envoyer honorablement quelque évêque ou autre personne qualifiée, pour ambassadeur, afin de pouvoir répondre à toutes leurs folles demandes. Ils ont écrit par trois fois aux Francs et aux peuples de deçà, à savoir, une fois au pape Innocent quatrième d'heureuse mémoire et deux fois à Votre Majesté, l'une par David qui vous a trompé et l'autre par nous maintenant. Une personne revêtue de la dignité épiscopale ou autre semblable pourrait leur dire ou donner par écrit tout ce qui lui plairait d'autant qu'ils écoutent paisiblement tout ce que veut dire un ambassadeur. »

Autrement dit : normalisons les relations avec les Tartares qui ne sont ni les cavaliers de l'Apocalypse, ni les légions du Prêtre Jean. Et gardons-nous de toute illusion. L'analyse est juste et les conseils de frère Guillaume seront suivis : il y aura très vite d'autres missions et même un archevêché de Khanbalik (Pékin).

La postérité littéraire de Rubrouck est moins remarquable. Il faudra attendre longtemps pour que la qualité de ses mémoires soit reconnue. Le seul contemporain à accorder au franciscain le crédit qu'il mérite est un philosophe, et non des moindres. Roger Bacon (1214-1294), théologien anglais, considéré comme le père de la méthode expérimentale, l'esprit scientifique par excellence, se prend de passion pour le texte du voyageur, il le commente dans son *Opus majus*, qu'il destine au pape. Mais Bacon retient surtout ce qui concerne ces peuples étranges qui menacent l'Europe. Il saisit la fabuleuse contribution que cela représente pour les connaissances géographiques du temps, mais il voit chez Rubrouck un imaginaire avertissement contre l'imminente invasion des hordes infernales. Bacon veut connaître la carte pour repérer où sont Gog et Magog. Il veut savoir d'où viendra un péril que Rubrouck disait pourtant bien illusoire.

Guillaume le Mal Compris, Guillaume le Sage s'éloigne. Il va maintenant retrouver l'obscurité. Ayant bien œuvré et affronté le danger sans une plainte, il peut finir sa vie de bon serviteur, lui qui disait à saint Louis : « Il est écrit en l'Ecclésiastique "que le sage passera en la terre des nations étrangères, et qu'il essayera en toutes choses le bien et le mal". J'ai fait la même chose, Sire, mais plaise à Dieu que ç'ait été comme le sage et non comme le fou. »

XIV

La Chine atteinte, la Chine perdue

Louis IX est déçu. Le roi, nous dit Joinville, regretta fort les ambassadeurs, les cadeaux et la relique qu'il avait envoyés.

La réalité est bien loin de ce que rêvait la chrétienté : les Mongols ne menacent plus de détruire l'Europe, même s'ils sont toujours aussi insolents dans leurs propos. Ni démons ni âmes vierges, les Tartares posent un singulier problème politique et religieux. D'autant plus que la place est occupée. Entendez que toutes sortes de religions se disputent ces âmes que l'on croyait à prendre.

Hérésie du bout du monde

Une des plus grandes surprises pour les pionniers venus d'Europe est de découvrir le nestorianisme solidement implanté chez les Mongols. L'Europe, terrifiée par la puissance de l'Islam et hantée par le mythe du Prêtre Jean, attendait des Mongols qu'ils fussent les destructeurs du christianisme, ou bien ses sauveurs, les hordes de Gog et Magog ou un peuple de futurs catéchumènes. Entre les rêves de conversion en masse et les craintes d'Apocalypse, il n'y avait guère de place pour les nuances et les compromis.

Et pourtant, les voyageurs de retour de chez les khans racontaient, pour qui aurait su les écouter, quelque chose de plus surprenant encore : la pluralité des dieux, le foisonnement des croyances. Là-bas, une nouvelle carte des religions était en train de se dessiner. La « tolérance » des Mongols, surprenant mélange d'ouverture d'esprit, de pragmatisme et de calcul cynique, était difficile à comprendre pour le Moyen Âge, d'autant que les pérégrins des routes de la soie portaient un regard qui n'avait rien de vierge ou de neutre sur ce monde inconnu. La redécouverte du nestorianisme resurgissant jusque dans les camps mongols n'est pas le moindre sujet de débat.

Tolérée puis persécutée en Iran, bien accueillie puis proscrite en Chine parce qu'étrangère, signalée en Inde, l'hérésie nestorienne a été de succès en revers. Le plus étonnant est que le nestorianisme qui semblait pratiquement disparu depuis le IXe siècle connaisse pareille aventure en Asie centrale. Les sources musulmanes du Xe siècle signalent l'ardeur prosélyte des nestoriens au Sin-kiang et l'on sait que vers l'an mille, leurs prédicateurs convertirent des tribus turques. On trouve trace de leur passage chez les Ongoutes, chez les Kara-Kitais à Kachgar, chez les Keraits suzerains des Mongols avant que Gengis Khan ne les vainque, puis chez les Mongols eux-mêmes, jusque dans la famille des khans. Voilà qui a suscité les bruits les plus fous sur une prochaine conversion de toute la horde, y compris les rumeurs que propageaient les imposteurs auprès de saint Louis.

Le roi de France a pourtant, avec le rapport de Rubrouck, des informations fiables.

Le khan Mongka que le franciscain a rencontré est fils d'une nestorienne. Il pratique une tolérance non dépourvue de subtilités politiques. Pour sa part, tout en s'entourant de nestoriens, il favorise le bouddhisme auquel il adhère. Le taoïsme bénéficie longtemps de cette atmosphère et rivalise avec la doctrine de l'Éveil. Mongka organise des conciles et colloques, se préoccupe, semble-t-il très sérieusement, de points de doctrine ou de questions métaphysiques. L'homme qui fait trembler le monde fait ses délices de subtiles analyses touchant aux étapes du non-soi ou de la voie du Vide. Et les nestoriens ne sont pas les derniers à participer à ces joutes de l'esprit.

Rubrouck estime peu leur dialectique et leurs connaissances théologiques. Lui-même prend part à un débat triangulaire organisé par le grand khan afin de discerner la vérité entre chrétiens, mahométans et idolâtres (bouddhistes). Mongka prend très au sérieux son rôle de « médiateur » comme nous dirions aujourd'hui, et, pour s'assurer que les débats resteront dignes et de qualité, il annonce qu'il punira de mort tout orateur qui fera du chahut, ou injuriera son contradicteur. S'ensuit une étrange scène où l'on traite de métaphysique, où l'on échange arguments et actes de foi et où Rubrouck, il n'est pas peu fier de le signaler, sert de conseiller aux nestoriens dont les arguments laissent un peu à désirer. Il souffle littéralement le discours à ces ignorants ; il ne manque pas de signaler qu'après le colloque « nestoriens et sarrasins chantaient ensemble à haute voix », et que tout le monde buvait abondamment.

Rubrouck n'aime guère les nestoriens. Ils sont partout où vont les Mongols, jusqu'en Chine, « et sont tenus par eux pour étrangers et venus d'ailleurs. Ces nestoriens habitent en quinze villes du Cathay où ils ont un évêché en la ville de Segin [Si Ngau] », mais ce sont des ignorants, et leurs affabulations sur le Prêtre Jean le démontrent : « Les nestoriens qui sont au Cathay ne savent rien du tout, et ils ont des textes sacrés en langue syriaque, mais n'y entendent rien. Ils chantent comme nos moines ignorants et qui ne savent pas le latin, de là vient qu'ils sont tous corrompus et méchants, surtout fort grands usuriers et ivrognes. » Ajoutons qu'ils sont bigames, simoniaques, « car ils ne donnent aucun sacrement sans argent », de mauvaise vie, avaricieux. Bref, la vie des idolâtres « est bien plus honnête et de meilleur exemple que celle de ces gens-là ».

La horde, de Bagdad à Canton

Mongka n'est pas seulement l'ivrogne plutôt sympathique et un peu mystique qu'a rencontré Rubrouck. L'histoire ne s'arrête pas. Un an après avoir reçu le franciscain, en 1255, le khan rassemble sa horde et lui donne le signal.

Vers l'ouest, vers le Tigre, il lance son frère Hulagu. Au passage, l'armée mongole met fin au pouvoir des ismaïlites en détruisant le repaire de la secte des Assassins. La horde progresse vers Bagdad. La horde, ou plutôt le corps d'armée formé en partie de Turcs et de « vrais » Mongols, plus quelques ralliés de diverses ethnies, avec ses bouddhistes, ses nestoriens, ses chiites et ses sunnites. Hulagu lui-même est bouddhiste, marié à une chrétienne, et a pour principal second un général nestorien. Cette troupe ne ressemble plus guère à celle de Gengis Khan, mais sa valeur guerrière n'est pas moindre. Elle fait belle moisson de têtes dans sa marche vers la capitale. Bientôt, c'est le siège de Bagdad.

Les Mongols usent de toutes sortes de machines de guerre dont des lance-flammes alimentés au pétrole. Ils rusent aussi et promettent au calife de l'épargner s'il se rend. Il lui suffira de verser tribut ; il épousera même une fille d'Hulagu. Le calife croit ces trop belles promesses et ouvre les portes. C'est livrer la population à la soldatesque. Pendant sept jours a lieu un des plus effroyables massacres qui se soient vus. Il est question de centaines de milliers de morts, peut-être plus d'un million. C'est aussi la fin d'un pouvoir de cinq siècles et l'effondrement d'une capitale des routes de la soie.

Ce n'est pas assez pour Mongka. Il se tourne vers l'Orient. Il lui faut la Chine entière, c'est-à-dire celle du Sud où la dynastie des Song maintient encore son pouvoir. Déjà Gengis Khan avait franchi la Grande Muraille et pris Pékin en 1215. Les Kins, les Rois d'or, ennemis du Prêtre Jean selon Marco Polo, bref la dynastie du Nord, s'était réfugiée dans le Ho Nan. Il avait fallu à Ogodai, petit-fils de Gengis Khan, une terrible campagne pour achever la conquête du Nord. Cette fois, Mongka veut en finir avec les Song, mais il meurt au moment où il va lancer son attaque. Son frère Koubilaï lui succède en 1259 et reprend cette œuvre. Il l'achève en 1279 seulement. Curieusement, la conquête de la Chine ne se termine pas par une belle charge de cavalerie à la mongole, mais par une bataille navale. La flotte de Koubilaï vient à bout des jonques chinoises et des derniers fidèles des Song dans les eaux de Canton. Il a fallu soixante-quatorze ans pour conquérir l'empire du Milieu. La nouvelle dynastie que fonde Koubilaï prend le nom chinois de Yuan. Il s'installe à Pékin et y fait reconstruire une ville nouvelle, la Ville du khan, Khanbalik.

Maintenant, les descendants de Gengis Khan ne vivront plus dans des chariots mais dans des palais, ils remplaceront leurs fourrures par de la soie comme l'avait prédit le héros fondateur qui se vantait de partager la peine et la pitance de ses hommes : « Mes descendants se vêtiront d'étoffes brodées d'or, se nourriront de mets exquis, monteront de superbes chevaux, presseront dans leurs bras de jeunes et belles épouses, et ne songeront pas à qui ils devront toutes ces jouissances. »

Koubilaï fondant la dynastie des Yuan entend créer une monarchie vraiment chinoise. Elle se préoccupe d'administration, d'agriculture, de lettres, de commerce. Bientôt, il y a un mot mongol (*ortoq*) pour désigner les guildes de commerçants et de banquiers musulmans d'Asie centrale, Turcs et Iraniens qui tiennent le négoce et prêtent de l'argent. Les Yuan créent des choses dont leurs ancêtres ignoraient même l'existence : des écoles de fonctionnaires, du papier-monnaie. L'inflation galopante sera un des soucis principaux de Koubilaï. Ses ministres des finances, musulmans de Boukhara et Transoxiane, n'y peuvent mais.

Koubilaï, bouddhiste, encourage sa religion maintenant profondément implantée en Chine. Mieux, il la favorise au détriment du taoïsme. Les nestoriens jouissent également de privilèges et un bureau ministériel est chargé des affaires chrétiennes. Preuve que Koubilaï s'adapte vraiment très vite à la Chine et à sa mentalité, il protège les sociétés secrètes du Lotus blanc, inspirée par le bouddhisme amidiste, et du Nuage blanc qui, elle, pourrait bien servir de refuge à des éléments manichéens. Il est vrai que ces sectes interdites sous les Song jouent pour le moment la carte politique de la nouvelle dynastie étrangère. Tout cela va de pair avec l'installation d'une multitude de non-Mongols aux postes clefs. Décidément, la phrase qui veut que « l'empire se gagne à cheval mais ne se gouverne pas à cheval » se trouve parfaitement illustrée par la spectaculaire sinisation des fils de la steppe.

On voit même ce que n'aurait jamais imaginé Temoudjin le cavalier : des marins mongols, cherchant à débarquer à Java, au Japon, en Thaïlande.

Pareille évolution ne va pas sans susciter la résistance des tenants de la pureté mongole. Le cousin de Koubilaï, Qaidou, se révolte et bientôt le Turkestan échappe au pouvoir central.

De la Perse mongole

Le khanat de Perse, celui d'Hulagu, reste fidèle au grand khan même s'il jouit d'une indépendance presque totale.

Les souverains mongols de Perse, les Il-khans, manifestent encore plus que leurs cousins de Chine leur volonté de s'ouvrir au monde. Ils emploient une multitude de mercenaires étrangers, musulmans de toute l'Asie centrale, arméniens, traducteurs et administrateurs de toutes origines. Sous Arghoun, un des successeurs d'Hulagu, apparaîtront aussi nombre d'Européens, des marins génois, plus ou moins pirates, chargés de détourner le trafic maritime entre l'Inde et l'Égypte au profit des Mongols. Il y aura des secrétaires « latins », un garde du corps lorrain, un gouverneur de province pisan, un conseiller de même origine…

Les souverains perso-mongols sont en conflit avec les Mamelouks d'Égypte qui tiennent également la Syrie. En remportant une bataille contre les Mongols et en arrêtant leur conquête, ces descendants des esclaves turcs ont préservé le monde islamique d'une défaite ou d'une disparition totale. Du coup, les données politiques sont renversées. Les Il-khans cherchent maintenant le secours de la chrétienté contre les Mamelouks qui portent le drapeau de l'Islam. Ce qui était un rêve fou dix ou quinze ans plus tôt, l'union contre les Sarrasins, est maintenant une possibilité offerte par les khans eux-mêmes. Au concile de Lyon en 1245, on envisageait une croisade contre les

Tartares, aujourd'hui, ce sont eux qui en réclament une contre les Sarrasins et disent vouloir délivrer Jérusalem.

C'est le début d'un ballet diplomatique d'environ un demi-siècle. Pendant tout ce temps, les Perso-Mongols font les yeux doux au pape et au roi de France. Ils leur font miroiter la christianisation des Mongols, et la grande alliance anti-islamique, deux thèmes décidément inépuisables.

Il est loin le temps où le grand khan appelait pape et rois à venir se prosterner sous sa tente et les menaçait, s'ils refusaient, de faire grande désolation de leurs royaumes. Maintenant les Mongols sont demandeurs : quinze missions environ partent vers l'ouest. Elles se heurtent à un mur. Ni les papes ni Philippe le Bel ne réagissent vraiment. Cet invraisemblable désintérêt ou cette bizarre surdité restent encore mal expliqués.

Tout a changé. Cette fois les routes de la soie sont vraiment rouvertes et, là où circulent les caravanes, arrivent aussi sans peine les diplomates. Les voyageurs chrétiens se lancent avec moins de crainte sur ces voies de l'Asie : ambassadeurs, prédicateurs, marchands. Un Plan Carpin, un Ascelin de Crémone, un Rubrouck étaient des pionniers. Il est désormais question de liens réguliers avec les Mongols de Perse, les Il-khans, en attendant les relations avec la Chine.

Déjà du temps d'Hulagu, un certain frère David d'Ashby est envoyé par l'évêque de Bethléem auprès de l'Il-khan. Celui-ci le retient quatorze ans et le prend à son service : il l'envoie faire des ouvertures à l'Europe. Il est question d'autres ambassades. Le fils d'Hulagu propose successivement l'alliance contre les Mamelouks au Saint-Siège, à la France et à l'Angleterre. En vain. Dans les années 1276-1277, deux frères italiens, les Vassali, envoyés par le khan de Perse, arrivent à Rome. Auprès de la Curie, ils répandent le bruit que, non seulement leur maître est favorable au christianisme, mais même que son propre suzerain, le grand khan de Chine, Koubilaï, s'est converti.

Les offres les plus spectaculaires viennent d'Arghoun, troisième successeur d'Hulagu. Il monte sur le trône de l'Il-khan en 1284, s'entoure de chrétiens et de Juifs, et ne tarde pas à relancer ce dialogue (qui ressemble si furieusement à un monologue) avec Rome et les Francs.

Dès 1285, le pape Honorius V reçoit une missive d'Arghoun. Elle est écrite en mauvais latin, comme le montre la copie conservée au Vatican. Elle dit en substance que Koubilaï, parent d'Arghoun, l'a chargé de protéger la terre des chrétiens.

L'Il-khan suggère l'envoi d'une croisade qui prendrait les Syriens à revers : « Comme la terre des Sarrasins est placée entre vous et nous, nous l'encerclerons et l'étreindrons... Nous chasserons les Sarrasins avec l'aide de Dieu, du pape et du grand khan. » Toujours pas de réaction.

Des chrétiens venus de Chine

Ici interviennent deux nestoriens qui mériteraient de figurer au nombre des voyageurs célèbres. Depuis que fonctionne la route de la soie, ils sont les premiers à la parcourir de bout en bout, d'est en ouest. En somme, avec eux, la mission de Gang Ying, l'ambassadeur qui avait peur de la mer, trouve son achèvement : ils parviennent à Rome.

Ce sont Rabban Cauma, né à Pékin, et son compagnon Marc, un Ouïgour né en 1245, fils d'un archidiacre nestorien. En 1278, les deux hommes entreprennent le pèlerinage de Jérusalem. Le début de leur itinéraire, par Khotan, Kachgar, le Khorassan et Bagdad, est aussi celui de nombreuses caravanes chargées de soie. Ils rencontrent le catholicos, le patriarche des nestoriens de Bagdad, qui les envoie comme légats auprès du khan de Perse, en Arménie et en Géorgie.

Bientôt Marc devient métropolite de la Chine du Nord, sous le nom de Mar Jabalaha, puis catholicos de Bagdad. Tout cela, avec l'approbation des autorités mongoles. Le khan de Perse lui-même remet à Mar Jabalaha le parasol d'honneur et les sceaux de grand patriarche. En 1281, il est consacré patriarche de tous les nestoriens en présence des métropolites de Jérusalem, de Samarcande et du Kan-Sou chinois. Il est difficile de mieux symboliser la prospérité du nestorianisme sous les Mongols et sa diffusion dans tout l'Orient.

Quelques années plus tard, Arghoun, toujours décidé à trouver des alliés contre les Mamelouks, mande en ambassade auprès du Saint-Siège notre moine venu de Chine, Rabban Cauma.

Il passe par Trébizonde et Constantinople où l'empereur byzantin fait le meilleur accueil au représentant des Mongols ; enfin, Rabban Cauma parvient à Rome *via* Naples. Nous sommes en 1287. Le pape Honorius IV vient de mourir, mais les cardinaux reçoivent le visiteur qui leur parle en ces termes : « Sachez que beaucoup de nos pères sont entrés dans les contrées des Turcs, des Mongols et des Chinois et les ont instruits. Aujourd'hui beaucoup de Mongols sont chrétiens. Il y a parmi eux des enfants de rois et de reines... Le roi Arghoun [...] a le désir de s'emparer de la Syrie et demande votre aide pour délivrer Jérusalem. »

Après avoir diffusé ces incroyables nouvelles, le moine de Chine commence ce qu'il faut bien nommer une tournée triomphale en Europe. Rabban Cauma passe par Gênes, où son arrivée fait grand bruit, et par la France. Philippe le Bel le reçoit avec honneur. C'est une véritable visite officielle avec passage à la Sorbonne, à la Sainte-Chapelle et à Saint-Denis. En Angleterre, l'accueil n'est pas moins chaleureux, mais, pas plus que le roi de France, Édouard Ier n'envoie de soldats contre les Mamelouks. Le nestorien est flatté d'être devenu la coqueluche des cours d'Europe, mais il est inquiet du maigre résultat politique de sa mission. Il écrit à un ami, le cardinal de Tusculum : « Que te dirai-je cher et vénérable ? Je suis venu en ambassade de la part du roi Arghoun et du patriarche de Jérusalem. Voici une année entière d'écoulée... Que dirai-je, que répondrai-je aux Mongols à mon retour ? »

Rabban Cauma s'en retourne à Rome. Près d'un an est en effet passé et la Curie s'est donné un pape. Nicolas IV (1288-1292) vient d'être élu. Le nouveau pontife, peut-être animé de quelque dessein œcuménique, ou peut-être fin politique, comprend l'intérêt de l'alliance avec les Mongols et du rapprochement avec les chrétiens perdus depuis le concile d'Éphèse en 431. Il traite Rabban Cauma en fils retrouvé et lui fait de grandes démonstrations. Ce dernier est bouleversé, il baise les pieds et les mains du pape. Le Saint-Père l'invite à toutes les cérémonies de Pâques, le loge et lui fournit des serviteurs. Le nestorien déclare : « Puisse votre siège subsister à jamais, ô notre père. Qu'il soit béni au-dessus de tous les rois et de toutes les nations. » Rabban a même l'honneur de célébrer la messe devant le pape curieux de comparer les rites. À la fin de l'office, les assistants s'exclament que « la langue est différente, mais le rite est le même ». Rabban est confessé par le pape et, pleurant d'émotion, communie de ses mains pour les Rameaux. Il repart en avril 1288, avec des lettres de Nicolas IV, des rois de France et d'Angleterre. Arghoun ne lui tient pas grief de revenir sans avoir suscité la croisade qu'il espérait et s'attache le moine comme chapelain.

Informé des résultats de cette même mission, mais du point de vue religieux, Mar Jabalaha est plus enthousiaste encore. Il écrit au pape : « Au père surabondant de sainteté… Nous confessons aussi que le Saint Pontife suprême romain est le successeur du Bienheureux Pierre, vicaire de Jésus-Christ sur tous les fidèles d'Orient et d'Occident dont le ferme amour est dans nos cœurs. » Le patriarche des nestoriens semble ne rien de moins proposer à Rome que de revenir dans le giron de l'Église et de liquider neuf siècles de schisme. Et puis… rien ! Le pape ne fait rien ! Certes, Nicolas IV envoie des missions en Perse, mais il paraît ne rien envisager qui puisse réellement concrétiser la réunification œcuménique. L'étonnante ouverture du patriarche a autant échoué que la proposition de croisade du khan[1].

1. En 1552, certains nestoriens rentreront dans le giron de l'Église romaine sous le nom de chaldéens.

Le rendez-vous de Damas

Arghoun, décidément d'excellente composition, réitère son offre. En 1289, il envoie en Europe Buscarel de Gisolf. C'est un officier de sa garde, un mercenaire d'origine génoise. Le nouvel ambassadeur, reprenant le parcours de Rabban Cauma, rencontre le pape Nicolas IV et Philippe le Bel. À ce dernier, il remet une lettre en mongol et en écriture ouïgoure : « Roi de France, nous te proposons de partir en campagne le dernier mois d'hiver de l'année de la panthère [janvier 1291] et de camper devant Damas vers le 15 du premier mois du printemps [vers le 20 février 1291]. Si tu envoies de ton côté des troupes à l'époque fixée, nous reprendrons Jérusalem et nous te la donnerons. Mais inutile de faire marcher nos troupes si tu dois manquer au rendez-vous. » En outre Arghoun est prêt à fournir du ravitaillement et des chevaux. Buscarel poursuit par une visite à Londres où il délivre sans doute quelque message similaire. Et… rien !

En 1290, Arghoun envoie encore un quatrième ambassadeur aux mêmes, Nicolas IV, Philippe le Bel et Édouard Ier. Il s'agit de Tchagan ou Zagan, vrai Mongol lui, mais baptisé sous le nom d'André, et qui rejoint probablement Buscarel à Londres. Voilà qui commence fort à ressembler à une activité diplomatique régulière, avec délégations, chefs de mission, escorte, etc. Et toujours rien !

Arghoun meurt en 1291. Sa succession déclenche quelques troubles : son ministre juif est exécuté par des comploteurs et le frère du khan bientôt étranglé à son tour. Après quelques épisodes similaires et quelques têtes coupées, c'est finalement le fils d'Arghoun qui accède au trône. Il est musulman, plus par politique que par conviction et, sans doute pour satisfaire ses partisans, il réprime chrétiens, Juifs, mazdéens et bouddhistes. Est-ce la fin de la main tendue vers l'Europe et des ambassades ?

Bien au contraire, Ghazan reste fidèle à la politique

étrangère de ses prédécesseurs[1]. Il n'a rien de plus pressé que de mander à nouveau Buscarel à Londres, afin de chercher une alliance contre les autres principautés musulmanes. En retour, Édouard Ier envoie Geoffroy de Langlés et deux écuyers.

Enfin, quand meurt Ghazan, en 1304, son frère Oldjaïtou prend sa succession. C'est un nestorien converti à l'islamisme et qui a un moment sympathisé avec les chiites. Devenu musulman pieux, il persécute les nestoriens. Pourtant, en 1305, il s'adresse une fois encore à Philippe le Bel : « Oldjaïtou sultan, notre parole au sultan roi de France : depuis longtemps, tous les souverains du peuple franc ont eu des relations amicales avec notre bon arrière-grand-père, avec notre bon grand-père, avec notre bon père, avec notre frère aîné. Bien qu'éloignés, ils se jugeaient comme proches. » Cette fois, il s'agit de conserver des rapports normaux d'État à État, et non de former quelque grandiose dessein. Une routine en somme. Le khanat de Perse est définitivement passé à l'islam, il n'y aura plus de grande occasion historique.

La sentinelle perdue

Et la Chine ? En 1289, le pape Nicolas IV envoie en Perse le missionnaire Jean de Montecorvino, mais le charge aussi de pousser jusqu'en Chine.

Ce n'est pas un personnage commun que ce Montecorvino, c'est un franciscain de la trempe de Rubrouck. Il est issu d'une modeste famille des Pouilles. Il est devenu philosophe, théologien, il parle arabe, arménien, peut-être ouïgour. Il a eu l'occasion de se former au cours de missions en Orient.

Il est pourvu de lettres du Saint-Père pour les khans de Perse, pour Koubilaï, mais aussi, à tout hasard, pour son rival Qaidou qui tient le Turkestan. Il y a aussi des lettres pour le roi d'Arménie, et le patriarche des jacobites de

1. Les historiens nous apprennent aussi que Ghazan parle plusieurs langues, dont quelques mots de franc.

Perse. En somme, on ne saurait mieux préparer une expédition si aventureuse.

Montecorvino part en 1288 ou 1289. Il s'embarque de Venise, parvient jusqu'à Tabriz en Perse, de là décide de se rendre en Inde. Il prend la mer en 1291, avec un compagnon dominicain, qui mourra aux Indes, et avec un marchand. Et puis c'est le silence pendant quatorze ans.

Soudain, en 1305, parvient un signal de la sentinelle perdue, une lettre de Pékin. Elle est superbe de dignité, terrible par la solitude qu'elle reflète. Frère Jean est resté plusieurs années dans l'ignorance de tout ce qui se passait en Europe. Il a reçu une fois la visite d'un médecin lombard qui n'a fait que lui apporter embarras et découragement. Puis, il y a deux ans, ce fut un frère Arnold, un Allemand de Cologne, arrivé là Dieu seul sait comment.

Ces années de silence et d'épreuve furent terribles, et pourtant frère Jean ne demande ni relève, ni pitié, seulement un peu d'aide pour continuer sa folle entreprise de convertir seul l'empire du Milieu. Et les résultats sont magnifiques : « Si j'avais pu être assisté de deux ou trois compagnons, peut-être l'empereur se serait-il fait baptiser. » Ah, s'il lui arrivait « quelque bon confrère » ! Et Montecorvino poursuit, sans plus se plaindre : « Il y a déjà douze ans que je n'ai reçu aucune nouvelle ni de la cour de Rome, ni de notre ordre et j'ignore l'état des affaires de l'Occident. Je supplie le ministre général de notre ordre de m'envoyer un antiphonaire, une légende des saints, un graduel et un psautier noté pour modèle, car je n'ai qu'un bréviaire portatif avec de brèves leçons et un petit missel. » Quelques livres de piété, quelques pages pour soutenir sa mémoire et enseigner correctement aux enfants, voilà tout ce qu'il réclame pour gagner les Mongols et les Chinois. Il a cinquante-huit ans, il est usé par sa tâche, mais le feu brûle toujours.

Un an plus tard, seconde lettre de Jean à ses supérieurs et aux frères de Perse. A-t-on reçu sa lettre ? Lui a-t-on écrit ? Son ordre va-t-il réagir ? Il a appris qu'une copie de sa lettre de l'année précédente serait parvenue à son supérieur. Il sait qu'on le dit mort. Cette fois il y a un peu d'amertume, mais toujours autant de courage. Il a fait fabriquer six images représentant des scènes bibliques, six images pieuses qui sont une de ses rares consolations.

Un an plus tard, en 1307, sept frères mineurs ayant rang d'évêques partent le rejoindre. Trois meurent en route, un s'en retourne, les trois derniers parviennent au but en 1308. Ils annoncent que le pape Clément V les a chargés de sacrer Montecorvino archevêque de Pékin et primat de l'Extrême-Orient.

Le Saint-Père écrit : « Considérant avec beaucoup d'attention les efforts éclatants de cette sainte action que tu as accomplie dans ces pays, nous confions à ton zèle et à ta sollicitude plénière les âmes de tous les habitants de l'Empire tartare tout entier. » Ce texte traduit un changement psychologique et culturel de première grandeur : la très mythique Cathay, le royaume des Sères, le pays de Gog et Magog, l'univers des Tartares fouleurs d'empires, la Chine, est maintenant terre de mission. Oui, décidément, il faudra du « zèle » et de la « sollicitude » à frère Jean !

Mais, entre le départ vénitien et le message du pape, le franciscain de Chine a vécu une aventure que l'on peut reconstituer par ses écrits.

Suivons-le sur le chemin qui le mène de Perse en Chine, là où l'on a perdu sa trace. En Inde, à Méliapour, il passe treize mois à l'église Saint-Thomas, puis se met en route vers Cathay, « royaume de l'empereur des Tartares que l'on nomme le grand khan ». Il y serait parvenu, selon lui, en 1292. Les historiens trouvent cela bien rapide et se demandent si le bon père, écrivant après toutes ces années, ne se trompe pas de quelques mois. Cette question de date a une importance toute symbolique.

Car on pourrait imaginer cela : à un moment quelconque le bateau du franciscain qui n'a plus maintenant pour compagnon qu'un marchand italien, Pietro de Lucalongo, croise, naviguant vers l'ouest, une flotte de jonques. Une quinzaine, toutes de belle taille. La scène se passe peut-être dans le golfe du Bengale, dans les eaux de Sumatra ou en mer de Chine méridionale. Sur ces navires d'apparat, une superbe escorte digne de la princesse qu'elle mène à son fiancé le khan de Perse. Et, parmi les diplomates mongols, trois étrangers, comme il y en a tant, nous le savons maintenant, dans l'administration mongole, trois Italiens, trois Vénitiens, ce qui n'est pas surprenant puisque les citoyens de la Sérénissime concurrencent ceux de Gênes dans le rôle d'intermédiaires avec l'Orient le plus extrême. Mais ceux-là se nomment Polo et s'en retourneront à Venise une fois qu'ils auront accompli leur mission. Ce sont des inconnus. À moins, peut-être, que, parmi les vieux cardinaux, il s'en trouve un pour se souvenir que, dans les années 1270, les deux plus âgés, Nicolo et Maffeo Polo, se sont présentés à Rome. C'était pendant une vacance du Saint-Siège, ils portaient un message du grand khan désireux d'établir de bonnes relations avec la papauté. Puis, ils sont repartis chez leur maître, sans que cette affaire ait réellement mené à grand-chose. Et depuis il y a eu une telle noria d'ambassadeurs des Mongols qu'il n'y a plus aucune raison que personne se demande ce qu'étaient devenus ces visiteurs. Il y a quand même près de cinquante ans que l'on échange messages et ambassades avec les Tartares, sans aucun résultat, d'ailleurs. Alors, qui se soucie des Polo ? Oublions-les.

L'archevêque de Pékin

Jean de Montecorvino, lui, débarque en Chine et se rend à Pékin : le grand khan Koubilaï vient de mourir[1], ou vit ses derniers mois. Le franciscain est reçu par le nouveau khan Timour, un « idolâtre » convaincu, quoiqu'il fasse preuve de bienveillance envers les chrétiens. Tout de suite le missionnaire se heurte à la concurrence des nestoriens. Ceux qu'il nous dépeint ne ressemblent ni aux ivrognes ignorants de Rubrouck, ni au diplomate

1. Il meurt exactement le 18 février 1294 et, le temps de procéder à l'élection, son successeur Timour, qui régnera jusqu'en 1307, ne prend le pouvoir qu'en 1295.

Rabban Cauma : « Ces nestoriens, soit directement, soit par des individus qu'ils avaient corrompus par de l'argent, m'ont suscité d'implacables persécutions, publiant de toutes parts que je n'étais pas envoyé par notre seigneur le pape, mais que j'étais un espion dangereux et un séducteur du peuple. Puis, ils produisirent des faux témoins qui soutinrent que j'avais tué dans l'Inde un ambassadeur étranger, chargé de porter à l'empereur un grand trésor dont je m'étais emparé. Ces machinations durèrent environ cinq ans, pendant lesquels je fus souvent traduit en justice et menacé d'une mort ignominieuse. Enfin, par la grâce de Dieu, l'aveu d'un individu fit connaître à l'empereur et mon innocence et la malice de mes envieux, qui furent exilés avec leurs femmes et leurs enfants. »

Sur cette rocambolesque histoire de nestoriens comploteurs et de témoin miracle, nous ne saurons pas un mot de plus. Pourtant, on peut deviner en partie la source de ses ennuis, outre la rivalité naturelle entre les deux Églises. La nestorienne est déjà installée et compte des princes mongols et nombre de puissants personnages. La catholique arrive en rivale agressive. Dès ses débuts, Montecorvino convertit un certain prince Georges, nestorien, gendre de l'empereur Timour. L'apostasie de Georges rend les nestoriens d'autant plus furieux que le néophyte est des plus actifs : « Il a gagné à la foi catholique la majorité de son peuple, et il a fait construire, avec une magnificence royale, une église en l'honneur de la Sainte Trinité[1]. Il l'appelle l'église romaine. » Ajoutez que Georges reçoit les ordres mineurs, assiste aux offices en habits royaux, veut traduire tout l'office latin en tartare et nomme son fils Jean en hommage à Montecorvino, bref que ce prince est d'un activisme aussi visible qu'efficace. On comprend quels dangers politiques et religieux cela représente pour l'Église nestorienne.

Pour le reste, Montecorvino obtient des résultats

---

1. Apparemment, le franciscain n'ose s'éloigner de l'empereur (peut-être pour des raisons de sécurité) et visite rarement cette église à une vingtaine de jours de Pékin.

remarquables. Il fait construire une église à Khanbalik avec l'aide de son compagnon de voyage, le marchand Pietro de Lucalongo qui a fait fortune en Chine. Montecorvino est fier de ses trois belles cloches qui sonnent les offices, des six mille Tartares qu'il a baptisés, et même de ses onze enfants de chœur que le khan aime entendre chanter. Parmi ceux-ci, il y a peut-être certains jeunes esclaves : « J'ai acheté aussi des petits garçons païens, de sept à douze ans, qui n'avaient pas de religion. Je les ai baptisés… »

Le franciscain traduit l'Ancien et le Nouveau Testament en tartare, langue qu'il a apprise, et se consacre à l'enseignement. Quelques années plus tard, par les successeurs de Montecorvino, on connaîtra mieux les nouveaux convertis. Il est impossible, apprend-on, de convertir Juifs et musulmans de Chine. Parmi les néophytes, il y a d'abord beaucoup d'Alains du Caucase, largement employés comme mercenaires dans la garde de Koubilaï. Eux, avant leur conversion, n'étaient pas nestoriens, mais de rite orthodoxe grec. Il y a aussi toutes autres sortes d'étrangers, russes ou arméniens. Une dame arménienne fait construire une église à Zaytoun comme Lucalongo l'avait fait à Pékin. Enfin, il y a nombre de Tartares qui adoptent le catholicisme, mais, parmi tous ces convertis, on n'entend guère parler de vrais Chinois.

La mission de Chine est maintenant installée. Il y a bientôt un évêché à Zaytoun. Montecorvino et ses acolytes sont aidés par la cour dont ils reçoivent même des subsides. Un dominicain, missionnaire et historien, raconte : « L'empereur lui faisait toujours administrer toutes leurs nécessités à lui et à ses gens et tous les chrétiens et païens les aimaient fort. Et certes, il eût converti tout ce pays à la foi chrétienne et catholique, si les nestoriens, faux chrétiens et mécréants, ne l'en eussent empêchés. » Même son de cloche chez un autre missionnaire qui viendra plus tard en Chine, Odoric de Pordenone. Il raconte comment Montecorvino bénissait le grand khan chaque fois que celui-ci partait en voyage, que le Mongol baisait fort dévotement la croix et qu'il y avait nombre de baptisés parmi les cavaliers de son escorte. Montecorvino meurt sans avoir revu l'Europe, mais ses aides, Pérégrin de Castello, André de Pérouse et Odoric de Pordenone, continuent son œuvre dans la Chine du Sud. Ils entretiennent Rome régulièrement des progrès du catholicisme.

Guides et traités de Chine

En ces premières années du XIVe siècle, le voyage en Chine semble devenu une routine, en dépit des multiples dangers qui guettent les voyageurs. On n'a toujours pas réellement tracé la carte du pays, ni éclairci le mystère des deux Chines. Bref, on ne sait pas dessiner l'Empire sur la carte, mais on sait et on peut y aller par terre ou par mer.

On le sait si bien qu'il circule des guides de voyage. Le plus célèbre est l'œuvre de quelqu'un qui n'a jamais mis les pieds en Chine, mais qui recueille notes et récits de correspondants ou de relations d'affaires, comme Maes Titianos l'avait fait dans l'Antiquité. Ce voyageur en chambre est un employé d'une compagnie commerciale de Florence et se nomme Pegolotti. Son œuvre, *Praticha della Mercatura*, de 1340, est à peu près aussi romanesque que le laisse entendre son titre : « La pratique du commerce ». Des distances, des conseils pratiques, des itinéraires. Parfois aussi des informations qui devaient surprendre le candidat à l'aventure : « Tout l'argent que les marchands pourront transporter avec eux jusqu'au Cathay, le seigneur du Cathay le leur prendra et le mettra dans son trésor. Aux marchands qui auront ainsi apporté de l'argent, on donnera en échange le papier-monnaie du pays. C'est un papier jaune, portant le sceau du dit seigneur. Cet argent se nomme balishi et il vous servira facilement à acheter de la soie et toute autre marchandise que vous désirerez acquérir. Tous les gens du pays devront l'accepter. » Pegolotti donne des avis fort utiles : « Faites-vous pousser la barbe, prenez un factotum et de bons interprètes. Emportez du poisson séché et tant de jours de vivres. Et ayez aussi une petite concubine pour le voyage : ce sera un excellent remède à la mélancolie et contribuera à asseoir votre prestige. Méfiez-vous des successions des khans. Ce sont des périodes de trouble où l'on pourrait avoir idée de s'en prendre aux "Francs", car les gens de là-bas appellent Francs "tous les chrétiens à l'ouest de la Romania". »

Il y a d'autres marchands qui ont fait le voyage de Chine. Au hasard des archives, on apprend que tel Génois tombé malade à Ormuz vécut en Chine, que tel négociant vénitien jugé dans une vilaine affaire de viol de religieuse commerça là-bas, lui aussi. Plus émouvant : en 1342, une demoiselle Catherine Villoni, peut-être vénitienne, meurt et se fait enterrer à Yangzhou où l'on retrouve sa pierre tombale des siècles plus tard. Sans être aussi nombreux que les commerçants omanais ou persans de Canton, les Vénitiens et les Génois rivalisent visiblement d'audace pour aller chercher la marchandise jusqu'en Chine. Les Italiens sont partout sur les routes de la soie. Au rythme où ils vont, ces tueurs de rêve, l'aventure va devenir banale.

Et puis, en quelques années, tout se détraque : la Chine un moment entrevue va s'éloigner et s'enfoncer davantage encore dans son mystère.

À cela beaucoup d'explications. La concurrence de l'Islam, les troubles politiques, d'abord : à Tabriz en Perse ou à Amaligh en Inde, un khan musulman peut parfois décider de s'en prendre aux chrétiens. Une rixe peut entraîner une chasse aux étrangers menée par la population, comme à Ourgendj. Des massacres, des incidents, des interruptions des routes de la soie, il y a longtemps que cela se produit sporadiquement.

Mais, cette fois, il faut compter avec la peste noire. Elle aussi voyage par le chemin des marchands. De Chine et d'Inde, où elle sévit dans les années 1340, elle arrive bientôt à Samarcande, en Crimée, à Bagdad. En Europe, on la connaît comme la grande peste de 1348.

De plus, il y a les troubles en Chine, et le pouvoir des Yuan qui se délite. L'empire du grand khan se morcelle et la paix mongole s'efface. Il y aura aussi, nous le verrons, la nouvelle dynastie chinoise des Ming qui renversera les Yuan mongols et décidera d'en finir avec tout ce qui les rappelle : notamment les étrangers et leurs religions protégées par l'envahisseur barbare. Il y aura mille raisons pour que se défasse le fil ténu qui par les ports et les caravansérails relie les deux extrémités du continent.

On commence à s'en apercevoir à Rome. Quand Montecorvino meurt en 1330 environ, il faut lui donner un successeur. Ce n'est pas une petite affaire. On envoie un théologien, le franciscain Nicolas. Personne n'est même sûr qu'il arrive. Le pape hésite à pourvoir à la difficile succession de Montecorvino, tant et si bien que c'est le khan lui-même qui, *via* des ambassadeurs, réclame un archevêque de Pékin. C'est du moins ce que racontent deux Alains qui arrivent par voie de mer et rejoignent le pape Benoît XII qui, en cette année 1338, est en Avignon. Pour certains historiens, tout cela serait une supercherie et nos Alains s'inscriraient dans la longue lignée des imposteurs des routes de la soie, derrière les faux ambassadeurs de l'empereur Antonin, les faux envoyés du khan auprès de saint Louis et quelques autres.

Peu importe : cette fois le pape se décide et mande quatre délégués, encore quatre franciscains. Il faut quatre ans à la mission pour parvenir à Pékin et y remettre au khan le cadeau qui pouvait lui faire le plus grand plaisir : un cheval exceptionnel, de race inconnue en Chine. Le khan est si enchanté qu'il fait écrire des poèmes à la gloire de son nouveau destrier et le fait peindre. Après trois ou quatre ans, Jean de Marignoli, le membre de la délégation désigné comme archevêque de Pékin, s'en revient par les Indes. Il est le dernier grand voyageur européen en Chine jusqu'aux jésuites du XVIe siècle, peut-être le dernier grand voyageur médiéval tout court. Et pourtant, il ne semble guère désireux de célébrer la chose. Il relègue ses souvenirs de l'Inde et de la Chine dans quelques pages d'une œuvre plus générale. Encore a-t-il de singuliers raccourcis littéraires. Voici comment il raconte son retour : « Nous demeurâmes à Cambaluc [Khanbalik/Pékin] pendant trois années environ, puis nous nous apprêtâmes à rentrer par Manzi[1]. Au cours de notre voyage, nous pûmes admirer toutes les merveilles de ce monde, qui se manifestaient sous la forme d'une multitude de cités, de villes, de villages et d'autres manières encore, que nulle parole humaine ne saurait décrire adéquatement. » Et, en vertu de ce principe d'indicibilité, notre franciscain décide de ne presque rien écrire sur un voyage qui aurait pu rivaliser avec celui de Marco Polo.

Pourtant, Marignoli reprend deux légendes des routes de la soie. Il croit d'abord à l'histoire des Mongols surgis d'un désert, d'un lieu que les philosophes appellent une zone torride et infranchissable. Par ailleurs, lors d'une escale à Ceylan, Marignoli est persuadé que du haut du pic d'Adam on peut apercevoir le Paradis et entendre le bruit de ses quatre fleuves, dont le Guyon qui entoure l'Éthiopie, royaume du Prêtre Jean.

L'image se brouille un peu plus. Nous ne savons plus trop ce qu'il advient de l'archevêché de Pékin. En 1362, il est fait mention du massacre d'un évêque de Zaytoun. Vers 1370, la papauté enverra encore un archevêque et une cinquantaine de franciscains, puis encore un légat. Apparemment, tous se perdent et il n'en arrive aucun. Ou, du moins, c'est leur trace qui s'égare… Il n'est même pas assuré que l'archevêque ait occupé son siège. Le contact est rompu avec la Chine. En quelques décennies, après l'épopée de Montecorvino, la Chine redevient aussi inaccessible que l'était le pays des Sères aux Romains.

De toute cette aventure d'une Chine approchée, d'un rendez-vous encore manqué et d'un Orient reperdu, que reste-t-il ? Quelques lettres dans les archives vaticanes ou autres, quelques mémoires ? Parmi ceux-ci, les souvenirs d'Odoric de Pordenone vont avoir une curieuse postérité littéraire.

1. Autrement dit Mangi, la Chine du Sud.

La postérité de frère Odoric

Odoric de Pordenone n'est pourtant pas le plus étonnant de nos personnages. C'est un franciscain d'origine tchèque qui participe à la mission de 1318, celle que le pape envoie à Jean de Montecorvino perdu depuis des années.

Comme ses compagnons, Odoric, parti de Venise, va jusqu'à Ormuz où il embarque pour les Indes, Ceylan et Sumatra. Il arrive à Canton, rencontre Montecorvino. Après trois ans, il rentre par voie de terre. Son itinéraire est mal connu, mais il recueille des informations sur le Tibet et Lhassa (peut-être même s'y est-il rendu ?). Après son retour, il a juste le temps de dicter ses mémoires avant de mourir. Ce texte est un des plus complets que nous aient laissés les missionnaires chrétiens. Pordenone est soucieux du détail et note soigneusement le prix de la nourriture et sa qualité. Il est impressionné par la taille des villes chinoises : Canton est trois fois plus grande que Venise et son port plus important pour le commerce maritime que l'Italie entière ; Zaytoun est deux fois grande comme Rome, Hangzhou est la plus grande ville qui soit au monde, elle a cent mille tours, dix mille ponts, et évoque une gigantesque Venise, etc. Odoric est plutôt un bon observateur, assez peu enclin au fantastique et au féerique. Certes, il dit être passé par les terres du Prêtre Jean dont la descendance est alliée au khan, mais son Prêtre Jean est réduit à la dimension d'un souverain nestorien d'Asie centrale.

Par contre, Odoric recueille en termes presque identiques à ceux de Marco Polo une légende très répandue sur les partisans du « Vieux de la Montagne », les « Hachichins ». Dans la forteresse d'Alamout protégée par les montagnes d'Elbourz, il y a les plus merveilleux jardins et les plus beaux palais qui soient. Nul n'y pénètre s'il ne veut se faire « assassin ». Le nouveau sectateur suit les ordres du « Vieux de la Montagne ». Pour s'assurer de l'obéissance de cette élite du crime politique qu'il recrute entre douze et vingt ans, le Vieux use d'un subterfuge. Il fait droguer ses hommes que l'on mène endormis dans les jardins de la forteresse. Là, ils passent quelques jours à jouir des chants des houris, à s'abreuver à des fleuves de lait et de vin, ils goûtent toutes les délices que le Prophète promet aux vrais croyants lorsqu'ils iront au paradis. Après que les aspirants assassins ont été à nouveau drogués et ramenés à leur vie ordinaire, le Vieux les convainc sans peine que ce Paradis entrevu est la récompense promise à qui périra en exécutant ses ordres. Loin de craindre la mort, les adeptes la cherchent avec joie et prennent tous les risques pour exécuter ceux que leur chef a condamnés.

Odoric a ici recueilli les plus populaires des récits terrifiants qui circulaient sur les Assassins[1]. Ils sont légendaires, même s'ils sont plutôt moins étonnants que la réalité. La secte est issue des ismaéliens nizaris[2], précurseurs de la guerre révolutionnaire moderne : ils inventent l'assassinat politique, le commando-suicide et comprennent le rôle de la propagande.

On dit aussi que les Assassins se louent comme tueurs à gages, et deviennent des terroristes-mercenaires d'élite dont les services sont payés fort cher au chef de la secte. Ainsi Conrad de Montferrat, à peine élu au trône de Jérusalem, est poignardé par deux Assassins infiltrés (et peut-être déguisés en moines) : le crime aurait été commandité soit par Richard Cœur de Lion, soit par Saladin. Mais toutes ces histoires terrifiantes ne rendent pas justice à la

---

1. Le mot « assassin » provient de « hachichin » qui vient lui-même de hachich, herbe en arabe. Mais des historiens ne sont pas persuadés pour autant que les fanatiques aient effectivement fait usage de cannabis. Des légendes marocaines feraient état d'une visite de Marco Polo à Alamout et d'une rencontre avec le Vieux de la Montagne. C'est évidemment impossible : la citadelle avait été réduite après trois ans de siège par Hulagu quelques années avant le passage de Marco Polo. Ce dernier n'exagère pas la puissance de la secte qui survécut près de deux siècles à l'abri d'Alamout. Elle fit périr aussi bien ses ennemis seldjoukides ou le sixième calife fatimide que des croisés dont Édouard d'Angleterre poignardé à Acre.

2. Les très pacifiques Aga khans sont les chefs actuels des ismaéliens nizaris.

richesse de la mystique et de l'ésotérisme de la secte. Ajoutons que les Assassins furent avides de culture et que la bibliothèque de la forteresse d'Alamout était exceptionnelle. Des récits font aussi état des Assassins enlevant des savants pour les enfermer dans leur forteresse. Bref, ils auraient inventé le « kidnapping de cerveaux » bien avant l'espionnage moderne !

La version que se sont laissé raconter Odoric et Marco Polo mêle tout, et confond sans doute les théories de cette secte sur la réalisation du Paradis sur terre, ou des histoires d'orgies auxquelles se seraient livrés ses partisans, avec un Jardin des délices réel. En somme, il existe une légende populaire des Assassins, si bien fixée qu'on la raconte en termes presque identiques à ces « touristes » que sont le Vénitien et le Frioulan. Ce dernier recueille l'histoire près de soixante-dix ans après la destruction de la forteresse.

En un seul épisode, frère Odoric cède au goût du fantastique, ou à quelque hallucination de voyageur. Il chemine « le long d'un des fleuves du Paradis » (peut-être l'Amou-Daria qui, selon la légende, prend sa source dans l'Éden). Odoric raconte : « J'entendis divers instruments de musique et plus spécialement des harpes… Cette vallée a bien sept ou huit milles de long, et ceux de ce pays disent que celui qui y entre ne peut en ressortir. Après avoir hésité à y entrer pour savoir ce qui s'y passait, j'y trouvai tant de cadavres que ce n'en était pas croyable… J'y trouvai de grandes quantités d'argent. J'en pris contre moi, mais je ne le gardai pas et je m'en allai. Tous les Sarrasins qui me virent arriver et qui savaient d'où je revenais me tinrent en grand respect et me dirent que j'étais baptisé et saint homme mais que ceux qui y étaient restés étaient tous des diables de l'enfer. »

Un peu de lyrisme, une belle histoire de peur dans le désert, c'est bien peu pour faire du livre d'Odoric une des sources de l'imaginaire et du féerique. Le franciscain se préoccupe trop du prix de la farine au marché pour provoquer les rêves.

Le grand affabulateur

Pourtant, Odoric va être imité, volé, recopié, à tel point que c'est lui que l'on prendra longtemps pour le plagiaire de celui qui l'a pillé sans vergogne quarante ans plus tard : Jean de Mandeville.

Le prétendu sir John de Mandeville que nous avons déjà rencontré parmi les plus fantaisistes propagateurs du mythe du Prêtre Jean est un franc escroc. Jean à la Barbe (on le connaît aussi sous ce nom) se vante d'avoir voyagé dans tout le monde connu sauf au Paradis. De ses prétendus voyages, il aurait rapporté un *Livre des merveilles* qui, si l'on en juge par le nombre de manuscrits signalés dans les bibliothèques royales en particulier, fut un colossal succès littéraire.

L'ouvrage de Mandeville est la grande synthèse des monstres, pays et peuples fantastiques qui peuplent l'imaginaire depuis l'Antiquité. Ce médecin liégeois serait allé jusqu'à Jérusalem mais certes pas dans les Indes et la Chine qu'il décrit avec tant de verve. Il se livre à une compilation de *mirabilia* et de souvenirs de voyage. Odoric de Pordenone est sa première victime, sa première source, mais pas la seule : il y a aussi Vincent de Beauvais, Jacques de Vitry, auteurs d'encyclopédies des choses remarquables, Plan Carpin, et l'inévitable *Roman d'Alexandre* dans sa version médiévale.

Mandeville, avec sa Cathay voisine du Paradis, avec sa mer Ténébreuse, avec son Arbre sec qui refleurira au jour de la Résurrection, ses Éthiopiens qui n'ont qu'un pied, ses fourmis gardiennes de l'or, sa tête du Diable qui surgit dans la Vallée périlleuse, etc., Mandeville a décidément pillé toutes les légendes.

Son audace est à la mesure de son érudition : il explique que, plutôt qu'en latin, il rédige ses mémoires en « roman » afin « que les seigneurs, les chevaliers et autres nobles personnes qui ne savent que peu ou pas le latin et qui ont été outremer » puissent vérifier s'il dit bien vrai. Est-il sincère ?

La façon dont notre imaginatif chevalier présente ses étonnants voyages comme chose fort naturelle mérite explication. Mandeville croit ou feint de croire que le tour du monde est une entreprise qui ne suscite pas de difficulté majeure. « Un homme pourrait faire le tour de toute la terre du monde, aussi bien par-dessus que par-dessous et revenir en son pays s'il trouvait des compagnons et un navire pour le conduire. »

Pour Mandeville, qui vient involontairement de prédire l'exploit de Magellan avec un siècle et demi d'avance, il n'existe pas d'obstacle théorique à cette pérégrination : la terre est ronde, et ceux qui sont « du côté de l'Antarctique » sont littéralement pieds contre pieds par rapports à nous, terres et mers des deux hémisphères étant symétriques. Ainsi, les terres du Prêtre Jean empereur des Indes sont en dessous de nous, là où il fait nuit quand nous connaissons le jour… Mandeville a même entendu parler d'un homme qui partit vers l'est, traversa l'Inde et les cinq mille îles au-delà de l'Inde, marcha, navigua, et erra toujours dans la même direction, si bien qu'il se retrouva « aux environs de chez lui » après avoir accompli le tour du globe. La seule difficulté est que, la terre étant encore plus grande que ne le croyait Ptolémée, le voyageur ne saurait être certain de retrouver son point de départ sans se tromper de quelques degrés en chemin et pourrait arriver en d'autres régions que celles où il aurait commencé son périple.

Il faudra du temps pour reconnaître l'imposture de Mandeville. Avant Gutenberg, la diffusion de son manuscrit bat tous les records. Après l'invention de l'imprimerie, le livre devient un classique et inspire les cartographes d'avant les grandes découvertes. Si Mandeville ne nous apparaît plus aujourd'hui que comme un des grands conteurs des routes de la soie, s'il est réduit à sa dimension de plumitif, c'est qu'il a été totalement éclipsé par un autre écrivain. Par Marco Polo.

XV

Messer Marco ou le triomphe de l'écrit

« *Chi xe ?* » (« Qui est-ce ? ») zozote à la vénitienne la servante penchée à la fenêtre. Les inconnus qui viennent de frapper à la porte n'inspirent guère confiance : barbus, crasseux, le visage tanné, vêtus d'étoffes grossières. Le plus jeune a la quarantaine, les deux autres sont des vieillards pour autant qu'on puisse leur donner un âge, à ces faces de cuir. Mais, en vingt-cinq ans d'absence, ils n'ont pas perdu leur dialecte, puisque l'un d'eux réplique tout naturellement : « *I paroni* » (« Les patrons »).

Il s'agit, on s'en doute, de Marco, de son père Nicolo et de son oncle Maffeo. Nous sommes en 1295.

Un million de contes ?

C'est ainsi que la tradition orale vénitienne nous décrit le retour des Polo. Peut-être est-ce une légende pour touristes, mais à Venise le tourisme a plus d'un demi-millénaire.

Ramusio[1], le biographe du XVIe siècle, tient une autre histoire d'un vieux patricien, Malipiero, qui la tient de sa famille et des vieilles gens du quartier, qui eux-mêmes…

1. Ramusio, diplomate et auteur d'un *Des navigations et des voyages,* œuvre de compilation, est un des grands créateurs du mythe « polien ». Plus que tout autre, il fit du voyageur, au prix de quelques embellissements de l'histoire, un héros national vénitien. Il va de soi que Ramusio avait des arrière-pensées politiques.

La voici. Lorsque les Polo retournent en leur somptueux palais de San Crisostomo[1], personne ne les reconnaît. Ils ont des faces de Tartares, ils en ont les vêtements, les coutumes et la langue. Du reste, ils ont presque oublié le vénitien. Donc, on murmure en ville. On ricane, on doute. Allez donc croire des gens qui prétendent revenir de Cathay et se vantent d'avoir été de puissants seigneurs chez ces Tartares. Lassés des rumeurs, les voyageurs décident de frapper un grand coup : ils invitent toute leur parentèle à un banquet. Les hôtes à peine installés, les Polo leur offrent un défilé de mode. Après chaque plat, ils s'isolent dans une chambre et en ressortent changés, portant chaque fois des étoffes plus somptueuses et plus exotiques[2]. Pour le dessert, ou le final, Messer Marco exhibe les fameuses hardes barbares qu'ils portaient à leur arrivée. Il en défait les coutures, d'où s'échappent à profusion rubis, émeraudes, saphirs et diamants. Ces pierres qu'il jette théâtralement sur les tables sont des présents du grand khan : elles prouvent que les Polo n'ont pas menti. Les spectateurs convaincus acclament les revenants : « Et la chose s'étant divulguée dans Venise, aussitôt toute la ville, nobles ou plébéiens, courut chez eux les embrasser, et leur faire les plus grandes caresses, démonstrations d'amitié et révérences qui se puissent imaginer. »

Ramusio rajoute cette anecdote : un jour, la femme de Marco, Donata Badoer, la patricienne qu'il a épousée après son retour, se débarrasse de quelques vieilles fripes. Elle les distribue aux pauvres. L'un d'eux enfile la guenille qu'il a reçue, sent un objet dur dans une doublure,

---

1. La version de Ramusio comporte de nombreuses invraisemblances. La principale est qu'au moment de leur retour, les Polo ne possédaient pas encore la grande maison de San Giovanni Crisostomo, puisqu'ils l'ont achetée avec les gains de ce voyage. Quant à la maison que l'on montre aux touristes sous le nom de Ca'Polo à la corte del Milion, ce n'est pas la bonne. En fait, la vraie maison de Marco a brûlé en 1596. Autre objection possible à cet affabulateur de Ramusio : un vrai Vénitien ne saurait oublier son dialecte en un quart de siècle.

2. Dont, peut-être, les soies exceptionnelles que les historiens ont trouvé mentionnées dans le testament de Marco Polo.

la découd et trouve ce qu'avait deviné le lecteur. Une pierre précieuse qui avait échappé au grand déballage du banquet. *Se non e vero e ben trovato*...

À notre tour imaginons une suite à l'histoire du retour spectaculaire.

Marco vit paisiblement le reste de son âge et raconte de belles histoires. Les Polo ont pris quelques notes assez précises et plutôt techniques : tant de jours de cheval de telle ville à telle autre ; ici l'on trouve du sel, là le souverain est féal du khan[1]. Quelques marchands vont peut-être consulter ces feuillets quand ils préparent une expédition. La ville est partagée. Certains croient les Polo, d'autres non. Lors du carnaval, des facétieux ont introduit un personnage en masque qui raconte les plus invraisemblables et les plus exotiques menteries. Devinez comment on le surnomme. Et puis le temps passe, les bavardages sur le voyage des Polo s'éteignent ; les notes pourrissent, tout s'oublie, et nous n'entendons jamais parler de Marco « Milion[2] » Polo.

Si l'histoire a tourné autrement, si l'on attribue faussement à Marco Polo l'introduction en Europe de trois piliers de la civilisation : le papier, le pétrole et les spaghetti, s'il continue à inspirer des feuilletons de télévision, des billets de banque et des agences de voyage, c'est qu'à l'aventure humaine de son personnage s'en substitue une autre, littéraire, et bien plus rare.

1. S'il faut en croire l'historien Borlandi, les marchands de la ville vont de temps en temps à Ca'Polo consulter ces notes lorsqu'ils préparent une expédition. Dans cette hypothèse, il s'agit d'un véritable *Trattato della Mercatura,* un guide pratique à l'usage des négociants.

2. Contrairement à une solide légende, il est à peu près démontré maintenant que le surnom de Milion Polo ne venait ni des millions qu'il avait accumulés, ni des millions de belles histoires qu'il racontait. Il s'agit simplement d'une déformation d'un nom propre : Marco était un Polo de la branche apparentée aux Miloni.

Comment Messer Marco écrivit le Devisement

« De son vivant Marco Polo a découvert la Chine ; après sa mort l'Amérique », dit une boutade. Le mot est historiquement faux, mais symboliquement vrai. En effet, Colomb, grand lecteur des aventures de Marco Polo, croyait en naviguant vers l'ouest atteindre l'île fabuleuse décrite par son héros : Cipango, notre Japon. Les « étoiles nouvelles » que voit se lever Colomb sont nées à Venise.

Cela par la magie d'un texte connu sous plusieurs titres, *Le Million, Le Livre des merveilles*, ou, plus authentique, *Le Devisement du monde.* Un livre qui témoigne des réseaux par lesquels circulaient les idées dans une Europe médiévale de la culture, avide de toute nouveauté, indifférente aux frontières, prête aux aventures de l'esprit. Marco-découvreur est une légende. Mais Marco-écrivain le dépasse. Ignorant de son pouvoir, il crée un monde et lance les plus audacieux à sa conquête. Il fonde un mythe du lointain auquel nous n'échapperons plus. Et cela dans des conditions tout aussi romanesques que ses propres récits.

Il nous faut reprendre le fil de l'histoire réelle où nous l'avions abandonné. À l'époque du retour des Polo, Venise est en pleine ébullition. La guerre s'est rallumée contre Gênes, pour la domination de la mer Noire. Les Génois qui ont, dix ans plus tôt, défait la marine de Pise, rééditent leur succès en 1294. À l'époque, les Polo sont sur le chemin du retour. Les galères de Venise sont défaites à Lajazzo[1] dans le golfe d'Alexandrette. Gênes arme une flotte de cent soixante-cinq navires qui provoque la Sérénissime au large de Messine. Les Génois ne poussent pas plus loin leur avantage pour d'obscures raisons de politique intérieure et ramènent l'inutile armada au port. S'ensuit une période de guerre de course et de raids côtiers au cours desquels les deux Républiques saccagent

1. L'importance de Lajazzo est immense ; à partir de 1291 ce fut le seul port ouvert officiellement aux chrétiens pour le commerce avec l'Orient.

leurs comptoirs respectifs. En 1298, Gênes livre enfin au large de Curzola la grande bataille de galères, dont elle était frustrée, et elle obtient la victoire qu'elle en attendait. Mais au prix de telles pertes que les Génois n'osent poursuivre les vaincus jusqu'en leurs lagunes. La guerre s'enlise. C'est un nouvel intermède indécis. Il coïncide avec la rédaction du *Devisement* dans les prisons de Gênes.

Une version héroïque de l'histoire nous montre Messer Marco s'employant au salut de la patrie. Homme d'expérience, de réputation et de fortune, il est nommé *sopracomito*, commandant d'une galère qu'il lui faut armer à ses frais. Il se bat bien. Le voilà blessé et pris en affrontant la flotte ennemie à la tête de ses marins, pendant la bataille de Curzola. Ramené à Gênes avec plus de sept mille autres captifs, il est traité en noble vaincu, mieux, en héros. La ville se précipite pour entr'apercevoir le célèbre voyageur. Il tient bientôt salon dans sa cellule. Il est sans cesse sollicité de raconter ses aventures et consent même à les écrire pour satisfaire un gentilhomme génois qui s'est pris d'admiration et d'amitié pour lui. Le prisonnier n'a, bien sûr, pas pris ses notes pour aller guerroyer. Qu'à cela ne tienne : on l'autorisera à les demander par lettre à son père resté à Venise. On fournira même au prisonnier une sorte de secrétaire, Rustichello de Pise, un écrivain professionnel en captivité depuis la guerre précédente entre Gênes et Pise.

Selon une version moins noble, Marco a été capturé en 1296 par des corsaires génois. Il était à bord d'un navire qui faisait partie d'un convoi traversant les eaux de Lajazzo. Il n'a bénéficié dans sa geôle d'aucun traitement de faveur et a rencontré Rustichello par le pur hasard de la cohabitation carcérale.

Ce compagnon de cellule sera pour Marco Polo ce que nous nommerions pudiquement un conseiller littéraire[1].

---

1. Selon ce vieux chauvin de Ramusio, Messer Marco écrit seul et emploie le latin « comme cela est en grande partie l'usage des Génois jusqu'à nos jours, pour écrire leurs affaires, car ils ne peuvent rendre

C'est un auteur spécialisé dans le genre chevaleresque[1]. Il était en train de pourrir depuis douze ans dans sa geôle surpeuplée, tout comme ses nombreux compatriotes. Tous attendaient la fin d'interminables négociations diplomatiques pour leur libération. Et Marco « demeurant en la prison de Gênes fit récit de toutes ces choses à Messire Rusticiaus [Rustichello] de Pise, qui était en la même prison en l'an du Christ 1298 ».

Comment fonctionne le couple littéraire ? Pour certains le Pisan n'est qu'un scribe silencieux. Mais, pour qui écoute la musique du texte, il sait se faire entendre. Il note, enjolive, ajoute quelques hyperboles, quelques « belles dames » et « beaux seigneurs » et « moult belle bataille » dans le goût de ses œuvres antérieures. Parfois sans doute, il suggère davantage : Marco confirme-t-il telle merveille dont on a tant parlé ? Ou quelque chose qui y ressemble ? Et ces preux qui s'affrontaient, là-bas dans les steppes, ne ressemblaient-ils pas un peu aux nôtres ? Et le Prêtre Jean, Marco, as-tu vu son royaume ? Et les griffons ? Et Gog et Magog ? Le livre progresse. Dans l'ignorance générale, l'affabulateur et le plumitif préparent leur bombe.

Entre-temps Venise et Gênes finissent par négocier. La paix est signée en 1299. Les prisonniers sont libérés. Pendant que Rustichello disparaît de l'histoire, Marco, libre, y rentre avec son codex sous le bras.

Codex mythique

Ce mythique manuscrit est perdu. Il était écrit non en latin, mais en « franco-italien », en l'occurrence une langue d'oïl agrémentée de vénétianismes. Le français

---

par la plume leur prononciation naturelle ». Ce Marco Polo latiniste et épris des lettres est aussi peu vraisemblable que la scène du début.

1. À la cour d'Angleterre et peut-être d'Anjou, ce trouvère sans génie produisait chansons de geste et romans, puisant dans le cycle arthurien, réarrangeant en français, au goût du jour. Il se peut même qu'il ait suivi Édouard d'Angleterre en Terre sainte.

est alors fort prisé au nord de l'Italie, surtout pour les romans de chevalerie chers à Rustichello. En outre, on juge cette « parleüre plus delitable » que les dialectes. Rien de plus normal que d'employer le français, il est plutôt mieux compris que l'italien par les élites d'avant Dante. Si tant est que la langue italienne ait existé avant Dante.

Ici commencent les aventures du codex, sous ses divers titres, dans ses multiples moutures, versions et traductions, au total plus de cent trente manuscrits connus, sans compter de nombreux exemplaires perdus. Cette folie, qui commence de son vivant, contredit la légende d'un Marco méconnu et radotant des souvenirs qui font ricaner la paroisse.

Marco est célèbre et sa gloire attire des visiteurs de marque. Pietro d'Abano, le savant de l'université de Padoue, vient le consulter. Il atteste que Marco lui fournit des informations précises, dont certaines observations astronomiques, qui ne figurent pas dans le *Devisement*. Un chevalier français demande un manuscrit pour Charles de Valois. On dit même que Dante, de passage à Venise, en rencontre l'illustre citoyen. Vient aussi, et sur instruction de son ordre, un dominicain du doux nom de Fra Pipino, qui traduit le livre du dialecte lombard en latin d'Église. Il y ajoute quelques réflexions propres à glorifier notre Sainte Mère. Il assure ainsi au texte une diffusion supplémentaire. Bref, en vénitien ou en catalan, en portugais ou en irlandais, les codex fleurissent à travers toute l'Europe.

Les versions s'engendrent mutuellement, chaque fois modifiées. Elles forment une invraisemblable arborescence qui offre aux spécialistes l'occasion de pratiquer une complexe généalogie littéraire. Encore un labyrinthe. À chaque version apparaissent des ajouts et des erreurs de traduction[1]. Il existe même des incestes, entendez les textes traduits d'une langue en une autre, puis retraduits dans la langue mère à partir de la version fille.

1. Ainsi, Ramusio confond la Volga, que Marco Polo nomme Tigeri, avec le Tigre de Mésopotamie.

Des copies circulent pendant deux siècles et se retrouvent dans les bibliothèques royales. On leur attribue le singulier pouvoir d'éveiller les rêves d'Henri le Navigateur. *Fons memorabilium universi, Historia aurea*... un véritable genre littéraire se nourrit des récits de Marco, tout comme la cartographie médiévale, de l'Atlas catalan à la mappemonde de Fra Mauro. Ils guideront les découvreurs de mondes nouveaux, grands lecteurs de grimoires et portulans.

L'« œuvre ouverte » de Marco Polo produit un singulier ébranlement dans le monde d'avant Gutenberg. Mais le temps en fera plus encore. La multiplication des expéditions en Chine, dont celles de nombreux marchands italiens, ou la concurrence d'autres récits fabuleux n'enlèveront jamais à Marco son monopole des rêves. Plus on le vérifie, plus il devient mythique. C'est donc l'écrivain Polo qu'il faut interroger.

Il se présente à nous avec un opuscule plutôt hybride et mal fichu. Il y a là, pêle-mêle, une brève autobiographie, un guide pratique du petit aventurier, une compilation de contes et légendes et quelques épisodes historiques dans le registre noble. Il saute sans ordre de la première à la troisième personne, d'une information minutieuse sur les richesses de telle ville à une épopée chevaleresque. Souvent, l'auteur revient en arrière, avouant tout ingénument qu'il avait oublié quelques chapitres plus haut de nous narrer une belle histoire. Marco mêle sans vergogne choses vues et choses ouïes, itinéraire réel et digressions, événements contemporains et anciens. Ni la logique géographique ni la chronologie n'en sortent indemnes.

Marco ou Rustichello ?

Pour clarifier ce désordre, il est assez tentant de distinguer dans l'ouvrage deux strates et d'entendre deux voix.

Il y a d'abord le récit de Marco. Parfois d'un laconisme agaçant : il se débarrasse en quelques chapitres très secs des voyages de son père, de son oncle et de ses propres pérégrinations (en tout trente-cinq ans d'aventures, 1260-1295 !) avant de passer à la description des villes et provinces visitées. Il exécute des pays entiers comme la Russie, constatant au bout de quelques phrases qu'il n'y a rien de plus à ajouter sur le sujet et qu'il va passer au chapitre suivant. « Et que vous dire ? » (« *Et que voç en diroie ?* ») revient du reste comme un leitmotiv, comme si Marco n'était jamais persuadé que toutes ces anecdotes puissent intéresser qui que ce soit. Pour un peu, il s'excuserait de tirer à la ligne ! Il adore les raccourcis saisissants du type : « Là, les Polo passèrent trois ans pour leurs affaires. » Au lecteur de deviner ce qu'ils faisaient. Marco est si discret sur le négoce des Polo que l'on n'en sait presque rien.

Il y a même des historiens qui doutent que la famille soit partie dans un but réellement commercial. Les délices de l'introspection et de la confession lui sont étrangères. Nous ignorerons toujours ses états d'âme et sa vie intime, tout autant que son visage. Marco, amoureux des chiffres, si précis quand il s'agit de mesurer les distances ou d'évaluer les richesses d'un pays, Marco le marchand est un discret. C'est un méthodique aussi. Le *Devisement* repose sur une structure répétitive. Chaque ville ou pays est traité par rubriques, toujours les mêmes : distance de l'étape précédente, climat, gouvernement, croyances, production, etc. Ce mode d'exposition se prêtait fort bien à des desseins pratiques : informations politiques ou préparations de futures expéditions. Mais nous voilà aux antipodes du bric-à-brac romantico-exotique qu'évoque généralement le nom de Polo.

Il est donc tentant d'attribuer à Rustichello tout ce qui ressort du féerique et du chevaleresque, les belles batailles, les légendes et allusions mythologiques. Ainsi les premières lignes du livre portent-elles indéniablement la patte du romancier qui recopie l'incipit de ses œuvres antérieures : « Seigneurs empereurs et rois, ducs et marquis, comtes, chevaliers et bourgeois et toutes gens qui voulez connaître les diverses races des hommes et diverses régions du monde, prenez ce livre… » Et on imagine très bien le Pisan sollicitant Marco de lui dire quelque belle anecdote, soufflant une interprétation, l'incitant à introduire ici un passage du *Roman d'Alexandre*, là la légende de cette belle princesse qui défiait ses prétendants à la lutte et que nul ne put conquérir. L'histoire, qui se trouve aussi dans *Les Mille et Une Nuits*, tombe parfaitement à contre-temps dans le *Devisement*, elle est si merveilleuse que l'Arioste la reprendra à son compte.

Le livre est donc un animal bicéphale et mal identifié, ce qui accroît les incertitudes qui l'entourent. Et d'abord la plus commune : Marco Polo est-il un *bugiardo*, un menteur ?

Les historiens ont eu sept siècles pour vérifier les noms, les dates et mesurer les journées de cheval. Ils ne sont toujours pas d'accord.

Trente-cinq ans d'errance

L'itinéraire exact des Polo a intrigué et n'a jamais été parfaitement reconstitué. Si l'on tient compte que Marco s'est promis de rapporter véridiquement des choses vues mais aussi entendues, accordons-lui la présomption de bonne foi. Ainsi, s'il décrit Cipango, le Japon, où il n'a jamais mis les pieds, il ne prétend pas non plus y être allé en personne.

La partie du livre où Marco est le plus précis est celle où il rapporte les aventures de son père Nicolo et de son oncle Maffeo, c'est-à-dire les épisodes qu'il n'a pas vécus.

Les deux marchands vénitiens, « nobles et sages », sont à Constantinople pour affaires[1]. Ils embarquent pour commercer en Soldadie (l'actuelle Soudak) sur la côte de Crimée, là où était passé quelques années auparavant

1. Dans son livre, Marco Polo parle de 1250, année où lui-même n'était pas encore né. Il peut s'agir d'une simple erreur de plume, mais aussi d'une astuce tendant à montrer que les Polo avaient voyagé chez les Tartares dans les tout premiers, qu'ils partaient dans des pays sur lesquels les informations étaient pratiquement inexistantes. Rappelons pourtant qu'en 1260, date du départ des frères Polo, les Plan Carpin, Ascelin et Rubrouck sont déjà rentrés et leurs chroniques sont connues.

Guillaume de Rubrouck. De là, ils décident d'aller à Bolgara (près de l'actuelle Kazan) où se trouve le khan de la Horde d'Or, Barca, excellent client en puissance.

D'après la date de naissance de Marco lui-même, en 1254, et divers autres repères, il faudrait dater le départ de cette première expédition de 1260. Ce résumé, qui semble conforter la légende d'audacieux voyageurs poussés par la fortune, dissimule sans doute une décision plus réfléchie. Les Polo, dont le troisième frère, Marco dit le Vieux, réside maintenant à Constantinople, sentent peut-être combien les Vénitiens sont menacés dans cette ville. Le pouvoir de Baudouin de Flandre n'est guère assuré, et les citoyens de la Sérénissime, qui ont leur quartier, leurs troupes et leurs privilèges, sont des occupants bien impopulaires. Par ailleurs, les Polo ont pu recueillir des renseignements sur les Tartares et leur pays. Leur expédition est donc mûrement réfléchie.

Les affaires sont fructueuses. Chez Barca, les Italiens font des cadeaux au Tartare, qui leur en rend de plus somptueux encore. Il s'entiche des nouveaux venus. Un an s'écoule ainsi, agréablement et profitablement. Mais la guerre éclate entre Barca et Alau (Hulagu, fondateur de la dynastie mongole de Perse). Ce conflit interdit aux marchands de reprendre la route de Constantinople. Du coup, ils s'enfoncent plus à l'est, vers Boukhara, où des ambassadeurs d'Hulagu rencontrés par hasard les invitent à se rendre chez le frère et suzerain de leur propre souverain, chez le « Grand Sire des Tartares », Koubilaï. Le « khan océanique » n'a jamais vu de Latins et, sans doute, leur fera bon accueil. Les Vénitiens acceptent volontiers l'invitation. Après tout, qu'est-ce qu'un an de route ?

Au camp de Koubilaï, nouveau succès : les deux frères sont choyés, interrogés sur les rois et les coutumes de l'Occident. Nos héros prennent vite figure de favoris. Mieux, Koubilaï les charge d'une ambassade auprès du pape. Qu'il lui envoie cent sages chrétiens capables de prouver à tous les « idolâtres » (entendez les bouddhistes) que leurs « idoles » sont choses du diable, et qui sachent bien montrer par raison que la loi chrétienne est meilleure que la leur. En d'autres termes, le khan fait miroiter la fameuse conversion des Tartares, un rêve qui hante l'Europe et qui a toujours échoué. Les Polo repartent chargés de présents, protégés par des sauf-conduits et accompagnés d'un baron tartare qui tombera malade et qu'il faudra abandonner en route. Il ne faut pas moins de trois ans pour atteindre Saint-Jean-d'Acre. Du coup nous voici en 1269.

À leur arrivée, les deux marchands apprennent la mort du pape Clément IV. Il leur faut donc attendre que son successeur soit élu, mais le conclave s'éternise. Le Saint-Siège va rester vacant près de trois ans, jusqu'en 1271. Lassés, les deux frères s'en retournent à Venise. Là, Nicolo apprend la mort de sa femme et découvre que le bambin Marco qu'il a quitté est devenu un jeune homme de quinze ans, vif et prometteur. C'est décidé : après dix ans de voyage, les deux frères repartent. Quant à Marco, il accompagnera la prochaine expédition. Pour son apprentissage… pour un quart de siècle.

Marco Polo, fonctionnaire mongol

Les Polo repartent, Saint-Jean-d'Acre, Lajazzo. Là, ils reçoivent un message : « *Habemus papam !* » Le légat du royaume de Jérusalem, Théobald de Piacenza, un homme ouvert avec lequel ils avaient justement noué amitié à Acre, vient d'être appelé au siège de Saint-Pierre. Le tout nouveau pape, Grégoire X, rappelle les voyageurs et leur confie un message pour le khan. Au lieu de la centaine de sages espérée, le pontife ne leur accorde que deux moines, ce qui est peu pour convertir plus de la moitié de la terre. Qui plus est, les clercs abandonnent leur mission en cours de route, terrifiés par les périls à affronter. Le voyage des marchands dure cette fois trois ans.

Lorsque le trio parvient à la cour de Koubilaï à Khanbalik (Pékin), il s'est écoulé dix ans au total depuis le début de leur mission. Le khan ne semble guère affecté de leur échec ni de leur retard. Il leur fait toutes sortes de cajoleries dont ce snob de Marco n'est pas peu fier.

Mieux, le khan décide de mettre le benjamin à l'épreuve en lui confiant une mission d'observation. Marco s'en tire à son honneur, se fait remarquer par la qualité de son rapport et se retrouve engagé. Il vient d'entrer en scène.

Koubilaï semble témoigner au jeune homme une estime et une amitié que celui-ci exagère sans doute. Il se vante de s'être fort bien acquitté de missions et « mesajeries » et d'avoir pendant trois ans eu la « seigneurie » d'une ville qu'il ne nommera jamais. La description de ses « ambassades » n'est guère éclairante. Rien de très précis. Du coup certains en font un conseiller privé et commissaire impérial du khan, d'autres un simple employé de la gabelle, adjoint d'un sous-préfet. Un bureaucrate en somme.

Marco est fidèle à son seigneur jusqu'à faire œuvre de propagandiste. Quand le Vénitien décrit Koubilaï (ou lorsqu'il parle de son grand-père Gengis Khan), il idéalise le khan et le montre noble, charitable, tolérant. Les « Tartares » de Polo ressemblent davantage aux preux de la Table ronde qu'à des collectionneurs d'oreilles qui passent leur temps à massacrer la population des villes conquises.

Reste un épisode plus mystérieux : la prise de Sanyanfu (Sianyang) qui résistait encore au khan. Cela se passe trois ans après que les Mongols ont pris la Chine du Sud où régnaient les derniers empereurs de la dynastie Song chassée par Koubilaï. Nous voilà donc dans les années 1270. Les Mongols se cassent les dents devant la forteresse entourée d'eau sur trois côtés, admirablement défendue et pourvue de vivres abondants. Les Polo se vantent devant le khan de réduire la cité à merci. Ils ont avec eux un Allemand et un chrétien nestorien qui construisent bien vite, et à l'émerveillement général, deux ou trois catapultes capables de lancer des pierres de trente livres. Terrifiés par ces machines inconnues, les assiégés se rendent aussitôt[1]. Cet événement est pratiquement le

1. Outre quelques difficultés chronologiques et contradictions avec les chroniques chinoises, cette version des Polo se promenant avec des ingénieurs militaires dans leur suite laisse sceptique. D'autant que les

seul que Marco nous livre pour combler le trou noir que représentent les vingt ans de sa vie passés en Chine. Et c'est, semble-t-il, un mensonge ou une vantardise…

La seule mission sur laquelle nous aurons quelques précisions est celle qui ramène les Polo à Venise et que confirment des détails vérifiés. Ont-ils le mal du pays ou veulent-ils éviter les troubles qui accompagneraient la succession du khan vieillissant ? Toujours est-il que les trois hommes ne cessent de prier leur maître de les laisser s'en retourner. Leur océanique patron préfère augmenter leurs gages et prébendes plutôt qu'accepter leur démission. Et on ne quitte pas l'Empire sans l'autorisation de Koubilaï. Enfin une occasion se présente. C'est une ambassade qui transforme les Polo en chaperons.

Messages perdus

En effet, la reine Bolgara, épouse d'Arghoun, khan de Perse et petit-neveu de Koubilaï, vient de mourir. Par testament, elle demande à son époux de ne se remarier qu'avec une fille de son lignage. Le veuf, obéissant, envoie trois barons au grand khan pour le prier de lui donner une fiancée qui soit de la tribu des Baya'out. Une princesse Cocacin, fraîche beauté de dix-sept ans, ferait l'affaire. Cela se passe en 1291, au moment où Marco rentre justement d'une « ambassade » en Inde aussi imprécise que les autres[1]. Les trois messagers d'Arghoun

---

Mongols n'ignoraient sans doute pas de telles machines de guerre. Ce passage du *Devisement* est aussi le seul mensonge vraiment avéré de Marco Polo. Entendons : le seul moment du livre où il tromperait délibérément le lecteur et ne se montrerait pas simplement crédule.

1. La date exacte a une certaine importance. La tradition veut que l'ambassade des Polo parte au printemps 1291. Or, Arghoun est mort le 7 mars 1291. On peut supposer que les événements se déroulent ainsi : Arghoun meurt pendant que ses ambassadeurs reviennent vers la Perse ou tout juste avant. La nouvelle de sa mort, même transmise par la poste mongole, les a manqués, peut-être de très peu. Et Cocacin ignore qu'elle va au-devant d'un fiancé défunt. En tout cas, le

demandent en grâce à Koubilaï de les renvoyer accompagnés des Polo « qui étaient latins et sages », ce à quoi il consent. Les voyageurs prendront la route maritime, la route terrestre étant coupée par des troubles militaires[1].

La demande des barons d'Arghoun, qui prisent si fort la présence des Polo, ne doit pas nous surprendre. Des « ambassadeur latins » n'avaient plus rien d'exceptionnel pour l'époque. Arghoun lui-même avait envoyé plusieurs ambassades auprès des cours occidentales et employait comme diplomates aussi bien un Ouïgour nestorien comme Rabban Cauma qu'un Génois à son service, Buscarel de Gisolf. En cette même année la Sérénissime envoyait même une mission auprès d'un khan dissident de la Horde d'Or en Crimée. Une fois encore, le monde occidental et le monde mongol n'ont pas attendu Marco Polo pour se rencontrer. Il est un grand diffuseur d'informations, il n'est pas un découvreur.

Avant le départ, Koubilaï remet aux Polo, outre des tables de commandement[2] et un abondant pécule pour faire face aux frais de voyage, des messages pour le pape, le roi de France, celui d'Espagne et « d'autres rois de la chrétienté ». Personne n'entendra plus jamais reparler de ces missives, qu'elles se soient perdues, ou que le trio, qui n'atteindra l'Europe que quatre ans plus tard, ait mangé la consigne. Autrement dit, après l'échec de leur première mission diplomatique vingt-cinq ans plus tôt, les Polo ont peut-être à nouveau fait échouer la grande rencontre de l'Europe et de l'Empire mongol.

---

texte du *Devisement* laisse supposer que les Polo, à leur arrivée en Perse vers la fin de 1293 ou le début de 1294, ignorent toujours la mort d'Arghoun. Si cela est vrai, nous sommes en présence d'un des paradoxes des routes de la soie : sur certains itinéraires, les nouvelles peuvent circuler très vite ; sur d'autres, elles traînent des années. Autre explication, les troubles qui suivent la mort d'Arghoun sont tels que plus personne ne songe à s'occuper de la fiancée de Chine.

1. Le conflit qui oppose Koubilaï au khan Qaïdou.

2. Ces tables de commandement en or, une sorte de laissez-passer, réapparaissent plusieurs fois dans le récit de Marco et on en trouve trace dans sa succession. C'est au moins une preuve matérielle de la véracité des dires de Marco Polo.

Le départ de l'expédition n'est pas une petite affaire : on n'a pas frété moins de quatorze quatre-mâts. En outre, les Polo se trouvent responsables d'une « fille du roi de Mangi », belle comme il se doit, et dont on ignore pourquoi, ou pour qui, elle accompagne le voyage.

Marco est très fier de la magnificence de leur escorte et de la splendeur des Polo qui « ont si grand seigneurie ». Il insiste sur la pureté des rapports entre les Latins et les deux belles dames. Elles les considèrent comme leurs parents. « Il n'est rien qu'elles ne fassent pour eux comme pour leurs propres pères. » En retour, les Polo les protègent avec une vigilance toute paternelle. Tout cela n'empêchera pas le dramaturge O'Neill d'imaginer une passion entre Marco et Cocacin. Hollywood aussi, hélas.

La suite est moins féerique. De la splendide flotte et de l'escorte qui partirent de Zaytoun en grand appareil, il ne reste plus grand-chose à l'arrivée. Cinq cent quatre-vingt-deux morts sur six cents membres de l'expédition sans compter les marins ! Trois mois de navigation pour atteindre Java, dix-huit mois dans les mers d'Inde, un itinéraire difficile à reconstituer, des épisodes obscurs sur lesquels on n'a pas fini de s'interroger. Attaques de pirates, naufrage dû à la mousson, épidémie ? Marco est plutôt discret.

Lorsque la mission parvient à la cour du khan de Perse, c'est pour apprendre la mort d'Arghoun. Selon la tradition mongole, Cocacin épousera le fils de son défunt « fiancé » : Ghazan[1]. Marco Polo, qui visiblement ne souhaite pas s'attarder, laisse Cocacin en pleurs au départ de ses « parents » vénitiens.

Après quoi, il nous exécute en quelques lignes négligentes la fin du voyage : Trébizonde, Constantinople, Négrepont et enfin Venise. La Société Polo (car nos trois personnages ont choisi la forme juridique bien vénitienne de la société en nom collectif pour mener leur négoce) se

1. On aimerait le savoir séduisant et pouvoir imaginer que notre petite Cocacin gagne au change. Les historiens décrivent Ghazan comme petit et particulièrement laid.

fait confisquer par les autorités de Trébizonde une cargaison qu'elle réclamera pendant des années.

La seule chose assurée est que les Polo, déjà loin de la misère avant leur départ, sont revenus fort riches. Des actes notariés le prouvent, les alliances patriciennes conclues par la famille le confirment. Des petits commerçants n'épousent pas comme cela des demoiselles Badoer, Dolfin ou Querini. Et des inventaires nous montrent que le patrimoine des Polo comprenait quelques objets précieux. Mais rien de fabuleux, si l'on compare à l'énorme capital de certains citoyens de la Sérénissime.

Voilà à peu près tout ce que nous saurons sur la vie de Marco Polo. Entre le récit du voyage de ses parents et la narration du retour, un énorme trou noir d'une vingtaine d'années. Trou noir comblé par un guide de voyage et une anthologie de belles histoires. L'homme Marco s'efface là où nous aimerions le saisir.

Merveilles du monde

Si son personnage historique s'entoure d'autant d'ambiguïté, si l'interprétation du texte nous laisse toujours libres de choisir entre une version héroïque et une autre plus sacrilège ou sceptique, si sa biographie s'apparente à l'art de la fugue, tout cela importait, au fond, assez peu au lecteur médiéval. Pour lui le *Devisement* entrait dans la catégorie des *mirabilia*, des récits merveilleux. Et il trouvait ce qu'il cherchait : curiosités, animaux fabuleux, contrées étranges, coutumes incompréhensibles, richesses démesurées. Rien n'autorise à faire de Marco Polo un cynique mystificateur. Il est homme de son temps, enclin à interpréter ce qu'il voit ou entend conformément à l'esprit de ce temps.

Mais Marco Polo n'est pas un naïf. Ainsi, il réfute la légende des salamandres. Pour lui cet animal qui survivrait au feu n'existe pas. Il tient d'un sien compagnon turc comment on fait la laine de salamandre à Chingitalas (une région non identifiée, peut-être au Turkestan) : on extrait du sol un matériau dont on tire des filaments après combustion. Le grand khan aurait offert un drap de ce tissu au pape, pour abriter le Saint Suaire. En fait, Marco décrit tout bonnement l'amiante.

À Java, il refuse énergiquement de croire que les rhinocéros se laissent prendre par les pucelles. De même, il n'est pas peu fier de révéler le secret de soi-disant momies de nains avec lesquelles on tente d'abuser les étrangers. Ce sont de minuscules singes anthropomorphes de Java auxquels on rase les poils du corps et que l'on maquille.

Par contre, notre sceptique accepte sans sourciller les hommes pourvus d'une queue du royaume de Lambri à Sumatra ou les anthropophages à tête de chien de l'île d'Angaman (Andaman). Parfois Marco rapporte de « moult grand merveilles » dont on saisit plus difficilement la base réelle, fût-elle déformée. Ainsi, lorsqu'il raconte la première tentative mongole de conquête de Cipango (le Japon) au cours de laquelle deux généraux de Koubilaï assiégèrent les châteaux défendant une île. L'une des forteresses refuse de se rendre et les Mongols en décapitent tous les occupants. Jusque-là rien que de très normal. Mais « on coupa la tête à tous sauf à huit hommes à qui on ne put le faire. Et cela par la vertu de pierres qu'ils possédaient : car ils avaient chacun une pierre dans leurs bras, sous la chair ». Du coup les barons du khan font tuer les rebelles à coups de masse et extraient les pierres si merveilleuses que celui qui les portait ne pouvait périr par le fer.

Les cas où l'on voit Marco si crédule, comme ici où il est victime de quelque bobard d'ancien combattant, restent cependant rares. Il tend plutôt à répéter les grands mythes qu'il rencontre et dont il n'a aucune raison de douter. Nous avons vu comment il répercute des légendes issues du *Roman d'Alexandre*, les portes de Fer, l'Arbre sec, les aigles qui emportent des charognes où se mêlent les diamants, les prophéties bibliques, ou le mythe du Prêtre Jean. Il s'obstine à en trouver confirmation, projette littéralement ses attentes sur l'histoire ou la géographie réelles. Il reconnaît en tel lieu ou en tel épisode historique ce qu'il s'attendait à trouver. Ce qu'il interprète confirme ce que lui dictait la croyance générale. Et ce qu'il dit devient preuve supplémentaire de ce que l'on croyait. En cela il n'est guère différent des autres grands voyageurs du temps.

Il est, comme on peut s'y attendre, sensible au merveilleux religieux. Il croit à l'histoire de Thomas prêchant et mourant en Inde. En Grande Arménie, comme Rubrouck, il croit l'arche de Noé échouée au sommet d'un mont proche de Mossoul. En Perse, il cherche les tombeaux des Rois mages et rapporte une légende à leur sujet. Après que Gaspar, Melchior et Balthazar lui eurent rendu hommage et porté des cadeaux, l'Enfant Jésus leur fit en retour un don, enfermé dans un vase. Lorsque les trois voyageurs découvrirent que le récipient contenait une simple pierre, ils la jetèrent au plus profond d'un puits. Mais aussitôt, un feu ardent y descendit et produisit une grande et belle flamme. Il y brûle toujours depuis. De là est né un culte du feu. Marco n'a aucun soupçon que de pareils rites relèvent certainement du zoroastrisme, ni que cette histoire de feu perpétuel est sans doute née d'un puits de pétrole comme il en existait déjà.

Religion de la Lumière

Une autre anecdote montre que nos Vénitiens ne connaissaient sans doute pas mieux le manichéisme, ce qui est plus compréhensible puisque la religion de la Lumière était alors presque clandestine. Marco nous conte (il est vrai dans la seule version en latin, ce qui laisse soupçonner une intervention de frère Pipino) l'histoire de cette rencontre. Dans la région du Fugiu, le Fujian, un des derniers refuges de la secte, Maffeo et Marco entendent parler par un érudit musulman de gens dont « nul ne connaît la loi ». Ni mahométans, ni idolâtres, ni adorateurs du feu, ils pratiquent un très vieux culte qu'ils tiennent de leurs ancêtres. L'oncle et le neveu vont donc examiner ce phénomène. Au début, les membres de cette secte étrange ne font pas preuve d'un enthousiasme excessif. Ils craignent quelque contrôle des autorités. L'atmosphère se détend : on finit par montrer aux Italiens des « écritures » que les Polo sont capables de traduire et d'identifier comme le Livre des Psaumes. On visite le temple et nos enquêteurs reconnaissent cette fois les images des trois apôtres. Les membres de la secte disent les prier depuis sept cents ans. La conclusion est immédiate : « Vous êtes chrétiens, comme nous. » Poursuivant leur gaffe, les Vénitiens veulent secourir leurs supposés coreligionnaires et leur conseillent de se mettre en ordre avec les autorités. Les Mongols tolèrent les religions mais pas le désordre ou la dissimulation et mieux vaut se faire enregistrer.

L'affaire prend de l'ampleur. Les bureaux des questions religieuses s'en emparent : les services des affaires « idolâtres » veulent répertorier cette nouvelle communauté comme secte bouddhiste ; ceux des affaires chrétiennes veulent la prendre sous leur coupe. Pour départager les bureaucrates, il faut un grand débat doctrinal devant le khan, rien de moins. Koubilaï écoute tout le monde et finit par se lasser des arguties des uns et des autres. Il décrète que, puisque ces gens, instruits par ce que leur ont révélé les Polo, veulent être considérés comme chrétiens, il en sera ainsi. Qu'ils bénéficient des privilèges liés à ce statut et qu'on laisse le khan en paix. Du coup, on régularise le statut des sectateurs de la foi inconnue. C'est l'occasion, s'il faut en croire Marco Polo, de découvrir que la mesure touche sept cent mille familles réparties sur toute la province. Sept cent mille ! Marco Polo doit quelque peu exagérer. De même le fait que les manichéens semblent presque tout ignorer de la doctrine à laquelle ils se rattachent a de quoi surprendre. Par contre, la présence de fidèles de Mani dans cette province plus de quatre siècles après la grande persécution de 843 ne défie pas la vraisemblance.

« Au Fujian, il y a des gens qui pratiquent une religion hérétique qu'ils nomment religion de la Lumière. Ils possèdent également nombre de livres de cette religion de la Lumière », notait un historien chinois du début du XIIe siècle[1]. Mieux, en 1957, on a retrouvé dans le Fujian,

1. Lu You (1125-1209).

à Cao'an, à vingt kilomètres de Quanzhou (la Zaytoun de Marco Polo), un temple manichéen construit sous la dynastie mongole, voire avant, des inscriptions et une représentation de Mani en Bouddha de Lumière. Apparemment, au moment de la grande proscription[1], un maître du Mingjiao (religion de Lumière, le nom chinois du manichéisme utilisé alors) est venu prêcher dans cette province où cette religion avait peut-être déjà des adeptes. Le manichéisme aurait survécu là, probablement jusqu'au XVIIe siècle, mais peut-être sous une forme cachée, *via* des sociétés secrètes, ou sous le déguisement de la « Religion du palais d'or[2] », simplifiée, modifiée, adaptée. Comme des siècles plus tôt, pénétrant en Chine, elle avait su se fondre avec le bouddhisme et le taoïsme. Bref, il faudrait attribuer au manichéisme chinois une survie d'un millénaire[3], en dépit des persécutions, et l'incident relaté par Marco Polo serait un épisode de l'histoire de la plus syncrétique et de la plus protéiforme des religions.

Mais notre Vénitien est surtout sensible au merveilleux chrétien. À Bagdad, il rapporte un beau miracle. Le calife a menacé les chrétiens de la ville de les tuer ou de les convertir de force à l'islamisme s'ils ne déplacent une montagne par la seule force de leur foi, comme le prétend leur Évangile. Après qu'ils ont prié longtemps, l'énorme masse de pierre s'est mue par intervention divine et le calife a dû s'incliner. À Samarcande se produit un cas similaire. Cette fois les chrétiens sont menacés de mort, à moins qu'ils ne rendent aux Sarrasins une pierre sur laquelle repose une colonne de leur église. Au dernier jour fixé, par la seule force de la prière, la colonne se met à flotter en l'air, ce qui permet de dégager sa base et

1. Pendant la période dite Huichang (841-846).

2. Une secte fondée sous les Ming en 1582 et qui aurait survécu jusque sous Mao Tsé-toung.

3. Lors de notre visite au temple de Cao'an, en février 1991, on nous a même parlé d'une survivance contemporaine du manichéisme. Il est en tout cas certain que cette religion suscite un renouveau d'études scientifiques et quelques phantasmes.

de satisfaire les musulmans. Cette édifiante merveille les remplit de confusion.

Les Polo n'aiment pas, on s'en doute, les « Sarrasins » : il leur est « naturel » de haïr les chrétiens, ils sont cruels et fourbes, etc. Le *Devisement* ne nous en apprend guère sur un Islam que les trois Vénitiens ont côtoyé pendant des décennies sans le comprendre.

Marco Polo rencontre d'autres religions des routes de la soie. Il côtoie également des lamas, habiles devins et prestidigitateurs, à la cour de Koubilaï. Il nous décrit les tours de magie auxquels se livrent les prêtres de cette religion inconnue, mais ne comprend à aucun moment ce qu'est le bouddhisme. Pourtant, il relate la vie de « Sergamuni Borcam » (le Bouddha Cakyamouni), sa triple découverte de la mort, de la maladie et de la vieillesse et son retrait du monde. Marco a même saisi quelques rudiments de la croyance en la métempsycose. Il considère l'Éveillé avec le plus grand respect : « Car certes, s'il eût été chrétien, c'eût été un grand saint avec notre seigneur Jésus-Christ. » Mais à aucun moment notre auteur ne semble savoir qu'il existe une religion du nom de bouddhisme dont il a pourtant croisé des milliers d'adeptes au cours de ses pérégrinations. Il paraît croire en l'occurrence qu'il s'agit d'une forme d'idolâtrie propre à l'île de Ceylan. Ce malentendu est stupéfiant (surtout si l'on compare à la connaissance relativement exacte qu'il a du brahmanisme), mais c'est une cécité qu'il partage avec les autres voyageurs européens et qui explique en partie que l'Occident ait quasiment ignoré le bouddhisme pendant vingt siècles.

Il néglige superbement ou presque le nestorianisme. Il se contente de signaler l'existence de communautés nestoriennes au Turkestan[1], sans que la chose lui semble mériter plus de commentaires.

---

1. À deux endroits mal identifiés : Carachoço où la population locale semble avoir eu pour coutume de prêter ses épouses aux voyageurs en signe d'hospitalité, et Chingitalas où l'on extrait de l'amiante. La curieuse coutume sexuelle ou la « salamandre » le frappent infiniment plus que la présence de nestoriens.

Il confirme surtout ce que l'on savait : le débat métaphysique œcuménique est, avec la chasse à cheval et le massacre des populations vaincues, le loisir préféré des khans. Et notre voyageur n'est pas loin d'adhérer à la croyance en une conversion possible de Koubilaï : « Si des hommes habiles à lui prêcher notre foi avaient été envoyés par le pape, le grand khan se serait fait chrétien, parce qu'il est connu pour certain qu'il avait très grand désir de l'être. » Est-ce une allusion aux « cent sages » que le pape aurait dû envoyer en Chine avec Nicclo et Maffeo ?

Villes d'or

Mais qui s'en soucie ? Quand on parle de Taprobane, le lecteur attend une énumération de ses trésors, la description des gemmes qui poussent aux arbres ou se ramassent par terre dans la plus pure tradition des *mirabilia.*

Des richesses fabuleuses, des rubis « gros comme un bras d'homme », des histoires de pêcheurs de perles, des « grandissimes palais de marbre et de pierre », des villes tout en or du Japon qu'il n'a jamais vu, le récit de Polo en regorge. Mais toutes ces accumulations d'hyperboles et tous ces trésors de l'Orient surprenaient sans doute moins un lecteur européen que la nouvelle vraie que les Tartares employaient le papier-monnaie. Et la description du pétrole que l'on extrayait déjà était-elle plus vraisemblable que celle du pays de Gog et Magog dont l'autorité s'appuyait sur le livre d'Ézéchiel ?

En dépit de son fond authentique, le *Devisement* n'était ni plus ni moins crédible que les multiples bestiaires ou encyclopédies avec lesquels il voisinait dans les bibliothèques royales ou patriciennes. Des îles merveilleuses aux sauvages monstrueux, des cités idéales aux pays barbares, rien n'y manquait de ce qui pouvait flatter l'imaginaire médiéval et renvoyer à l'Europe une image inversée d'elle-même.

Mais il y avait plus. Pas seulement la promesse de richesses sans limites ou le portrait de ces Mongols. Il y avait le personnage de Marco, qui malgré ses ambiguïtés, ou grâce à elles, se prêtait à toutes les projections. Il avait plus de chair et de saveur que tous les compilateurs des récits de géographes antiques, plus de charme canaille que les ambassadeurs et évangélisateurs qui affluaient vers la cour du khan. Né au pays de la *bauta*[1], il portait tout naturellement le masque, le sien ou celui qu'on lui a prêté. Il incarnait le mélange idéal de l'aventure individuelle et du fonds de mythes et récits que produisait la culture européenne du XIIIe siècle. Il était imprégné de l'enchantement du monde médiéval et devenait pourtant le premier héros bourgeois, plus entrepreneur que batailleur, plus astucieux que preux. Dans son univers, il y a des monstres et des princesses, mais aussi le marché et l'État. La vie de Marco est une reconstruction, un labyrinthe, une succession d'embranchements entre lesquels il faut choisir : Marco-Quichotte ou Marco-Sancho, l'aventurier de toutes les audaces et le hâbleur de toutes les menteries.

1. Le masque traditionnel du carnaval vénitien.

XVI

Voyageur de l'Islam

« Aucun homme intelligent ne méconnaîtra que ce cheikh ne soit le voyageur de l'époque. Celui qui dirait : "C'est le voyageur de cette religion ou de cette nation musulmane", n'exagérerait pas. Notre cheikh, qui a pris le monde entier pour but de ses voyages, n'a choisi la capitale de Fez pour demeure et pour patrie, après l'immense longueur de ses pérégrinations, que parce qu'il s'est bien assuré que notre maître (que Dieu l'assiste) est le plus grand des rois de l'univers... Louange à Dieu, maître des créatures ! la transcription de cet ouvrage a été achevée dans le mois de Safar de l'année 757 de l'Hégire. Que Dieu rétribue celui qui le copiera. »

Le plus long périple

En safar 757, c'est-à-dire en février 1356, conformément aux ordres du sultan du Maroc, le scribe Ibn Djozay achève de transcrire respectueusement les souvenirs du très honoré cheikh Abou Abdallah, Mohamed, fils de Batouta. Grand jurisconsulte, protégé du calife[1], ayant plusieurs fois accompli le pèlerinage à La Mecque, homme connu pour sa science et sa piété, Ibn Batouta est en effet bien digne de contribuer à la gloire de Fez et de son

1. À cette époque les sultans marinides de Fez prennent le titre de calife, commandeur des croyants.

sultan. Et un « auguste commandement » a donc ordonné au voyageur de dicter ses mémoires en relatant fidèlement tous détails susceptibles de plaire et d'instruire, choses étranges et merveilleuses. À charge pour le très compétent Ibn Djozay de noter tout cela avec soin et de rajouter quelques compliments et fleurs de rhétorique.

Le tout se nommera *Cadeau fait aux observateurs traitant des curiosités offertes par les villes et des merveilles rencontrées dans les voyages.* Cet ouvrage constitue à la fois le plus long et le plus complet des journaux de voyage sur les routes de la soie et un véritable recensement de toutes les communautés islamiques qui s'étendent alors jusque dans les îles indonésiennes.

Le succès du livre ne fut peut-être pas immédiat et unanime. Ibn Khaldoun, à la fin du XIVe siècle, raconte qu'à la cour de Fez on doutait un peu des susdites merveilles et quelques bons auteurs arabes anciens traitent notre héros de franc menteur. Pourtant, le temps passant, Ibn Batouta va vraiment devenir « le voyageur de l'Islam », surnom sous lequel il est célébré dans les pays musulmans. En Europe, il devient le « rival arabe de Marco Polo ».

S'il faut jouer au jeu des comparaisons chiffrées, le Marocain l'emporte sans peine sur le Vénitien. Ibn Batouta a parcouru un itinéraire qui aujourd'hui lui ferait franchir au moins quarante-quatre frontières, et pas loin de cent mille kilomètres. Trois fois plus que Marco Polo.

Du Mali à l'Indonésie, de la Russie à la Chine, il n'est aucun de nos marchands, de nos pèlerins, de nos ambassadeurs ou de nos conquérants qui puisse s'enorgueillir de pareille pérégrination. D'ouest en est, de Tanger à Hangtcheou Fou, sur la mer de Chine, disons des colonnes d'Hercule au pays de la soie, il visite tout le monde connu. Du moins, comme il s'en est fixé l'ambition, il voit toutes les terres d'Islam. Ajoutons encore que rarement homme ne voyagea si longtemps : parti en 1325 pour un pèlerinage qui à l'époque n'avait rien d'exceptionnel, le dévot explorateur ne pose vraiment son sac qu'en 1354. Ces trois décennies d'errance obéissent à la règle qu'il s'était fixée de visiter partout les hommes de foi, mais aussi à des enchaînements de circonstances fort aventureux. Voilà une entreprise unique, même en des temps où l'on avait une autre notion du temps.

Aussi Ibn Batouta est-il un héros au Maroc et dans tout le Maghreb, avec ses rues et ses souvenirs, aussi célébré là-bas qu'il est injustement ignoré ici. Et comme, de surcroît, notre homme a la réputation d'être infiniment moins affabulateur que Marco Polo, rien ne s'oppose à ce qu'il soit statufié ou que l'on claironne sa gloire. D'autant que le personnage ne manque ni de lyrisme ni de séduction. Bénéficiant partout de la loi d'hospitalité de l'islam, assez pieux pour mériter l'aide des hommes de foi ou des confréries chargées de secourir les pèlerins, assez compétent pour se trouver des protecteurs, assez diplomate pour ne pas les irriter, bientôt assez réputé pour que sa présence soit recherchée des puissants, il attire les sympathies et il semble qu'il ne déplaise pas aux femmes. En plus de tout cela, une intelligence très réelle, une indéniable audace et beaucoup de chance, voilà ses atouts pour accomplir le trajet qu'aucun autre ne suivit.

Le pèlerin et le pionnier

Même réduit au plus succinct des résumés, le périple d'Ibn Batouta évoque toutes les puissances du rêve. Commençant comme un *rilha*, un récit de pèlerinage, genre littéraire des plus classiques, son livre évolue en un palpitant récit de voyage, mais aussi en un tableau du monde de la première moitié du XIVe siècle.

Tout débute de façon presque normale. Un jeune Berbère cultivé, de bonne famille mais sans fortune, quitte sa ville de Tanger (il y est né en 1304). Il est résolu à visiter les lieux saints. À vingt-deux ans, il entreprend le pèlerinage de La Mecque en passant par l'Égypte et la Syrie et en suivant les caravanes. Ce premier hadj est accompli en 1326. Après quoi, il pousse jusqu'à Jérusalem, il se rend en Perse et en Irak avant de refaire un nouveau pèlerinage à La Mecque l'année suivante. Il demeure trois ans dans la ville sainte et décide une nouvelle fois de poursuivre sa découverte des communautés islamiques. Ce sera le Yémen, l'Afrique de l'Est, l'Arabie, le Golfe et un troisième passage à La Mecque.

Jusque-là, l'itinéraire d'Ibn Batouta est encore comparable à celui de plusieurs de ses prédécesseurs. Un siècle avant lui, un autre voyageur écrivain, Ibn Djobeir (qu'a lu attentivement notre lettré), avait aussi poussé au-delà de La Mecque pour visiter la péninsule Arabe. Il en avait tiré un livre célèbre. Mais Ibn Batouta fait bien davantage : il parcourt la Turquie et toute l'Asie Mineure. Le Marocain commence déjà à jouir d'une réputation de voyageur et de sage instruit au contact de nombreux hommes pieux.

Il se voit chargé d'une mission diplomatique qui le mène à Constantinople.

Cette fois, c'est la grande aventure : les steppes russes, le Khorassan. En Russie, il hésite un moment à s'engager dans le pays des Ténèbres, vers le nord. Il renonce, effrayé par les récits qui courent sur ces contrées effroyables, sur le froid qui y règne. Il est fortement troublé par la brièveté de la nuit à mesure que l'on s'approche du cercle polaire : comment faire ses prières rituelles aux heures prescrites, là où il n'y a pas de nuit ?

Il se rend en Inde où il se retrouve quelques années au service du sultan de Delhi. Ce dernier envoie Ibn Batouta comme ambassadeur en Chine. L'ambassade se déroule fort mal puisqu'à Calicut Ibn Batouta perd dans une tempête les cadeaux dont il était chargé et se fait voler tous ses biens. Il doit refaire fortune en se mettant au service de nouveaux protecteurs dans les sultanats musulmans. Suivent alors des épisodes aussi obscurs qu'agités qui le mènent en Inde méridionale, aux Maldives, à Ceylan, en Indonésie, au Tonkin, en Chine et, dit-il, jusqu'à Pékin. Puis c'est un long retour par l'Oman et Ormuz, Bassorah, Bagdad, Damas, et Le Caire… Le temps encore d'un pèlerinage à La Mecque, il revient à Fez en 1349. Ce n'est pas fini, il va maintenant visiter l'Espagne et le Soudan avant de s'en revenir cette fois pour de bon.

De fait, Ibn Batouta a visité toutes les communautés

islamiques connues ou peu s'en faut. C'est un Islam bien différent de celui de la gloire des Abbassides, il est à la fois morcelé et profondément implanté, si implanté même qu'il absorbe en un siècle le choc de la conquête mongole et gagne les nouveaux maîtres du monde.

Dans cette période de division, on peut cependant distinguer quelques grands territoires géopolitiques. Si l'on excepte l'Espagne, où la présence musulmane est menacée, et l'Afrique subsaharienne où elle est faible, Ibn Batouta traverse essentiellement quatre grandes zones islamiques. Il y a le Maghreb que se disputent les dynasties mérinide et hafside[1]. Tout à l'est, c'est l'Inde, terre de conquête. Il y a, de l'Asie Mineure à l'Asie centrale, l'Empire mongol, et en particulier celui des Il-khans de Perse très largement islamisé mais qui se délite en attendant Tamerlan.

Depuis la chute du califat abbasside, le pôle de l'Islam s'est déplacé. Les Mamelouks d'Égypte avaient été capables d'arrêter la poussée mongole en 1260 à la frontière syrienne, en Galilée. C'est un épisode de la montée en puissance de ces anciens esclaves turcs qui formaient un corps militaire d'élite en Égypte. Ils se sont islamisés et ont formé une aristocratie guerrière, et pour finir ont renversé les sultans ayyoubides en 1254. Les Mamelouks installent un calife potiche, un descendant des Abbassides réfugié au Caire. Ils sont maintenant le rempart de l'Islam face aux Mongols, de plus n'ont-ils pas prouvé que ces démons ne sont pas invincibles ? Mais l'oligarchie militaire mamelouk continue, avec force complots et révolutions de palais, à exercer un pouvoir que seuls les Turcs ottomans pourront écraser à coups de canon, au XVIe siècle. Les Mamelouks qui résistent aux Mongols comme aux croisés et qui résisteront à Tamerlan sont, c'est évident, des hommes du sabre. Cela ne les empêche pas de favoriser un renouveau artistique ou de comprendre les nécessités

1. Les Mérinides règnent au Maghreb de la fin du XIIe siècle à 1465. Leur capitale est Fez. Les Hafsides règnent de 1228 à 1574 sur l'Ifriqya. Le nom de ce territoire provient de l'ancien Africa des Latins et désigne un territoire qui englobe l'actuelle Tunisie.

du commerce. Le Caire, Damas, Alep sont des nœuds des routes de la soie : reliés au réseau des caravansérails, ils diffusent les produits de l'Orient, vers l'Europe, en relation avec le réseau maritime, surtout vers l'océan Indien. Voici le décor où se déplace le voyageur de l'Islam.

Le compilateur et le sage

Mais quel est vraiment l'itinéraire d'Ibn Batouta ? De même que Marco Polo connut son plus grand succès en décrivant un Japon où il n'a jamais été, Ibn Batouta, célèbre ambassadeur en Chine, en a-t-il raconté plus qu'il n'a vécu ? Il semble à peu près assuré qu'il ait atteint Zaytoun. Pour le reste, certains contestent qu'il ait pu effectuer tous les voyages qu'il décrit. Dépasse-t-il ce grand port d'accueil, particulièrement hospitalier aux voyageurs arabes ? Touche-t-il Khanza ? Peut-être. Canton ? Plus difficile à croire. Pékin ? Tout le monde est à peu près d'accord pour dire que non. Il y a des invraisemblances dans la chronologie et dans le trajet qu'il décrit. C'est dommage car Ibn Batouta nous donne force détails sur le palais impérial, sur un cheikh chargé des affaires des musulmans de Pékin et surtout sur l'enterrement du khan auquel il prétend avoir assisté. En effet, il nous raconte que le souverain, parti pour mater une révolte, meurt au combat et que l'on ramène son corps. L'épisode est plus que douteux et sa chronologie impossible. Ibn Batouta aurait donc vu, comme toute la population, les cérémonies funéraires. S'il en recopie ailleurs la description, elle n'en est pas moins précise.

« On creusa pour le khan un grand nâoûs qui est une maison souterraine, un caveau. On y étendit de superbes tapis, et l'on y plaça le khan avec ses armes. On y mit aussi toute la vaisselle d'or et d'argent de son palais, quatre jeunes filles esclaves et six mamelouks[1] des plus notables qui tenaient à la main des vases pleins de boisson. Puis on mura la porte du caveau, on le recouvrit de

1. Comprenez « guerriers ».

terre, de sorte qu'il ressembla à une haute colline. On fit venir quatre chevaux qu'on força de courir près de la tombe du sultan, jusqu'à ce qu'ils s'arrêtassent [de fatigue]. Alors on dressa près du sépulcre une grande pièce de bois ou poutre, à laquelle on suspendit ces chevaux, après avoir introduit dans leur derrière une pièce de bois qu'on fit sortir par leur bouche. »

Tumulus[1], trésor, sacrifice de chevaux, ce sont tous les éléments caractéristiques de l'enterrement d'un chef mongol. Quant à l'horrible détail des enterrés vivants, il ne surprend pas notre auteur qui a entendu parler de cérémonies similaires en Afrique où l'on brise les mains et les pieds des sacrifiés avant de les emmurer avec leur maître. Mieux, Ibn Batouta connaît un musulman habitant au Niger qui a dû payer pour que son propre fils n'ait pas l'honneur d'accompagner un chef dans sa tombe.

Après cette horrible cérémonie, effrayé par la guerre civile qui se propage, Ibn Batouta repart. Tout cela est plein de détails qui inspirent confiance, mais ne serait qu'un emprunt à un autre auteur inconnu.

Ibn Batouta plagiaire ? C'est une notion bien moderne. Même si le Marocain, peut-être pour expliquer une période un peu obscure de sa vie, s'attribue un voyage inventé à Pékin, le fait de recopier n'a pas le même sens que pour nos modernes. Ibn Batouta reprend des passages d'autres auteurs, en particulier d'Ibn Djobeir. C'est probablement par confiance excessive dans les écrits de ses prédécesseurs qu'Ibn Batouta attribue au phare d'Alexandrie une tour qui n'existait plus lors de son passage, ou qu'il donne aux pyramides d'Égypte une forme conique. Il répète aussi une vieille tradition qui veut que les Pyramides datent d'avant le déluge et qu'un pharaon y ait fait renfermer toute la connaissance du monde.

Outre ses emprunts, ses erreurs de copiste, et la vantardise supposée du voyage en Chine, Ibn Batouta ne manque pas de rapporter quelques légendes. Plutôt moins que la majorité des voyageurs. Il n'est ni plus ni moins

1. Ou plus exactement un tertre, kourgan, pour employer le terme qui sert à désigner de pareilles tombes-collines en Asie centrale.

crédule que Marco Polo. Ils ont d'ailleurs en commun d'avoir parfois entendu les mêmes histoires aux mêmes endroits. Certaines ressemblent à des anecdotes pour touristes, d'autres touchent à des mythes plus profonds.

À Ceylan, la Serendib des Arabes, Ibn Batouta entreprend l'ascension du pic d'Adam, progressant péniblement à flanc de montagne en se tenant aux chaînes fixées dans le roc, répétant : « Il n'est de Dieu que Dieu » pour conjurer sa peur du vide. Une fois encore, tout se rejoint : il y a l'île de Sindbad, il y a près du sommet une grotte d'Alexandre où le voyageur de l'Islam s'arrête trois jours, il y a les montagnes décrites par les pèlerins bouddhistes et l'ascension narrée par Marco Polo… Il y a surtout la « marque du noble pied », l'indice sacré que chaque religion déchiffre à sa manière. Il y a aussi ces petits détails qu'Ibn Batouta ne peut pas inventer. Dans la roche où s'est gravée l'empreinte révérée, on a creusé neuf trous où les pèlerins déposent en guise d'offrande des perles, de l'or ou des gemmes que les « fakirs » du lieu s'empressent de s'approprier. Ibn Batouta trouve quelques petites pierres et un peu d'or dont il fait un pourboire pour le guide.

N'est-il pas normal que le plus grand voyageur des routes de la soie en recueille toutes les légendes et en suggère une sorte de bilan au moment où elles vont cesser d'être magiques ?

Ultimes légendes

Gog et Magog sont au rendez-vous. Au-delà de la grande muraille de Yedjudj et Medjudj vivent, nous dit Ibn Batouta, des nomades païens qui habitent au désert et dévorent ceux dont ils peuvent s'emparer. Aussi ne rencontre-t-on personne qui ait franchi la muraille ou qui puisse se vanter d'avoir vu ce qui se passe au-delà.

L'oiseau rokh, le monstre volant, si colossal qu'il nourrit ses petits en chassant les éléphanteaux ? Mieux que Marco Polo qui n'en connaît qu'une plume, notre voyageur l'a vu, de ses yeux vu. Enfin, presque. Le voilà, rentrant de Zaytoun en mer de Chine méridionale. Il est sur une jonque qui fait voile vers l'Inde, car sur cette mer on ne navigue que sur des bateaux chinois, mais l'équipage est musulman. Les hommes sont partis depuis un mois et demi et ne savent plus où la mer les a portés. Soudain apparaît, exactement comme dans le récit de Sindbad, une masse sombre, semblable à une île montagneuse. L'équipage est terrorisé, il demande pardon à Allah et prie le Miséricordieux d'empêcher le vent de les pousser sur l'obstacle. La panique gagne les passagers. Ibn Batouta raconte : « Les marchands promirent de nombreuses aumônes que j'inscrivis pour eux de ma propre main sur un registre. Le vent se calma un peu. Nous vîmes au lever du soleil ce mont, qui était très haut dans l'atmosphère ou les airs, et nous distinguâmes le jour qui brillait entre lui et la mer. Nous fûmes étonnés de cela. J'aperçus des marins qui pleuraient, se disant mutuellement adieu, et je fis : “Qu'avez-vous donc ?” Ils me répondirent : “Certes, ce que nous avons pris pour une montagne, c'est le rokh. S'il nous voit, il nous fera périr.” Il était à ce moment-là à moins de dix milles de la jonque. Ensuite le Dieu Très Haut nous fit la grâce de nous envoyer un bon vent, qui nous détourna de la direction du rokh ; nous ne le vîmes donc pas et ne connûmes point sa véritable forme. »

Un voyageur européen de la même époque, Jourdain Cathala, missionnaire en Inde, recueille également des témoignages. Les rokhs « sont si grands qu'ils enlèvent avec facilité un éléphant dans les airs. J'ai rencontré moi-même quelqu'un qui disait avoir vu l'un d'eux dont une seule aile atteignait quatre-vingts palmes de long ».

Il est un autre grand mythe du voyage auquel Ibn Batouta donne quelque début de vraisemblance : celui du royaume des femmes, version islamique du royaume des Amazones. Il le place au Champa, le Sud de l'actuel Viêt-nam. C'est un pays où les femmes montent à cheval et se battent comme les hommes. Le voyageur de l'Islam y rencontre la princesse Ordoudja. Le roi son père lui a donné en fief une des régions où débarque Ibn Batouta. Ordoudja se fait amener cet étranger qu'on lui décrit comme une sorte de religieux. La princesse parle turc et écrit l'arabe, si bien qu'ils peuvent converser. Elle rêve plaies et bosses, prend des airs de matamore et se vante devant Ibn Batouta de bientôt conquérir le pays du poivre, la province indienne de Malabar. On raconte au Marocain comment la souveraine participe aux batailles et n'est pas la dernière à ramener une tête en trophée. On lui dit aussi qu'elle ne se donnera qu'à l'homme qui sera capable de la vaincre en combat, comme dans force légendes des *Mille et Une Nuits* et comme la princesse-combattante du *Devisement du monde.* Apparemment peu rassuré par cette épouvantable maritorne, Ibn Batouta repart avec des cadeaux, vêtements, nourritures et épices.

Il rencontre aussi les fameux cynocéphales, ou, du moins, des hommes velus aux « bouches semblables à des gueules de chiens » et à la sexualité débordante. De l'Antiquité aux récits du marchand Soleiman ou au conte de Sindbad, sans oublier Marco Polo, nos hommes à tête de chien sont décidément devenus inévitables et la description qu'en donne Ibn Batouta reste dans les frontières de la vraisemblance.

Des têtes de rhinocéros plusieurs fois grosses comme celle d'un éléphant, des sangsues volantes et autres merveilles, il y en a aussi dans le récit d'Ibn Batouta. Sans qu'il cautionne forcément tout : on lui a dit, il lui a semblé, il rapporte... Quand il cite quelque merveille bien connue de ses contemporains, il se montre plus prudent que la moyenne des voyageurs.

Miracles et sorcellerie

Il est d'autres étrangetés auxquelles notre dévot est très rétif : tout ce qui de près ou de loin évoque la sorcellerie ou autres pratiques des idolâtres. Un jour qu'il exerce ses fonctions de juge, pendant une grande famine en Inde, on mène devant lui une femme soupçonnée d'avoir dévoré le cœur de son enfant. Ce doit être une caftâr, une sorcière, car c'est leur coutume en ce pays de se nourrir de cœurs humains. Ibn Batouta la renvoie aux autorités séculières pour ordalie. La suppliciée est lestée aux pieds et aux poings de quatre jarres emplies d'eau et jetée à la rivière. Si elle surnage, elle sera déclarée sorcière. C'est ce qui se produit. La malheureuse est donc brûlée vive. « Les habitants de la ville, hommes et femmes, accoururent et ramassèrent ses cendres, car ces gens-là prétendent que quiconque fait avec cela des fumigations est en sûreté contre les enchantements des câftars pour toute la durée de l'année. » Ibn Batouta, nous le verrons, ne répugne pas toujours au détail horrible.

En Inde aussi, le narrateur est confronté aux yogis et à leurs exploits, toutes choses qu'il considère comme manifestations diaboliques ou presque. Un jour le sultan le fait venir pour assister à une démonstration de lévitation. De fait, un yogi s'accroupit et s'élève dans l'air. Du coup, Ibn Batouta s'évanouit et il faut le ranimer. Cela lui permet d'assister à un nouveau tour : un second personnage, le maître de l'homme en lévitation, tire une sandale de son sac. Elle s'élève en l'air, atteint la nuque du yogi volant et le fait redescendre par petits coups, comme un marteau qui enfonce un clou. Nullement sensible au comique de la chose, Ibn Batouta en tombe malade de saisissement.

En Chine, un jongleur fait se dresser une corde sans qu'il y ait rien pour l'accrocher, il y fait monter un enfant et feint de le découper en morceaux. Puis, sous les applaudissements, il reconstitue le corps de l'enfant qui se redresse d'un coup. C'est un tour d'illusionniste où n'entre rien de surnaturel, Ibn Batouta en convient. Néanmoins le spectacle lui donne de telles palpitations qu'il faut le soigner. Ailleurs, des fakirs qu'il voit fouler la braise et manger des charbons ardents ne le rassurent guère. Il rapporte également que le camphre de Sumatra n'est si beau que parce qu'on sacrifie des êtres humains à ses pieds.

Dans l'ensemble, il est plutôt sceptique quand on lui raconte quelque diablerie des idolâtres ; mais si la puissance du Très-Haut intervient et que cela est attesté par des croyants, pourquoi douterait-il ? Ainsi, il raconte comment les Maldives, ces îles proches de Ceylan, aujourd'hui encore de religion musulmane, ont été converties. Autrefois, les habitants étaient idolâtres et vivaient dans la terreur d'un démon qui apparaissait chaque mois sur la mer. « Il ressemblait à un vaisseau rempli de lanternes. La coutume des indigènes, dès qu'ils l'apercevaient, était de prendre une jeune vierge, de la parer et de la conduire dans un boudkhânah, c'est-à-dire un temple d'idoles, lequel était bâti sur le bord de la mer et avait une fenêtre d'où on la découvrait. Ils l'y laissaient durant une nuit et revenaient au matin ; alors ils trouvaient la jeune fille privée de sa virginité et morte. »

Survient alors un voyageur, un Berbère pieux qui sait par cœur le Coran et qui promet de délivrer les habitants de cette malédiction. La nuit fatale, il se fait enfermer à la place de la pucelle dans la cabane où le démon vient chercher ses victimes. Toute la nuit, il récite le Coran et rien ne se produit. Le mois suivant, il est encore capable d'éloigner les forces du mal et, du coup, le souverain du pays se convertit à l'islam. Le démon ayant définitivement renoncé, la population entière embrasse la vraie foi. Voilà une anecdote édifiante comme les aime Ibn Batouta.

En effet, s'il est un merveilleux auquel il est sensible, c'est celui de l'islam. Il cite cet arbre miraculeux dont les feuilles portent gravées l'inscription disant qu'il n'est de Dieu que Dieu et que Mahomet est son prophète. Ici, il rapporte comment un cheikh a amené miraculeusement des hérétiques à résipiscence, car un jour qu'ils étaient en sa compagnie, ils ne purent se lever ou s'en aller qu'ils ne fussent convaincus. Là, c'est un rêve prémonitoire, une illumination divine, un miracle opéré par la récitation de versets du Coran ou quelque anecdote extraordinaire sur la tombe d'Abraham, Isaac et Jacob.

Car Ibn Batouta, au moins pendant la première partie de son périple, est un inlassable visiteur de lieux saints, un insatiable quêteur de savoir, toujours prêt à se rendre auprès d'un saint homme. Ce n'est pas une petite affaire que d'être plusieurs fois hadji et d'avoir foulé tant de terres sacrées. En pays d'Islam, cela vaut plus que de la considération. Ibn Batouta se vante d'être aussi respecté des chrétiens. Il narre à ce sujet une anecdote assez belle, mais dont les historiens doutent un peu. En 1332, le pèlerin qui commence là sa carrière « diplomatique » accompagne une princesse. Il s'agit d'une chrétienne épouse du sultan d'Astrakhan et fille, sans doute naturelle, de l'empereur de Byzance. Elle désire revoir son père et Ibn Batouta profite de l'occasion, et de sa protection, pour ajouter Constantinople sur la liste de son itinéraire. Il est méfiant, son turban de Sarrasin lui vaut partout défiance et curiosité. Pourtant, l'empereur Andronic III Paléologue reçoit fort bien le voyageur.

Il visite la ville accompagné d'un guide, lorsque soudain, il rencontre, nous dit-il, le père de l'empereur, un saint vieillard qui a renoncé à la couronne pour se faire moine et bâtir un couvent. Le vieil homme demande qui est ce Sarrasin. On le lui explique. Il appelle alors Ibn Batouta près de lui et déclare à l'interprète : « Dis à ce Sarrasin, c'est-à-dire musulman, que je presse la main qui est entrée à Jérusalem et le pied qui a marché dans la Sakrah[1], dans le Saint-Sépulcre et dans Bethléem. » Puis, précise Ibn Batouta : « Cela dit, il mit sa main sur mes pieds et la passa ensuite sur son visage. Je fus étonné de la bonne opinion que ces gens-là professent à l'égard des individus d'une autre religion que la leur qui sont entrés dans ces lieux. » L'ancien souverain marche ensuite en tenant par la main l'homme du pèlerinage. C'est une des occasions où Ibn Batouta montre avec le plus d'éclat quelle réputation lui vaut la fréquentation des lieux saints.

Le salaire de la sainteté

Il en dresse un véritable catalogue qui est aussi celui de ses propres mérites. Car, plus il fréquente hommes de piété et sites sacrés, plus notre marcheur acquiert de renom et de respect. Et de valeur marchande, ajoutent des commentateurs critiques. Ils font remarquer qu'Ibn

1. La roche de la mosquée d'Omar qui est aussi celle de Jacob.

Batouta, dans la seconde partie de son existence, vit de cette réputation, allant d'un protecteur à l'autre, toujours entretenu par quelque souverain musulman qui le comble de dons ou lui confie quelque charge honorifique. Ici, il reçoit les revenus de l'impôt de plusieurs villages, là il envoie des présents à un prince, sachant que ce dernier ne pourra faire autrement que de les rendre au centuple. En une autre occasion, il supplie le sultan de payer ses dettes ou revend des cadeaux royaux.

Dans tous les cas il sait que dans la moindre principauté son titre de jurisconsulte lui vaut une invitation immédiate du sultan et, hospitalité islamique oblige, quelque bienfait. Il se met au service de divers rois musulmans, comme juge, comme ambassadeur, participe parfois à des opérations militaires, sans être d'esprit excessivement martial. Son statut oscille toujours entre celui de prébendier et de sage conseiller. Il vit bien davantage de son art de trouver des protecteurs que de son travail. On le voit même, très courtisan, écrire un poème panégyrique à la gloire d'un maître dont il attend les bienfaits. Il n'éprouve pas de honte à solliciter, ni de vergogne à le raconter. Ainsi, il se décrit aux pieds du sultan de Delhi, lui baisant la main à chaque bonne parole qui tombe de l'auguste bouche. Ce sultan est célèbre pour ses largesses envers ses hôtes et défend même que l'on emploie le mot d'étrangers qui lui paraît offensant pour désigner un musulman venu d'ailleurs. Il ordonne que l'on parle de « gens illustres ». Voilà qui convient fort bien à Ibn Batouta qui ne vit que de dons, apanages et prébendes.

Pour ce qui est de sa fortune, il n'en a guère au départ, et il reperd plusieurs fois ce qu'il a acquis. Comme il ne répugne pas à relater ces détails matériels ou à nous parler de l'état de sa bourse, nous connaissons, jusqu'à la dernière robe de cérémonie, tout ce qu'il doit à la générosité de puissants donateurs. Aux Maldives, un vizir lui donne les mets les plus raffinés, un jardin, une maison, des tissus de soie et une jeune esclave, lui laissant le choix de la demoiselle. Ibn Batouta se décide pour une Maharatte, car il connaît les qualités érotiques des filles de cette nation. Ce n'est pas précisément un ascète. Il accepte avec joie les belles concubines ou les épouses même temporaires (il se marie six fois au cours de ses pérégrinations).

De façon plus modeste, l'immense réseau d'assistance aux frères en terre d'Islam ne manque jamais de secourir le voyageur. Ainsi à Alexandrie, un imam célèbre lui dit : « Il faut absolument, s'il plaît à Dieu, que tu visites mon frère Férîd eddîn dans l'Inde, mon frère Rocn eddîn, fils de Zachariâ, dans le Sind[1], et mon frère Borhân eddîn, en Chine. Lorsque tu les verras, donne-leur le salut de ma part. » De surcroît, il remet une somme d'argent au pèlerin pour l'aider dans son entreprise. C'est un exemple typique de la générosité et de la dispersion d'une communauté qui n'oublie pas un des siens. On ne répétera jamais assez combien, surtout à cette époque, un réseau de commerçants et d'expatriés maille le monde connu et combien sont fortes ses solidarités dans un univers infiniment plus cosmopolite et mobile que nous ne pouvons l'imaginer.

Ibn Batouta exagère en prétendant que, dans chaque ville de Chine, il y a un cheikh et un cadi pour régler les affaires des musulmans. Mais l'implantation de la communauté islamique, telle qu'il nous la décrit partout, est impressionnante. Au cours de ses pérégrinations, il signale parfois des chrétiens ou des Juifs (jusqu'en Chine), mais toujours des musulmans.

Il rencontre des gens avec qui il a des relations communes, voire qu'il a déjà croisés. À le lire, on a l'impression que l'ouma tout entière est en relation et que les nouvelles y circulent vite. Des minorités musulmanes exotiques qu'il signale, une des plus importantes est celle de Zaytoun, surtout composée de Persans. Onze ans après le passage d'Ibn Batouta, en 1357, cette communauté, qui a ses propres milices, se révolte et résiste plusieurs années à l'autorité impériale. Partout l'islam est présent et il est peu de textes qui permettent de le mesurer autant que celui d'Ibn Batouta.

1. Partie méridionale de l'actuel Pakistan.

C'est pourtant un Islam divisé que parcourt le pèlerin. Le sunnisme majoritaire se trouve confronté à l'opposition chiite. Sous sa forme la plus extrémiste, celle de la secte des Assassins, elle a été éliminée par les Mongols qui ne pouvaient tolérer un pouvoir temporel si subversif. Pourtant, il semble que des ismaéliens fidèles du Vieux de la Montagne aient survécu et soient devenus des mercenaires au service du sultan de Syrie. Leur mépris de la mort ne s'est pas affaibli avec le temps, puisqu'ils acceptent toujours avec la même facilité de sacrifier leur vie pourvu qu'ils accomplissent leur mission. Ce sont donc des tueurs à gages, particulièrement recherchés pour des missions-suicides hors des frontières de la Syrie, habiles à jouer de leurs couteaux empoisonnés. Avant d'accepter une mission, ils reçoivent le prix de leur sang. S'ils survivent, ils touchent leurs gages à leur retour, s'ils périssent, leurs fils gardent la somme en héritage. Mais cette histoire, dont Ibn Batouta exagère peut-être le noir romantisme, ne concerne qu'une minorité de désespérés, et le chiisme ismaélien déclinant, hors quelques rameaux en Inde, n'est pas celui qui retient le plus l'attention. Pour les sunnites en général, et surtout les Mamelouks défenseurs de l'orthodoxie, le péril est le chiisme dit duodécimain, l'imamisme.

Les Il-khans mongols de Perse le protègent et finissent par se convertir. La dissolution du khanat en 1334 et la période d'anarchie qui s'ensuit n'entravent pas l'imamisme. Ajoutons que vers la même période deux des quatre États mongols, qui n'ont désormais plus guère de liens avec le grand khan de Chine, deviennent vraiment musulmans. Le khanat dit de Djagatay, dont le pouvoir s'étend initialement au Turkestan, de Transoxiane en Kachgarie, s'est divisé mais adopte l'islam sous l'impulsion d'un khan énergique : Toughlouk Timour, l'oncle du futur Tamerlan. Le dernier État mongol, celui de la Horde d'Or de la Volga, adopte également l'islamisme et l'élément turc y prédomine.

Tout cela ne se produit pourtant pas en un jour et, à l'abri de la politique religieuse d'équilibre que pratiquent souvent les khans, l'islamisme est concurrencé par d'autres religions. Bref, l'islamisation des routes de la soie se poursuit, mais sans l'autorité centrale et le facteur d'unité que représentait le califat abbasside. Ibn Batouta est très sensible à ces divisions. En une occasion, à Sinope, sur les bords de la mer Noire, il manque même d'être pris pour un « récusateur » ainsi que les sunnites appellent les chiites. Pour prouver qu'il n'appartient pas à leur secte, il dévore un lièvre, ce que ne ferait jamais un chiite. Il raconte aussi l'écrasement d'une révolte chiite par le sultan d'Hérat en Afghanistan. Ibn Batouta, lui-même sunnite malikite, note à laquelle des sectes sunnites (malikite, chafirite, hanbalite, etc.) appartiennent les personnages qu'il rencontre.

Le sultan de Delhi

Un autre élément important dans la vie du voyageur Ibn Batouta est la durée de certaines étapes. Une en particulier. Ce sont les sept années qu'il passe au service du sultan de Delhi. Il s'ensuit pour lui des pérégrinations vers des horizons inattendus. Il le doit à sa réputation d'homme qui a l'expérience du voyage. Celle-ci est désormais aussi importante que sa qualité de dévot sans oublier, Ibn Batouta aime assez à le rappeler, qu'il est considéré comme un jurisconsulte éminent.

De fait, dans la seconde partie de son voyage, il apparaît comme un personnage tout différent : plus laïque et plus politique, une sorte de conseiller de réputation internationale. Un homme qui peut désormais compter au nombre de ces innombrables administrateurs étrangers, vizirs, ministres, diplomates dont toutes les cours de l'époque font grand usage.

Nous sommes dans les années 1333 quand Ibn Batouta décide de passer en Inde. Arrivé sur les berges de l'Indus, il fait annoncer son arrivée au sultan de Delhi, puis il franchit le fleuve, entrant sur les terres de Mohamed Ben

Toughlouk. La traversée de ce fleuve est symbolique. C'est une coupure dans la vie de notre personnage, en même temps que la découverte de l'Islam indien et, littéralement, d'un nouveau monde. Le Berbère est fasciné par cette contrée inconnue où tout lui est étranger et qui est par excellence terre de mission et de conquête.

La poussée islamique vers le sous-continent s'est faite par étapes. Sous les califes omeyyades, en 712, ce fut la conquête du Sind par Mohamed Ben Kassim. En une seconde vague, au début du XIe siècle, le sultan Mahmoud de Ghazni a poussé dans le Pendjab et le Cachemire. Les Ghaznévides, puis les Ghourides, deux dynasties afghanes, se sont succédé à la tête du nouveau territoire. En 1206, une dynastie turque a fondé le sultanat de Delhi et, de là, poursuivi des incursions dans la vallée du Gange et le Bengale d'où le bouddhisme sera éliminé.

À une aristocratie guerrière turque et afghane correspond un islam sunnite hindou imposé par le sabre et qui n'a pas subi l'humiliation de l'invasion mongole. Mieux, elle s'attaque à la conquête toujours recommencée du Sud, et ne semble menacée que par l'immensité de son empire. L'islamisation du sous-continent indien est aussi le fait des mystiques errants et des soufis. Des rapports nouveaux s'établissent entre hindouisme et islam qui n'excluent pas forcément quelques rapprochements entre mystiques. Au moment où Ibn Batouta y séjourne, c'est-à-dire approximativement entre 1334 et 1341[1], le sultanat de Delhi est à son apogée. Ibn Batouta, oubliant un moment le récit de sa propre vie, note les curiosités de l'Inde en géographe et en ethnologue minutieux, mais surtout se fait chroniqueur de la dynastie. Il est véritablement fasciné par la personnalité du sultan et sa démesure dans le bien comme dans le mal. C'est peu dire qu'il entretient des rapports passionnels avec le personnage. Ici commencent les territoires du légendaire.

Le sultan Mohamed Ben Toughlouk est l'imprévisible dispensateur de l'horreur et de la fortune. « Mohamed

1. Les spécialistes découvrent quelques contradictions dans la chronologie que donne Ibn Batouta pour cette période de sa vie.

est de tous les hommes celui qui aime davantage à faire des cadeaux et aussi à répandre le sang. Sa porte voit toujours près d'elle quelque fakir qui devient riche ou quelque être vivant qui est mis à mort. Ses traits de générosité et de bravoure et ses exemples de cruauté et de violence envers les coupables ont obtenu de la célébrité parmi les peuples. Malgré cela, il est le plus humble de tous les hommes et celui qui montre le plus d'équité ; les cérémonies de la religion sont observées à la cour. Il est très sévère en ce qui concerne la prière et le châtiment qui suit son inexécution. Il est du nombre des rois dont la félicité est grande, et dont les heureux succès dépassent ce qui est ordinaire ; mais sa qualité dominante est la générosité. » Ibn Batouta insiste lourdement : tout ce qu'il dit de ce sultan, si incroyable que cela paraisse, est vrai et attesté par la tradition orale, qui, en pays musulman, a grande autorité.

Les actes étonnants de Ben Toughlouk, ce sont d'abord une série de dons et libéralités dont Ibn Batouta dresse la liste : tel prédicateur, une tente de soie et des ustensiles en or, mille drachmes par vers élogieux à tel jurisconsulte qui se pique de poésie panégyrique, cent mille pièces d'or pour tel marchand victime des infidèles… On comprend la gourmandise avec laquelle Ibn Batouta évoque une générosité dont il espère qu'elle inspirera le calife de Fez. Mais quand on passe au chapitre des tortures, exécutions et massacres, la manie compilatoire de notre voyageur nous vaut une énumération d'horreurs, qui, même selon les critères de l'époque, défie la crédulité.

Ce ne sont que décapitations, flagellations, mutilations, cadavres coupés en morceaux que l'on laisse exposés pour l'édification du peuple. Avec le sultan, l'horreur se fait spectacle. Il n'aime rien tant que faire écorcher vif son ennemi pour que sa peau remplie de paille soit exhibée triomphalement, un des supplices les plus communs à l'époque. Ou encore, aux heures d'audience, il se fait amener les prisonniers pour qu'ils soient battus, exécutés ou soumis à la question en sa présence. Seul le vendredi, jour de prière, interrompt cette routine sadique.

Le sultan possède même des éléphants spécialement

dressés pour les exécutions. Ils savent découper les condamnés avec les fers qui recouvrent leurs défenses, les écraser, les lancer en l'air pour les rattraper, les tailler en pièces au son des tambours, trompettes et cors, tandis que ce Caligula des Indes jouit du spectacle.

Très en avance sur les modernes totalitarismes, il invente la déportation massive à fin de rééducation. Les habitants de Delhi sont indisciplinés et font circuler des libelles et lettres d'injures contre lui. Il fait alors vider la ville entière, bien qu'elle soit alors une des plus peuplées du monde. Après un délai de trois jours, nul ne sera plus autorisé à y résider. Un paralytique qui a failli à ce commandement est projeté par-dessus les murs par une catapulte pendant que le tyran du haut de sa terrasse apprécie le silence de la ville enfin désertée.

Une autre de ses lubies est l'émission d'une monnaie de cuivre destinée à enrichir le trésor, mais sans qu'aucun système n'en garantisse la valeur nominale. Cela ruine le sultanat et provoque une très grave crise monétaire et économique. Aussi bureaucrate qu'il est sanguinaire, le sultan contrôle tout, surveille tout et punit tout. D'où d'incessantes révoltes, des complots de palais et une répression à chaque fois plus sanglante. Ben Toughlouk doit toujours retarder la conquête du monde, le grand dessein de son règne, pour rétablir l'ordre d'une province à l'autre et renforcer le système de terreur.

Ibn Batouta manque d'en être victime pour avoir rendu visite à un cheikh soupçonné de dissidence. Des espions le signalent et voilà notre pèlerin suspect à son tour, surveillé, gardé à vue. Il n'a plus d'autre ressource que le jeûne et la récitation du Coran pour chasser ses cauchemars de décapitation et d'empaillement. Le cheikh meurt et l'affaire semble s'apaiser sinon s'oublier. Trop heureux d'avoir sauvé sa peau ou son contenu, le Marocain éprouve un regain de piété. De courtisan, le voilà bientôt devenu ascète, il se met à l'école d'un saint maître, retiré du monde.

Mais, lorsque le sultan a besoin d'un homme d'expérience pour une ambassade en Chine, il fait appel à Ibn

Batouta qui interrompt ses mortifications. Voilà la chance de revenir en grâce. Cela se passe en 1341.

La mission est de porter réponse à une requête de l'empereur de Chine[1] qui veut faire reconstruire à Delhi un temple bouddhiste détruit par les musulmans. « Selon la religion musulmane, il n'est pas permis d'accéder à une pareille demande. La construction d'une église sur le territoire des musulmans n'est licite que pour des gens qui paient la capitation. Si tu consens à l'acquitter, nous t'autoriserons à construire ce temple », réplique Ben Toughlouk. Et ces propos s'adressent au descendant de Gengis Khan et de Koubilaï !

En retour des cadeaux reçus, des cent esclaves, des perles, du musc, du merveilleux velours de Zaytoun, le sultan offre des présents encore plus somptueux : il y a davantage d'esclaves, davantage de perles, d'armes et de vêtements, cent chevaux de race, des danseuses et chanteuses hindoues des plus habiles dans leur art, une grande tente, de l'orfèvrerie d'or et d'argent, du lin, de la gaze de coton, de la mousseline et surtout de la soie, des brocarts fabriqués dans les manufactures de soie du sultan, cent pièces de soie multicolore, de la soie de diverses sortes et qualités, de la soie qui n'est plus désormais ni le privilège ni le symbole de la Chine.

L'ambassade, nous l'avons dit, n'aura jamais lieu. Ibn Batouta ne portera pas l'orgueilleuse réponse de son maître au dernier des Yuan qui laisse s'instaurer l'anarchie et ne vit, à ce qui se raconte, qu'entouré de charlatans et de gitons.

Une tempête se lève près de Calicut et les événements s'enchaînent : les navires du sultan qui s'écrasent, les cadeaux perdus, le seul bateau à avoir échappé au désastre qui s'enfuit portant tous les biens et esclaves d'Ibn Batouta, notre homme ruiné et n'osant s'en retourner à Delhi, contraint d'aller se chercher un protecteur musulman à Goa puis aux Maldives, des épisodes qui rappellent les malheurs de Sindbad, quatre années indécises

1. Ce serait Toghan Timour (1333-1368), dernier empereur mongol de Chine.

environ, la Chine enfin, qu'il atteindra seulement en 1346 (si tant est que ce voyage soit partiellement vrai et non totalement inventé)... Une Chine, au mieux entrevue, mais que le voyageur de l'Islam nous dit en proie aux pires désordres, quand, effrayé, il embarque à Zaytoun sur la jonque du retour. Une Chine de nouveau à conquérir si telle est la volonté d'Allah.

XVII
Voyages des derniers mythes

L'histoire bégaie. Un nouveau conquérant entre en scène. « Celui que Dieu a créé dans sa colère et auquel il donne tous pouvoirs sur ceux qu'il livre à sa fureur. » Il s'en vante lui-même dans une lettre au sultan d'Égypte.

Il est Timour Beg, « le Seigneur de Fer », et se veut le « gendre de Gengis Khan ». Il en est surtout l'imitateur, habité par le fantôme de Temoudjin, par le rêve du conquérant absolu.

On l'appelle aussi Timour le Boiteux, Timour Lang en persan. Les Européens en font Tamerlan.

Un système de terreur

Éclipsé en tout par son modèle, Gengis Khan, Tamerlan reste surtout légendaire pour sa férocité et les massacres qu'il ordonne, en un temps où il fallait beaucoup d'outrance dans l'horreur pour se faire une réputation de cruauté. Voilà qui va bien avec l'aura sulfureuse du Boiteux de Fer et le mythe préromantique du personnage.

Les carnages qui accompagnent la progression du grand émir, c'est son titre, sont abominables. On ne peut en douter : ils sont rapportés aussi bien par son propre panégyrique, le *Livre de la victoire*, que par ses ennemis. La pratique des « piles » ou des « tours » de têtes coupées, une tradition mongole à la signification religieuse, est portée à un degré proche de la méthode scientifique.

Bureaucrate de l'horreur, Tamerlan aime que les choses soient faites dans l'ordre.

Pour châtier une révolte de Bagdad, il oblige chaque soldat de son armée à rapporter une tête coupée, et, tenant bonne comptabilité de tout cela, fait dresser cent vingt tours de chacune sept cent cinquante têtes. À Ispahan, il exige un contingent d'exactement soixante-dix mille têtes équitablement réparti entre les corps d'armée. Une autre fois qu'il donne à ses soldats un nombre précis de têtes à rapporter, il est furieux d'apprendre que toutes les têtes ne sont pas celles d'ennemis tués au combat, mais que des tricheurs abrègent la corvée en se servant sur les civils rencontrés.

Tamerlan a horreur du gâchis. Il importe qu'échappent au carnage ceux qui peuvent avoir quelque utilité, artisans, intellectuels, hommes de religion, artistes. Pour épargner ceux-là, Tamerlan crée un corps spécial de secrétaires, dont la tâche est de repérer les éléments dignes d'être sauvés. En somme, de dire quelles têtes sont trop pleines pour être tranchées. Là encore, Tamerlan n'invente pas, il reprend un principe cher aux Mongols, garder vivants les prisonniers compétents, mais il le systématise et le réglemente.

Tamerlan emprunte à ses prédécesseurs mythiques un autre principe stratégique : exterminer avec assez de constance quiconque résiste, et un jour la terreur devient telle que personne n'ose plus se défendre et que les citadelles s'ouvrent d'elles-mêmes. Avec Tamerlan, cela devient un code et un règlement. Les représailles ont leur loi. Si l'ennemi se rend à la première sommation, il a la vie sauve et doit seulement payer rançon et se soumettre. S'il faut attendre la seconde sommation avant reddition, cela coûte la vie à la garnison, et le pillage à la ville, mais les civils sont épargnés. La dernière sommation, elle, entraîne automatiquement viols, pillage et extermination générale, du bébé au centenaire. Parfois, il y a des variations dans la technique de la terreur et dans ces représailles systématisées. À Sabzavar, une place forte proche de Samarcande et qui a résisté, les tours sont formées chacune de deux mille prisonniers vivants sur qui l'on entasse briques et ciment. En une autre occasion, Tamerlan décide froidement qu'il faut se débarrasser des prisonniers hindous (on dit qu'ils sont cent mille) : ils retarderaient dangereusement la progression des troupes. Pour lui, c'est une affaire de choix, une affaire de raison.

Pourtant, cette aventure n'est pas seulement une suite de tueries. L'émir n'égala pas seulement son modèle, le khan océanique, par sa cruauté et par son mépris de la vie. Le mythe qu'il a laissé est peut-être moins important que le mythe auquel il croyait.

Tamerlan, le mythe impossible

On ne peut, pas plus que les historiens et sans doute pas plus que les contemporains, éviter de jouer au jeu des comparaisons entre Tamerlan et Gengis Khan.

Mais, pour qui s'intéresse au mouvement des formations imaginaires sur la route de la soie, il faut préciser que la force des deux mythes n'a rien de comparable.

Tamerlan déclenche des terreurs et suscite des légendes, mais il ne provoque nulle croyance collective en une fin du monde ni de légende comparable à celle du Prêtre Jean. L'Europe considère son aventure plutôt avec faveur. Il est celui qui empêche la Horde d'Or d'écraser les chrétiens de Russie ou celui qui passe un accord avec le basileus de Constantinople, avant de battre le pire ennemi de la chrétienté, Bajazet. Tamerlan est plus un allié objectif qu'un danger pour l'Occident.

Outre ces raisons d'État, il en est d'autres qui font que Tamerlan ne peut être un mythe pour les Européens de la fin du XIVe siècle. Différence énorme avec la conquête mongole du début du XIIIe siècle, désormais l'information circule, on se connaît, on échange des ambassadeurs. Même si la Chine redevient sous les Ming une terre inconnue, l'Asie est accessible : il existe, notamment par les Vénitiens et les Génois, de nombreux points de contact en Asie centrale.

Tamerlan déploie une vaste activité diplomatique. Ainsi, alors que la guerre de Cent Ans ravage son royaume,

Charles VI de France reçoit la visite d'un évêque d'Orient. Il porte une lettre écrite en lettres d'or et au sceau de Tamerlan, trois cercles qui symbolisent la conquête de l'Univers. L'essentiel de cette missive traite de l'établissement de relations commerciales. Parallèlement, le curieux ambassadeur distribue un opuscule qui expose la façon de mener le négoce au pays du grand émir. L'évêque raconte que Tamerlan a un ange qui lui parle dans son sommeil. Mais la France est trop occupée par la guerre et ne donne pas suite.

Il subsiste d'autres courriers diplomatiques de Tamerlan ainsi que des traces de rapports établis avec des marchands génois. Là encore, Tamerlan est bien loin de son modèle. Le ton des courriers timourides n'a rien de commun avec les ordres de soumission altiers et les proclamations de domination universelle des vrais khans mongols. Le monde de Tamerlan est trop réaliste et laisse peu de place pour la légende. De faux *Mémoires de Tamerlan* ont été découverts au Yémen. Il s'agissait d'une sorte de guide du prince, riche en conseils politiques, mais vite identifié comme apocryphe. Voilà qui ne stimule guère l'imaginaire : il n'en naît nulle légende.

Pour savoir qui était Tamerlan, il suffit d'écouter les témoignages de contemporains. Ils abondent. Parmi les plus connus, celui du philosophe et historien Ibn Khaldoun. Il rencontre le conquérant lors du siège de Damas et est traité avec les plus grands honneurs.

L'homme qui voulait conquérir la Chine

Le rapport d'un ambassadeur occidental décrit la cour de Tamerlan à la fin de son règne. Ce diplomate est un des derniers à avoir rencontré l'émir dont il apprendra la mort sur le chemin du retour.

Ruy Gonzales de Clavijo est envoyé par Henri III de Castille, durant une période cruciale. Tamerlan s'apprête à conquérir la Chine. Clavijo, parti par Constantinople et Trébizonde, arrive à Samarcande en août 1404, porteur d'une proposition d'alliance contre les Turcs.

Tamerlan traite l'ambassade espagnole avec une cordialité ostentatoire et la présente ainsi à sa cour : « Voyez ces ambassadeurs que m'envoie mon fils le roi d'Espagne, le plus grand roi qui soit parmi les Francs, de très grandes gens vivant à l'autre bout du monde. Je donne ma bénédiction à mon fils le roi. Et il eût largement suffi que vous ne veniez à moi qu'avec sa lettre, car je me réjouis tout autant d'avoir des nouvelles de sa santé que de recevoir ses présents. » Même si toutes ces bonnes paroles sont flatteries destinées à obtenir la neutralité d'une puissance occidentale capable de gêner ses projets chinois, Tamerlan nous surprend : voilà une tout autre atmosphère que celle décrite par Plan Carpin, Rubrouck ou Marco Polo.

L'opulence et le luxe de la cour frappent l'ambassadeur. Il ne se lasse pas de décrire les éléphants, les bijoux, les vêtements d'apparat, les demeures splendides, les travaux d'embellissement, tout le faste timouride.

Clavijo est d'autant plus satisfait qu'il profite de l'usage mongol selon lequel, à la fin d'un banquet d'importance, le maître fait répandre sur ses hôtes des poignées d'argent et des pierres. Les Espagnols commencent à accumuler un petit pécule, assistent à force festins où l'on dévore des quartiers de cheval rôtis, où l'on boit bien et où l'on échange des galanteries avec des belles fort libres dans leurs propos. Tout cela n'évoque guère le puritanisme islamique. Puis un jour, il faut s'en aller. L'émir est tombé gravement malade et les Espagnols sont renvoyés sans trop d'explications. Le temps du retour, ils seront en Castille plus d'un an après la mort de Tamerlan.

De tous nos personnages, le Boiteux de Fer est celui dont nous connaissons la physionomie avec le plus de précision. Tous les autres héros de cette histoire sont soit sans visage, tel Ibn Batouta, soit conformes aux règles des portraits officiels, soit imaginés par le peintre, comme le fut Marco Polo. Paradoxalement, celui dont la représentation a le plus de vraisemblance est Alexandre : la beauté solaire de la tête de l'Acropole, et de quelques autres portraits, n'est peut-être pas exagérée si l'on croit le témoignage de ses contemporains admiratifs.

Tamerlan, lui, nous a laissé sa dépouille. C'est à Samarcande. Le grand émir repose, isolé des autres Timourides, sous une dalle austère taillée dans un monolithe de jade noir. Il est couché au pied de son maître spirituel, Sayyid Baraké, et le fronton du portail proclame à la mode des soufis : « Heureux celui qui a refusé le monde avant que le monde ne le refuse. »

En mai 1941, des archéologues soviétiques exhumèrent le corps de l'émir, en dépit de la malédiction rituelle qui en protégeait la porte et qui disait que celui qui violerait ce tombeau attirerait une invasion étrangère sur son pays[1]. D'après les ossements et quelques autres indices, les Soviétiques ont pu reconstituer la physionomie du mort en appliquant les méthodes de la médecine légale.

Cette véritable fiche de police de Tamerlan nous apprend que l'homme qui faillit conquérir le monde mesurait un mètre soixante-dix et qu'il était robuste. Il conservait quinze dents, ce qui est beaucoup pour l'époque et pour un homme mort à soixante-neuf ans. Il avait une chevelure et une barbe rousses ou poivre et sel, des yeux bridés, une face osseuse et énergique, un faciès au fond assez conforme à ce que l'on imaginerait. Autre preuve apportée par l'examen du cadavre : le Boiteux boitait. Un cal à la rotule droite l'obligeait à garder la jambe ployée. La chronique nous raconte l'évolution de cette infirmité contractée dans un combat de jeunesse, les crises qui plusieurs fois immobilisèrent Timour et retardèrent ses conquêtes, ses efforts perpétuels pour ne rien laisser paraître et pour oublier son infirmité. Ibn Khaldoun témoigne : « Âgé de soixante à soixante-dix ans, il a le genou droit ankylosé : enfant, il avait été atteint par une flèche au cours d'un raid, à ce qu'il m'a dit. Il peut marcher sur une courte distance, en traînant la jambe.

1. Quelques jours plus tard, les troupes allemandes franchissaient les frontières soviétiques.

Lorsqu'il y a un long trajet à faire, les hommes le portent sur leurs bras, c'est un homme favorisé. »

On a dit aussi comment il devait parfois se faire hisser à cheval, comment il fut longtemps capable, une fois sur sa selle, de se battre au milieu de ses guerriers fanatisés. Les dernières années, le grand émir devait se faire transporter en litière. On cite aussi cette campagne où, durant le passage d'un col, quasiment à dos d'homme, ses soldats le soulevèrent, lui et son cheval, afin qu'il pût continuer à les mener. Quant au bras droit de Tamerlan, il portait bien la marque de méchantes blessures dont parle la chronique. Tout cela ne l'empêchait pas d'être au cœur des batailles, ni de bander son arc mongol jusque derrière l'oreille. Quelques entailles dans les os sont les marques de coups de sabre et de lance chantés par les poètes. Ajoutez qu'il souffrait de tuberculose ostéitée, comme le diagnostiquèrent les médecins qui examinèrent le squelette.

Hors cela, le tombeau même de Tamerlan atteste de la personnalité de l'émir. Sur ordre de son petit-fils, un texte très révélateur, une épitaphe en caractères arabes, a été gravé dans les parois d'onyx de la sépulture. Elle dit : « Ceci est le tombeau du sultan très grand, du souverain illustre, l'émir Timour Kurgan[1], fils de l'émir Kurgan, fils de l'émir Karagay, etc. » Suivent les noms de quelques émirs, jusqu'à un certain Tourmenai Khan. Et l'inscription précise que cela apparente Tamerlan à Gengis Khan. Non content d'établir ce cousinage pour le moins douteux, l'auteur de l'inscription remonte plus haut dans l'arbre généalogique jusqu'à un Bouzandjir : « On ne connaît point de père à cet illustre personnage, si ce n'est que sa mère Alavanka a raconté — et c'était une femme qui avait comme qualités innées la sincérité et la chasteté et qui ne menait point mauvaise conduite — qu'elle l'avait conçu par une lumière qui entra en elle venant du haut de la porte, et elle invoquait en sa faveur un cas

1. C'est-à-dire « gendre », puisque par son mariage avec une princesse mongole, Tamerlan pouvait se prévaloir de ce titre que ses descendants conservèrent avec la même fierté.

semblable de paternité[1]. On a rapporté qu'il était le fils du Commandeur des Croyants Ali fils d'Abou Taleb, et dans tous les temps ses glorieux fils ont confirmé son dire dans toutes ses allégations à ce sujet contre toute accusation infamante. Il est mort la quatorzième nuit du mois de chaban de l'année 807» (19 janvier 1405 pour notre calendrier).

Une généalogie fantaisiste qui apparente le Turc Tamerlan au Mongol Temoudjin et qui mêle une ascendance califienne et la légende chamaniste d'un enfantement par un rayon de soleil… tout cela peut paraître un salmigondis sans signification. Ce mélange d'Islam et de légende mongole est au contraire typique des représentations mentales qui guidèrent le conquérant. Ce sont aussi les éléments constituants de son mythe. On pourrait définir Tamerlan comme de tribu turque, de religion musulmane et «idéologiquement» ou «fantasmatiquement» mongol. De quoi créer bien des tensions et contradictions.

Bien qu'il ait passé une part de sa vie à combattre les chefs de la Horde d'Or et ceux de la Horde du Mogolistan, infiniment plus mongols que lui, Tamerlan se proclamait successeur du khan océanique. Bien qu'il ait vaincu l'Ottoman Bajazet, offrant ainsi un répit de cinquante ans à Constantinople, il était turc. Bien qu'il se soit allié aux chrétiens, et n'ait pas hésité à rendre grâce de ses victoires aux dieux païens, dans la tradition chamanique, Tamerlan se veut aussi l'homme du Coran et de la guerre sainte. Il ne part jamais en campagne sans emporter une mosquée démontable. Au moment où il s'apprête à conquérir la Chine, la chronique nous le décrit en proie à une crise de remords, priant Dieu et lui promettant de s'employer désormais au bonheur des peuples. Un des premiers points de ce vertueux programme prévoit la conversion de cet immense réservoir de païens, ainsi que la destruction de leurs idoles. Et Tamerlan parle de sa pénitence, lui que l'on dit si influencé par les soufis…

---

1. Sur l'ascendance mythique de Temoudjin-Gengis Khan, voir chapitre XII.

Paradoxes d'un héros romantique

Ajoutons cet autre paradoxe : celui qui ordonna quelques-uns des massacres les plus horribles jamais perpétrés fut aussi un lettré, un ami des philosophes et un protecteur des arts. C'est encore Ibn Khaldoun qui écrit : « Tamerlan est un des plus grands souverains, certains lui attribuent la science ; d'autres en font un rafidite à cause de la préférence qu'il montre à l'égard des descendants du prophète ; d'autres, enfin, font de lui un magicien. En fait, il n'est rien de tout cela. C'est simplement un homme très vif et d'une extrême intelligence, qui questionne et scrute toute chose, connue ou inconnue, avec opiniâtreté. »

Tamerlan est un ami des arts. Il surveille personnellement la construction de la grande mosquée de Samarcande, fait pendre les maîtres d'œuvre qui avaient prévu un portail trop modeste, passe des journées entières avec les ouvriers. Il favorise également la peinture. Ce goût n'est pas dénué d'arrière-pensées politiques, Tamerlan y voit un support de propagande, même si tout cela ne fait pas très bon ménage avec le caractère iconoclaste de l'islam.

Par moments chevaleresque et clément, à d'autres cynique, capable un jour d'écouter un soufi, le lendemain de faire dresser une pyramide de têtes.

Autre contradiction, Tamerlan, héritier des peuples nomades, est un homme des villes. Il apporte tous ses soins à l'embellissement de Samarcande et son génie militaire ne se révèle jamais mieux que lorsqu'il faut assiéger une forteresse, chose dont les cavaliers mongols des origines étaient quasiment incapables.

La façon dont Tamerlan gère de pareilles contradictions n'est pas pour rien dans son aura romantique. Elle est surtout révélatrice de la force de son rêve.

Pour fonder en Transoxiane un éphémère empire des routes de la soie dont la capitale est naturellement Samarcande, Tamerlan tente une synthèse entre la force de l'islam, la tradition gengiskhanide et la puissance des tribus turques. Quitte à recourir à des simulacres ou à suivre ses phantasmes.

Ainsi, il respectera le principe qui veut que le pouvoir revienne à un descendant de Gengis Khan : il entretient un khan fantoche, d'authentique lignage ; s'il trahit, il le remplace. Nominalement, le trône reste dans la famille de Temoudjin. Par ce juridisme pointilleux, le principe de légitimité est respecté dans sa forme : le khanat de Djagatay, l'héritage échu au second fils de Gengis Khan, existe toujours, mais ce n'est plus qu'une personnalité morale. Tamerlan lui-même met longtemps à accepter le titre de sultan. Il fait figurer sur ses décrets les sceaux de l'illustre famille de Temoudjin et se réfugie toujours derrière la fiction mongole.

La loi qu'il applique est la yasak mongole et non la charia islamique. Pourtant, le rapport de Tamerlan et de l'islam n'est pas moins ambigu que celui qu'il entretient avec les Mongols. Pour attaquer Damas, il rend ses habitants responsables du meurtre du calife Ali, crime qui remonte à plus de six siècles. Avant de combattre le sultanat musulman de Delhi, Tamerlan lui reproche sa mollesse à réprimer l'idolâtrie et finit même par faire appel au principe de la guerre sainte. « Le Coran marque que la plus haute dignité où l'homme puisse parvenir est de faire la guerre en personne aux ennemis de la Religion. C'est pourquoi le grand Tamerlan s'est toujours attaché à exterminer les Infidèles, autant pour acquérir des mérites que par amour de la gloire. » C'est le *Zafer Nâhmé* qui le proclame, le *Livre de la victoire*, l'histoire de Tamerlan en persan commandée par son petit-fils Ibrahim. Cette chronique est rédigée par un poète, et fondée sur la base d'une énorme masse de documents et d'archives ; elle idéalise son héros, mais traduit fidèlement les principes politiques qui le guident. Ce sont peut-être de sinistres hypocrisies, mais ne sous-estimons pas le poids de la croyance dans la fantastique aventure timouride.

Le jeune Timour n'est d'abord que le chef d'un clan. Comme Temoudjin, il ne s'élève que protégé par un suzerain contre lequel il lui faut un jour se rebeller. Pour Gengis Khan, ce fut Togrul, le modèle du Prêtre Jean[1], pour Timour, c'est l'émir Hossein qui règne sur la Transoxiane et une partie de l'Afghanistan. Quand, en 1370, après pratiquement dix ans d'efforts, Tamerlan renverse son protecteur et se retrouve maître de la Transoxiane, il installe sa capitale à Samarcande. Il est alors prêt à conquérir toutes les routes de la soie en partant de leur centre.

L'épopée, entrecoupée de trahisons et de révoltes, se déroule par étapes, non sans confusion. Elle mène Tamerlan à la conquête du Khorezm (la région d'Ourgendj), vers le Ferghana, le Mogolistan à l'est, la Perse à l'ouest… Il doit affronter jusqu'en Russie les hordes du nord de la mer Caspienne, la Horde d'Or et la Horde Blanche alors unies par un chef énergique. La possession de l'Irak assurée, commencent les deux entreprises les plus spectaculaires. La conquête de l'Inde avec la prise du sultanat de Delhi et surtout la guerre contre Bajazet, le sultan ottoman.

Bajazet, vainqueur des Serbes, maître de la Bulgarie et de la Cappadoce, de l'Anatolie et de l'Arménie, le sultan qui vient de vaincre les Français, Bourguignons et Hongrois croisés contre lui, le général qui s'apprête à mettre le siège devant Constantinople. Le guerrier qui déclare : « Mon cheval mangera son avoine sur l'autel de Saint-Pierre de Rome » apparaît comme le seul rival digne de Tamerlan. La bataille d'Ancyre (Ankara), le 28 juillet 1402, est la plus grande du siècle, elle oppose deux mythes.

D'un côté Tamerlan avec ses vassaux du Turkestan, d'Inde, de Perse et de Mongolie, et même ses éléphants de guerre, de l'autre Bajazet et ses hommes, des Turcs aussi, auxquels s'ajoutaient des vassaux serbes et le corps

1. Voir chapitres XI et XII.

des janissaires, ces esclaves capturés dans toute l'Europe pour être convertis et transformés en infanterie d'élite. En tout un million d'hommes se seraient affrontés de six heures du matin à la nuit. Au coucher du soleil, Tamerlan est vainqueur. Bajazet est fait prisonnier, et traité en preux vaincu. La cage de fer dans laquelle il aurait été exhibé ne serait qu'un mythe littéraire. En réalité, Bajazet, transporté en litière grillagée, est bien traité ; cela ne l'empêche pas de mourir de désespoir en quelques mois.

Le rêve inaccompli

Après cette immense victoire, Tamerlan revient au rêve ultime des routes de la soie : la conquête de la Chine. Hors les raisons dévotes déjà évoquées, il existait des motifs politiques pour mener cette guerre. Et un curieux imbroglio juridico-politique. Tant que la Chine fut soumise à la dynastie mongole des Yuan, le khanat de Transoxiane continua, même de façon très théorique, à rendre hommage au grand khan. Lorsque l'unité mongole ne fut plus qu'une fiction, lorsque l'empereur Yuan fut totalement sinisé et devenu bien différent des Turco-Mongols de Transoxiane, ceux-ci reconnaissaient encore la suzeraineté des Yuan.

Mais en 1368, Ming-Hong-Wo mène une révolte contre la dynastie étrangère, la renverse et fonde la sienne ; la question du tribut dû à la Chine reste pendante. Le Fils du Ciel attend que sa souveraineté soit reconnue par la Transoxiane. Tamerlan hésite sur l'attitude à adopter. Une fois, il fait emprisonner des ambassadeurs chinois, une autre, il envoie des cadeaux aux Ming. Il temporise. Mais, quand monte sur le trône un nouvel empereur chinois énergique, Yong-lo (1403-1424), il devient difficile de laisser la question dans le flou. Un témoin européen, Johan Schiltberger, Bavarois pris par les Turcs et qui s'est retrouvé esclave au service de Tamerlan pendant ses dernières années, raconte : « Vers cette époque, le grand Chan de Chetay[1] dépêcha un ambassadeur et

1. Le khan de Cathay, c'est-à-dire l'empereur de Chine.

quatre cents cavaliers pour exiger de lui [Tamerlan] le tribut qu'il avait oublié et conservé pendant cinq années. Tamerlan emmena l'ambassadeur jusqu'à sa capitale [Samarcande] et de là envoya dire à son maître qu'il ne paierait pas le tribut, qu'il ne serait pas son sujet et que lui-même [le grand Chan] devait venir lui rendre visite. Puis il envoya des messagers par tout le pays pour le préparer car il désirait se porter sur Chetay... »

Les choses ne se sont peut-être pas déroulées de façon aussi simple, mais on sait que Tamerlan est alors résolu à envahir la Chine. Il provoque publiquement les ambassadeurs de Chine devant ceux d'Espagne et insulte l'empereur Ming.

Il commence à préparer l'expédition lorsqu'il meurt à Otrar, emporté par la fièvre, en 1405. Il est donc écrit qu'aucun conquérant venu de l'ouest ne franchira les Pamirs : ainsi d'Alexandre, ainsi de l'Islam.

De la grande aventure timouride, il ne reste rien de très durable, rien de comparable à l'héritage du modèle Gengis Khan. Ceux qu'a vaincus Tamerlan, tribus turques, Mamelouks et Mongols, prendront leur revanche pendant que ses successeurs se déchireront en querelles familiales. En un siècle, l'Empire s'effondrera et ce sont finalement les Ouzbeks, se réclamant eux aussi de la légitimité gengiskhanide, qui prendront Samarcande. Le petit-fils de Tamerlan en sera chassé en 1525. Il franchira la fameuse passe de Khyber avec douze mille hommes et sera capable avec cette troupe de conquérir l'Inde et d'y fonder la dynastie des Mogols.

Mais, en cette année 1405 où Tamerlan expire après avoir dicté son testament et proclamé rituellement qu'il n'est de Dieu que Dieu, cent mille soldats rassemblés à Otrar et prêts à porter la guerre sainte en Chine sont devenus inutiles. La dynastie des Ming vient d'échapper au plus dangereux péril qui pouvait alors la menacer. L'invasion des Turcs musulmans aurait bien autrement marqué l'empire du Milieu que celle des Mongols si vite sinisés et assimilés. Une seconde fois, six siècles et demi après la bataille de Talas, l'hypothèse d'une Chine conquise par l'Islam a failli devenir plausible.

Relations avec la Chine

La Chine est reprise aux Yuan mongols par une dynastie « nationale » en 1368, à peu près au moment où Tamerlan, après la Transoxiane, va lancer ses grandes conquêtes. Mais ni la création d'un empire de Samarcande, ni le rétablissement d'une autorité ferme en Chine n'empêcheront la décadence progressive des routes de la soie.

Ce déclin des routes terrestres est essentiellement dû aux troubles d'Asie centrale qui s'accentueront au fur et à mesure que s'émiettera l'empire de Tamerlan.

À partir de la porte de Jade règne l'organisation chinoise avec son propre réseau de routes et de postes, et ses douanes toujours aussi efficaces et ses bureaucrates. Par ailleurs, le système des « tributs » existe toujours, ainsi que la fiction qui veut que la Chine ne reçoive que des ambassadeurs porteurs de présents à qui l'on fait en échange des dons.

Officiellement, aucun marchand ne franchit la barrière de la Grande Muraille. Par contre, rien n'empêche un ambassadeur d'avoir une nombreuse suite, parfois plusieurs centaines de personnes, et rien n'empêche ces accompagnateurs de mener à bien des échanges lucratifs. Au XVe siècle, les princes musulmans sont aussi désireux, sinon plus, que les Chinois de voir fonctionner les voies commerciales. Très vite, les successeurs de Tamerlan oublient les rêves de conquête universelle et normalisent les relations avec l'empire du Milieu. Chah-Rokh (1405-1447), quatrième fils de Tamerlan, à peine monté sur le trône, y songe déjà. Il a assez de peine à retarder l'éclatement de son propre empire pour vouloir éviter une guerre avec son puissant voisin. Il installe sa nouvelle capitale à Hérat en Afghanistan.

Dès 1408, il y reçoit un ambassadeur de l'empereur Yong-lo. C'est le début de relations diplomatico-commerciales suivies. Yong-lo installe sa capitale à Pékin, reprenant ainsi symboliquement la succession des Mongols, et y fait construire la ville violet-pourpre, la fameuse

Cité interdite. Là affluent les ambassades caravanes, de Perse, de Khotan, du Khorezm et autres principautés de l'ancien Empire timouride. Les rapports de force et de domination symbolique ont changé. En 1412, Yong-lo écrit à Chah-Rokh : « [...] Par la volonté du Très-Haut, nous voici devenu le maître des royaumes de l'univers où nous régnons selon la loi divine... Il y a déjà longtemps que nous avons été informé à ton sujet et avons appris que tu es sage et parfait, très au-dessus de tes pairs ; que tu crains le Très-Haut et lui obéis, que tu es également bon envers tes paysans et tes soldats, extrêmement généreux avec tes sujets. Nous avons été très heureux d'apprendre tout cela. Ce fut alors que nous t'envoyâmes une ambassade chargée de velours et de satin rouge pour vous habiller. À son retour, l'ambassadeur nous fit part de ton désir de vous conformer à nos vœux, de ton amitié pour nous, ce qui nous a comblés de joie tous, grands et petits. Puis nous reçûmes à notre cour tes envoyés portant en présents des chevaux et des produits de là-bas... L'ère des Yuan est finie. Ton père craignant le Très-Haut se montra obéissant envers notre grand Hong-Wou[1], lui envoya régulièrement les ambassades chargées de présents. C'est pourquoi Dieu accorda la paix à son pays et enrichit ses sujets. Nous constatons que toi aussi suis la conduite de ton père. » À la fin de cette lettre dont on ne sait si Chah-Rokh apprécia l'arrogance, si ce n'est l'ironie, Yong-lo conclut en annonçant une ambassade chargée de velours et de satin. Il en annonce d'autres « pour fréquenter le chemin de l'Occident, afin que cette route ne cesse de fonctionner et que les marchands puissent gagner leur vie comme ils désirent ». D'autres lettres du même empereur adoptent le même ton : protestations d'amitié comme si les Timourides étaient de fidèles vassaux, allusions au Très-Haut, description minutieuse de la splendeur des cadeaux « échangés » et vœux pour la prospérité du commerce. On ne saurait être plus clair

1. Hong-Wou, ancien bonze pauvre, est le fondateur de la dynastie des Ming. Il a régné de 1368 à 1399. Entre son règne et celui de Yong-lo (1403-1425) s'intercale un empereur à la personnalité plus effacée.

dans l'affirmation du rôle des routes de la soie et dans la description du système millénaire des ambassades en Chine.

Dernières ambassades

En cette période où la route terrestre connaît un sursaut d'activité qui précède le grand déclin, s'écrit le dernier grand document médiéval sur le voyage. Il s'agit du journal de Ghiyath-el-Dine, surnommé le Peintre. Il est envoyé par Chah-Rokh, quitte Hérat en 1419, et n'y revient qu'en 1423. L'ambassadeur entre en territoire chinois, passe à Tourfan où il est choqué par les idolâtres qui révèrent le Bouddha, il chemine ainsi avant de traverser un affreux désert où un yack et un chameau sauvage attaquent les voyageurs. Près de la ville frontière de Suchow a lieu le premier contact avec l'administration impériale. À partir de là, l'ambassadeur ne cessera d'en constater l'efficacité et l'omniprésence. Visiblement, tout est très organisé pour accueillir les marchands. Ainsi, les premiers fonctionnaires chinois rencontrés portent ce qu'il faut pour un banquet (et tout, tables, chaises et nourritures, a fait dix jours de chemin). Mais leur activité ne se borne pas à cette opération de relations publiques. Les fonctionnaires notent le nom de chaque ambassadeur et celui de tous les serviteurs qui l'accompagnent. Nombre d'entre eux, chacun le sait, sont en réalité des marchands. Le reste de la mission est une suite de banquets et de réceptions, mais l'hospitalité chinoise n'empêche pas les contrôles fréquents. Le trajet mène les ambassadeurs d'une auberge postale à l'autre. Ghiyath-el-Dine est étonné par l'efficacité de ce réseau que double un système télégraphique : de tour en tour se propagent des signaux. Les ambassadeurs arrivent à Pékin. Et ces hommes qui pourtant ne sont pas de simples manants, ces hommes que l'on suppose habitués à la splendeur de la Perse et de la cour des Timourides, sont stupéfaits par le spectacle qu'offre la cour de Yong-lo. Avant que le jour ne se lève, cent mille personnes attendent l'empereur devant son sérail, et, quand il apparaît, des cloches géantes résonnent et deux mille musiciens jouent. Tout est démesuré et somptueux. L'empereur monte sur son trône en or par une passerelle d'argent massif. Ghiyath-el-Dine est très choqué de le voir s'occuper des criminels en même temps que des ambassadeurs fort nombreux. En effet, Yong-lo commence par prononcer des peines. L'ambassadeur, qui s'ennuie, observe l'empereur et peut préciser que la barbe de ce dernier compte deux ou trois cents poils.

Pendant l'entrevue, Yong-lo, grâce à l'un de ses nombreux interprètes, s'enquiert de l'état des pays d'Occident, du prix du grain, des prochains cadeaux que l'on va échanger et, parmi eux, des fameux chevaux persans. Pour le reste, les ambassadeurs passent leur temps en banquets et spectacles. Ils assistent même aux supplices chinois dont l'horreur épouvante cet envoyé du fils de Tamerlan. Le journal de Ghiyath-el-Dine est le dernier témoignage de cette période. En 1424, l'empereur Yong-lo ferme la frontière du nord-ouest aux étrangers.

L'ultime armada

Avant de se refermer, avant de renoncer à la maîtrise des pistes au-delà de la porte de Jade, la Chine des Ming entreprend la plus importante série d'expéditions jamais tentée sur les océans.

Avec le périple de Cheng-huo, les sept expéditions qu'il dirige entre 1405 et 1433, l'empire du Milieu fait des adieux ostentatoires aux mondes lointains. C'est une spectaculaire démonstration de puissance, mais aussi un acte politique d'importance majeure. Traditionnellement, en Chine, tout ce qui touche aux relations maritimes avec le monde extérieur concerne au premier chef le pouvoir impérial. Le choix des ports ayant droit de commercer avec l'étranger, parfois cinq, parfois un seul, se décide en haut lieu. Dès le XIIIe siècle, les imposantes jonques chinoises ont intensifié leur trafic dans l'océan Indien, jusqu'en Inde et à Ceylan, point de rencontre avec des marchands musulmans, hindous et juifs, lieu d'échange de la porcelaine et de la soie chinoises contre des produits de luxe parfois venus d'Afrique. Malgré quelques échecs dans leurs expéditions maritimes, malgré la concurrence de la route terrestre qui redevenait alors plus sûre, les empereurs mongols n'avaient fait qu'accentuer le mouvement. Après les Yuan, les Ming ont pris la question commerciale et maritime tout aussi au sérieux. Dans le souci de contrôler le système, ils ont tout simplement décidé en 1368 de prohiber le commerce maritime privé. Mais c'est pour mieux préparer le grand dessein d'une puissante marine d'État. Son prolongement logique est la grande expédition.

Les voyages de l'amiral Cheng-huo mènent la flotte impériale jusqu'à Ormuz et jusqu'au Bengale, et même jusque dans les eaux du cap de Bonne-Espérance. Ils représentent un effort énorme et une audace remarquable.

Cheng-huo appartient au puissant clan des eunuques, il est musulman (ce qui n'est pas inhabituel pour un haut fonctionnaire) et, surtout, il a fait preuve de qualités de soldat et de diplomate. L'empereur lui confie vingt-huit mille hommes et une armada de soixante-trois navires.

D'après des découvertes archéologiques, il semble que certaines de ces jonques auraient pu mesurer cent soixante mètres de long. Leurs cales sont chargées du même fret que tous les navires commerciaux chinois : essentiellement de la porcelaine, de la soie et du thé. Des bateaux aussi énormes, même selon des critères modernes, sont équipés conformément à leur vocation de ville flottante. On peut les imaginer d'après la description antérieure d'Ibn Batouta : « Il y a sur un de ces grands navires douze voiles et au-dessous jusqu'à trois. Leurs voiles sont faites de baguettes de bambou tissées en guise de natte. On ne les amène jamais, et on les change de direction selon que le vent souffle d'un côté ou de l'autre. Quand ces navires jettent l'ancre, on laisse flotter ces voiles au vent. Chacun d'eux est manœuvré par mille hommes, savoir : six cents marins et quatre cents guerriers parmi lesquels il y a des archers, des hommes armés de boucliers, des arbalétriers, c'est-à-dire des gens qui lancent du naphte. »

Pareils monstres étaient accompagnés de navires plus petits et souvent remorqués à la rame. Par contre le confort devait être remarquable. Ibn Batouta, comme Marco Polo avant lui, s'était étonné du luxe des cabines réservées aux marchands : il y en avait avec toilettes, avec salon, on pouvait y amener ses concubines, y faire venir le médecin ou le barbier, etc., et même y cultiver ses légumes, dans son petit jardin composé de baquets de bois. L'intendant du vaisseau ressemblait à un grand émir : « Quand il descend à terre, les archers et les abyssins marchent devant lui avec des javelines, des épées, des timbales, des cors et des trompettes. »

L'escorte de Cheng-huo doit encore surpasser ce faste. À chacun de ses retours, il revient chargé de trésors ; parmi les plus précieux sont les animaux exotiques. L'activité de Cheng-huo peut devenir plus martiale et la flotte d'apparat retrouver sa vocation militaire. À Srivijaya, il écrase un pirate chinois, comme il en pullule toujours dans cette zone de passage obligatoire. À Sumatra, il dépose un usurpateur qui vient de renverser le souverain prochinois. La vocation de la grande flotte est aussi impérialiste que commerciale. Cheng-huo se conduit en faiseur de rois et, toujours au nom du Fils du Ciel, il dépose ceux qui contrarient les intérêts du Céleste Empire. Tel est le cas à Ceylan, pour des raisons mal éclaircies. Selon une chronique chinoise, Cheng-huo, choqué par les pratiques hérétiques du roi cinghalais, entre en conflit avec lui. Une deuxième version rapporte que l'amiral tente après bien d'autres de s'emparer de la fameuse dent de Bouddha. Dans tous les cas, en 1409, Cheng-huo, qui a déjà visité Ceylan, y revient et dépose le roi accusé de rébellion contre les Chinois. Il le ramène prisonnier à la cour de Chine. Plus tard, le roi sera pardonné et autorisé à reprendre son trône. L'explication la plus vraisemblable est que Cheng-huo tente d'acheter des chefs locaux, ce qui déclenche le conflit avec le roi qui ordonne de s'emparer de lui mais est finalement pris lui-même.

Malgré ces épisodes, tout se passe comme si pareille aventure avait été inutile. En 1433, Cheng-huo revient de sa dernière grande expédition. Jamais plus les Chinois n'iront à la découverte du monde lointain. L'énorme flotte est désormais sans but. La mémoire même de l'expédition est en partie perdue, les journaux de bord sont détruits, par jalousie ou par politique, si bien qu'il faut reconstituer l'histoire par des témoignages extérieurs. Quant aux bénéfices économiques ou politiques, ils sont faibles, peu durables ou mal exploités. Comme si la raison d'être de ces périples avait été au mieux un symbole, au pis une affirmation de prestige. À la même époque, Yong-lo tente de conquérir l'Anam. L'expulsion des Chinois du Viêt-nam en 1427 est un des éléments qui stimulent les tendances isolationnistes en Chine. Et un échec qui pèse plus lourd que la réussite de Cheng-huo dans le sens du renoncement à l'aventure maritime.

Les historiens ont longuement discuté de la raison de ces expéditions, comme de celle de leur abandon. L'explication la plus commune est que la nouvelle dynastie voulait affirmer son pouvoir en réactivant et en développant le réseau tributaire. Ce but rempli, Yong-lo mort, et ses successeurs plus frileux, l'Empire, après cette ultime représentation, aurait décidé d'abandonner le monde.

Pour plusieurs siècles, la Chine se condamne à subir une histoire qu'elle refuse. En fermant les routes de la soie, en les privant de leur pôle mythique, la Chine laisse le champ libre à d'autres faiseurs d'empires. Désormais il n'est plus de vent que d'ouest.

CONCLUSION

Le fil est-il cassé ? La Chine se ferme, la Chine se perd. La route de la soie semble s'interrompre. Qui ne le croirait en voyant pourrir les jonques de Cheng-huo, maintenant inutiles ? L'Empire renonce aux navigations lointaines. Les Arabes dominent l'océan Indien, et le Pacifique sera vite livré aux pirates japonais.

Les routes caravanières ne sont pas moins compromises. Yong-lo a restauré la Grande Muraille et, en 1424, fermé la frontière nord-ouest de l'Empire. Ses successeurs bornent leur ambition à arrêter les hordes du Nord qui reviendront assiéger Pékin. Des marchands persans vont encore au-delà de la porte de Jade, mais les Chinois ne se risquent plus guère sur la route des caravanes. Autant que le repli de la nouvelle dynastie, les troubles en Asie centrale contribuent à la diminution du trafic terrestre. La défaite de Bajazet freine à peine la poussée ottomane. Vers le milieu du siècle, les Turcs sont en Asie Mineure, bientôt à Constantinople, isolant l'Europe des réseaux marchands terrestres. Le grand empire intermédiaire, l'indispensable relais, est dissous. Après le dernier acte timouride, et malgré les tentatives de quelques khans audacieux, il n'y a plus d'Empire des steppes, les Empires du mirage s'évanouissent.

L'Europe de la première moitié du XVe siècle ne songe plus guère à l'Extrême-Orient. Qu'il s'agisse de la guerre de Cent Ans ou des déchirements de l'Empire, des conflits italiens ou de la Reconquista en cours, rarement l'Occident a connu pareille anarchie. Les grands circuits commerciaux sont eux aussi en plein bouleversement, la mer du Nord et la Baltique deviennent des pôles d'attraction. Venise et Gênes, les grandes pourvoyeuses de produits orientaux, s'affaiblissent et les Turcs contrôlent le trafic avec le Moyen-Orient. La soie n'est plus magique, on la fabrique depuis longtemps en Italie, même si, en France, il faut attendre François Ier pour que la sériciculture se développe à Lyon. L'or et les épices font sans doute davantage rêver. Y aura-t-il encore des pays merveilleux ? L'Inde et la Chine n'en auront plus le monopole.

Le temps des féodalités et des cités-États s'achève, la première moitié du XVe siècle est la genèse des États modernes. Les expéditions, fussent-elles commerciales, ne seront plus l'affaire d'individus et de marchands, mais d'États et de grandes compagnies.

Alors que chaque empire paraît se replier, tout à l'occident, au Portugal, Henri le Navigateur, l'homme qui rêve du Prêtre Jean, construit des caravelles. Il ne regarde plus vers le pays des Sères mais vers l'ouest et vers le sud, vers l'Atlantique et vers l'Afrique. Au moment même où s'arrête l'aventure maritime lancée par l'empereur Yong-lo commence celle du prince lusitanien. Elle prélude aux grandes découvertes. Désormais, quand les Européens apparaîtront sur la scène des routes de la soie, ils seront bien moins ambassadeurs et marchands que missionnaires, explorateurs et surtout conquérants.

Le sort du continent se joue en effet sur la mer. Au moment où s'annoncent la Renaissance et les Temps modernes, la grande mutation des routes de la soie résume tous les changements et les promesses.

C'est le long intermède entre le déclin de la route terrestre et l'immense événement que sera le passage du cap de Bonne-Espérance par les Portugais en 1488, l'exploit qui permettra bientôt aux Occidentaux de s'approvisionner directement en Inde. L'ancienne voie terrestre par excellence, même si elle faisait appel à des relais maritimes, paraît condamnée. Qui se recueillera encore à Touen-houang ? Qui cherchera la Samarcande souterraine où gît le Maître du monde ? Qui s'arrêtera à la tour de pierre ? Ici s'achève le cycle commencé avec la conquête d'Alexandre.

La route de la soie ne disparaît pas, elle se transforme et devient maritime. Il s'y transporte davantage d'épices ou de céramiques que de tissu des Sères, et les Européens vont vite la suivre jusqu'au bout, en attendant de la dominer. Pourtant elle relie toujours les extrémités du vieux continent.

Mais, surtout, les savoirs circulent autrement. La Chine, dont les jésuites du XVIe siècle prouveront enfin qu'elle est un seul pays, redeviendra alors accessible.

Il y aura toujours des pays imaginaires, îles Fortunées, île Brésil, Eldorado, Antilia où s'abritèrent sept évêques fuyant les Maures, mais ces contrées légendaires sont situées dans l'océan Atlantique. Il y aura toujours des chimères et des monstres, mais plus rien qui égale *Le Roman d'Alexandre* ou *Sindbad le Marin*. Il y aura toujours des pèlerins et missionnaires, mais les dieux ne voyagent plus. S'oublient ces grands récits qui traversaient les siècles et les empires, comme si le désenchantement frappait l'imaginaire à la mesure d'un continent, comme si disparaissait l'inconscient collectif eurasiatique. Ou comme si changeaient certains liens invisibles entre les cultures de l'Ancien Monde. Disons qu'au moment où l'imprimerie va naître en Europe, les écrits, les histoires et les secrets ne suivent plus les mêmes circuits. Il n'y a plus de ces correspondances par lesquelles une légende allait de Samarcande à Rome, ou qui faisaient revivre un mythe grec à Bagdad.

La grande mémoire des routes de la soie est pétrifiée par l'imprimé. Cela ne signifie pas qu'elle soit nécessairement vraie : cartes imaginaires et *Livres des merveilles* ne vont pas disparaître sur le moment, mais on pourra les confronter. Et finalement l'Europe renaissante réunira toutes les descriptions du monde dans ses bibliothèques. Les récits dont elle s'enchantera seront les conquêtes individuelles, celles de ses saints et de ses soldats. Les mythes sont morts, commencent les aventures.

CHRONOLOGIE

Avant Jésus-Christ

XVIe-XIe Dynastie des Chang.
1200 (v.) Cosmographie védique.
XIe-221 Dynastie des Tchéou.
1000-947 Voyage de l'empereur Mu chez la reine de Saba.
VIIIe (v.) Zoroastre.
600 Le pharaon Néchao II envoie deux Phéniciens autour de l'Afrique.
VIe (début) Principes de cosmographie de Thalès de Milet.
VIe Anaximandre de Milet : première carte grecque, le calcul de la courbure du méridien.
VIe Lao-tseu.
VIe Pythagore.
VIe-Ve Parménide.
560-480 Bouddha.
551(?)-479(?) Confucius.
540 (v.)-480 (v.) Héraclite.
Ve Plus ancien traité de géographie en Chinois : *Yu Kong.*
445 (v.) Histoire d'Hérodote.
356-323 Alexandre le Grand.
333-327/5 Campagne d'Alexandre le Grand en Iran et Inde.
330 (v.) Eudoxe de Cnide : théorie des deux sphères.
325-324 Voyage de Néarque de l'Indus à l'embouchure du Tigre.
310 (v.) Pythéas le Massaliote fait le tour de Grande-Bretagne.
270 Rome maîtrise l'Italie.
268-232 Règne d'Açoka.
250 Les Parthes arsacides sont en Élam et Iran.
240 (v.) Carte d'Ératosthène.

223-187 Antiochos III restaure la puissance séleucide.
221-206 Dynastie Ts'in.
221-210 Règne du premier empereur Ts'in, Che Houang-ti.
221 (v.) Invention probable du papier.
220 Reconstruction et prolongation de la Grande Muraille.
206 av. J.-C.-220 ap. J.-C. Dynastie des Han.
206- av. J.-C.-8 ap. J.-C. Han occidentaux.
IIe Cratès de Malos imagine plusieurs continents.
192-188 Rome occupe l'Asie Mineure.
182 Incursions répétées des Hiong-nou en Chine du Nord.
174-136 Extension des Parthes (Parthie, Médie, Mésopotamie).
165 Les Yue-tche s'installent en Bactriane.
150 av. J.-C.-224 ap. J.-C. Dynastie des Parthes arsacides.
145-87 Sseu-ma-Tsien (historien).
141-87 Règne de l'empereur Wou des Han.
139-126 ou 140-134 Tchang-kien en Asie centrale.
135 (v.) Invention de la clepsydre à aiguille.
124-91 Mithridate II : les Parthes en Arménie jusqu'à l'Euphrate.
120-119 Campagne des Chinois contre les Hiong-nou.
115-105 Ambassade chinoise en Perse : premières relations commerciales suivies.
104-100 Campagnes de Li Guangli du Ferghana et de Kokand.
100 Les royaumes d'Asie centrale versent tribut à la Chine.
100 Découverte du vent Hippale.
84 Premières relations entre Rome et Taprobane (Ceylan).
64 Conquête de la Syrie par Rome.
53 Bataille de Carrhes.
50 (v.) Apparition de la soie à Rome.
25 (v.) Auguste reçoit une ambassade indienne.

Après Jésus-Christ

10 *Géographie* de Strabon.
16 ou 14 (?) Décret somptuaire du Sénat contre le port de la soie à Rome.
25-220 Dynastie des Han orientaux.
Ier (v.) Un affranchi romain aborde à Ceylan.
41 à 54 Claude : premiers renseignements sur les Sères.
48 Invasion des Yue-tche dans l'actuel Ouzbékistan.
50 (v.) Royaumes hindouisés du Funan au Sud-Cambodge et Viêt-nam.
54-68 Néron : ouverture de la route maritime de la soie.

58-75 L'empereur Ming envoie une ambassade aux Indes.
60-79 Pline, *Histoire naturelle.*
65 Première communauté bouddhique en Chine.
70-110 (v.) ou 78-123 ou 120-162 Kanishka roi yue-tche, apogée de l'Empire kouchan.
70 (v.) Périple de la mer Érythrée.
75-105 Conquêtes de Pan-Tch'ao en Asie centrale.
87 Ambassade parthe en Chine.
89 Arrêt d'une ambassade kouchane demandant la main d'une princesse chinoise.
97 ou 98 Voyage de Gan Ying, envoyé chinois, jusqu'au golfe Persique.
99 Ambassade kouchane à Rome.
100 Ambassade indienne vers Rome.
100 (v.) Voyage des envoyés de Maes Titianos en Asie centrale.
105 L'Arabie, province impériale.
105 *Traité sur le papier* de Ts'ai-Louan.
115-117 Guerre romano-parthe.
120 Ambassade indienne vers Hadrien.
120 Ambassade du royaume Chan de Birmanie en Chine.
120 Des jongleurs du Ta-ts'in arrivent en Chine par la Birmanie.
140 *Géographie* de Ptolémée (publication en Europe en 1477).
150 Fondation à Lo-Yang d'un centre de traduction de textes bouddhiques.
150 Médaille d'Antonin le Pieux à Oc'éo (Viêt-nam).
157 Monnaies romaines à Madras.
162-180 Règne de Marc Aurèle.
162 (v.) Ambassade indienne à Rome accompagnée du philosophe Dandamis.
166 Première cérémonie bouddhique à la cour de Chine
166 Fausse ambassade d'Antonin (mort en 161).
190 La Chine interrompt ses relations avec l'Ouest.
200 (v.) Bouclier de Doura-Europos (carte).
220-280 Les Trois Royaumes de Chine.
223 Bardesane d'Édesse répand la légende de saint Thomas en Inde.
224 Fin de l'Empire parthe.
225 Empire du Funan en Indochine.
226-651 Dynastie sassanide en Perse.
226 Arrivée du marchand du Ta-ts'in en Chine.

242 Premières prédications de Mani.
265-618 Six Dynasties en Chine.
265-316 Règne des Tain à Lo-Yang.
276 Invasions sur toutes les frontières romaines.
276 Persécution de Mani.
284-287 Ambassadeurs de l'Orient romain, Champa et Funan en Chine.
284 Arrivée au pays du Ta-ts'in du papier à odeur de miel.
297 Nisibine unique centre d'échange entre Rome et la Perse.
300 (?) Composition du pseudo-Callisthène, source du *Roman d'Alexandre.*
309-379 Chapour II : lutte contre Rome (quarante ans) et contre les Huns.
311 Les Hiong-nou pillent Lo-Yang.
313 Édit de Milan qui autorise le christianisme.
317-420 Dynastie des Jin orientaux.
325 Concile de Nicée contre l'arianisme.
330 Transfert de la capitale de Rome à Constantinople.
331-363 Julien dit l'Apostat.
350 (v.) Création de l'industrie textile sassanide.
369 Les gynécées ont le monopole de la confection des tissus de soie et d'or à Constantinople.
381 Les royaumes d'Asie centrale sont tributaires de la Chine.
386-534 Dynastie des Wei du Nord en Chine.
395 Les Huns franchissent la Volga et le Don.
399-412 ou 414 Pèlerinage de Fa-hien aux Indes et à Ceylan.
404-424 Voyage de Chimeng en Inde.
408-409 Accords commerciaux entre Byzance et la Perse sur la soie.
410 Sac de Rome par Alaric : la rançon est payée en pièces de soie.
420 (v.) Introduction de la sériciculture au Khotan.
420 Départ de Fa-yong pour l'Inde.
424 Fabrication des verres de couleur en Chine par les Sogdiens.
430 Rédaction du *Héou-Han-Chou* (chronique dynastique).
431 Concile d'Éphèse contre le nestorianisme.
434 Avènement d'Attila.
451 Raids huns en Gaule.
461 Ambassade perse en Chine.
475-534 Invasion du Nord de l'Inde par les Hephtalites.
476 Fin de l'Empire romain d'Occident.
484 Diffusion du nestorianisme en Asie.

VIe (?) *Cosmas Indicopleutes* : topographie chrétienne.
516-519 (v.) Introduction du mazdéisme en Chine.
518-522 Voyage du Chinois Song-Yun aux Indes.
520 Arrivée supposée de Bodhidharma en Chine.
527-565 Règne de Justinien Ier.
551 Introduction de la sériciculture à Constantinople.
552 Introduction du bouddhisme au Japon.
562 Accord perso-byzantin sur le commerce de la soie.
567 Ambassade du Sogdien Maniakh à Constantinople.
568 Échange d'ambassades entre les Turcs et Byzance (Zimarke).
578 Ambassade perse en Chine.
579 Chosroès reçoit à la cour de Chine une robe de soie.
581-618 Dynastie des Souei en Chine.
588 Unité chinoise reconstituée.
606-647 Régression du bouddhisme aux Indes.
607 Premier rapport d'une mission japonaise en Chine (?).
618-907 Dynastie des T'ang.
622 Hégire.
626 Siège de Byzance par les Perses (victoire d'Héraclius contre les Perses).
629-645 Voyage de Hiuan-tsang en Asie centrale et aux Indes.
630 Annexion de la Mongolie par la Chine.
632 Mort de Mahomet.
634-642 Conquête arabe : Syrie, Inde, Égypte.
635 Arrivée à Tch'ang-an du nestorien Aluoben.
635 Institution de la foire de Saint-Denis.
638 Fondation de Bassorah.
640 Les Sogdiens introduisent la fabrication du vin en Chine.
640 Arrivée de nombreux marchands juifs en Chine.
642 Les Sassanides sont vaincus par les Arabes à Nevahend.
643 Ambassade du Fou-Lin (Syrie ou Byzance) en Chine.
643 Fondation du Caire (Fostat).
650 Apparition du papier-monnaie en Chine.
651 Le dernier Sassanide, Peroz, se réfugie en Chine.
651 Le moine Hiuan-tch'ao se rend aux Indes par le Tibet.
652 Conquête de la Bactriane par les Arabes.
661-750 Omayyades en Orient.
666-671 Mission du Fou-Lin en Chine.
669 La Chine conquiert la Corée.
671-695 Le moine Yi-tsing aux Indes.
685 Le bouddhisme est religion d'État au Japon.

694 Le manichéisme est autorisé en Chine, ou y est introduit par un Perse.
697 Élection du premier doge à Venise.
710-794 Époque de Nara au Japon.
711 Conquête de l'Espagne ; les Arabes sur l'Indus.
712 Campagne de Kotaïba au Khorezm, fuite des Juifs en Khazarie.
712 Fuite des Juifs en Chine (?).
721 Protectorat chinois sur l'Asie centrale.
726 Début de la « querelle des images » à Byzance.
727 Retour de Hye-ch'o.
730-1273 Pénétration de l'islam en Inde.
732 Charles Martel à Poitiers.
740 Les musulmans sur la côte orientale de l'Afrique.
744 Arrivée en Chine d'un moine nestorien du Ta-ts'in.
747 Soulèvement abbasside au Khorassan.
750-1258 Califat des Abbassides à Bagdad.
750 Développement du commerce par mer entre l'Inde et Canton.
751 Talas : victoire des Arabes sur les Chinois.
751-790 Voyage de Wou-kong en Inde.
752 Rupture religieuse entre Rome et Byzance.
755 Révolte d'An-Luchan, général chinois, originaire d'Asie centrale.
756 Fondation de l'émirat de Cordoue par un Omayyade.
758 Révolte des Arabes de Canton.
762 Fondation de Bagdad par le calife Mansour.
763-821 Guerre sino-tibétaine.
765 Le Bengale, foyer du bouddhisme.
780-789 (v.) Le manichéisme est reconnu chez les Ouïgours.
781 Stèle nestorienne de Tch'ang-an, rédigée en syriaque et chinois.
785-805 Compilation du géographe Jia-Dan sur les itinéraires entre Canton et le golfe Persique.
786-809 Haroun-el-Rachid.
794 Période Heian (Kyoto) au Japon.
800 Couronnement de Charlemagne.
800 Division du Japon en soixante-huit provinces : première carte.
802-850 Jayavaman II crée l'Empire khmer.
806 Apparition du chèque en Chine.
815 (v.) Voyage d'Iber Wahab en Chine.
832 Essor des traductions d'ouvrages grecs en arabe.

832 *Nouvel Atlas de la Terre* à Bagdad.
833-892 Samara capitale islamique.
839 Voyage du Japonais Ennin en Chine.
840 (v.) Les Turcs kirghiz sont maîtres de la Mongolie.
840 (v.) Composition supposée de « Sindbad ».
843 Proscription du manichéisme en Chine.
845 Mesures contre le bouddhisme en Chine.
849 Fondation du royaume de Pagan.
851 Les Tibétains sont chassés de Touen-Houang. Les Chinois sont maîtres de Gansu.
851 *Relation de la Chine et de l'Inde* (début de la rédaction).
868 Premier livre xylographié connu à Touen-Houang.
874 Dynastie samanide au Khorassan.
878 ou 879 Massacre des colonies étrangères à Canton. Sac de Canton par Houang Chao.
IXe (fin) La numérotation indienne se développe chez les savants arabes.
907-960 Cinq Dynasties en Chine.
916-1125 Dynastie des Leao à Pékin.
916 Les routes d'Asie centrale sont occupées par les Arabes et les Tibétains.
921 Voyage d'Ibn Fadlan de Bagdad à l'embouchure de la Volga.
923 Mort de l'historien et exégète Tabari.
936 Prise de Pékin par les Mongols kitais.
950 (v.) *Les Mille et Une Nuits.*
951 Le géographe Ibn Haukal à Sijilmasa : détails sur le commerce soudanais de l'or et des esclaves.
955 Prescription des Tchéou du Nord contre le bouddhisme en Chine.
956 Mort de l'écrivain Masoudi.
960-1279 Dynastie des Song.
960-1127 Dynastie des Song du Nord en Chine.
960 Les Turcs karakhanides de Kachgar se convertissent à l'islam.
965 Le voyageur juif Brahim ben Yakoub voit à Mayence des monnaies du Khorassan.
966-976 Dernier pèlerinage chinois aux Indes par l'Asie centrale.
970 (v.) Intensification du commerce en mer Rouge.
980 Christianisation du royaume de Kiev
987 Catalogue d'Ibn-el-Nadim ; répertoire bibliographique de l'époque.

996 Massacre des marchands amalfitains au Caire.
1004 Paix entre les Song et les Kitais. Les Song paient un tribut annuel en soie et en argent.
1004 (v.) Interruption du commerce direct entre les Arabes et la Chine.
1009 Destruction du Saint-Sépulcre de Jérusalem par le calife Hakim.
1010 Première carte générale chinoise de la Chine (cartes partielles dès le VIIe siècle).
1010 (v.) *Chahnamè* de Firdousi.
1021 Invasion du Cachemire et Pendjab par le Turc Mahmoud de Ghazni.
1031 Fin des Omayyades en Espagne.
1033 (v.) Développement du brahmanisme à Java.
1037 Mort du philosophe Avicenne (Ibn Sina).
1040-1090 Conquête des Seldjoukides du Turkestan à la mer Égée.
1048 Mort du savant Birouni, auteur de *L'Inde* et traducteur de textes sanscrits.
1054 Séparation des Églises de Rome et Constantinople.
1055 Les Seldjoukides à Bagdad.
1065 *Chanson de Roland.*
1070 Les Tibétains soumettent le Nord-Ouest de la Chine.
1090 Usage de la boussole marine en Chine.
1090 (v.) Première mention de la boussole chez les Arabes.
1096-1099 Première croisade.
1098 Prise d'Antioche et de Jérusalem par les croisés.
1100 Création du Royaume latin d'Orient.
1100 (v.)-1166 Al-Idrisi, géographe arabe.
1102 Comptoirs vénitiens de Tyr et Sidon.
1112-1152 Construction d'Angkor-Vat.
1126 Mort du Persan Omar Khayyam.
1127 Les Song se réfugient au sud du Yang-tse.
1127-1279 Dynastie des Song du Sud.
1128-1133 Le royaume sinisé des Kara-Kitais (Balkach, Kachgar, Samarcande), présence bouddhique et nestorienne.
1132 Hangzhou devient la capitale des Song du Sud en Chine.
1141 Les Kara-Kitais s'emparent de la Transoxiane.
1144 Conquête de l'Égypte par Saladin, sultan ayyoubide.
1144 Naissance du voyageur et géographe espagnol Ibn Djobeir.
1146 Roger II implante la sériciculture en Sicile.
1154 *Kitab Rudjar*, « Le livre de Roger », d'al-Idrisi.

1160 *Tristan et Iseult* de Béroul. Les *Nibelungen*.
1165 Lettre du Prêtre Jean.
1165 Mort d'Idrisi.
1187 Reconquête de Jérusalem par Saladin.
1192 Traité entre Saladin et les Francs.
1198 Mort d'Averroès (Ibn Rochd).
1204 Pillage de Constantinople par les croisés.
1204 Mort du philosophe juif arabe Maimonide.
1206 Avènement de Temoudjin : Gengis Khan en Mongolie.
1206 Fondation du sultanat de Delhi.
1207 Traité de commerce entre Venise et Alep.
1210 (v.) Kaswimi refait les calculs astronomiques.
1215 Prise de Pékin par Gengis Khan.
1215 Mort de Harawi, auteur d'un guide des pèlerinages.
1215 Concile de Latran. Le tribunal de l'Inquisition devient permanent.
1218-1221 Cinquième croisade.
1219 Gengis Khan envoie le taoïste Tch'ang-tch'oun en Asie centrale (Afghanistan).
1219 Premier raid de Gengis Khan en terre d'Islam.
1221 Gengis Khan au Khorezm, Turkestan et Perse.
1221 Pillage de Samarcande, Merv et Hérat.
1221-1224 Voyage de Tch'ang-tch'oun dans la région de Samarcande.
1225 Description des peuples barbares par Tchao Rugua.
1226-1270 Règne de Louis IX (saint Louis).
1227 Mort de Gengis Khan.
1229 Élection d'Ogodai.
1233 Ogodai s'empare de Kaifeng.
1235-1240 Siméon Raban Ata en Mongolie.
1236 Premières informations sur les Tartares.
1237 Lettres de Julien de Hongrie sur les Mongols.
1240 Émission de papier-monnaie d'Ogodai.
1241 Les Mongols sont arrêtés à Cracovie.
1245-1247 Jean du Plan Carpin chez les Mongols.
1245-1251 Voyage en Asie d'André de Longjumeau et Ascelin de Crémone.
1246-1248 Guyuk est élu grand khan.
1248 Premières ambassades mongoles en Occident.
1249 Louis IX est prisonnier en Égypte.
1249-1251 Deuxième mission d'André de Longjumeau.
1251-1259 Mongka Khan.
1251-1265 Règne d'Hulagu, petit-fils de Gengis Khan.

1253-1255 Guillaume de Rubrouck chez les Mongols.
1258 Prise de Bagdad par les Mongols.
1259 Ambassade de Chang De à Bagdad.
1260 Koubilaï monte sur le trône mongol.
1260 Les Mongols à Damas, victoire des Mamelouks sur les Mongols.
1261 Fin de l'Empire latin de Constantinople.
1261-1265 Premier voyage des Polo.
1270 Septième croisade.
1270 Mort de Louis IX.
1271-1272 Huitième croisade.
1271-1295 Deuxième voyage des Polo avec le jeune Marco.
1275 Archevêché nestorien en Chine.
1276 Koubilaï Khan devient empereur de Chine.
1278 Départ de Rabban bar Cauma pour sa mission vers l'Occident.
1280-1368 Dynastie des Yuan en Chine.
1281 Naissance de l'historien et cosmographe persan Qazwini.
1283 Mort du géographe Qazwini.
1285 (v.) Rabban bar Cauma visite l'Italie et la France.
1289 Départ de Jean de Montecorvino.
1289 Début du voyage du Marocain Abdari.
1290 (v.) Le plus ancien portulan connu.
1291 Fin du Royaume latin d'Orient.
1293-1330 Jean de Montecorvino fonde une communauté à Khanbalik.
1293 Tentative de débarquement mongol à Java.
1293 Commerçants chinois à Java.
1294 Mort de Roger Bacon.
1298 *Le Devisement du monde* de Marco Polo.
XIVe Début de la boussole à pivot.
1304-1377 Ibn Batouta.
1305 (v.) *Histoire d'Orient* de Hayton.
1311-1327 Cartes du Génois Pietro Vesconte.
Inauguration de Soultanya, capitale des Mongols de Perse.
1313 Lettres de Chine d'Andrea de Perugia.
1318-1330 Odoric de Pordenone aux Indes et en Chine.
1318 Mort de Rachid-el-Din, historien des Mongols.
1320 Jourdain Cathala part d'Iran pour les Indes.
1325 Début du voyage d'Ibn Batouta.
1331 Mort du géographe Aboul Fida et de l'encyclopédiste Nouweiri.
1332-1406 Ibn Khaldoun.

1336-1405 Tamerlan.
1337-1433 Guerre de Cent Ans.
1340 *Praticha delle Mercatura* de Pegolotti.
1342 Giovani de Marignoli à Pékin.
1352 Révolte de la Chine du Sud contre les Yuan.
1365 Début des conquêtes de Tamerlan.
1368-1398 Hong-wou fonde la dynastie des Ming.
1368-1644 Dynastie des Ming.
1369-1399 Samarcande capitale de la Transoxiane sous Tamerlan.
1371 Mandeville, le *Livre des merveilles*.
1375 *Atlas catalan*.
1380 Victoire des Moscovites sur les Mongols.
1396-1415 Ambassade de Cheng Cheng à Hérat.
1398-1399 Tamerlan envahit le Pendjab.
1400 (v.) Mappemonde de Francesco Becca.
1402 Bataille d'Ancyre (Ankara). Tamerlan bat Bajazet.
1403-1424 Yong-lo empereur.
1405-1433 Sept expéditions de Cheng-huo vers l'Asie du Sud-Est et l'Afrique.
1408 La Horde d'Or assiège Moscou.
1410 Bataille de Tannenberg, les Chevaliers teutoniques sont battus par les Polonais.
1410 (v.) Pierre d'Ailly : *Imago Mundi*.
1415 Bataille d'Azincourt, reprise des combats entre les rois de France et d'Angleterre.
1419-1423 Ambassade de Ghiyath-el-Dine en Chine.
1424 L'empereur Yong-lo des Ming ferme la frontière nord-ouest de la Chine.
1426 Carte du Vénitien Giacomo Geraldi.
1427 Les Portugais sont aux Açores.
1428 Oulough Beg édifie l'observatoire de Samarcande.
1430 Mort du géographe et historien persan Hafiz Abrou.
1431 Supplice de Jeanne d'Arc.
1433 Fin des expéditions de Cheng-huo.
1434 Début des expéditions portugaises d'Henri le Navigateur.

BIBLIOGRAPHIE DES VOYAGEURS ET ÉCRIVAINS DES ROUTES DE LA SOIE

En guise de bibliographie commentée, nous proposons au lecteur, plutôt qu'une classification des livres par périodes, sujets, civilisations, ou aires géographiques, de se laisser guider par les voyageurs eux-mêmes. Ce guide a été établi en tenant compte des ouvrages réellement accessibles. La bibliographie générale qui figure plus loin complète ces informations.

Ouvrages de base

Il existe bien des ouvrages généraux sur les routes de la soie. Parmi les plus connus :

— *Marco Polo et les routes de la soie* de Jean-Pierre Drège, aux éditions de La Découverte, constitue une introduction quasi irremplaçable en dépit de sa brièveté.

— *Les Routes de la soie* du même auteur, beau livre publié par la Bibliothèque des Arts. L'ouvrage suit bien davantage la géographie ; il décrit l'itinéraire terrestre et est abondamment illustré.

— *Les Routes de la soie* de Luce Boulnois, chez Arthaud, est le livre de base par excellence, et ce depuis 1963.

— *Routes de la soie* de Jacques Anquetil, chez J.-C. Lattès, présente l'avantage de traiter le sujet des origines à nos jours ; de plus, écrit par un tisserand passionné par cette aventure, ce volume explique très largement l'histoire de la soie.

Une place particulière revient à René Grousset et tout spécialement à son grand classique inachevé, *L'Empire des steppes* (Payot). Cet ouvrage n'est pas exclusivement consacré aux routes de la soie, mais constitue une somme irremplaçable sur l'Asie centrale. La plupart des livres de Grousset (dont le remarquable *Figure de proue* récemment réédité au Nadir/Balland) traitent de sujets ou de personnages qui interfèrent avec notre centre d'intérêt.

Personnages[1]

En guise de préface ou pré-histoire des routes de la soie, Alexandre. Par l'étendue de ses conquêtes vers l'est et par la rencontre culturelle qu'il initia, il est, à l'évidence, le précurseur de ces routes. Sur cet aspect historique, il est impossible de choisir objectivement entre les biographies d'Alexandre, peut-être plus nombreuses que celles de Napoléon. Disons simplement que nous aimons celle de Droysen récemment rééditée en édition de poche. Par ailleurs, le mythe d'Alexandre s'est diffusé sur toutes les routes de la soie, à Malacca comme en Corée ! À l'origine de ce phénomène, une énorme production littéraire fondée sur le *Roman d'Alexandre* du pseudo-Callisthène. À travers le Coran, le *Livre des Rois* persan, des poèmes récités dans toute l'Europe médiévale et diverses versions exotiques, ce roman est en fait un des plus grands succès de tous les temps. De toute cette aventure littéraire on peut enfin relire la source avec le *Pseudo-Callisthène* édité aux Belles Lettres en 1992.

LA PÉRIODE « SINO-ROMAINE »

C'est celle où la soie chinoise parvient à Rome au Ier siècle avant notre ère, et celle des grands voyages par lesquels le mythe chinois atteint Rome et le mythe romain la Chine. À travers la chronique dynastique chinoise, on a quelques éléments sur l'expédition de Tchang-kien aux alentours de 139 avant notre ère, sur les expéditions militaires de Pan-tch'ao et quelques ambassades dans les deux sens. Des notations éparses également chez les historiens et géographes romains sur les contrées fabuleuses, le pays des Sères, etc. C'est au cours de

1. Les personnages des empires du mirage ont, tout naturellement, nourri des œuvres d'imagination. À titre d'exemple, dans *Les Villes invisibles,* Italo Calvino fait parler Marco Polo et, dans *Histoire du Juif errant,* Jean d'Ormesson fait rencontrer à son héros nombre de mythes et personnages des routes de la soie.

cette période que l'Occident découvrira un des phénomènes les plus importants pour la navigation sur les routes de la soie : la mousson, dont les mouvements sont consignés dans le *Périple de la mer Érythrée* vers 60 de notre ère (texte introuvable)... Après ce premier temps d'échange, on a l'impression que les informations cessent de circuler, chacun se replie. On peut trouver des indications sur cette phase que nous baptisons « sino-romaine » dans le livre de l'historien de Rome, Jean-Noël Robert : *De Rome à la Chine* (Belles Lettres). Par ailleurs, Ali Mazahéri, dans *La Route de la soie* (épuisé), présente des textes chinois et latins ; il nous offre aussi, pour une période beaucoup plus tardive (celle de Tamerlan en particulier), des textes originaux, notamment persans.

LES CHEMINS DU BOUDDHISME

C'est l'époque d'un intense mouvement de pérégrination, de diffusion et de recherche des écrits, où s'établissent des liens complexes entre diffusion de la doctrine de l'Éveil, circuits commerciaux, route du pouvoir politique, etc. Les pèlerinages chinois les plus fameux sont ceux de Fa-hien (voyage en Inde entre 399 et 414), Song-yun et Hui-cheng un siècle plus tard, Hiuan-tsang (le Maître de la Loi) né en 603 et qui voyage de 629 à 645, Yi-tsing qui navigue jusqu'en Inde entre 671 et 695. Ajoutons le Coréen Hye Ch'o qui commence son pèlerinage vers 724 et ira jusqu'en Asie centrale. Sur chacun d'eux, nous possédons des témoignages directs, des textes traduits en français, mais que l'on ne trouvera guère que dans les bibliothèques orientalistes. Le plus passionnant est le Maître de la Loi devenu un des personnages principaux de *La Pérégrination vers l'ouest.* Ce roman met en scène le roi des singes. C'est un des cinq grands classiques de la littérature chinoise, auquel une superbe traduction d'André Lévy (La Pléiade) vient de rendre justice.

LA PÉRIODE ABBASSIDE

Après la fulgurante expansion de l'Islam, la période du califat abbasside, surtout aux IXe et Xe siècles, est l'époque des caravansérails, des grands navigateurs arabes. À Bagdad, sous Haroun-el-Rachid et ses successeurs, naît un mouvement intellectuel intense ; tout ce qui touche à la connaissance du monde, notamment le genre littéraire du récit de voyage, est très prisé. On se recopie, on intègre des passages d'autres ouvrages... Trois livres phares très complémentaires :

— *La Relation de la Chine et de l'Inde* (traduction Les Belles Lettres, 1948), écrit en 851 ; ce carnet de voyage attribué au marchand Soleyman décrit l'itinéraire du Golfe à ces deux pays.

— *Sindbad le Marin* (traduction de René Khawam aux éditions Phébus). On discute pour savoir s'il est antérieur ou postérieur au texte précédent et lequel a inspiré l'autre. En tout cas, Sindbad donne nombre d'indications sur des voyages réels ; il semble rejoindre la Chine et la Corée.

— *Les Prairies d'or* de Masoudi, au milieu du Xe siècle, est un grand classique qui reprend des éléments d'autres textes de voyage.

On retiendra également le récit d'une ambassade d'Ibn Fadlan qui part de Bagdad, en 921, pour l'Asie centrale et jusqu'à la Volga. Le *Voyage chez les Bulgares de la Volga* (éd. Sindbad) reflète nombre d'histoires et légendes des routes de la soie.

LA PAIX MONGOLE OU LE TEMPS DU RENDEZ-VOUS MANQUÉ

En établissant un pouvoir unique du Pacifique à la Méditerranée, les Mongols rouvrent véritablement les routes de la soie. Souvent même, lorsque l'on imagine les grandes caravanes, c'est à cette seule période que l'on se réfère. C'est en tout cas l'époque où se lancent des explorateurs de l'Eurasie, non moins audacieux que les découvreurs du Nouveau Monde. C'est aussi l'époque des deux plus fameux voyageurs de la soie, Marco Polo le Vénitien et Ibn Batouta le Marocain.

Marco Polo. Est-il besoin de le présenter ? Né en 1254 à Venise, il a six ans quand son père et son oncle partent pour un premier voyage qui les mène auprès de Koubilaï Khan. Marco les suit dans leur deuxième expédition en 1271. Il ne reviendra à Venise qu'en 1295. *Le Devisement du monde* est rédigé en 1298 avec la collaboration de Rustichello de Pise, l'original en franco-italien est perdu. Les éditions Mondadori en Italie publient une version en franco-italien très proche de cet original, ainsi qu'une version classique en toscan. En français moderne, La Découverte a republié une des grandes traductions classiques, celle de Louis Hambis.

Ibn Batouta (Tanger, 1304 - Fez, 1377). Souvent considéré comme le pendant arabe de Marco Polo, bien que son voyage, plus long que celui du Vénitien, soit avant tout celui d'un pèlerin de l'Islam dont il cherche l'unité dans tous les pays connus. Il part le 14 juin 1325 et rentre à Fez le 8 novembre 1349. Il visite tout le monde islamique jusqu'à l'Extrême-Orient. Son récit, un des grands classiques de la littérature arabe, mêle autobiographie, observations et « anecdotes » (récit de miracles ou histoires édifiantes) ; c'est un véritable roman d'aventure. La traduction Sanguinetti, la seule en français, est republiée aux éditions de La Découverte.

Les « victimes » de Marco Polo

Ce sont les membres des missions religieuses et diplomatiques dont les aventures, les récits et la gloire ont été totalement éclipsés par le Vénitien. Les premiers contacts débutent avec les successeurs de Gengis Khan et aboutiront à l'établissement de l'évêché de Pékin par Jean de Montecorvino qui arrive à Khanbalik/Pékin en 1293 (c'est-à-dire l'année où les Polo, qui n'ont en rien été les découvreurs de la Chine, prennent le chemin du retour).

Deux expéditions de dominicains lancées par Innocent IV ouvrent la route : la première pousse jusqu'à la Volga, la seconde atteint un camp mongol mais elles ne laissent pratiquement pas de traces écrites.

Une première expédition du dominicain *André de Longjumeau* à Tabriz passe presque inaperçue.

Une mission de frère *Ascelin de Crémone* part en 1247 et rencontre le général mongol Baijou en Perse. Simon de Saint-Quentin, membre de l'expédition, laisse un bref récit de cet échec diplomatique. On retrouve ce texte dans une édition des Ateliers nationaux de 1830.

Une mission franciscaine dirigée par Laurent de Portugal n'est connue que par de vagues mentions.

Jean du Plan Carpin, autre envoyé du pape, est accompagné d'Étienne de Bohême et Benoît de Pologne. En 1246, il arrive au contact des « Tartares » à travers la Bohême, la Pologne et la Russie et atteint le camp de Batou qui l'envoie en Mongolie. À proximité de Karakorum, il arrive exactement au moment où l'on élit le successeur du grand khan Ogodai. Il verra donc élire Gouyouk, sera presque aussi maladroit qu'Ascelin, reviendra avec une lettre pleine de superbe que le khan adresse au pape. Son récit, *Historia Mongolorum* (Éditions franciscaines, 1961), est plein de démons et merveilles ; il accorde beaucoup d'importance au mythe du Prêtre Jean. Il revient en préconisant une guerre à outrance contre ces diables de Tartares.

André de Longjumeau repart en Anatolie et jusqu'au-delà du Balkaich. Il agit pour le compte du roi de France Louis IX.

L'expédition de *Guillaume de Rubrouck* dure de 1253 à 1255. Il en résulte un ouvrage, *Itinerarium*, considéré par beaucoup comme un des grands livres du Moyen Âge (l'Imprimerie nationale vient de le rééditer). Avec ses compagnons Barthélemy de Crémone, Gosset et un interprète arabe, Guillaume ira jusqu'à Karakorum, rencontrera le khan Mongka et aura l'occasion d'observer la cour, les mœurs des Mongols et les représentants des différentes religions. L'habileté diplomatique de Rubrouck, son sens de l'observation joint à une grande lucidité contrastent avec les maladresses de Plan Carpin et d'Ascelin. Il reviendra avec des messages du khan, véritable offre d'ouverture de relations diplomatiques. Pour des raisons mal éclaircies, Louis IX ne donnera pas suite.

Aurait suivi une autre mission dominicaine mal connue. Elle clôt la grande époque des découvreurs du monde « tartare » qui terrorisait l'Europe.

S'il est pratiquement impossible d'accéder facilement aux textes originaux, Jean-Pierre Roux, dans *Les Explorateurs du Moyen Âge*, fait une remarquable synthèse de cette grande aventure. Par ailleurs, deux anthologies de littérature de voyage, *Le Voyage en Chine*, et *Le Voyage en Asie centrale et au Tibet*, présentées respectivement par Ninette Boothroyd et Muriel Détrie pour la Chine et Michel Jan pour l'Asie centrale (Coll. « Bouquins » chez Robert Laffont), offrent de larges extraits des journaux de voyages médiévaux, même si, pour l'essentiel, ces livres présentent surtout des voyageurs des XIXe et XXe siècles.

Pour compléter les informations sur cette époque : la fameuse *Histoire secrète des Mongols*, qui n'a de secrète que le nom. On peut trouver en bibliothèque la seule traduction française, celle de Pelliot (posthume et incomplète), aux éditions Maisonneuve (1959). *L'Histoire secrète* est un grand poème lyrique, plein de métaphores, de stances d'actions héroïques, bref une sorte d'*Edda* des Mongols.

À côté de cette saga, des sources orientales nous donnent elles aussi un regard sur les routes, d'est en ouest. En réponse aux missions occidentales, il y a eu des ambassades mongoles dont l'histoire est moins connue, mais non moins aventureuse (il y a des traîtres, des escrocs, des lâches, tout ce qu'il faut...). Dans les documents à citer, une lettre de 1285 adressée par le khan de Perse à Honorius IV et demandant une croisade, suivie d'une seconde missive à Philippe le Bel, quatre ans plus tard, fixant un rendez-vous devant Damas afin de mener une expédition militaire commune contre les Turcs. En vain : pour une raison mal éclaircie, après avoir rêvé pendant plusieurs années d'une grande alliance historique avec les Mongols (tolérants envers le christianisme et donc susceptibles d'être convertis), l'Europe semble se désintéresser de toutes les propositions d'alliance mongoles dont la dernière date de 1305.

Le personnage littérairement et historiquement le plus intéressant de cette période est le nestorien *Rabban bar Cauma*, qui n'a pas laissé de récit direct, mais sur qui on possède des témoignages. Ce nestorien ouïgour, né près de Pékin, envoyé par le khan Arghoun, débarque à Constantinople puis s'embarque pour l'Italie avec un arrêt au Saint-Siège. Il arrive à Paris où il est accueilli par Philippe le Bel. Il rentre en Perse en 1288 et meurt à Bagdad en 1294. Quoique cet ambassadeur ait été très bien reçu et que sa visite ait fait grand bruit, il n'en résulte rien de concret. Son compagnon Marcos est devenu patriarche sous le nom de Mar Jabalaha II. Dans son *Histoire* est condensé le récit du voyage de Rabban bar Cauma. Ce texte est traduit par J.-B. Cahabot dans la *Revue de l'Orient latin* en 1893, et depuis il est introuvable. Un autre ambassadeur d'Arghoun, Buscarel de Gisolf, un Européen assez mystérieux, effectue trois missions en Europe, avec le même insuccès : nous n'en saurons guère plus sur ce personnage, qui n'a pas laissé de mémoires.

Les missionnaires

Au début du XIVe siècle, les envoyés du pape, cette fois véritables missionnaires et non plus ambassadeurs, s'installent en Chine.

Jean de Montecorvino est le premier des missionnaires à s'installer en Chine. Parti en 1289, il parvient à Pékin et mène sa mission avec succès ; il est consacré archevêque de Pékin. Il nous est connu notamment par des lettres qu'il envoie au pape en 1305 et 1306 et que l'on ne pouvait pratiquement trouver que dans une revue franciscaine du début du siècle, mais dont la collection Bouquins donne de larges extraits. Il meurt vers 1330 à Pékin après avoir installé, en dépit de bien des difficultés, l'Église catholique de Chine.

Odoric de Pordenone (1286-1331), franciscain, fait un premier voyage sur les terres de la Horde d'Or, voire en Mongolie. Il mène une seconde expédition en 1318 avec Jacques d'Irlande, Bernard et Michel de Venise. Il visite l'Asie centrale, la Perse, l'Inde, les îles indonésiennes et la Chine. Il séjourne trois ans à Khanbalik (Pékin) et rentre après un détour par le Tibet. Il dicte ses mémoires à Padoue. Il sera béatifié. Il n'existe pas d'édition moderne des *Voyages en Asie au XIVe siècle du bienheureux frère Odoric de Pordenone.* Ce livre, qui se rattache au genre « Mirabilia », sera pillé par Jean de Mandeville, à tel point que l'on prendra le voyageur authentique pour un faussaire.

Ces missions ont des prolongements :

Jean de Mandeville n'a été qu'un voyageur en chambre ; pourtant, il mérite de figurer dans notre liste. Le prétendu Sir John Mandeville est l'auteur d'un *Livre des merveilles* écrit en 1371 et dont la diffusion, sous forme de manuscrits, en fait un « best-seller médiéval », bien plus populaire que l'œuvre de Marco Polo. Ce livre-mystification prétend raconter un véritable voyage en Asie, récit fondé sur des rapports authentiques mêlés au fonds de l'imaginaire médiéval (fausse lettre du Prêtre Jean, animaux fantastiques, etc.). Le texte de Mandeville est le prototype, la synthèse, et peut-être le plus délirant des « livres des merveilles » qui ont fleuri pendant des siècles (et dont *L'Image du monde* de Pierre d'Ailly et le *Livre du trésor* de Brunet Latin, eux-mêmes des compilations, sont très représentatifs). Le livre de Mandeville, œuvre pleine de fantaisie mais qui nous paraît vite lassante, a été réédité aux Belles Lettres, en 1993.

Francisco Balducci Pegolotti est un autre voyageur immobile, mais d'un genre très différent, puisqu'il rédigea vers 1340 la *Praticha della mercatura*, un guide de voyage destiné aux commerçants désireux de mener un fructueux négoce jusqu'en Chine : itinéraires, conseils pratiques, commentaires sur les étapes et les coutumes locales. Ce traité écrit par le marchand florentin sans doute renseigné par des correspondants qui s'étaient rendus sur place n'est actuellement traduit qu'en anglais (Evans, Cambridge, 1936).

Dans le même ordre d'idées, le testament de *Viloni*, conservé à Venise, nous offre un témoignage sur une famille de négociants italiens installés en Chine, où ils se font enterrer.

LES MOGOLS ET LES BÉGAIEMENTS DE L'HISTOIRE

Après Tamerlan (1336-1405), qui veut reconstruire l'empire de Gengis Khan, la dynastie des Mogols d'Inde dura jusqu'au début du XVIe siècle. Cette période correspond en partie au début de la dynastie des Ming (1368-1644).

Un des plus grands penseurs de l'Islam, *Ibn Khaldoun* (1332-1406), donne un témoignage direct sur Tamerlan qu'il rencontre à plusieurs reprises au cours du premier trimestre 1401, alors qu'il séjourne à Damas. Nous trouvons ces textes dans le *Voyage d'Occident et d'Orient* (traduit de l'arabe, Sindbad, 1984).

Enfin, une ambassade du roi de Castille auprès de Tamerlan donne lieu entre 1403 et 1406 à un voyage maritime et terrestre dont le chef de mission est *Ruy Gonzalez de Clavijo*. Sa relation très minutieuse dans *La Route de Samarcande au temps de Tamerlan* a été éditée par l'Imprimerie nationale en 1990.

BIBLIOGRAPHIE GÉNÉRALE

Achard Guy, *La Communication à Rome*, Payot, 1994.

Ailly Pierre d', *Ymago Mundi*, trad. E. Buron, Paris, 1930.

À la rencontre de Sindbad. La route maritime de la soie, Musée de la Marine, 1994.

Amiet Pierre, *L'Âge des échanges inter-iraniens (3500-1700 av. J.-C.)*, Réunion des musées nationaux, 1986.

Amouretti Marie-Claire, Comet Georges, *Hommes et techniques de l'Antiquité à la Renaissance*, Armand Colin, 1993.

Anquetil J., *Routes de la soie*, J.-C. Lattès, 1992.

Art bouddhique (L'), Olizane, Unesco, 1990.

Aventures de Sindbad le Marin, trad. R. Khawam, Phébus, 1990.

Aventures de Sindbad le Terrien, trad. R. Khawam, Phébus, 1986.

Asian Art 1992, vol. V, nº 4 : The art of the map in Asia, Oxford University Press, 1992.

Baurain Claude, *Les Grecs et la Méditerranée orientale. Des siècles obscurs à la fin de l'époque archaïque*, PUF, 1997.

Bellec François, *Océans des hommes*, Ouest France, 1987.

Bencheikh J. E., Bremond C., Miquel A., *Mille et Un Contes de la nuit*, Gallimard, 1991.

Benoist-Méchin J., *Destins rompus*, Albin Michel, 1974.

Benoist-Méchin J., *Mustapha Kémal*, Albin Michel, 1954.

Beurdeley C., *Sur les routes de la soie. Le grand voyage des œuvres d'art*, Seuil, 1985.

Blachère P., *Extraits des principaux géographes arabes du Moyen Âge*, Paris, 1932.

Boorstin D., *Les Découvreurs*, Robert Laffont, 1992.

Bottero J., Herrenschmidt C., Vernant J.-P., *L'Orient ancien et nous*, Hachette Littératures, 1996.
Boulnois Luce, *La Route de la soie. Dieux, guerriers et marchands*, Olizane, 2003.
Bragadin Marc'Antonio, *Storia delle Repubbliche Marinare*, Dioscuri, 1989.
Braudel Fernand, *Civilisation matérielle, économie et capitalisme*, Armand Colin, 1979.
Broc Numa, *La Géographie de la Renaissance. 1420-1620*, Éditions du CTHS, 1987.
Brown Llyod A., *The Story of Maps*, Dover Publications, 1980.
Bruneto Latini, *Li livres dou trésor*, éd. Carmodi, Berkeley, 1948.
Budge (E. A. Wallis), *The Monks of Kublai Khan*, Londres, 1928.
Cagnat R. et Jan M., *Le Milieu des empires*, Robert Laffont, 1981.
Campbell J., *The Masks of God*, Penguin, 1959.
Campbell J., *The Hero with a Thousand Faces*, Penguin, 1959.
Chabaille P., *Il tresoro du Bruneto Latini vulgarizzato da Bono Giamboni*, Bologne, 1977.
Chamoux F., *La Civilisation hellénistique*, Arthaud, 1981.
Chavannes E., *Voyage des pèlerins bouddhistes*, Paris, 1894.
Chavannes E., *Les Documents chinois découverts par Aurel Stein dans les sables du Turkestan oriental*, Oxford University Press, 1913.
Chen K., *Buddhism in China*, Princeton, 1964.
China and the Maritime Silk Road, Fujian People's Publishing House, 1991 (séminaire de Quanzhou, février 1991).
Commenaux C., *La Vie quotidienne chez les Mongols*, Hachette, 1972.
Coran, trad. D. Masson, Gallimard, « La Pléiade ».
Coran, trad. A. Chouraqui, Robert Laffont, 1991.
Corbin H., *Histoire de la philosophie islamique*, Gallimard, 1986.
Cultural and Commercial Exchanges between the Orient and the Greek World, Athènes, 1991 (séminaire d'octobre 1990).
Curatola G., *Draghi*, Eurasiatica, 1989.
Daumas Maurice, *Histoire générale des techniques*, 5 vol., PUF, 1964-1978.
Debray R., *Cours de médiologie générale*, Gallimard, 1991.

Debray R., Hugues P. (dir.), *Dictionnaire culturel du tissu*, Babylone/Fayard, 2005.
Decret F., *Mani et la tradition manichéenne*, Seuil, 1974.
Delumeau Jean, *Une histoire du Paradis*, Fayard, 1992.
Deluz Christiane, *Le Livre de Jean de Mandeville*, Louvain, 1988.
Demoulin, *Odoric de Pordenone*, Paris, 1939.
Drège J.-P., *La Route de la soie*, Bibliothèque des Arts, 1986.
Drège J.-P., *Marco Polo et les routes de la soie*, Gallimard, 1989.
Eisenstein, Elizabeth L., *La Révolution de l'imprimé dans l'Europe des premiers temps modernes*, La Découverte, 1991.
Eliade/Couliano, *Dictionnaire des religions*, Plon, 1990.
Eliade Mircea, *Aspects du mythe*, Gallimard, 1963.
Eliade Mircea, *Histoire des croyances et des idées religieuses*, Payot, 1976.
Eliseeff D. V., *La Civilisation japonaise*, Arthaud, 1974.
Eliseeff D. V., *La Femme au temps des empereurs de Chine*, Stock, 1988.
Fa-hian (Faxian), *Foe Koue Ki ou Relation des royaumes bouddhiques*, trad. Remusat, Paris, 1836.
Favier J., *Les Grandes Découvertes*, Fayard, 1991.
Ferrand G., *Relations de voyages et textes géographiques arabes, persans et turcs relatifs à l'Extrême-Orient du VIIe au XIIIe siècle*, Paris, 1913.
Febvre L. et Martin H. J., *L'Apparition du livre*, Albin Michel, 1971.
Ghirshman R., *L'Iran des origines à l'Islam*, Albin Michel, 1976.
Ghirshman R., *Parthes et Sassanides*, Gallimard, 1962.
Giès J., « Un témoignage du bouddhisme impérial à Touen-houang », Actes du colloque de l'Unesco, « Les routes de la soie : problèmes scientifiques et culturels », 13 mai 1992, Paris, Unesco, 1993.
Giès J., « Contributions aux études de Touen-houang, vol. III », Michel Soymié (sous la direction de) ; (compte rendu de) *Arts asiatiques*, tome XLIII, 1988, p. 177-179.
Gorshenina S., *Explorateurs en Asie centrale*, Olizane 2003.
Granet M., *La Civilisation chinoise*, Albin Michel, 1968.
Grousset R., *Figures de proue, d'Alexandre le Grand au Grand Mogol*, Le Nadir, Balland, 1992.
Grousset R., *Histoire de Chine*, Club des libraires de France, 1957.
Grousset R., *L'Empire des steppes*, Payot, 1965.

Guangzhou and the Maritime Silk Roads, Guandong Science and Technology Press, 1991 (séminaire de février 1991).
Guillaume de Rubrouck, *Voyage dans l'empire mongol*, C. et R. Kappler, Imprimerie nationale, 1993.
Heers J., *Marco Polo*, Fayard, 1990.
Hoei-li et Yen-tsong (Huili et Yansong), *Histoire de la vie de Hiouen-Tsang (Xuanzang) et de ses voyages dans l'Inde*, trad. S. Julien, Paris, 1853.
Hopkirk P., *Bouddhas et rôdeurs sur les routes de la soie*, Arthaud, 1980.
Houang F., *Le Bouddhisme de l'Inde à la Chine*, Fayard, 1963.
Huart C. et Delporte, *L'Iran antique*, Albin Michel, 1943.
Huc R.-E., *Souvenirs d'un voyage dans la Tartarie*, LGF, 1962.
Huyghe É. et F.-B., *Histoire des secrets, de la guerre du feu à l'Internet*, Hazan, 2000.
Hye-Cho, *The Hye-Cho Diary*, Asian Humanity Press (Corée), 1984.
I-Tsing (Yijing), *Mémoire composé à l'époque de la grande dynastie T'ang sur les religieux éminents qui allèrent chercher la Loi dans les pays d'Occident*, trad. E. Chavannes, Paris, 1894.
Ibn Batouta, *Voyages*, La Découverte, 1990.
Ibn Fadlan, *Voyage chez les Bulgares de la Volga*, Sindbad, 1988.
Ibn Khaldoun, *Le Voyage d'Occident et d'Orient*, Sindbad, 1984.
Inoue Y., *Le Loup bleu*, Picquier, 1990.
Jean de Mandeville's Travel, éd. Letts, Londres, 1953.
Jean du Plan Carpin, *Historia Mongolorum*, Dom Jean Becquet et Hambis, Paris, 1965, « Sinica Franciscana ».
Julien S. (trad.), *Mémoire sur les contrées occidentales de Hiouen-Tsang.*
Kappler C., *Monstres et merveilles à la fin du Moyen Âge*, Payot, 1980.
Korean Culture and the Silk Road, Korean National Commission for Unesco, Séoul, 1991 (séminaire de Kyongju, 1991).
Kunst und Kultur entlagen der Seiden Strasse, Akademische Druck-u. Verlagsanstalt Graz, 1987, Autriche.
Kupcik I., *Cartes géographiques anciennes*, Gründ, 1980.
La Route de la soie, Muséum d'histoire naturelle, 1985.
Lane F. C., *Venise, une république maritime*, Flammarion, 1985.
Lemercier-Quelquejay C., *La Paix mongole*, Flammarion, 1970.

Livre des ruses, trad. R. Khawam, Phébus, 1991.
Loude J.-Y., *Kalash, les derniers infidèles de l'Hindu-Kush*, Berger-Levrault, 1981.
Maalouf A., *Les Chemins de lumière*, J.-C. Lattès, 1991
Maalouf A., *Samarcande*, J.-C. Lattès, 1988.
Mandeville Jean de, *Voyage autour de la terre*, Les Belles Lettres, 1993.
Mathé Roger, *L'Exotisme*, Bordas, 1972.
Mazahéri A., *La Route de la soie*, Papyrus, 1983.
Messadié G., *Histoire générale du diable*, Robert Laffont, 1993.
Meyer, *Alexandre le Grand dans la littérature française du Moyen Âge*, Paris, 1886.
Mille et Une Nuits (Les), Gallimard, « Folio », 1991.
Minois G., *Histoire des Enfers*, Fayard, 1991.
Miquel A., *L'Islam et sa civilisation*, A. Colin, 1968.
Miquel A., *La Géographie humaine du monde musulman jusqu'au milieu du XIe siècle*, Mouton, 1967-1975.
Mollat M., *Les Explorateurs du XIIIe au XVe siècle*, J.-C. Lattès, 1984.
Monteil V., *Les Musulmans soviétiques*, Seuil, 1982.
Morus, *Gli animali nella storia della civiltà*, Einaudi, 1956.
Needham Joseph, *Science et civilisation en Chine*, Picquier, 1995.
Negmatov N. N., « Archaic Khojent-Alexandria Eschata », *Journal of Central Asia*, vol. IX, déc. 1986.
Nomads of Eurasia, N.H. Museum of Los Angeles Academy of Sciences of the USSR, 1989.
Odoric de Pordenone, *Les Voyages en Asie du bienheureux Odoric de Pordenone*, trad. Henri Cordier, 1891.
Paquier J.-B., *L'Asie centrale à vol d'oiseau*, Paris, 1881.
Pelliot P., *Notes on Marco Polo*, Paris, 1959-1973.
Pelliot P., *Recherches sur les chrétiens d'Asie centrale et d'Extrême-Orient*, Fondation Singer-Polignac, 1973-1984.
Pline l'Ancien, trad. É. Littré, *Histoire naturelle*, Gallimard, 1999.
Polo Marco, *Il Milione* (version en franco-italien et en toscan), Mondadori, 1982.
Polo Marco, *Le Devisement du monde*, La Découverte, 1991.
Pseudo-Callisthène, *Le Roman d'Alexandre*, Les Belles Lettres, 1992.
Puech H.-C., *Le Manichéisme*, Paris, 1949.
Relation de la Chine et de l'Inde, éd. J. Sauvaget, Les Belles Lettres, 1948.

Revue de l'Orient latin, I, 1893, et II, 1894, « Histoire de Mar Jabalaha II patriarche des nestoriens (1281-1317) et du moine Rabban Cauma... », tirage à part, Paris, 1895.
Richthofen Ferdinand von, *China. Ergebnisse eigener Reisen*, 5 vol., Berlin, 1877-1912.
Robert J. N., *De Rome à la Chine sur les routes de la soie au temps des Césars*, Les Belles Lettres, 1993.
Roux J.-P., *Histoire des Turcs*, Fayard, 1989.
Roux J.-P., *Les Explorateurs du Moyen Âge*, Fayard, 1985.
Séverin T., *The Sindbad Voyage*, Hutchinson, 1982.
Silk Road : a Symposium on Travel Litterature, PEN-international, Londres, 1991 (séminaire de Venise, oct. 1990).
Sourdel D. et J., *La Civilisation de l'islam classique*, Arthaud, 1989.
Sri Lanka and the Silk Road of the Sea, Sri Lanka National Commission for Unesco, 1990.
Staviskij B. Ja., *La Bactriane sous les Kushans*, Maisonneuve, 1987.
Stein Sir M. A., *Ruins of Desert Cathay*, MacMilan, 1912.
Stevens A.-Oman, *Terra Incognita*, Bruxelles, 1990.
Studia Manichaica, Otta Harrasowitz, 1992 (colloque d'août 1989 à St Augustin-Bonn).
Summa Artis, Espasa-Campe, Madrid, 1949, vol. XII et XX.
T'oung Pao, 1917, XVIII, H. Cordier, *Le Christianisme en Chine et en Asie centrale sous les Mongols.*
T'oung Pao, 1891, II, 4, H. Cordier, *Jean de Mandeville.*
Tajadod N., *Mani, le Bouddha de lumière*, Cerf, 1990.
Tissot F., *Gandhâra*, Maisonneuve, 1985.
Unno Kazutaka, *The Geographical Thought of the Chinese People...* Memoirs of the research department of the Tokyo bunko *(The Oriental Library* nº 41), Tokyo, 1983.
Van den Wyngaert, « Montecorvino : lettres », *La France franciscaine*, vol. VI, Paris, 1923.
Vie della seta, Vie del Mondo, 1989.
Vie della seta e Venezia, Leonardo, De Lucca, 1990.
Voyage de frère Ascelin et de ses compagnons chez les Tartares et autres textes (Plan Carpin, Rubrouck), éd. des Ateliers nationaux, 1830.
Voyage en Asie centrale et au Tibet (Le), Anthologie des voyageurs occidentaux du Moyen Âge à la première moitié du XIX*e siècle*, éd. établie par Michel Jan, Robert Laffont, « Bouquins », 1993.
Voyage en Chine (Le), Anthologie des voyageurs occidentaux

du Moyen Âge à la chute de l'Empire chinois, édition établie par Ninette Boothroyd et Muriel Détrie, Robert Laffont, « Bouquins », 1993.
Voyages aux pays de nulle part, collectif, Robert Laffont, 1990.
Wood Frances, *Did Marco Polo go to China ?*, Secker & Warburg, 1995.
Wu Cheng'en, *La Pérégrination vers l'ouest*, Gallimard, « Pléiade », 1992.
Yule Sir H., *Cathay and the Way Thither*, Londres, 1915.
Zorzi A., *Vita di Marco Polo Veneziano*, Rusconi, 1982.
Zorzi A., *La Reppublica del Leone*, Rusconi, 1979.

INDEX

TABLE DES MATIÈRES

ENTRACTE IV. Dieu est nomade

ENTRACTE V. Le sabre et le Livre

ENTRACTE VI. Paix mongole

Achevé d'imprimer en mai 2013
par Novoprint (Barcelone)

Dépôt légal : février 2006

Imprimé en Espagne